アメリカ研究大学の大学院

多様性の基盤を探る

Akihiro Asonuma
阿曽沼 明裕 著

名古屋大学出版会

はじめに

　知識基盤社会の進展のなか，大学院の重要性はますます高まっているが，大学院教育が組織的にあるいは経済的にどのように支えられているのかについて考察が及ぶことは少ない。とりわけ近年の大学院は多様性を増大させつつあり，その多様化に応じた組織的・経済的な対応が必要と思われる。本書は，今後の日本の大学院のあり方を考える基礎を得るために，大学院先進国であるアメリカの大学院の組織的・経済的基盤を明らかにする。

　アメリカの大学院は日本よりも多様化が進んでいると思われるが，とりわけ研究大学は，研究者養成（Ph.D. 養成）で世界をリードするだけでなく，有名なプロフェッショナル・スクールを有し，専門職養成においても世界で最も成功している。それがどのようにして可能なのか，その組織的・経済的要因を探る。このため，本書はその双方を担う研究大学を対象とするとともに，いかに多様性に対応しているのかという観点から，研究者養成と専門職養成（研究学位と専門職学位）との対比を基本的な分析視角とする。

　とはいえ大学院に関わる組織や財政・財務については，日本はもとよりアメリカでも先行研究が少ない上に，資料やデータも乏しい。そのためアメリカの大学院がどのように動かされているのかを知るには，大学院教育の運営に関わる人物へのインタビューなどによって探る以外はないと考えた。

　かくて本書の特徴は，第一に，高等教育研究において，これまで取り上げられることが少なかった大学院の組織的・経済的基盤を分析することにある。第二に，特に多様な大学院教育の基盤を探るために研究者養成と専門職養成との対比（学位で言えば研究学位と専門職学位との対比）を基本的視角とし，その観点から組織や財政・財務の分析を行うことにある。第三に，米国の代表的な 23 の研究大学の 41 に及ぶカレッジやスクールなどのディーンや副ディーンに対するインタビューによって大学院の運営の実際に迫ることにある。

　本書は，これまで個別の経験に基づいて部分的・一面的に語られることの多

かったアメリカの大学院について初めてまとまった像を示すものとして，高等教育研究者だけでなく，大学院教育に関わる大学の教職員の方々，大学院政策や学術政策に関わる方々，さらには大学院教育や研究大学に関心をお持ちの多くの方々に読んでいただきたい。アメリカの大学院，特に研究大学の大学院がどのように動いているのか，その一端をご理解いただけると思う。むろん，それを文脈の違う日本にむやみに持ち込むことは無意味であり，害さえあるだろう。しかし，日本の大学院の問題を考える際の枠組みや基準のようなものを考えるための基礎の一つにでもなればと思う。読者のご意見とご批判をいただきたい。

目　次

はじめに　i

第I部　本書の枠組み

序　章　多様な大学院教育の基盤を探る　……………………………　2
1　問題意識・目的・課題　2
2　研究の枠組み　6
3　研究の方法と本書の構成　14

第1章　大学院教育の多様性の系譜と学位　……………………………　18
1　大学院教育の多様性の系譜
　　──研究者養成と専門職養成　18
2　研究学位と専門職学位
　　──教育機能上の分類　30
3　その他の学位分類
　　──学位名称による分類／専門分野による分類　36
4　研究学位と専門職学位の対比の妥当性と限界　43

第II部　アメリカの大学院の概要

第2章　大学院の成立
　　──研究者養成と専門職養成の双方の観点から──　………………　48
1　研究者養成と専門職養成の両方から大学院成立を捉える　48
2　19世紀前半までのアメリカ
　　──大学院形成の第1段階（助走段階）　50

3　研究者（Ph.D.）養成の組織化
　　　　──大学院形成の第2段階　57
　4　伝統的専門職養成の大学院化
　　　　──大学院形成の第3段階①　72
　5　新たな専門職養成の拡大
　　　　──大学院形成の第3段階②　85
　6　アメリカ的ユニバーシティと大学院　91

第3章　アメリカの大学院のマクロな枠組み　96

　1　量的にみた現在の大学院のマクロ構造　96
　2　現在までの大学院の拡大プロセス　101
　3　大学院教育の国際化　110
　4　大学院教育の質と量の調整に関わる制度・組織　114
　5　高等教育システムの階層構造と大学院　131
　6　大学院のマクロ構造　138

第Ⅲ部　研究大学の大学院の組織的基盤

第4章　スクールの二元モデル再考　145

　1　文理大学院とプロフェッショナル・スクールという「二元モデル」　145
　2　スクールと学位プログラムの対応関係　147
　3　限定的な「二元モデル」　159

第5章　大学組織と大学院　164

　1　大学を構成する基本的な組織
　　　　──カレッジとスクール　165
　2　カレッジやスクールを構成する基本組織
　　　　──プログラムとデパートメント　170
　3　大学院のスクール
　　　　──3種類の「グラジュエト・スクール」　177
　4　大学組織の多様性　179

第6章　機関レベルの大学院管理 …………………………………181

1　全学的な大学院管理方式の3パターン　182
2　全学的な大学院管理組織の守備範囲　192
3　大学院教育に対する大学の関与のパターン　202
4　全学的な管理組織と個別スクールの役割分担　207
5　全学的な大学院管理の構造と直面する問題　218

第7章　スクール・レベルの大学院教育の組織と運営 …………222

1　大学院プログラム運営の分析枠組み　222
2　スクール別にみた大学院教育の運営　227
3　大学院プログラム運営のパターンとその規定要因　257
4　大学院プログラム運営における研究学位と専門職学位との違い　265

補　論　スクールにおける多様性への組織的対応
　　　　──マトリクス組織── …………………………………269

第Ⅳ部　研究大学の大学院の経済的基盤

第8章　大学院教育の財源と資金の流れ
　　　　──スクールの重要性── …………………………………278

1　大学院教育の経済的基盤の把握の難しさ　278
2　資金のフロー　281
3　スクールの財務運営の自律性　284
4　スクールに集まる大学院教育の資金　291

第9章　大学院プログラムの経済的基盤 ……………………………295

1　大学院教育の経済的基盤を分析する枠組み　295
2　スクールの財源内訳の大まかな特徴　298
3　スクール別にみた大学院プログラムの経済的基盤　300
4　大学院プログラムの多様性　331

第 10 章　大学院教育の経済的基盤の特徴 …………………335

1　大学院生への経済的支援　335
2　研究経済と専門職経済　340
3　分権的な大学院運営　345
4　多様な内部補助　354

第 11 章　スクールの大学院経営 ………………………………367

1　スクールの大学院経営の 4 モデル　367
2　スクールの大学院経営のパターン　374
3　バランスを調整するメカニズム　377
4　多様性を支えるスクール　386

終　章　大学院教育の基盤の変化と日本への示唆 ……………389

1　研究大学における大学院教育とその組織的・経済的基盤　389
2　変化する大学院教育とその社会的基盤　401
3　日本の大学院を考えるために　407

注　　　413
参考文献　459
あとがき　473
索　　引　477

第Ⅰ部

本書の枠組み

　第Ⅰ部では，本書の全体の目的や枠組みを説明する。序章では，本書がどのような問題意識から出発し，何を目的としているのか，具体的には何を課題とし，どのような観点から分析や検討を行うのか，どのような方法でそれを行うのか，そして本書はどのような構成になっているのかを説明する。第1章では，特に本書の一貫した視点となる「研究者養成と専門職養成」の対比についてその歴史的な系譜をたどり，「研究学位と専門職学位」との対比の枠組みの妥当性や限界について論じる。

序章　多様な大学院教育の基盤を探る

　本章ではまず，本書がどのような問題意識や目的をもって書かれるのかを明らかにし，本書の課題を設定する（第1節）。次に，その課題に取り組むために分析対象の捉え方の大枠や分析視角について説明し（第2節），本書でとった研究の方法そして本書の構成について説明する（第3節）。

1　問題意識・目的・課題

1）大学院教育の多様化に応じた組織的・経済的基盤

　10年近く前になるだろうか，某国立大学の経済学部でM.B.A.の課程が作られたが，学生募集を停止せざるを得なくなる，という事態が生じた。これは私には驚きであった。他の分野でならまだしも，よりによって経済学部がM.B.A.の経営に失敗したからである。聞くところによると，フランスの有名ビジネス・スクールから講師を招く費用などが嵩んだということであった。しかし，よく考えてみれば，これは経営の失敗というよりも，国立大学では授業料額の設定の自由度がない，という制度上の問題でもあった。高額の支出を賄うために必要な，高額の授業料を徴収できなかったのである。だがさらに言えば，大学院教育のコストやそれを支える財政・財務が，教育のタイプ，学位や領域で異なる，という発想が日本にはあまりなかったためではないか。同じ大学院教育と言っても，その財政・財務には大きな違いがあるだろう。これは財政・財務に限らない。組織や運営についても大きな違いがあるのではないだろうか。

ことにこの点は日本の大学院にとって無視できない。日本の大学院は，1960年代以降の工学系修士課程の拡大[1]などがありながらも，長らく研究者養成に偏っていた。しかし，1990年代以降大学院重点化などもあり大学院が量的に拡大する[2]とともに，1999年の専門大学院制度，2004年の専門職大学院制度の開始，職業人向けプログラムの導入などで多様化が進みつつある[3]。政府の財政補助も機関補助から競争的資金へのシフトが続いている。こうした状況に対して，大学院教育の多様化に応じた組織的（organizational）・経済的（financial）基盤を整えるために，多様な大学院教育を支える組織的・経済的なメカニズムを明らかにする必要がある。

そもそも大学院教育は，社会と隔絶した場で行われるのではなく，あくまで社会のなかで役割を果たし，位置づけられ，社会的な支持や期待を受けて進められるものであることを考えれば，大学院教育の組織的・経済的な基盤は，大学院教育と社会との間にあってそれらをいわば媒介するものである。そして，それらは大学院教育の社会的な位置づけや機能が反映されると同時に，大学院教育の方向性を決定づけるものとして重要である。

しかし，日本の大学院に関する研究は蓄積が進みつつあるとはいえ[4]，大学院教育が組織的，経済的にどのように支えられているのかについて考察が及ぶことは必ずしも多くない。独立大学院や独立研究科の紹介，審議会での言及，大学院重点化についての解説，その他短いエッセイなどを除けば，分析的な研究としては工学系の研究室制度に関するもの（荒井1989，濱中2009）や，国立大学の大学院教育の資金基盤に関する検討（潮木訳書1999，阿曽沼2004），大学院生への経済的支援に関するもの（小林1994）など限られている。それにそもそも大学院教育の多様化から組織や財務・財政を考えるにいたっていない[5]。したがって日本ばかり見ていてもわからない。

2）アメリカの大学院の多様性への着目

これに対してアメリカでは大学院が発明され，現在世界で最大規模の大学院教育が行われており，しかも多様化が進んでいる。アメリカの高等教育の成功

物語に大学院と Ph.D. が語られることが多く，それがアメリカを世界の学問中心地となさしめた要因の一つとされるが，他方でよく聞く有名なプロフェッショナル・スクールもまた，多くはアメリカの大学院である。日本でもロー・スクール（法律スクール）とか M.B.A. といった言葉が今では人口に膾炙している。

　前者は大学教員などの「研究者養成」，後者は医師や弁護士などの「専門職養成」である。詳しくは次節でみるが，研究者養成と専門職養成では，向いている方向が異なる。前者は学問の世界，後者は実社会に目が向いている。そのため基底にある考え方，教育の目標，教育のプロセスで重視するものが異なり，期待されるもの（経済的な見返りなど）も社会的な役割も異なると考えられる。

　アメリカの大学院教育は，こうした研究者養成と専門職養成の双方で世界をリードしている。その多様性がどのようにして可能なのか，その組織的・経済的要因は何なのか。本書では，現在多様化の度合いを強めつつある日本の大学院教育の組織的・経済的基盤を考える基礎を得るために，アメリカの大学院教育の多様性を可能にしている基盤を明らかにしていきたい。

3）先行研究と本書で目指すもの

　アメリカの大学院教育に関する研究は多く，他方で大学の組織や財政・財務に関する研究も多いが，大学院に焦点を当ててその組織的・経済的な側面について分析したものは必ずしも多くない。第 2 章で紹介する大学院形成に関する歴史学的研究以外では，クラークによる大学院教育の国際比較研究（クラーク編　訳書 1999，訳書 2002），研究助成政策や大学院教育の組織化とデパートメントの役割について論じたガンポート（訳書 1998，訳書 1999a，訳書 1999b），大学院協議会（CGS : Council of Graduate Schools）がグラジュエト・スクールに関してまとめたもの（CGS 2004）などがある。デパートメントに関わる研究は少なくないが，組織文化や，大学院教育に関しては学生への影響に関する内的な分析が多い[6]。財政・財務については上記のガンポートによるものや，内部補

助を分析したJames（1986）などがあり，特にJamesの研究は数少ない大学院教育の経済的基盤に関する研究として重要である。このほか大学院生の経済支援について大学院入学者や大学事務向けのガイドブックのような解説（例えばHamel et al., 2002）はあるが，大学院の経済的基盤の構造がわかるわけではない。日本人によるものは，個人的な経験や印象に関する者を除けば，理工系の教育研究体制の事例を報告した高等教育研究所編（1994）や舘（1994, 1997, 2004），院生への経済的支援について小林（2009）などがある程度である。

このようにアメリカの大学院教育の組織的・経済的基盤に関する本格的な分析は多くないが，それは後述するように，大学院教育に固有な組織，財政・財務を取り出すことが難しいためである。この点は日本もアメリカも同じことであるが，アメリカ人には少なくともアメリカの大学院に関してイメージできるものがあるだろう（日本人が日本の大学院についてイメージを持てるように）。しかしわれわれ日本人には，いや少なくとも私には，研究を始めた当初から，初歩的なことからよくわからなかった。先行研究にも，アメリカ人には当たり前のことであるためか，日本人が知りたいような，大学院の組織的・経済的基盤のある程度整理されたパターンを理解できるようなものはなかった。本書はそれを目指すものである。

4）対象の限定と課題の設定

アメリカの大学院教育の多様性の要因の一つが，「研究者養成」と「専門職養成」の違いだとすれば，その双方でとりわけ大学院教育をリードしているのが研究大学である。研究大学の大学院教育は世界的に高い評価を受けつつ，しかも大きな多様性を有する。なおかつ，大学間の機能分担ではなく同一の機関で異なる大学院教育を行っているという点で研究大学は興味深い。そこでは多様な大学院教育を維持するメカニズムが対比的により明確な形で掘り出せるのではないかと考え，本書の分析の主たる対象を研究大学とした。なお，研究大学については，第3章のカーネギー高等教育機関分類の定義などを参照いただきたいが，本書では研究活動と大学院教育（特にPh.D.教育）に重点を置いた

大学とする。

　とうぜん研究大学以外の大学での大学院教育は，研究大学と異なるだろうし，それを含めた大学院教育全体としてみたときの多様性が重要であることは言うまでもないが，それは別の機会に検討を行うつもりである。おそらく研究大学の大学院教育の動かし方やそのメカニズムは，制度的模倣が行われることで，研究大学ではない大学の大学院にも影響を与えているだろうし，それらの大学院を分析するためにも比較分析の枠組みが必要であり，その枠組み作りのためにも，まずは研究大学の大学院教育の構造を明らかにすることが必要であろう。

　以上を踏まえて，本書の課題を以下のように設定する。すなわち，アメリカの研究大学を対象に，その大学院教育がどのように組織化され，どのように運営されているのか，そしてどのように経済的に維持されているのかを，研究者養成と専門職養成との違いに着目しながら明らかにする。これは多様な大学院教育がいかに動かされているのか，そのメカニズムを明らかにすることであり，ひとことで言えば，多様な大学院教育の基盤を探ることである。

2　研究の枠組み

1) 組織的・経済的基盤をめぐる構図

　大学院教育は社会のなかで個々の教育活動がばらばらに存在しているわけではなく，組織化されている。組織化にはミクロからマクロまでさまざまなレベルがある。マクロにみれば，大学院教育は社会的な機能・役割を果たしながら，それによって社会から支援を受けて支えられる。だが，個々の大学院教育と社会とが直接に対峙しているわけではない。その間には大学院教育を推進し維持するための社会的基盤として，大学の組織・財務，政府の政策・財政などが存在し，個々の大学院教育と社会とを媒介する（図序-1）。

　大学院教育は大学が好き勝手に社会に自分たちの知識や価値観を拡散するだ

序章　多様な大学院教育の基盤を探る　7

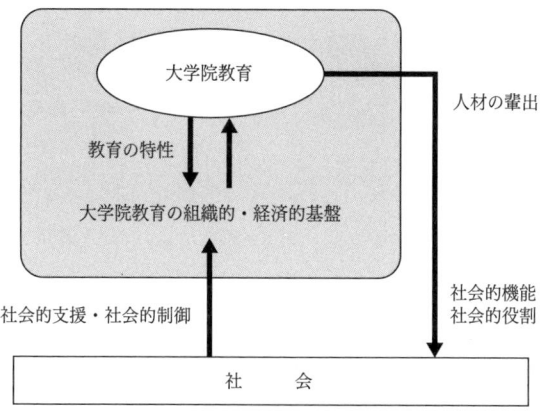

図序-1　大学院教育の組織的・経済的基盤をめぐる構図

けのものではないし，社会的な要請にのみ従属するものでもない。そのため調整がなされるわけだが，媒介とは，大学院教育の内容や方法に対して学術的な知識や文化から来る内在的な要求と，大学院教育に対して外部の社会から来る要求とを調整する機能のことである。

　一方でクラーク（訳書 1994）が位置づけたように，高等教育システムの中核には知識があり，それに起因する文化が大学組織全体を規定する。大学院教育においても，扱う知識に応じてさまざまな固有の特性があり，そうした特性に応じた組織・財務・運営が求められるだろう。他方で，大学院教育は社会に人材を輩出することで，社会的な機能や役割を果たし，それに対して社会は大学院教育を支援し同時にコントロールしようとする。それが大学院教育の組織的・経済的基盤を外から規定し，その基盤の構造が大学院教育に影響し，さらにそれが大学院教育の社会的な機能や役割を規定する，という循環がある。

　大学院教育の組織的・経済的基盤はこのように，大学院教育内部の特性から影響を受けると同時に，社会からつまり外側からの影響を受けると考えられるが，その影響の仕方は，大学院教育のタイプによって異なることが想像される。

2) 本書の基本的視角――研究者養成と専門職養成の対比

それを前提として，本書の基本的な分析視角を「研究者養成と専門職養成」の対比とする。学位では「研究学位と専門職学位」の対比（次章参照）である。

この研究者養成と専門職養成は，社会学的には，準拠集団である専門職集団（大学教員や研究者も専門職の一つである）の再生産と資格付与による差別化・階層化といった機能に着目すれば，同列に扱われることもあろう。

しかし，実際にアメリカの大学の教員に訊くと，研究者養成と専門職養成は異なるものだという認識が強いようだ。では何が異なるかと言えば，しばしば「研究者（researcher）」を養成することと，「実践者（practitoner）」を養成することとの違いであるという。この違いは，「知識を創造」する者と「知識を応用」する者との違いであると考えられる。

もちろん，新しい知識の創造（生産）といえども，既存の知識や知的枠組みの再構成から生まれるものであって，全く無から新たな知識が生まれるわけではないとすれば[7]，創造と応用とを厳密に区別することは難しいかもしれない。しかし，そうだとしても，例えば研究者集団，学会制度，ジャーナル（査読）システムなど，継続的に知識の正当化を行う社会制度が存在する（つまり学問が制度化した）場合は，既存の知識体（a body of knowledge）に「何かあたらしいもの（something-new）」（村上 1994，69 頁）をつけ加えることが行われている。何があたらしいかは多様であろうが，少なくともそれぞれの専門分野（ディシプリン，discipline）での判断があるだろう。こうして「確証せられた知識」の増大（マートン訳書 1965，506 頁）をもたらすのが研究者である。

他方で実践者は，主に知識を実践することで，生産を行い，社会的な問題に取り組んでおり，知識の創造よりもその応用や適用に比重が置かれる。

このように研究者と実践者の人材養成の違いが，根本的には知識の創造と応用の違いにあるとすると，前者の目標はオリジナリティ（独創性）や創造性の育成であり，後者の目標は応用力の育成（応用スキルの修得）であると言えよう。知識の創造のためには，オリジナリティが必要であり，それは，研究活動

を通じて，既存の知識への批判的検討もなされながら，最終的にはオリジナルな学位論文を作成することで，育成される。それに対して，実践者の養成では，知識を作り出すことよりも，知識の応用力が求められ，知識の応用のために一定の水準の知識とそれを応用するスキルの習得が求められる。

なお，オリジナリティというと先天的な才能をイメージするかもしれないが，ここではあくまでも 'something-new' の追加能力を意味している。そのためには，それぞれの専門分野における既存の膨大な知識と知的枠組みの修得（先行研究の把握）が必要であり，その上で何が新しく価値ある探究すべき課題になるのかを選び取る能力[8]，新しい知識を提出するための正当な手続き（データの収集方法，実験や分析手法，論文の作成方法など）を修得しなければならない。それこそが研究訓練であって，そうした訓練がなければ，'something-new' を示すことも，それを学会で認めさせることもできない。

このことからもわかるように，独創性や新規性は既存の知識や知的枠組みの蓄積があって初めて意味をなす。専門分野における理論や知的枠組み（精緻な理論だけでなく，モデル，メカニズム，論理，視点など，現象を記述，解釈，分析する際に前提とされる枠組み）が重視される[9]のは，事実は何らかの知的枠組みがあって初めて認識できるものであり[10]，それによって知識が生まれるからである[11]。さらに新しい枠組みが生まれると，新しい事実が浮かび上がる[12]。それゆえに既存の知的枠組みに対する批判的検討が行われる。

他方で実践者の人材養成では，もちろん知識の応用のために知的枠組みは重要であるが，知的枠組みに依存したり，それを再検討するよりも，実用性や実践性（職業レリバンス）が重視される。

以上より，一方で研究者の養成では，知識の創造に価値を置き，オリジナリティ育成が求められつつも，学問の内在的論理（ディシプリン[13]の内的論理）に拘束される。他方で実践者の養成では，知識の応用に価値を置き，応用スキルの修得が求められるが，それは外部の職業社会の実用性や実践に支配される。

ただし現実の研究者養成では，コース・ワークで応用スキルを磨かねばならない時期もあるし，分野によっては実用性や実践を重視することがあるだろ

表序-1　大学院教育における二つの人材養成

	研究者の養成		実践者の養成
価　値	知識の創造	—	知識の応用
目　標	オリジナリティ育成	—	応用スキルの修得
内　容	ディシプリンの 内的論理重視	—	外部社会の 実用性・実践重視

う。また専門職養成でも理論や知的枠組みが重視されることもあるし，新規性が求められることもあるだろう。その意味ではこの対比はあくまでも相対的なものであって，現実の大学院教育は多少なりとも双方の性格を持つ。

3）研究者養成と専門職養成の違いに応じた組織的・経済的基盤の違い

　このように違いを際立たせると，当然ながら大学院教育のやり方も異なるので，それを運営する仕方やそのための組織のあり方にも違いがでてくることが予想される。例えば，研究者養成でオリジナリティの育成を重視すれば教育は個別化，多様化し，それにふさわしい大学院教育の運営の仕方や組織が必要となろう。ディシプリン（専門分野）を重視すればそれに必要な組織もあるだろう[14]。他方で，専門職養成は，資格獲得訓練に顕著なことだが，主に必修科目の受講による「プロフェッショナル・スクール型の詰め込み式トレーニング」（中山1998, 64頁）という側面があり，それは一定の標準化した訓練やカリキュラムがあって，それに適した運営の仕方や組織があるであろう。

　また，大学院教育に期待されるものが異なり，それゆえに大学院教育の社会的な支援や活動の基盤が異なることも予想される。例えば，研究者養成は知識の創造に傾斜し，直接に利益を生むものではないので，個人がそれによって直接に利益を得ることは難しく（だからこそ研究者は金銭的報酬ではなく「認知」の獲得を動機として研究するのであり，この独自の報償体系のおかげで学界＝研究者集団の自律性が維持される），また学術知識は公開を旨とするので私的利益よりも公共的利益を生む可能性が高い。そのため外部効果もあって公的な財政補

助がなければ成り立たないかもしれない。他方で専門職養成は，実用主義であって，知識の応用や適用が直接の利益を生みやすいのと同時に，しばしば学位が，高い収入や地位をもたらす専門職の集団への参入資格として機能するため，私的な利益を獲得できる可能性が高い。そのため公的な補助がなくても存在できる可能性がある。

以上は，大学院教育の多様性に応じた組織的・経済的基盤について予想される傾向の一部に過ぎないが，これを含めて研究者養成と専門職養成とでは，その組織的・経済的基盤が異なることが予想される。これは仮説に過ぎないが，それを検討することで，大学院教育の多様性の基盤を探る。

4) 組織的基盤・経済的基盤の捉え方

では具体的な分析に当たって，組織的基盤，経済的基盤のどこを見ればよいのか。まずは大学院教育に関わる組織や財政・財務はどうなっているのか，その構造を明らかにし，そしてさらに研究者養成と専門職養成でそれらがどう違うのか，という二段階の検討を行う。

①組織的基盤

組織的基盤に関しては，まずは大学院教育に関わる組織は何か，どのような組織がどのような機能を果たすのか，を把握せねばならないが，そのために，「活動の配置（分業）」と「権威と権限の分布」に着目する。

大学組織論の古典とも言うべき，クラークの『高等教育システム』（訳書1994）[15]では，「仕事（活動）はどのように配置されているのか」「権威はどのように分布しているのか」「システムはいかに統合されているか」が問われている。本書でも，「大学院教育に関わる活動はどのように配置されているのか」「大学院教育に関わる権威や権限はどのように分布しているのか」を問うが，さらに本書の基本的な関心から，活動の配置（分業），権威や権限の分布について，研究者養成と専門職養成でどのような違いがあるのかを検討する。そして「多様性のある大学院教育を全体としていかに統合しているのか」を問うこ

とで，研究者養成と専門職養成の統合の問題も検討したい。

　例えば，大学内部を，全学レベルと，カレッジやスクールなどの部局レベルで分けると，まずは全学レベルで，大学院教育に関わる活動はどのように配置されているのか，大学院教育に関わる権威や権限はどのように分布しているのか，を問う。全学レベルでは，専門分野別に分業が行われ，各専門分野を担うのがカレッジやスクールであるが，このなかで研究者養成と専門職養成はどのように配置されているのか，大学院教育に関わる権威や権限は全学とカレッジやスクールとの間でどのように配分されているのか，それは研究者養成と専門職養成で違いがあるのか，といった問題である。

　カレッジやスクールのレベルでも，上記と同様に，大学院教育に関わる活動の配置，権威や権限の分布について問う。少し詳しく言えば，カレッジやスクール内部でもやはり，デパートメントやプログラムへと専門分野別に活動が分割（分業）されるが，研究者養成と専門職養成はどのように配置されているのか，大学院教育に関わる権威や権限はカレッジやスクール，デパートメント，プログラムの間でどのように配分されているのか，それは研究者養成と専門職養成で違いがあるのか，といった問題を検討することになる。

　つまり，本書では，大学院関連組織の構造と機能を検討するが，その際活動の分業，権威や権限の分布に着目し，とくにそれらが研究者養成と専門職養成とでどのように異なるのかを明らかにする[16]。

　なお，スクール，カレッジ，プログラム，デパートメント，グラジュエト・スクールなどの組織の機能や特徴については，第5章を参照いただきたい。

②経済的基盤

　大学院教育が経済的にどのように支えられているのかを探るために，具体的には「財源」と「資源配分（資金のフロー）」に着目する。大学院教育の財源には，連邦政府，州政府，大学自身，学生，企業，個人，慈善事業財団，などさまざまな主体からの資金があるが，例えば，連邦政府や州が資金を提供するには何らかの公的な理由があるであろうし，企業にも理由があるだろう。学生はもちろん授業料を支払う理由があるから支払っている。個人からの寄付も，

例えば特定の教育プログラムへの寄付（例えば経済支援の対象がそのプログラムの学生に限定される）であれば，寄付者の意向があるであろう。すなわち大学院教育は，それが果たしている社会的な役割や社会的な位置づけに応じて，社会から支援を受ける。そう考えると，大学院教育の財源の違いは，大学院教育の社会的機能の違いを表しており，社会的な基盤の違いを表している。先に述べたように，研究者養成と専門職養成とで，社会的な機能や位置づけに違いがあるとすると，財源に違いがあるであろう。

しかし，財源の違いのみが重要ではない。資金のフローや資源配分のなされ方も重要である。というのは，現実には特定の個々の大学院教育に対して特定の財源から資金が直接に来る，というケースばかりではなく，資金のフローに対して組織的な関与がなされたり，組織による資源配分がなされることが少なくないと考えられるからだ。例えば，大学の特定のユニットやプログラムや教員個人に資金が直接に配分されれば，組織としての大学はそれに関与しにくいであろうが，大学がいったん資金を引き受け，配分する場合には，組織としての関与が行われる。例えば，州政府の機関補助や学生からの授業料収入について，その使途が機関としての大学やカレッジ，スクール，デパートメントに任されていれば，それらの組織の関与が強くなるであろう。そして，こうした組織的な関与には何らかの意図があって，それは大学院教育の位置づけを反映したものであろう。こうした意味で，大学の内部の組織がどのように資源配分に関わるかが重要となる。その資源配分が研究者養成と専門職養成とでどのように異なるのかを検討する。

これはいわば経済的基盤といっても組織の問題でもある。組織論における「資源依存理論」では組織内部あるいは組織間の権力関係に着目する（渡辺2007，95頁）。組織は資源を外部に依存するために無条件に自律的ではあり得ないが，組織間あるいは組織内部の権力関係のあり方やそれを変えることで，不確実性や不安定な要素を減じることができ，その意味で組織の適応戦略が重要となる。そして，これは組織の経営の問題に直結する。

3　研究の方法と本書の構成

1）研究の方法

　先述したように大学院に関わる組織や財政・財務については，日本はもとよりアメリカでも先行研究が少ない。その上，当然ながら個別にみていけばいくほど多様であり，われわれ日本人にとって知りたいようなことも，アメリカ人にとっては当たり前のためか，文献に現れないことも多い。後述するように大学院教育に関わる財政・財務のデータそのものも入手しにくい。当初は，そもそも大学院教育の財源は何か，大学院教育に関わる組織には何があるのか，それらは分野によってどう違うのか，研究者養成と専門職養成とでどう違うのか，私立と州立でどう違うのか，といった初歩的なこともわからなかった。そのため大学院教育の運営に関わる人物に直接にインタビューするなどして探る必要があると考えた。そこで，研究大学のカレッジやスクールを訪問し，主にディーン（dean）や副ディーン（associate dean）にインタビューを行った。ディーンは，日本で言えば学部長や研究科長のような部局長であり，大学院に関わる組織や財務を最も良く知る人々と考えたからである。こうして得た情報をベースに，訪問した際にいただいた資料，大学や個別のカレッジやスクールのウェブサイトから得た情報などをもとに検討を行った。インタビューの具体的な内容や調査対象については第Ⅲ部の最初で説明する。

　こうしたインタビューや資料に基づくミクロな分析が主体となるが（第Ⅲ, Ⅳ部），その前に（第Ⅱ部で），マクロなイメージを得るために，アメリカの大学院形成の歴史的なプロセス，そして現在のアメリカの大学院に関わるマクロな制度や枠組みについて，研究学位と専門職学位の違いを中心に整理する。

2）本書の構成

　本書は4部と終章から構成される。本章を含む第Ⅰ部では，本書の枠組みに

序章　多様な大学院教育の基盤を探る　15

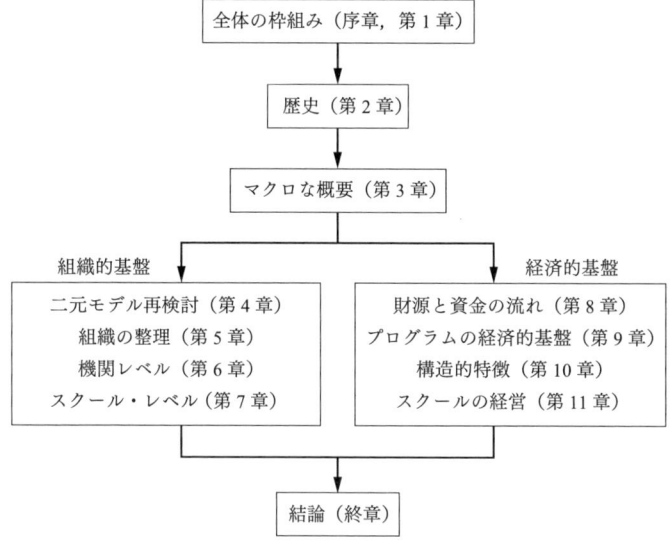

図序-2　本書の構成

ついて述べ，第II部では，第III部および第IV部の比較的ミクロな分析の準備として，アメリカの大学院のマクロな概要を整理し，第III, IV部は，研究大学の組織的・経済的基盤について，機関や内部組織のレベルで，その構造的な特徴やパターンを分析する。

〔第I部〕

序章では，本書の問題意識と目的，そして本書における分析の対象，課題，枠組み，方法について説明してきた。

第1章では，基本的な分析視角となる学位の違いについて整理する。本書は研究学位と専門職学位の対比を基本的な分析視角とするが，この学位の対比について，その趣旨や妥当性などの検討を行う。

〔第II部〕

第2章では，アメリカの大学院の成立の歴史を概観する。

第3章では，学位授与数からみたアメリカの大学院の特徴，連邦政府や州政府さらには中間組織（専門職団体）の役割，高等教育システムにおける階層構

造の要因としての大学院の機能など，マクロな枠組みを概観する。

〔第III部〕

第III部では大学院教育の組織的基盤を扱う。

第4章では，大学院教育，大学院学位の多様性に対する組織的な対応の一つとして，カレッジやスクールによる機能分担である「文理大学院とプロフェッショナル・スクール」という二元モデルを取り上げ，その妥当性と限界を検討する。

第5章では，第4章の検討を踏まえて，大学院教育に関わる組織を検討するために，改めて大学組織の構成を整理する。多様な意味を持って混乱のもとになっている「グラジュエト・スクール」についても整理する。

第6章では，機関レベルでの大学院管理の方式について，3パターンの方式に分け，さらに全学的な大学院管理組織と個別カレッジ・スクールの役割分担を検討する。

第7章では，より下位のレベルへと，部局（カレッジやスクール）レベルあるいは，部局内部の組織に眼を向ける。法律，文理学，工学，医学，ビジネス，教育のカレッジやスクールを分野別に比較し，カレッジやスクールの内部組織の構造，大学院プログラムの運営のパターンを検討する。

補論では，研究学位と専門職学位とがどのように調整されながら運営されているのかを，組織的な「マトリクス」という考え方を使いながら検討する。

〔第IV部〕

第IV部では大学院教育の経済的基盤を扱う。

第8章では，大学院教育の経済的基盤の把握の難しさ，資金のフロー，研究大学におけるカレッジやスクールの自律性の高さを踏まえ，大学院教育の経済的基盤を検討するには，スクールを中心にみることが必要であることを示す。

第9章ではスクール内部に目を向け，大学院教育の経済的基盤について分析枠組みを設定し，法律，文理学，工学，医学，ビジネス，教育のそれぞれのカレッジやスクールにおいて，大学院プログラムの経済的基盤がどのような特徴とパターンを有するのか明らかにする。

第10章では，第9章で行った検討をもとに，大学院教育の経済的基盤の特

徴のいくつか,「大学院生への経済支援」「研究経済と専門職経済」「分権化された大学院運営」「内部補助」を取り上げ,整理する。

　第11章では,カレッジやスクールの大学院経営に着目し,カレッジやスクールが複数の大学院プログラムをどのように運営し,あるいは調整しているのかを検討する。

　終章では,以上の検討を踏まえて,改めてアメリカの研究大学における大学院教育の組織的・経済的基盤を整理し,それが現在変化しつつあること,そこで生じている問題を検討し,さらに日本への示唆を探る。

第1章　大学院教育の多様性の系譜と学位

　本書の基本的枠組みである研究者養成と専門職養成の対比，研究学位と専門職学位の対比について，本章では，歴史的な経緯，アメリカの大学院に関する統計，先行研究などを踏まえ，その妥当性や限界について検討する。以下ではまず，歴史的な経緯から大学院教育の多様性を整理することでその対比を明確化し（第1節），「研究学位と専門職学位」について定義や内容を設定し，アメリカの大学院統計でこの対比がどう扱われているのかを整理する（第2節）。さらに他の学位分類と比較することでその特徴を明らかにする（第3節）。

1　大学院教育の多様性の系譜
——研究者養成と専門職養成

　研究者養成と専門職養成には歴史的に異なる系譜があるのか。大学院教育は19世紀アメリカで始まり，それ以前には大学院教育（graduate education）と学士教育（undergraduate education）の区別はなかった。そこで，その両方を含めた「大学教育」全体の流れをたどりつつ，大学院教育の系譜をみてみよう。

1）大学教育における「学問志向」と「職業志向」

　現在のアメリカの大学教育全体をみれば，その多様性は大きく「学問志向」と「職業志向」の違いとして捉えることができる。「学問志向」の教育とは，教えるべき知識が学問の世界で構築されたものであり，「職業志向」の教育では，教えるべき知識は職業などの実践で培われたものである。前者では学問の

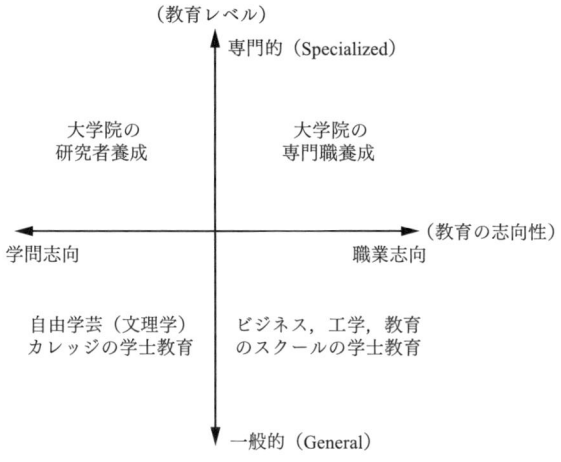

図1-1 大学教育の諸側面（現代アメリカ）

内在的論理が優先されるのに対して，後者では職業実践に有用なのかという観点が優先される。ただし両者は全く異なるわけではなく，学問的に内在化（理論化）される知識にも，実践的な有用性が出発点になっているものもあろう。

こうした大学教育における「学問志向」と「職業志向」の違いは，大学院教育が学士教育よりも高度（advanced）で専門的である（specialized）という違いはあるものの，双方で存在する。大学院教育では，研究者養成が「学問志向」であるのに対して専門職養成は「職業志向」である。学士教育では，「学問志向」を持つのは，自由学芸カレッジ（liberal arts college）や文理学カレッジ（college of arts and sciences）の学士教育であり，「職業志向」を有するのは，ビジネスや工学や教育のスクールなどでの学士教育である。

2）「学問志向」の歴史的系譜

①自由学芸の系譜

学問の歴史的な系譜をみれば，古代ギリシャ以来学問全般を指していた「フィロソフィア（ラテン語で philosophia）」，「第一の原理や原因を研究する知

識」として主観から独立した知識とされた「エピステーメー」(坂本 1984, 61 頁), そのラテン語である「スキエンティア (scientia)」(佐々木 1996, 4 頁；村上 1983)(「サイエンス (science)」の語源) などがある。とりわけ古代ギリシャ世界では, 「知識と技術の分離」, そして「知識から分離された技術を, 知識の下位に置いた」という特徴があり, 技術から切り離された知識が自由学芸(リベラル・アーツ liberal arts, ラテン語で artes liberales) へと発展する (村上 1986, 77 頁)[1]。この自由学芸に対して, 織物, 耕作, 建築, 武術, 料理, 鋳造, 商業などからなる「機械的技芸 (メカニカル・アーツ mechanical arts, ラテン語で artes mechanicae)」が, 手仕事から来るものとして区別された[2]。

自由学芸は, 古代ギリシャ以来の学問が「自由七科 (ラテン語で septem artes liberales)」としてローマ時代末期にまとめられたもので, 文法・修辞学・弁証法 (論理学) の三科 (トリウィウム, ラテン語で trivium) と, 算術・幾何・天文・音楽の四科 (クワードリウィウム, ラテン語で quadrivium) からなる (坂本 1983a；高橋 1983)。自由学芸は, 古代の自由市民に許されていた学問であり, 労働の拘束から自由であるという意味を持つとも言われるが, ギリシャのエンキュクリオス・パイデイア (円環的教養, ラテン語で enkuklios paideia) が, 古代ローマ期に自由人が持つべき調和的教養に統合されたとも言われる (児玉 2007, 248 頁)。その意味でも, 寄せ集めの知識ではなく, 教育上で必要な調和をもたらすものとされていた。自由学芸は, 大学が誕生する以前には, 司教座聖堂学校を始めとする教会関係の学校や世俗の学校など教養諸学の学校で教えられていた (児玉 2007, 179-80 頁)。

この自由学芸は, 12 世紀に形成された中世大学において「教養学部 (学芸学部)」として組織化された。ただし, 「教養学部」は, 「神学部」「法学部」「医学部」のための基礎諸学を教授する下級学部として位置づけられ, 中世大学の機能は主に上級 3 学部による専門職養成であった。しかし, 中世イギリスのオクスフォードやケンブリッジでは, 学部 (ファカルティ faculty, ラテン語でファクルタス facultas) ではなく学寮 (カレッジ college, ラテン語でコレギウム collegium) が発達し, そこではジェントルマン養成のための自由学芸が重視され, それがイギリス植民地時代のアメリカのカレッジのモデルとなり, アメリ

カで自由学芸カレッジや文理学カレッジへと発展し，現在アメリカの学士教育の中核となっている。

他方で，「教養学部」はドイツで「哲学部（faculty of philosophy，ドイツ語でPhilosophische Fakultät）」と称されていたが，18〜19 世紀にはドイツの大学は学問研究の場へと変容する。その過程で哲学部は大学内で昇格し[3]，哲学部を中心にドイツの大学は研究大学へと変容した。このドイツ大学「哲学部」が Ph. D.（哲学博士，ラテン語で Philosophiae Doctor）を生み，それがアメリカの大学で導入されて大学院が形成され，アメリカの大学の Ph.D.（Doctor of Philosophy）へとつながっていく。従って大学院教育も自由学芸の系譜に連なる。

②制度化した科学の系譜

しかし自由学芸のみが「学問志向」の系譜ではない。先述した機械的技芸は職人層によって受け継がれたが，中世の大学では自由学芸と峻別され，教授もヒューマニストの文学者も自由学芸と機械的技芸とを区別し，手仕事，実験，解剖を軽べつしていた（ツィルゼル訳書 1967，2 頁）。しかし，ルネサンス期を経て，職人の中には，芸術＝技術者，外科医，航海・音楽用器具の製作者，測量家，航海者，砲術者などの高級な手工労働者，つまりツィルゼル（訳書 1967，第 1 章）のいう「高級職人」が登場し，彼らが自由学芸と機械的技芸との溝を埋め，「学者的伝統と職人的伝統の統合こそ，新しいタイプの科学者――ガリレオがその代表である――を生む大きな要因となった」（吉田 1980，98 頁）。そうした変化のなかで，17 世紀に，近代科学成立の契機となった「科学革命」（バターフィールド訳書 1978）が起こった。

しかしながら，大学は，依然として自由学芸と機械的技芸とを峻別し，またアリストテレス的スコラ学を正統派学問としたため，ギリシャ以来の自由学芸的哲学を基礎にしつつも，機械的技芸や新プラトン主義の影響を受けた科学革命を積極的には受け入れなかった。科学革命はおもに大学の外のアカデミーなどを中心に進展し[4]，大学は近代科学に乗り遅れることになる。科学革命は，認識論的には近代的な経験主義や合理主義とつながりながら，社会的には 17,18 世紀に啓蒙思想，啓蒙主義運動へと展開していく。

啓蒙主義は脱キリスト教的・理性主義的な思想運動であって，科学の神離れ，いわゆる聖俗革命を促進した（村上 1979）。同時に啓蒙主義は，科学による進歩思想を唱え，実用主義さらには社会変革運動とも結びつき，市民革命やフランス革命に影響を与え，近代をもたらす思想的基盤となった。こうした啓蒙主義からすれば大学はキリスト教や王政と直結し，むしろ打倒すべき対象であり，1789 年のフランス革命は大学を解体するにいたった（島田 1990, 169-70 頁）。

そのフランスでは，大学ではなく，革命前後に建設されたエコール・ポリテクニーク（理工科学校）やエコール・ノルマル・スュペリウール（高等師範学校）などのグランゼコール（大学校）が近代科学を担うことになった。エコール・ポリテクニークでは，それまでアカデミーを拠点に活動していた科学者が教授になり，その卒業生も科学に関わる職業に就くことが期待され（佐々木 1983, 167 頁），科学の専門職業化（中山 1974）が始まった。

この時期以降を，いわゆる「第二の科学革命」（古川 1989, 97 頁；佐々木 1985a，1985b）と呼び，「制度としての科学」（成定他編 1989）が成立していく。科学革命，啓蒙思想運動を経て，科学や技術の社会的な役割が強調され，18 世紀には科学者の団体や学協会の設立が進み，ついにフランスにおいて科学は上述の高等教育機関（大学ではない）に居場所を得た。さらに 19 世紀には専門学会の設立が相次ぎ，アマチュア的に行われていた科学は，社会の中で地位を獲得すると同時に，学会制度と後継者養成制度を確立させることで素人を排除する方向へと変容した（科学の制度化，専門職業化である）。

ドイツでも，18 世紀後半には大学廃止論が出る状況であったが，その背後にあった啓蒙主義的な実用主義はドイツに独自の反応を引き起こした。ドイツでは，啓蒙主義の影響を受けつつも，その実用主義に反発して（ナショナリズムも手伝って），ドイツ理想主義（新人文主義，ドイツ観念論，ロマン主義など）が発展し，19 世紀はじめ頃までに，実用的な学問（パンのための学問）ではなく「純粋の学問」の重要性を強調しつつ，学問の体系性や有機的統一性の重要性，真理探究を通じた人格形成（陶冶），学問による教養の重要性を強調する，独自の学問（ヴィッセンシャフト Wissenschaft）観が形成された（シェルスキー訳

書 1970，第 3 章）。こうしたドイツの教養主義的な学問観は，大学の中世的性格を批判する点では実用主義と一致しながらも，改革の方法としては，実用主義批判から哲学部の位置を押し上げることになった（佐野 1989，29 頁）。

興味深いのは，ドイツ理想主義的な教養主義は大学の人文学的な教養主義であって，啓蒙主義を背景にその実用性を主張してきた自然科学（自然哲学）は批判の対象となるものであったにもかかわらず，19 世紀になってむしろ自然科学者が教養主義に便乗し，自然科学的教養主義を主張したことである[5]。数学に始まったこの動きは科学の他分野に広がっていくが，それは自然科学が大学における位置を確保するのに必要なことだったからである。「自然科学者は人文主義者との『戦い』では自然科学の教養性を主張し，実用主義者との『戦い』では自然科学の実用性を主張した」（佐野 1989，35 頁）。こうして教養主義と実用主義を統合した科学イデオロギーが形成され，その科学研究が大学に居場所を得ることになった。

こうしてドイツの大学では 18 世紀に学問研究を取り込む規範が形成され，さらに 19 世紀に科学（自然哲学）研究を取り込むことになった[6]。19 世紀ドイツの大学は，当時進展しつつあった科学の制度化にいわば格好の舞台を提供し，フランスのグランゼコール以上に，その主たる担い手になっていく。哲学部では，中等教育機関の教員養成を担うことで，科学の専門職業化が現実化し，大学教員任用方法の変化で各邦国政府の文部省の権限が強くなり，独創的な研究能力が重視されるようになった（成定 1982，223-4 頁）。とりわけ領邦間の競争が教員評価における研究能力の重要性を高め，また大学が争って研究に力を入れる契機になった（ベン＝デービッド訳書 1974）。さらに 18 世紀末に始まったゼミナール，学生実験室はより研究重視の教育を可能にし，私講師制[7]は若手研究者の競争を激化させた（成定 1982，223-4 頁）。

19 世紀のこうした科学の制度化が進む中で，ドイツの大学の研究体制は官僚機構化し（潮木 1973，106 頁），大学における研究は，知識の拡大と発見を求めて自律的かつ自己増殖的に拡大する活動へと変容していく。もともと啓蒙主義には知識や学問の「進歩主義」とも言うべきものが内包されていたが，科学の制度化は，それを促進させる制度的基盤を提供し[8]，「フォルシュンク（For-

shung）における細分化」が急速に進展する（潮木 1973, 65 頁）。19 世紀初めごろまでのヴィッセンシャフト理念は研究を重視しながらも，教養主義的傾向があったが，科学の制度化は「研究主義（研究至上主義）」と言うべきものをもたらしたと言えよう。結局のところ，こうした研究の変質の過程にあった「研究至上主義」が，ジョンズ・ホプキンズ大学創設の動因となり，アメリカの大学院の成立をもたらすことになった（本書第 2 章；潮木 1993，第 5 章）。

3）「職業志向」の歴史的系譜

①中世専門職養成の系譜

他方で現代の大学院での専門職養成は中世大学の系譜に連なる。すでに述べたように中世大学では，教養学部（学芸学部）の上位に「神学部」「法学部」「医学部」が置かれ，学位（degree）を授与した。「中世大学ではドクターと言いマスターといっても同義語であり，ともに教師を指した」（横尾 1999, 34 頁）ものであり[9]，学位は当初教授資格だったのだが，医師組合など専門職組合の力が増すにつれ，「教職の学位」から「専門職の学位」へと変容する（児玉 2007, 21 頁）。その後「いずれの学部でも，研究的能力を保証したり学問的業績を称えて学位を出すことはなかった。18 世紀までの学位は，おおむね，僧侶，法律家，医師などとして世に立つ開業の資格として役立つもの，学問の内的な進歩とかかわるよりは，職業にかかわるものであった」（横尾 1999, 27 頁）。

このように中世大学の機能は専門職養成であったが，教養主義的色彩もあった。神学は言うまでもなく，法学部も自由学芸（教養諸学）の学校との関わりの中で形成された（児玉 2007, 35 頁）。また，医学においては，それまで修道院学校で行われてきた医学教育（内科）を大学が吸収し，他方で民間の医療行為に従事した外科医，理髪外科医，薬剤師は引き続き徒弟制度で養成がなされ，大学の形成が，医学学位を得た内科医と伝統的な徒弟教育によって養成された外科医やさらに一段低い位置に置かれた理髪外科医などの階層分化をもたらした（児玉 2007, 160-1 頁）。医学を含め中世大学の専門職はすべて古典の学

習を基礎にしていたが，それは，学ぶ内容の実用性などよりも，古典などそこで学んだという実績が重要であり，それが専門職の排他的地位を保証したからであった（ベン＝デービッド訳書 1982，53-5 頁）。

しかし，その後大学は，宗派主義と領邦主義によってコスモポリタン的性格を失い，16 世紀から 18 世紀にかけて停滞していく（島田 1990，第 2 章）。停滞の理由は，そうしたセクショナリズム化もあったが，前述したように大学が近代科学に乗り遅れたこともある。だがさらに言えば本務である専門職養成も有効性を失っていたからであろう。18 世紀の大学の専門職養成は，具体的なものではなく，むしろ高度に抽象的な性格のものであって，高等教育は必ずしも専門職業人に対して専門的技術の実践のための準備をさせるものではなかった（マクレランド訳書 1993，37-8 頁）。

フランスでは，最古の大学の一つであるパリ大学はフランス革命で解体された。イギリスでも，オクスフォードやケンブリッジが教養教育に傾斜し専門職教育の機能を放棄してしまったため，大学が伝統的に占めていた知的専門職養成のなかでの地位は徒弟制度にとってかわられた（エンジェル訳書 2000，290 頁）。聖職者養成（やエリート養成）では大学は依然役割を果たしたが，医学では一部の内科を除けば病院での徒弟制や後に大学以外の医学校がその専門職養成を担い，法学では，大学の法律家養成は学問的ではあっても実用性が低く，法曹院（Inns of Court）が専門職養成の舞台であった。ドイツでも，「イギリスと同様（ヨーロッパのどこでも同じであるが），医師は外科医術（これはいまだ理髪師によって営まれる手工業的職業であった）を行うことも，それどころか患者を治療することさえ期待されてはいなかった。法律家は大学を出た後に，すでに高度に官僚化されている法曹システムの中でより上級の訓練を受けねばならなかった。聖職者は教区に着任するのを待っている間，なんらかの他の職業（教師など）に従事するのがごく当たり前であった」（マクレランド訳書 1993，38-9 頁）。こうしたことから実用主義的な啓蒙主義の立場から 18 世紀後半に「大学廃止論」が出ていたことは先に述べた通りである。

しかし，ドイツでは，フランスやイギリスに比べれば，18 世紀に一部の大学で改革が進み（プラール訳書 1988，146 頁），大学の近代化への努力がなされ

た。例えば，1737年に創設されたゲッチンゲン大学では，神学部や法学部においてカリキュラムの近代化がなされ，法学部では国家官僚養成への必要から国家行政学の講座が設けられ，それが政治学や経済学などの新しい学問の興隆に貢献し，医学部でも解剖学，植物学，化学，基礎医学，臨床医学，外科，産科などの部門が設けられ，解剖台教室，植物園，大学病院などの施設が整えられた（横尾1999，221-2頁）[10]。

18世紀ドイツの大学では，「伝統的自治団体から国家の施設への性格転換，国家による教授任命権の優位，教授の国家官僚化，国家に奉仕する実用的な学問の優勢，聖職禄から俸給への転換，大学に対する査察・監査の実施」（別府2001，112頁）などの変容が生じ，このなかで，啓蒙主義は上からの近代化を促し，国家に資する専門職の養成が国家によって大学に根づかされることになる。ドイツでは「18世紀の末までに，多くの邦国は専門職の質を改善し，専門職を官僚制化する策を講じはじめ」，「19世紀初頭には，医療・法曹・聖職の各専門職の職業経路は，大学修了後の試験をもって始まることとな」っていた（マクレランド訳書2000，309-10頁）。18世紀に起こった伝統的な専門職の国家的な官僚制化で大学はそのなかに組み込まれ，大学は資格付与の一翼を担いつつも，その「学部試験が国家試験のもとに敗北」し（潮木1973，99頁），専門職資格の主導権は国家が握った。専門職の官僚制化とは，国家官僚，司法官僚，大学教授，聖職者などの公職者，医師や弁護士などの自由業者の違いはあれ，大学の神学部，法学部，医学部，哲学部の教育と国家試験を経て職業資格が授与されることを指す。望田（望田編1995，3頁）によれば，「職業資格」＝「教育資格プラス国家試験」という方程式のネットワークがドイツの資格社会であり，それは18世紀から19世紀に形成された[11]。

こうしたドイツと同じように，他のヨーロッパ諸国でも，専門職資格を付与する権限を失っていた大学は，その主導権を握った国家から権限の一部を獲得していった（エンジェル訳書2000，300頁）。他方で，イギリスでは，19世紀には伝統的な専門職教育を再び大学に取り戻そうという運動はあったものの，大学や国家に対する専門職団体優位のもとで，その動きはスムーズには進まなかった（エンジェル訳書2000，300頁）。その後大学の拡大のなかで伝統的専門

職養成でも大学の役割は大きくなっていくが，資格付与の権限は資格付与団体に委ねられた。

　このような資格化も重要だが，それまで古典に基礎を置いていた専門職が，19世紀には専門化された知識，専門知識を必要とするようになった（ベン＝デービッド訳書1982，53頁）こと（実用性が高まったこと）も重要な変化である。

　②新しい専門職養成の系譜
　先述したように「自由学芸」とは別に「機械的技芸」の伝統は職人によって受け継がれ，中世には，都市の発達に伴って，同業者組合（ギルド）が形成されるようになり，商人ギルドに続いて手工業ギルドが形成され，徒弟制度で職人の養成が行われた。「機械的技芸」に由来する職人層は，新技術には保守的であって，すでにルネサンス期には形骸化したところもあり，先述したように，そこから脱したダビンチのような「高級職人層」が出現し（ツィルゼル訳書1967），大学の知識人にも大きな影響を与えることもあったが（坂本1983b，252頁；佐々木1996，57頁），基本的には大学とは別の世界であった。

　だが，職人養成も18世紀には近代化が進み，「中世ではさまざまな同業者組合によって職業資格とともに徒弟・職人・親方というランクの認定がなされたが，それぞれのなかには，近代にはいって教育資格と試験制度に接合されて，近代社会における職業資格・ランクへと再編成されていったものがあった」（望田編1995，4頁）。つまり，職人の伝統の一部は，教育資格と試験制度と結びつくことで，近代的専門職へと変容する。

　さらに新たに専門職化した職業のなかには，大学に食い込んでいくものもでてきた。啓蒙思想や産業革命は近代的なテクノロジー，技術者の重要性を社会に認識させることになり，また近代国家や経済社会の運営上でも官僚やビジネスなどの専門家が必要とされるようになり，工学（engineering）などの実用的学問も認められ，技術者などの職業が，新しいタイプの近代的な専門職として勃興し，それらは大学の近代化に伴って，次第に受け入れられていく。

　だが，まずは大学ではなく，フランスにおいて，実用的な専門学校と言うべ

き，土木学校，鉱山学校，エコール・ポリテクニークなどのグランゼコール（大学校）が，18世紀中ごろから，特に18世紀末から多く設立され，そこで世界で最初に高等教育レベルでの近代技術教育が始まり，フランス革命後の近代国家建設に必要な専門的人材が育成された。

ドイツでも，18世紀後半に，大学の外に，鉱山学校，獣医学校，工芸学校，建築学校，農業学校（名称はアカデミーやインスティテュート）など，技術者教育を行うためのさまざまな専門学校が創設された（佐野1989，27頁）。さらにフランスの専門学校（グランゼコール）の影響をうけ，高等工業学校（テーハー Technische Hochschule）が次々と創設された。高等工業学校は，19世紀末から工科大学に昇格し，工学博士号（Dr.-Ing）授与権を獲得する（古川1989，125頁）。工学にとどまらず，商業，農業などで専門学校そして専門単科大学が数多く設立されるようになる（プラール訳書1988，201-12頁）。例えば，化学専門職は，職業資格のための国家試験導入には失敗するものの（望田編1995，第4章），19世紀後半から大学（哲学部）や工科大学で養成された技術者が企業で活躍し，専門職化する。また，商業の分野では，19世紀末から1920年代にかけて商科大学が創設され，「ディプローム・カウフマン」資格が形成される（望田編1995，第4章）。19世紀後半にはドイツの大学は，経済的利害で動かされ，「自然科学者，技術者，法律家，その他私企業に投入されうる専門家の養成機関になっていた」（プラール訳書1988，194-5頁）。

19世紀ドイツでは，大学そのものが専門職養成，職業教育的性格を強めた。研究機能の中核を担った大学の哲学部でさえ，「哲学部の基礎的一般教育的役割がギムナジウムの整備とその教育によって失われ」，「学生は直ちに専門課程に入りうるようになった」，そして「哲学部そのものもしだいに高等教員養成機関と化して，職業教育的性格をつよめてきた。大学はこうしていくつかの職業専門学校の集団となりつつあった」（島田1990，219頁）。学生にとっては，大学は国家資格獲得のための「専門職的な訓練」（Mayhew 1977, p.1905）の場であった。

イギリスでは，中世大学の伝統を受け継ぐオクスフォードやケンブリッジではなかなか変革が進まず，またドイツのように国家主導で大学を専門職養成の

拠点化することもなく，むしろ民間の産業界や経済人，専門職団体による努力で専門職教育の近代化が行われる[12]。イギリスでは18世紀末から19世紀初めに「メカニクス・インスティテュート運動」が盛んで，さらに19世紀半ば以降は各地の産業都市に，産業界や経済人からの要請で技術教育や専門職教育を担うユニバーシティ・カレッジが多く設立され，それらが20世紀に入って正規の大学（市民大学，赤煉瓦大学）となっていく。ロンドンでも，もともと技術，鉱山，土木，化学，医学，経済などの専門教育を行う多くのカレッジがあり，キングス・カレッジとユニバーシティ・カレッジを中心にそれらのカレッジから構成されるロンドン大学が形成される。「新設のロンドン大学とそれを模倣したマンチェスター，リーズ，バーミンガムその他の大きな産業都市における諸大学が，医学，化学，工学，経済学・商学の学部や学科——さらには醸造や染色さえも——を発展させた。また，スコットランドの大学の教授たちは化学産業，機械産業，造船産業のコンサルタントとなった」（パーキン訳書1998，65頁）。

他方でアメリカでは，詳しくは次章で検討するが，ヨーロッパの伝統とはいくらか異なるプロセスをたどる。18世紀までは専門職養成は大学には存在せず，大学といえばカレッジ教育であり，専門職はヨーロッパで養成された。徒弟制度や専門職の私設学校でも養成されたが（Mayhew 1977, p.1906），概してその水準が低かった。専門職教育が大学に根づくのは遅く，19世紀も末になってである（Hoberman and Mailick eds. 1994, p.4）。19世紀後半には伝統的専門職が大学での位置を確保するようになり，同時に州立大学が形成され，工学，農学，ビジネス，教育，ソーシャル・ワークなど，非伝統的な専門職教育も大学にその場を獲得していった（ルドルフ訳書2003, 319頁）。さらに20世紀に入って，伝統的な専門職も近代的な非伝統的専門職も大学院化が本格化していく。

以上より，研究者養成は，教養主義的な「自由学芸」の系譜に連なるが，それ以上に近代科学，とりわけ19世紀の研究主義（研究至上主義）[13]的な「制度化した科学」の系譜が重要である。

他方で，専門職養成には，中世大学以来の神学，法学，医学の「伝統的専門職養成」の系譜があり，また一部は「機械的技芸」の流れを引き継ぎ，19世紀に制度化した「新しい専門職養成」の系譜がある。前者の伝統的専門職養成は学位授与の先駆けであり，資格主義であったが，教養重視でもあって実用性は低かった。それが近代的資格付与制度に組み込まれ，実用性を増した。後者の新しい専門職養成は，もともと実用的な職業訓練であったが，その一部が近代に大学に入り込み，資格主義的な専門職養成へと変化した。

 いずれにしても，研究者養成と専門職養成とはかなり異なる系譜を有する。

2　研究学位と専門職学位
――教育機能上の分類

　研究者養成と専門職養成の対比は，学位で言えば「研究学位と専門職学位」の対比であるが，この対比はどのような特徴があるのか，そして妥当なのか。以下ではこれらの問題について，学位の対比を概説し，統計上の取り扱い，他の学位分類との比較を通じて検討する。

1）研究学位と専門職学位の設定

　大学院学位（graduate degree）に関しては，修士と博士との違い，州立大学と私立大学との違い，研究大学とそれ以外の大学との違い，専門分野の違いなど，さまざまな観点から多様性を捉えることができようが，ここでは研究者養成と専門職養成という教育機能の違いに着目して「研究学位と専門職学位」を対比させて考えたい。

①研究学位

　研究学位（research degree）とは，コース・ワークを経て研究活動を行い，研究論文またはそれに相当するものを作成して得られる学位である。あるいはそ

れを目指した学修の途中で得られる学位（修士）もこれに含めて考える。しばしば大学教員や研究者になるために必要な学位であり，研究学位の代表は，Ph.D.（Doctor of Philosophy）である。大学教員のための学位として，ビジネスの専門分野のD.B.A.（Doctor of Business Administration）や法律学のS.J.D.またはJ.S.D.（Doctor of Juridical Science）などもあるが，教員の中での取得者はごく一部に過ぎない。Ph.D.は自由学芸，文理学の学位で「哲学博士」であるが，現実には工学，医学，教育などさまざまな専門分野で授与される，「研究のための学位」である。

修士号については，文理学の学位であるM.A.（Master of Arts）やM.S.（Master of Science）のなかに，コミュニティ・カレッジの大学教員に必要な学位や，Ph.D.へのプロセスの途中の学位や，Ph.D.にたどり着けなかった者への残念賞的な学位として機能するものがあるが，これらは研究学位に位置づけられる。しかし，M.A.やM.S.のなかには，後述するように工学，教育などの専門分野でも使われ，専門職学位として位置づけられるものも多い。

②専門職学位

専門職学位（professional degree）とは，専門職に必要な学位である。ただし，大学教員や研究職も専門職とみることができるので，大学教員や研究職以外の専門職，ということにしておく。専門職学位は，具体的には，J.D.（Doctor of Jurisprudence, 法律），M.D.（Doctor of Medicine, 医学），D.V.M.（Doctor of Veterinary Medicine, 獣医学），M.B.A.（Master of Business Administration, ビジネス），M.Fin.（Master of Finance, ビジネス），M.Eng.（Master of Engineering, 工学），Ed.M.またはM.Ed.（Master of Education, 教育），M.S.W.（Master of Social Work, ソーシャル・ワーク），M.P.A.（Master of Public Administration, 公共政策）などである。このなかで，J.D.やM.D.などは，後で詳しく説明する「第一専門職学位（first-professional degree）」と呼ばれる最も典型的な専門職学位群（狭い意味での専門職学位と言えよう）に含まれる。J.D.やM.D.は職業資格の重要部分を構成し，例えばJ.D.やM.D.を得ると州の資格試験を受験することができる（医学スクールを出てもPh.D.では受験資格はない）。

このJ.D.やM.D.など専門職への入職条件として必須とされる専門職学位の他に，M.B.A., M.Eng., Ed.M.のように入職には必須ではないが職業に適した学位として認められているものもある。さらに，医学，工学，教育その他の分野で，文理学の学位であるM.A.やM.S.を冠しながら，専門職学位として扱われるものも多くあり，例えば，M.S. in Clinical Research, M.S. in Mechanical Engineering, M.A. in Library and Information Science, M.A. in Counseling, などがある。そのなかには，定義は必ずしも明確ではないが多領域にわたって「専門職修士（professional master's degree）」と呼ばれる学位もある[14]。修士のレベルでは，第一専門職学位に位置づけられない多くの専門職のためのものがある。

このように専門職学位には，医学や法曹や神学などの伝統的な専門職の学位（多くは第一専門職学位であり，「狭義の専門職学位」と呼べる）がある一方で，特に修士レベルを中心にどこまで専門職と言うべきか必ずしも明確ではないものも含めて幅広くある（「広義の専門職学位」と言うことができる）。ここでは何が専門職かという問題の整理はせず他に任せるが[15]，ただ明らかなことは，専門職の自律性にせよ，知識内容の固有性にせよ，専門職と非専門職との間に連続的なスペクトルがあって二分することは難しい，ということである（とくに広義の専門職について）。そして，そうした状況であるがゆえに，むしろ逆に大学での訓練を通じて学位授与されること（つまり教育が専門職への入職に一定のハードルとなっていること）を専門職としての要件とする考え方もある。このように専門職教育を広い意味で捉えたのがベン＝デービッド（訳書1982）であり，専門職とは「一般に，その職への就職が高等教育機関からの卒業証書を有する者に限られている職業のすべて」であり，専門職教育とは「通常何らかの専門職につくことを目的として習得される，専門化され，もしくは専門化されない，全ての高等教育」（ベン＝デービッド訳書1982, 49頁）とされ，そうなると一般高等教育（教養コースや一般のバチェラーの教育）以外は全て専門職教育となる。そこまでいかなくても，大学院教育レベルではたいていは専門職教育といっても広義にはまちがいではないだろう。こうした観点からすれば，大学院学位は，研究学位を除けばほぼ専門職学位に位置づけられる。

2) アメリカでの大学院に関する統計から

 ただし，研究学位と専門職学位という対比が正式なものであるわけではない。研究学位，専門職学位のそれぞれの言葉はふつうに使われているようだが（日本では，研究学位という言葉が使われることは少ない），学位の分類として一般化されているわけではない。この対比は，ディーンたちに対して行ったインタビューから得たものである。では公式統計ではどのように扱われているのだろうか。アメリカの大学院学位に関する統計と言えば，全米科学基金（NSF：National Science Foundation）や教育省の全米教育統計センター（NCES：National Center for Education Statistics）の統計がある。大学院学位に関して，これらの統計で明確にされているのは実質的には「第一専門職学位」だけである。

①第一専門職学位
 「第一専門職学位」とは，教育省の全米教育統計センター（NCES）の定義によると，専門職の実務を開始するために必要な学修要件の修了を示し，学士学位が必要とする以上の専門職スキルの水準を示すものである。具体的には，ふつう専門職学位プログラムに入る以前に少なくとも大学で 2 年の学修を要し，なおかつ，専門職学位プログラム固有の年限とそれ以前の大学での学修を含めると修了にトータルで少なくとも 6 年を要することが条件とされる（Snyder and Dillow 2011, p.679）。以下の 10 の分野が指定されている[16]。脊椎矯正 Chiropractic（D.C. または D.C.M.），歯学 Dentistry（D.D.S. または D.M.D.），法律 Law（L.L.B. または J.D.），医学 Medicine（M.D.），検眼 Optometry（O.D.），整骨治療医学 Osteopathic Medicine（D.O.），薬学 Pharmacy（Pharm.D.），足病学 Podiatry（D.P.M., D.P., または Pod.D.），神学 Theology（M.Div., M.H.L., B.D., または Ordination），獣医学 Veterinary Medicine（D.V.M.）。博士号として提供されるものが多いが，Ph.D. よりも学修年限は短く，年限から言えば修士と博士の間のレベルということになる（舘 1995, 57 頁）。

表1-1 「Earned Doctorates 調査」における研究学位：2006 〜 2010

研究学位	学位分野	2006 学位数	内訳(%)	2007 学位数	内訳(%)	2008 学位数	内訳(%)	2009 学位数	内訳(%)	2010 学位数	内訳(%)
研究博士号全体		45,620	100.0	48,133	100.0	48,774	100.0	49,554	100.0	48,069	100.0
PhD	Doctor of Philosophy	41,534	91.0	43,968	91.3	45,336	93.0	46,311	93.5	46,059	95.8
EdD	Doctor of Education	2,809	6.2	2,955	6.1	2,928	6.0	2,750	5.5	1,512	3.1
DSc/ScD	Doctor of Science	162	0.4	181	0.4	139	0.3	126	0.3	104	0.2
DEng/DESc/DES	Doctor of Engineering/Engineering Science	26	0.1	29	0.1	20	*	29	0.1	26	0.1
DA	Doctor of Arts	58	0.1	66	0.1	15	*	11	*	8	*
DBA	Doctor of Business Administration	93	0.2	68	0.1	69	0.1	68	0.1	60	0.1
DMA	Doctor of Musical Arts	634	1.4	589	1.2	124	0.3	149	0.3	189	0.4
DM	Doctor of Music	54	0.1	38	0.1	ne	ne	ne	ne	ne	ne
DDes	Doctor of Design	12	*	13	*	5	*	6	*	8	*
DPH	Doctor of Public Health	91	0.2	89	0.2	17	*	15	*	18	*
DHL	Doctor of Hebrew Letters	2	*	1	*	0	0.0	1	*	1	*
DIT	Doctor of Industrial Technology	2	*	0	0.0	ne	ne	ne	ne	ne	ne
DME	Doctor of Music Education	3	*	0	0.0	2	*	0	0.0	0	0.0
DML	Doctor of Modern Languages	3	*	3	*	6	*	4	*	2	*
DNSc	Doctor of Nursing Science	47	0.1	50	0.1	27	0.1	16	*	9	*
ThD	Doctor of Theology	16	*	8	*	17	*	9	*	9	*
DFA	Doctor of Fine Arts	3	*	3	*	3	*	0	0.0	1	*
JSD/SJD	Doctor of Juridical Science	51	0.1	59	0.1	60	0.1	50	0.1	52	0.1
STD	Doctor of Sacred Theology	0	0.0	3	*	2	*	4	*	7	*
JCD	Doctor of Canon Law	0	0.0	3	*	0	0.0	4	*	4	*
	その他の研究博士号	20	*	7	*	4	*	1	*	0	0.0

注）＊は研究博士号全体に対する比率が 0.05％未満，ne は該当なし，を意味する。
出典）NSF/NIH/USED/USDA/NEH/NASA, 2010 Survey of Earned Doctorates（http://www.nsf.gov/statistics/sed/data_table.cfm, 2013 年 3 月 30 日アクセス，より入手）。

②研究博士号

このほかに「第一専門職学位」のように統計上の正式なカテゴリーではないが，全米科学基金（NSF）の博士号獲得者に関する調査では「研究博士号（research doctorate）」という言葉が使われている。研究博士号とは，「学生がある領域の学問にオリジナルな知的貢献をなすための訓練を志向する学位である。研究博士号は，学位論文の完成か，それに相当するプロジェクトの完成を要件とし，第一義的に専門職の実践を目的としない」，と定義される（NSF 2012, p.13）。この研究博士号は表1-1のように代表的なものとしては20種類にも及ぶが，その授与数の9割はPh.D.であり，大部分を占めている。Ph.D.の次に多いのはEd.D.またはD.Ed.（Doctor of Education, 教育）である。この二つで，

全体の99％近くを占める。ただし，Ed.D. はしばしば専門職学位として扱われる（橋本2002；Hamel et al. 2002, p.2）。内容的にもPh.D. とEd.D. はかなり近く，研究学位か専門職学位かという違いでみれば，「曖昧なEd.D.」（阿曽沼2009）である。ただ，上の研究博士号の定義からすれば，研究論文があるので研究学位になってしまう。

こうした用語もあるが，大学院学位について明確に定義されてきたのは，「第一専門職学位」のみであり，それ以外は「修士号」や「博士号」というカテゴリーしかなかった[17]。この「第一専門職学位」「修士号」「博士号」の分類は，2008年に学位のカテゴリーが大幅に変更された後も実質的に変わらない。

③新しい分類

その変更とは，それ以前の「修士号（master's）」「第一専門職学位（first professional）」「博士号（doctor's）」という3区分から，「修士学位（master's degree）」「研究／学問博士学位（doctor's degree—research/scholarship）」「専門職博士学位（doctor's degree—professional practice）」「その他の博士学位（doctor's degree—other）」の4区分への変更である。つまり，博士号については研究学位と専門職学位とその他に分け，修士号についてはそのまま，という変更である[18]。

「研究／学問博士学位」とは，「修士レベルを超えた学修を要するPh.D. やその他の博士学位で，オリジナルな研究に基づく論文の準備やディフェンス（口頭試問），あるいは，十分に学術的な達成度を示すオリジナルなプロジェクトの計画と遂行を含むもの」，であるとされる。このタイプの学位の例として，Ed.D., D.M.A., D.B.A., D.Sc., D.A., D.M., その他が挙げられている[19]。これは先に挙げた全米科学基金の研究博士号と同じである。また，「専門職博士学位」とは，「専門職の実践に必要な認証，資格，ライセンスのための知識やスキルを提供するプログラムを修了したことに与えられる博士学位である。この学位は，学位取得までの全期間が，専門職の準備およびそれ以前の学修も含めて，少なくともフルタイムで6年の期間であるような学修の後に授与される」とされる。そのいくつかの例として，脊椎矯正（D.C. またはD.C.M.），歯学（D.D.S. またはD.M.D.），法律（L.L.B. またはJ.D.），医学（M.D.），検眼（O.D.），整骨治

療医学（D.O.），薬学（Pharm.D.），足病学（D.P.M., Pod.D.，または D.P.），獣医学（D.V.M.），その他が挙げられているが[20]，これらは，先にみた第一専門職学位の中の博士号（doctorate）である。

このように新しい分類は，博士号については，研究学位と専門職学位を分けたというところに特徴があるが，実は研究／学問博士学位はほとんど Ph.D. であり，専門職博士学位はほとんど第一専門職学位の博士号なので，内容は変更以前と大きくは変わらない。修士学位に関して区分がないのは以前と変わらない。修士号は「学士号からさらに少なくともフルタイムで 1 年に相当する，しかし 2 年を超えない学年の学修プログラムの修了を要するもの」であり，なかには，従来「第一専門職」として分類されてきた神学（M.Div., M.H.L./Rav.）における学位のように，フルタイムで 2 年に相当する学年の学修を要するものもある[21]。

このように統計では，博士号に関しては，研究学位か専門職学位かで分けてはいるものの，修士号ではこうした観点からの分類をしていない。修士号の分類は難しいからであり，分類上の問題は修士号にある。

3 その他の学位分類
―― 学位名称による分類／専門分野による分類

研究学位と専門職学位という分類は，研究者養成機能と専門職養成機能という機能上の分類だが，それ以外に，学位名称による分類，専門分野による分類がある。その妥当性を検討するが，修士号を中心にみてみよう。

1）学位名称による分類――「文理学学位」と「非文理学学位」

大学院学位を学位名称で分類する場合があり，例えば，Hamel et al.（2002）では，以下のように修士号の中で，M.A.（Master of Arts）と M.S.（Master of Science）を研究（Research）学位，それ以外を応用／専門職（Applied/professional）

学位などに位置づけている（pp.1-2）。前者は，学芸（Arts）と科学（Science）の学位であって「文理学学位」と呼ぶことができるのに対して，後者はそれ以外の「非文理学学位」と呼ぶことができよう。なお，博士については概ね Ph. D. と第一専門職学位なので，研究学位と専門職学位の分類と大差ない[22]。

Applied/professional	M.A.B.M.	（Master of Agribusiness Management）
	M.Adm.J.	（Master of Administration of Justice）
	M.A.M.B.	（Master of Applied Molecular Biology）
	M.A.P.	（Master of Applied Psychology）
	M.Arch.	（Master of Architecture）
	M.B.A.	（Master of Business Administration）
	M.S.W.	（Master of School Work）
Research	M.A.	（Master of Arts）
	M.S.	（Master of Science）
Creative	M.F.A.	（Master of Fine Arts）
	M.F.A.W.	（Master of Fine Arts Writing）
	M.M.	（Master of Music）

Hamel et al.（2002）によれば（pp.1-2），「応用／専門職修士プログラム（Applied or professional master's programs）」は，「1年から3年のコース・ワークを要し，専門職のキャリアのための人材養成を目的に構築されている」ものであり，「研究修士プログラム（Research master's programs）」は，「1年から2年のコース・ワークを要し，事前に学んだ探究のスキルをより洗練されたレベルへと持っていくことによって，学士教育のスクールで始まった研究経験を強化するためにデザインされる」ものである。

しかしこの分類には困った点がある。上のリストと定義が合っていない。一見妥当のようにみえるのだが，すでに述べたように，M.A. と M.S. という学位は，確かにかつては文理学（arts and sciences）ひいては自由学芸（リベラル・アーツ）の学位だったのだが，現在では名称と内容が異なっている。その相当な部分が内容的には応用／専門職に位置づけられる学位に変容し（工学，医学，ビジネス，教育の分野で使われている），M.A. と M.S. だからと言って研究

修士，と呼べるようなものではない。従ってあまり使えない分類である。

2) 専門分野による分類──「文理学分野学位」と「専門職分野学位」

このような問題が生じるのは，修士号が著しく大規模化し多様化してしまっ

表 1-2　Glazer による修士号の 2 分類（分野別授与数 1982/3）

	授与数	下位分野数	内訳（%）
Professional			
Agricultural/Natural Resources	4,254	67	1.5
Architecture/Environmental Design	3,357	8	1.2
Area/Ethnic Studies	826	20	0.3
Business/Management	65,319	45	22.5
Communications and Communications Technologies	3,602	12	1.2
Computer/Information Sciences	5,321	6	1.8
Education	84,853	63	29.3
Engineering and Engineering Technologies	19,350	45	6.7
Health Sciences	17,068	104	5.9
Home Economics	2,406	33	0.8
Law	2,091	4	0.7
Library/Archival Sciences	3,979	5	1.4
Military Sciences	110	4	0.0
Parks/Recreation	565	5	0.2
Protective Services	1,300	11	0.4
Public Affairs	16,245	10	5.6
Theology	4,782	2	1.6
Visual/Performing Arts	8,742	38	3.0
合　計	244,170	482	84.2
Academic			
Foreign Languages	1,759	25	0.6
Letters	5,767	12	2.0
Liberal/General Studies	889	2	0.3
Life Sciences	5,696	30	2.0
Mathematics	2,837	6	1.0
Multi/Interdisciplinary Studies	2,930	8	1.0
Philosophy/Religion	1,091	11	0.4
Physical Sciences	5,290	31	1.8
Psychology	8,378	13	2.9
Social Sciences	11,114	13	3.8
合　計	45,751	151	15.8
総　計	289,921	633	100.0

出典）Glazer (1986), p.2 より。

たためである。それを整理するためにいくつか分類がなされている。CGS（2005）はそれらを紹介しているが，その代表的なものは，Glazer（1986）の分類である。Glazer は，表 1-2 のように，修士号に関わる専門分野を 'Professional' と 'Academic' に分け，前者の分野の修士号を「専門職修士号（professional master's degree）」，後者を「自由学芸修士号（liberal arts master's degree）」と呼んだ。つまり，学位名称ではなく，専門分野によって分類しようという発想であり，このおかげで例えば教育や工学のその他多くの M.A. や M.S. が，名称は学芸（arts）と科学（sciences）であるが，専門分野としては専門職分野に位置づけられ，専門職学位と位置づけることができる。

Academic の分野の修士号は，表 1-2 より，修士号全体の 16％程度にとどまる。これらはコミュニティ・カレッジの大学教員に必要な学位，Ph.D. へのプロセスの途中の学位や，Ph.D. にたどり着けなかった者への残念賞的な学位であり，本書での（修士レベルでの）研究学位に相当する部分である。

なお，Glazer のこの分類は，本書の「研究学位」と「専門職学位」，あるいは先の「文理学学位」と「非文理学学位」と区別するために，「文理学分野学位（自由学芸分野学位，学問分野学位）」と「専門職分野学位」と呼んでおく。

3）Sims and Syverson の分類

さらに公刊はされていないが，CGS（2005, pp.5-7）で紹介されている分類で，Sims and Syverson 2003 の分類がある。Sims and Syverson は，社会科学と人文学の修士号についてウェブ調査を行った結果，修士号を大きく，「研究／学問ベース（Research/Scholarship Based）」と「実践／キャリア志向（Practioner/Career Focused）」に分けた。

「研究／学問ベース」の修士号は，「博士号への準備，コミュニティ・カレッジ教員，Ph.D. への途上で授与されるもの」として，一つのディシプリンでの学修か複数のディシプリンでの学修かで，さらに「古典的／伝統的修士号（Classical/Traditional Master's）」と，「伝統的修士号（Traditional Master's）」に分けられる。「古典的／伝統的修士号」の例として，M.A. in History, M.A. in

Phychology, M.S. in Mathematics などが,「伝統的修士号」の例として, M.A. in American Studies, M.A. in Woman's/Cultural Studies, M.S. in Molecular Biology などが挙げられている。

「実践／キャリア志向」の修士号のほうは,「ビジネス,政府,非営利組織でのキャリア,規制された分野での免許交付のための準備となるもの」として,やはり一つのディシプリンでの学修か複数のディシプリンでの学修かで,さらに「応用修士号（Applied Master's）」と,「専門職修士号（Professional Master's）」に分けられる。「応用修士号」の例として, M.B.A.（Business）, M.F.A.（Fine Arts）, M.S.W.（Social Work）, M.A.T.[23]（Education）, M.P.T.（Physical Therapy）, M.A.（Clinical Psychology）, M.S.（Applied Math）などが挙げられ,「専門職修士号」の例として, M.P.A.（Public Administration）, P.S.M.：Professional Science Master's（Financial Math, Bioinformatics）, P.M.A.：Professional Master's in Humanities/Social Sciencies（Public History, Gerontology）, などが挙げられている（CGS 2005, pp.6-7）。つまり,以下の四つに分けている[24]。

　　研究／学問ベース Research/Scholarship Based
　　　　古典的／伝統的修士号 Classical/Traditional Master's
　　　　伝統的修士号 Traditional Master's
　　実践／キャリア志向 Practioner/Career Focused
　　　　応用修士号 Applied Master's
　　　　専門職修士号 Professional Master's

Sims and Syverson 2003 の分類は,細かくは4分類であるが,「研究／学問ベース」の修士号と「実践／キャリア志向」の修士号という大きな2分類は,人材養成機能の違いに着目しており,その意味では,本書の研究学位と専門職学位という分類の仕方と同様である。これは,先の Glazer の分類が,自由学芸分野（文理学分野）と専門職分野という専門分野による分類であるのと異なる。

そして, Sims and Syverson 2003 の分類の「研究／学問ベース」の修士号の規模については, CGS（2005）は, Glazer の意見を参考にして,「こうしたプログラムでは,ふつう学生たちは,博士プログラムへの進学,コミュニティ・

カレッジの教員になるための準備，あるいは個人的向上のために必要な要件を満たすために学位を求める。これらのプログラムは，かつては支配的であったが，いまや修士号全体の15％に満たない」（CGS 2005, p.7）という。そうなると，逆に「実践／キャリア志向」の修士号は修士号全体の8割以上を占めることになる。以上をふまえると，本書における修士レベルでの研究学位もまた修士全体の15％未満，専門職学位は85％以上ということになろう。

　この数字の妥当性はいずれ検証せねばならないだろうが，先にみたGlazerの「自由学芸修士号」つまり文理学分野の修士号が修士号全体に占める割合である，15.8％（表1-2）という数字に近い。数値の年度も違うので，確かなことは言えないが，修士レベルの研究学位（Ph.D.への途上の学位，コミュニティ・カレッジ教員のための学位）は，専門職分野ではなく，自由学芸分野（文理学分野）に集中していると考えられる。

4）三つの学位分類の関係

　ところで日本ではGlazerの分類がよく紹介される。舘（1995）は，アメリカの大学教育をアカデミック（学問）教育とプロフェッショナル（専門職）教育とに区別し（舘1995, 60頁），学位の種類を「学問学位」と「専門職学位」に分けており，そのベースとして，第一専門職学位の分野以外の分野を，准学士，学士，修士，博士の違いを超えて，「専門職分野」と「自由学芸分野（＝学問分野）」とに分けた。山田（1998）も，大学院教育と学位について舘と同様の区別を行い，大学院教育を「専門職教育」と「アカデミック教育」に，それに対応して大学院学位を「プロフェッショナル学位」と「アカデミック学位」に分類した。舘と同様に，第一専門職学位の分野以外について，「専門職業分野（professional）」と「学問分野（academic）」に分けている。この専門分野の分類はGlazer（1986）の修士号の分野に関する分類に基づいており，舘の分類と山田の分類もほぼ同様なので舘もGlazerの分類に沿っているのかもしれない。ただし，Glazer（1986）の「プロフェッショナル（professional）」と「アカデミック（academic）」の分類は，修士号のみに関するものであり，舘と山田

はそれを学士号や博士号にまで拡張した点で Glazer と異なる。

このほか江原（2008）は，2分類ではなく3分類であるが，やはり分野の違いに着目し，「文理系の専攻分野」「伝統的な専門職の専攻分野」「実学志向の専攻分野」と分けて大学院教育の動向を分析している。この3区分は上記の「学問分野」「第一専門職学位の分野」「専門職分野」に近い。

これらの分類には，学士，修士，博士という違いを超えて，分野は「文理学分野＝自由学芸分野＝学問分野」と「専門職分野」に分けられる[25]，という発想があり，それに応じて学位はいわば「文理学分野学位（＝自由学芸分野学位＝学問分野学位）」と「専門職分野学位」とに分けられる，ということになる。

しかし，これは本章の「研究学位と専門職学位」との対比とは異なる。というのも本書の対比からすれば，同じ専門分野でも，教育水準によっては「研究学位」だったり，「専門職学位」だったりするからだ。例えば，工学は，上記の専門分野による対比からすれば，学士も修士も博士も「専門職分野学位」となるが，実際には学士（や修士）では「専門職学位」とされることが多いのに対して，Ph.D. となれば工学分野でも「研究学位」である。

「文理学分野学位と専門職分野学位」「研究学位と専門職学位」「文理学学位と非文理学学位」の三つの分類の関係は混乱しやすいので，大学院学位について整理したものが図1-2である。見方は以下のとおりである。先に「研究学位と専門職学位の設定」で述べたように，学位には研究学位と専門職学位があり，研究学位の列にあるように，研究学位の多くは，Ph.D., M.A., M.S. であるが，ごく一部に S.J.D. などの研究学位がある。また，専門職学位には，専門職学位の列にあるように J.D., M.D., M.B.A. などが有名だが修士レベルで，M.A., M.S. を冠する専門職学位が少なくない。以上を基礎にして，左翼に専門分野による分類，右翼に学位名称による分類を追加したものである。

この図で，専門分野による分類である「文理学分野学位と専門職分野学位」と，学位名称による分類である「文理学学位と非文理学学位」の問題点がよくわかる。まず専門分野による分類である「文理学分野学位と専門職分野学位」について言えば，例えば医学や工学やビジネスや教育などの Ph.D. は研究学位であるが，専門分野による分類では「文理学分野学位」ではなく「専門職分野

第1章　大学院教育の多様性の系譜と学位　43

	教育機能上の分類		
	研究者養成 (研究学位)	専門職養成 (専門職学位)	
文理学分野 (文理学分野学位)	Ph.D., M.A., M.S. (Ph.D.への途上の修士)	M.A., M.S.の大部分	文理学名称 (文理学学位)
専門職分野 (専門職分野学位)	S.J.D., D.B.A., Doctor of Theology, (Ed.D., D.Eng.)	J.D., M.D., D.V.M., M.B.A., M.Ed., M.Eng., (Ed.D., D.Eng.)	非文理学名称 (非文理学学位)

（左端：専門分野による分類／右端：学位名称による分類）

図1-2　三つの学位分類の関係（大学院学位のみ）

学位」となってしまう。Ph.D. は（学位名称による分類で言えば「文理学学位」），文理学分野だけでなく多くの専門職分野で授与され，「変幻自在な学位（the protean Ph.D.）」[26] と言われる。

また，学位名称による分類である「文理学学位と非文理学学位」については，Ph.D., M.A., M.S. は，「文理学学位」であるが，その多くが，医学，工学，ビジネス，教育などの専門職分野で授与されているし，なおかつ，とくにM.A. や M.S. は，「専門職学位」として位置づけられることも多い。つまり，M.A., M.S. だからといって文理学学位であることにこだわる意味がないし，研究学位でもない。

4　研究学位と専門職学位の対比の妥当性と限界

これまでの検討をまとめれば，第一に，研究者養成と専門職養成とは，重なる部分があるとは言え，歴史的にみて異なる系譜を持つ。研究者養成は教養主義的な「自由学芸」の系譜に連なるものではあるが，より直接的には，研究

（至上）主義的な「制度化された科学」の系譜に連なる。他方で，専門職養成は，一つには中世大学以来の「伝統的専門職養成」の系譜に連なるが，19世紀以降の「新しい近代的専門職養成」の系譜もある。このように研究者養成と専門職養成は系譜が異なる。

　第二に，本書で使う「研究学位と専門職学位」の学位分類は，大学院教育の機能上の分類であり，教育機能の多様性をみるには便利であるし，アメリカの大学院統計においてもその方向にある。研究学位は，博士レベルでほとんどPh.D.が占め，修士では修士全体の一部（15％未満）を占めるに過ぎないのに対して，専門職学位は博士レベルでは第一専門職学位の博士号が相当し，修士レベルでは修士号全体の8割以上を占める。つまり修士の多くは専門職学位である。

　第三に，本書の研究者養成と専門職養成という教育機能上の分類とは異なる分類として，学位名称による分類（「文理学学位と非文理学学位」），専門分野の違いに基づく分類（「文理学分野学位と専門職分野学位」）がある。このなかで学位名称による分類は，「文理学学位」であるPh.D., M.A., M.S.が実際には専門職分野で使われており，分類の意味がほとんどない。また，専門分野の違いに基づく分類も，Ph.D.を「専門職分野学位」に分類せざるを得ない欠点がある。

　これに対して，本書の研究学位と専門職学位との対比も万能ではない。専門分野による区別と違って，研究とは何か，専門職とは何か，といったことで明確でないところがあり，曖昧さが残ることは否めないからだ。例えば論理的に文理学分野（学問分野）と専門職分野が重複することはないが（学際化というのはある），研究学位と専門職学位は機能上重なることは多々あり得る（例えばEd.D.のように）。

　しかし，教育機能上の分類でなければ認識できない問題もある。近年では，Ph.D.が研究者だけでなく社会における専門職的な職業人の学位として期待され（専門職分野のPh.D.も多いので，その素地は十分にある），逆に専門職養成が研究的な要素を増やすなど，研究学位と専門職学位とが融合する傾向もあり（これは分野の学際化ではない），より曖昧さが増しつつある。これは今後大学院

教育のもっとも重要な問題の一つとなろうが，研究学位と専門職学位との対比をすることで初めて理解できることである。その意味では現在の変化を理解するには，研究学位と専門職学位の対比の意義は大いにあると思われる。

第II部

アメリカの大学院の概要

　第II部では，アメリカの大学院の概要をまとめる。次の第III部および第IV部で機関レベル以下の大学院教育に関する組織や財務を扱うので，その背景となるマクロな枠組みについて整理しておく。第2章ではまず，アメリカの大学院の成立を歴史的に追う。第3章では，現在の大学院の量的な構造，現在に至る大学院の拡大プロセス，大学院教育の国際化の特徴，大学院教育の運営の背景となる，政府（連邦政府，州政府）や中間組織の役割を整理し，高等教育システムにおける階層構造の要因としての大学院の機能をみることで，第III部および第IV部で検討対象となる研究大学を位置づける。

第 2 章　大学院の成立
——研究者養成と専門職養成の双方の観点から——

　大学院はどのように成立したのか。大学院は 19 世紀にアメリカで発明されたと言われ，確かにそれまで大学院教育と呼ばれるものも組織としての大学院もなかった。しかし，それに相当するような近代的な教育は 19 世紀ドイツの大学ですでに展開されていた（Mayhew 1977, p.1905）。アメリカの大学院は，そのドイツに大きな影響を受けて生まれたとされるが，なぜドイツになかった大学院が発明されたのか。すでにアメリカの大学院の歴史については多くの研究があり，代表的な文献として Storr（1953）や Berelson（1960）など定番と呼べるものもある。しかし，本書の関心からは多少不満がある。

　大学院の形成と言うと，しばしば 19 世紀後半のドイツの近代大学の影響，Ph.D. プログラムの形成とジョンズ・ホプキンズ大学創設（1876 年）あたりが中心に語られることが多く，上述した Storr（1953），Berelson（1960），Grigg（1965），Miller（1971），Cordasco（1973）など，日本の潮木（1993），仙波（1974）なども同様である。しかし，大学院の専門職養成はどうなっているのか。大学院の成立をたどろうとしても専門職養成の扱いが少ない。これは研究者養成と専門職養成との対比を枠組みとする本書にとっては見逃せない。ここでは歴史学的に何か新しい事実を付け加えるわけではないが，先行研究を踏まえて，専門職養成も含めて総合的に大学院の成立をたどることにする。

1　研究者養成と専門職養成の両方から大学院成立を捉える

　専門職養成の大学院に目を向けると，不可避的に関わってくるのが「ユニ

バーシティ化」と言うべき動きである。例えば，ルドルフ（訳書2003）は，大学院の形成を「ユニヴァーシティ運動」と切り離せないものとして語り，Storr（1953）や高木（1979）はカレッジ（college）からユニバーシティ（university）への変化に始まって大学院の成立を語る。大学院の形成とユニヴァーシティ運動とはどう関係すると理解してよいのか。研究者養成だけではなく専門職養成を考慮することでその関係はより理解しやすくなると考えられる。そこで本章では，大学院の形成を「ユニバーシティ化」に位置づけるために，「ユニバーシティ化」を「タテ」と「ヨコ」のユニバーシティ化に分け，「ヨコ」のユニバーシティ化を専門職養成とつなげて考えることで，大学院の成立を総合的に捉える。

　さらに大学院成立を「ユニバーシティ化」の文脈で捉えると，無視できないのは19世紀半ばまでの取り組みである。1876年のジョンズ・ホプキンズ大学や科学スクールは有名だが，それら以前の取り組みは十分に眼が向けられていない。では，それらをどのように位置づけ理解すればよいのか。Ph.D.を強調しすぎると，ドイツ大学のインパクトばかりに眼が行きがちになる。

　また，これらの視点に加え，大学院成立のプロセスは，最終的には大学院レベルの教育の組織化のプロセスであり，組織的な側面を捉えないと意味がない。例えば，デパートメント（department）やグラジュエト・スクール（graduate school）の形成との関連で大学院の形成を考える必要がある。

　以上より，大学院の成立を総合的に捉えるために，まず第一に，研究者養成と専門職養成の双方に目を向けて大学院成立を捉える。その観点から，第二に，ユニバーシティ化の中で大学院成立を捉え，第三にドイツ・インパクト以前にも着目する。そして第四に，組織的な側面にも注意を傾ける。

　こうした観点から，大学院形成のプロセスを捉えるために，そのプロセスを，大学院形成の助走段階（第一段階），研究者養成における大学院形成（第二段階），専門職養成における大学院形成（第三段階）の三つに分けることにする[1]。

　以下ではまず第2節で，大学院形成の助走段階として，19世紀前半までの，つまりドイツ・インパクト以前の大学院教育への取り組みをみる（大学院形成

の第一段階）。次に第3節で，19世紀後半に研究者養成を中心に大学院が本格的に形成される過程を追う（大学院形成の第二段階）。この段階がクライマックスとされることが多いが，以下ではそれに加えて，第4，5節で，専門職教育が大学に取り込まれさらに大学院化していく過程を追う（大学院形成の第三段階）。伝統的な専門職教育の大学院化，新たな専門職養成の大学院化である。最後に第6節で，大学院形成の諸段階をユニバーシティ化との関係で整理する。

2　19世紀前半までのアメリカ
──大学院形成の第1段階（助走段階）

　中世12世紀ヨーロッパに始まった大学は，18世紀にはその主たる機能である伝統的専門職養成で形骸化し，また近代国家建設や新たな経済社会に必要な近代的専門職の養成にはうまく対応できなくなっていた。19世紀は，このように停滞していた大学が，ドイツを中心に，研究機能と研究者養成の取り込み，伝統的専門職養成の近代化，近代的な専門職養成に乗り出すことで復活を遂げてゆく時期である。アメリカの大学院の成立は，ヨーロッパで生じつつあった大学復活プロセスの一つの完成型とも言うべきものと位置づけられよう。

　アメリカはドイツの大学に多くの留学生を送り[2]，その帰国者が大学改革の担い手となった。特に1816年以降のドイツへの留学生が1850年代までドイツの大学への関心を高め，アメリカの大学のモデルとした（Veysey 1965, p.10）。だが，ドイツ・モデルをそのまま移植したわけではない。

1）出発点としての植民地カレッジ

　18世紀までアメリカの大学といえば植民地カレッジであった。1636年のハーバード・カレッジに始まるアメリカのカレッジは，イギリスの植民地時代

にオクスフォード大学やケンブリッジ大学のカレッジをまねて始まった。大陸の中世大学の組織構成が学部であったのに対して，イギリスの大学は学寮（カレッジ）から構成される学寮制大学であり，神学，医学，法学の専門職養成よりも，イギリス王室に仕える貴族，ジェントルマンの養成とそのための教養教育が重視された。アメリカのカレッジはこうしたイギリスのカレッジをモデルにしたものであったため，古典的な教養教育に傾斜していた。

しかし，それだけではない。当時のアメリカのカレッジは，「規律の砦（Disciplinary Citadel）」（Veysey 1965, p.32）であり，「子どもの学校」であったが[3]，「ドイツは早くも19世紀の初頭に，ギムナジウムを制度的に確立させ，『子どもの教育』はギムナジウムにまかせ，大学は『大人の学校』として成立した」（潮木 1993, 24頁）。19世紀ドイツの大学は哲学部が専門学部化していたのに対して，アメリカのカレッジのカリキュラムは，ギリシャ語・ラテン語中心の伝統的・古典的カリキュラムであり，宗教教育，道徳教育が重視され，ドイツの大学の学ぶ自由とはほど遠く，学生たちは寄宿舎で生活し，監視指導され，授業も暗唱中心の授業であった。

このようにアメリカのカレッジは，教育する領域の範囲や水準において，伝統的な中世大学とも，ドイツ近代大学とも異なるものだった。それをいかにしてヨーロッパのユニバーシティに変えていくのかが19世紀の課題となる。

2) ユニバーシティ化の開始

18世紀後半の独立戦争（1775〜1783年）のころに，すでにアメリカの「カレッジ」とヨーロッパの「ユニバーシティ」の違いが論じられていた（Storr 1953, pp.7-8）。この当時の「ユニバーシティ」は，中世以来のヨーロッパの大学であり，神学部，法学部，医学部などの専門学部から構成される大学のことである。そして例えば「初等学校（primary schools），カレッジ，ユニバーシティ」といった言わば学校教育体系案が議論されるなど，同じ大学でも「カレッジ」は「ユニバーシティ」の下に位置づけられていた[4]。つまり，「ユニバーシティ」というのは，アメリカのカレッジ「卒業後」に専門学部で専門を

学ぶ場、という位置づけである。こうして独立戦争の前後から、カレッジからユニバーシティへの移行が開始された（高木1979, 144頁）。この背景には、独立戦争後に連邦国家体制の維持発展のために各界の指導者養成が求められたことがあった。

例えば、アメリカ独立宣言署名者の一人であるラッシュ（Benjamin Rush）らの「合衆国立大学（a University of the United States）」構想（1787年）が有名だが（喜多村1994, 第3章）、議論された「国立大学」は、カレッジ卒業後（graduate つまり大学院レベル）の教育機関として位置づけられていた。結局国立大学案は、州に対する連邦の力の増大への批判、金のかかるエリート教育を国家が賄うことや卒業生が連邦政府の官僚になれることなどに対する反対で失敗に終わり（中山1994, 27頁）、国立大学はできなかった[5]。

この事件は、合衆国立大学というところに眼が行きがちになるが、「カレッジ卒業後教育」という観点からは、大学院教育への挑戦とその失敗と言えた[6]。この頃に「国立（連邦立）大学（federal university, national university）」を唱えたラッシュらは合衆国建国に関わった啓蒙主義者たちであり、ラッシュのように功利主義的（utilitarianism）に職業訓練を中心に考えた者もいれば、人文主義的に文理学（arts & sciences）の高度な教育を考えた者もいるなど幅広かったが、いずれにしてもカレッジ卒業後のレベルの教育を想定していた（Storr 1953, pp.8-9）。しかも、カレッジ卒業後の教育の難しさ、つまり、学生に対する公的な財政支援を想定しており（それが反対の理由にもされたのだが）、そうした財政的な支援がなくてはカレッジ卒業後の教育は成立しない（学生が来ない）という点が認識されていたことが重要である。それはその後の大学院教育の離陸にとって常に大きな障害であったからだ。

独立戦争のころは、まだドイツの大学のインパクトではなく、イギリス、フランス、スコットランドの啓蒙主義の影響が大きかった。保守的なアメリカのカレッジの多くで、すでに1766年までに数学と自然哲学の教授職が設けられていたのは、「啓蒙主義の初期的な萌芽や世俗的な学問を積極的に取り入れた非国教徒的なイギリスのアカデミーやスコットランドのユニヴァーシティの先例が古いやり方への効果的な進入を活性化しはじめていた」からであった（ル

ドルフ訳書 2003, 52 頁)。また,イギリスとの関係が悪化したことでフランスの影響も強く,ニューヨーク州大学 (University of the State of New York, ニューヨークの King's College の監督機関として 1784 年に創設),バージニア大学,ミシガン大学などの創設にはフランスの影響がみられる (Horton 1939, pp.24-8)[7]。啓蒙主義は,こうしたカリキュラムの近代化や宗教色の希薄化への圧力となったと同時に,とりわけ合衆国建国の頃になると,民主主義国家の建設に必要な実用的な技術者や責任ある公務員の育成への圧力ともなり,それが国立大学構想の背景となった。

ラッシュらの国立大学構想以前,すでに 1777 年に,イエールの学長エズラ・スタイル (Ezra Stiles) は,カレッジに「法学,医学,神学等のより高度の学部 (advanced schools) を加える『総合大学計画』案を提案し」(高木 1979, 144 頁),また,1779 年には,合衆国建国の父の一人であるトマス・ジェファソン (Thomas Jefferson) が,カレッジ・オブ・ウィリアム＆メアリー (College of William & Mary) を母体として新しいステート・ユニバーシティをつくろうとしたが失敗した (ルドルフ訳書 2003, 58 頁)。だが,フィラデルフィア・カレッジ (College of Philadelphia) が,スコットランドのエジンバラ大学をモデルに,1765 年に全米で最初にメディカル (医学)・スクールを付設し,正確にはカレッジ内に教授職が設置され,1769 年までにカレッジ内で独立した教員集団が形成され (Cheyney 1940, pp.96-104),1779 年にアメリカで最初のユニバーシティ (ペンシルバニア大学 University of Pennsylvania) となった (Cheyney 1940, p.125)。

同じころ,1767 年にニューヨークのキングス・カレッジ (King's College of Medicine) で医学スクールが設置されたが (正確にはデパートメント),このカレッジがユニバーシティ (コロンビア大学) になるのは,1896 年になってからである。ハーバードでは,1780 年にハーバード・カレッジがマサチューセッツ州憲法でユニバーシティ (Harvard University) として認められた (Morison 1964, p.167)。ハーバードの場合,医学スクールが併設されたのはユニバーシティになった後の 1783 年であったが,「ハーバード・カレッジは医学教育を提供することによってユニバーシティとなった」(Morison 1964, p.167) とあるよ

うに，医学スクールあるいはその前身の組織の設置でユニバーシティになる傾向があった。こうしたユニバーシティ化を皮切りに，1785年にジョージア大学（University of Georgia），1789年にノースカロライナ大学（University of North Carolina），1791年にバーモント大学（University of Vermont），1794年にテネシー大学（University of Tennessee）が認可されるなど（Tewksbury 1969, pp.34-5），ユニバーシティが続々と誕生した（高木1979，144頁）。

その後，19世紀半ばまでに多くのユニバーシティが誕生する（Tewksbury 1969, pp.35-46）。ハーバードでは，1816年にディビニティ（神学）・スクール，1817年にロー（法律）・スクールが設置され（Morison 1964, pp.238-45），イエールでは1822年に神学スクール，1823年に医学スクール，1824年に法律スクールが設置されるなど（イエールがユニバーシティに改名するのは遅く，1887年である），ヨーロッパのユニバーシティの「専門学部」に倣った「専門スクール」が相次いで増設されていくことでユニバーシティ化が進んだ[8]。

なお，ここで「専門学部」ではなく，わざわざ馴染みのない「専門スクール」としたのは，アメリカの大学の基本的な構成部局が「スクール（school）」であってヨーロッパや日本の「学部（faculty）」ではないからであり，また最近は学士教育の意味で使われることの多い日本の大学の「学部」とも区別するためである。詳しくは第5章を参照いただきたい。

3）不完全なユニバーシティ化

このようにアメリカのカレッジは，「専門スクール」を加えてヨーロッパ的なユニバーシティになろうとした。しかし，アメリカのカレッジが医学や法学や神学の専門スクールを併設するようになったと言っても，専門職の養成は主に徒弟制度や私設学校（proprietary school）でなされ，大学に併設されたスクールが専門職養成で地位を得はじめるのは19世紀末になってからである。つまりユニバーシティとなったカレッジも，ユニバーシティの機能にふさわしい専門職養成では主流になり得ていなかった。19世紀前半ではいまだアメリカ的なカレッジのままであり，実質を伴うものではなかった。Brubacher and Rudy

(1976, p.184) によれば，当時のアメリカのユニバーシティは，ヨーロッパの総合大学としてのユニバーシティではなく単に「多学部機関」(multiple faculty institution, 高木 (1979, 144頁) による訳) に過ぎなかったという。アメリカではまだカレッジに対するスクールの位置づけが必ずしもはっきりせず，次節で論じるデパートメントとの違いもはっきりしない程度の組織であったために，ヨーロッパ的な意味での学部と同等なものとも言いにくいものであった。

そもそも上述したように，ヨーロッパ的なユニバーシティの専門職養成は，アメリカ的なカレッジ卒業後のレベルで行うようなものであって，従来のカレッジに加えて，新しい専門スクールという異なる教育レベルの組織を併設すればうまくいくというものではなかった。そこから，カレッジ卒業後レベルの専門職養成を重視すれば，ユニバーシティはすべてをカレッジ卒業後レベルにするべきだという考えも当然でてくる。すでに先の合衆国立大学案もそうであったが，例えば，1819年のバージニア大学 (University of Virginia) がその考え方を具現化しようとしたものであった。バージニア大学は，第3代大統領である啓蒙主義者[9] トマス・ジェファソンによって創設されるが[10]，同大学は古代の諸言語，近代の諸言語，数学，自然哲学，自然史，解剖学および医学，道徳哲学，法律学の八つのスクールに分けられており，カレッジ卒業後教育の機関 (graduate institution)，つまり今で言うところの大学院大学として計画されたものであった (ルドルフ訳書 2003, 135-7頁)。しかし，実際にはこの大学もカレッジ教育にとどまるものであり，大学院レベルのプログラムが設けられるのは1859年になってからで (高木 1979, 144頁)，試みは失敗に終わる[11]。バージニア大学創設は，先のラッシュらの国立大学案と同様，やはり，カレッジ卒業後の優れた学生をいかにユニバーシティに進学させるかが問題とされ，大学院レベルのユニバーシティはカレッジなしで経営していくことが難しいという教訓を与えるものであった (Storr 1953, p.14)。

以上のようにカレッジ卒業レベルつまり大学院レベルの教育は，19世紀前半までにいくつかの取り組みがなされたが，十分に成立しなかった。ただ大学院レベルの教育の実質化を実現した例がないわけではない。1807年に創設され，アメリカで「最初のプロフェッショナル・スクール」(ライト訳書 2000,

348頁),「最初の大学院」(三谷 1998) と言われる,アンドーヴァー神学校 (Andover Theological Seminary) である。この神学校は,学士号を有する者を対象に3年間の課程で聖職者養成を行う学校,つまり大学院レベルの教育を行う学校であった。必ずしも現在の大学院教育に直接つながるものとは言い難いかもしれないが,少なくともカレッジ卒業後教育が厳然と存在したことは注目に値する。

4) 19世紀前半までの意義

19世紀前半(1830年ごろ)までには,大学院教育が成立したというわけではないが,こうした取り組みの中で,カレッジ卒業後教育つまり大学院教育 (graduate education),大学院大学 (graduate institution) といった考え方が形作られていったことが重要であろう。とくに,研究者養成だけでなく専門職養成に目を向けることで,大学院形成における19世紀前半までの意義が理解できる。そしてそこで生じたユニバーシティ化そのものが大学院の形成への動きであった。言い換えるならば,ヨーロッパ的なユニバーシティ化がアメリカにおいては大学院を誕生させざるを得ないものであった。

しかも,19世紀ドイツの大学は,研究者養成でも専門職養成でも先駆的な役割を果たしつつあったが,しかし,それがアメリカの大学院形成の動きのきっかけになったわけではない。少なくとも1830年ごろまでは,直接にドイツの影響ではなく,啓蒙主義が背景となって近代的な専門職の養成が求められ,それが大学院の形成の動きを促した。大学院と言えばドイツの研究大学を真似て研究者養成から始まったように思われがちだが,実はそれ以前にヨーロッパ的な専門学部からなるユニバーシティへの期待が大きな要因としてあった。

ただし実際には,専門スクールの追加といっても,大学院化どころか,専門職養成がユニバーシティに根づくことも十分には達成されなかった。それらが達成されるにはまだ時間が必要であり,結果的には,次にみていくようにドイツの近代化した研究大学のインパクト(研究への情熱)がなければやはり大学

院の本格的な実現は不可能であった。ヨーロッパのユニバーシティを目指したアメリカのカレッジで専門スクールによる専門職養成がままならないうちに，大学（ユニバーシティ）とは研究機能を有するものであるという大きな波が押し寄せることとなったのである。

3　研究者（Ph.D.）養成の組織化
―――大学院形成の第2段階

1）デパートメント形成

　本格的な大学院形成には組織的な準備が必要であった。それは大学院だけでなくカレッジ教育の改革にも関係した。19世紀にはカレッジ教育の改革が課題とされた。伝統的なカレッジの古典語中心で多様性のないカリキュラムに，ドイツ的な学修の自由と近代的な新興科学・技術の要素を取り入れようとする動きである。例えば，1820年代のハーバードにおけるジョージ・ティクナーの改革とその失敗（ルドルフ訳書2003, 129-31頁；潮木1993, 第2章），バージニア大学における科目の自由選択制の導入の試みとその失敗（ルドルフ訳書2003, 135-6頁），これらに対する古典的・伝統的カリキュラムの擁護を謳う1828年の「イエール報告」，などカレッジの古典的な教育をめぐって葛藤が表面化した。これら19世紀前半のカレッジ教育の改革はうまくいかなかったが，のちにハーバードのエリオット改革のように19世紀後半になって大きく進展する。これから述べるように大学院形成もやはり19世紀後半になって進展するので，カレッジ改革も大学院の形成も19世紀半ばから本格化すると言える。

　そうしたカレッジ教育の近代化と大学院形成との両方に関わるのが，アメリカの大学固有の組織「デパートメント（academic department）」の形成と定着であった。カレッジ教育においては，科目の自由選択制の導入，カリキュラムの近代化に貢献したとされる。デパートメントは，現代のアメリカのカレッジや大学を構成する基本的な組織的単位で，ディシプリン（専門分野）の研究と教

育に責任を有する一群の教員からなる。アメリカのカレッジの手本となったイギリスから引き継いだものではなく，もともと初期の小規模な植民地カレッジのころには不必要なものであった。それは，ひとりひとりのチューターたちが，カレッジの固定的で限定的なカリキュラムのすべての科目を教えることができたからであった（Colbeck 2002, p.159）。しかし，18世紀にカレッジの拡大（学生数の増加）に伴い，教員も増え，特定の専門分野の教育に従事する複数の教授をまとめるようになった（Thwing 1906, p.311；Anderson 1977, p.3）。カレッジの中で教員の集団つまりデパートメントが形成され始めたのである。1739年にハーバード・カレッジでデパートメントと呼ばれる組織の記録があり，1755年にフィラデルフィア・カレッジ＆アカデミー（College and Academy of Philadelphia, 後のペンシルバニア大学）の創設の際に二つのデパートメント（ラテン語およびギリシャ語，哲学）が設けられ，ハーバード・カレッジでは1767年までに四つのデパートメント（ラテン語，ギリシャ語，論理学および形而上学，数学および自然哲学）が存在していた（Anderson 1977, pp.2-3）。

　19世紀前半にもデパートメントは増加する。前述したバージニア大学（1819年創設）では，1824年に評議会がジェファソンの提言を受け入れ，八つの分化したスクールから始まったが，そのいくつかのスクールは，知識の拡大と入学者の拡大のため，複数のデパートメントに分割せざるを得なかった（Anderson 1977, p.3）。専門分野の近い複数の教員を組織する必要が出てきたのである。また，前述した1820年代のハーバードにおけるティクナーの改革は科目選択の自由と古典語中心のカリキュラムを変える道を開き，それは必ずしも成功とは言えなかったが，1825年の学則改訂でカレッジの教員がデパートメントに分割され，デパートメントがより明確な形になってきた（潮木1993, 73-4頁）。1826年には，バーモント大学が機関を四つのデパートメントに分割し，1837年にはウィスコンシン大学は，科学，文学，アーツのデパートメントを用意した（Anderson 1977, pp.3-4）。その後デパートメントは増えていくが，それはカレッジの規模の拡大に伴うものであった。

　さらに19世紀後半になるとデパートメントはさらに普及する。ドイツで訓練を受けた教員が増えるなかで，ハーバードのエリオット改革のようにカレッ

ジ教育の改革は大きく進展することになるが，新しい分野の追加と自由選択制の拡大にはこのデパートメントの存在が不可欠であった。だがそれ以上に，同じ頃進んだ大学院教育の導入が，急速に学問の専門分化を進展させることで，デパートメントを決定的に拡大させた（Trow 1976）。そして次にみていくように，大学院形成には，組織上デパートメントは不可欠であった。

なお，デパートメントは Ben-David（1972, pp.16-23）やクラーク（訳書 1994, 44-57 頁）が指摘するように，スクールの下位組織としては，ヨーロッパの大学の講座（chair）に比すべきものであり，講座と比較すれば，緩やかに複数の教員をまとめたものであった。カリキュラムの変化や新しい分野に対して講座制より柔軟な対応ができると言われている（天野 1994, 83-9 頁）。19世紀後半に，アメリカの大学がドイツ的な研究機能と研究者養成を受け入れた時期は，研究活動の進展による専門分野の細分化と膨張の進展する時期であり，講座よりもデパートメントのほうが適していた（クラーク訳書 1994, 56 頁）。そして，大学全体の運営の上でも，学生問題や職員人事上でより効率的な意思決定を可能にしたとされる（Colbeck 2002, p.159）。

2）大学院デパートメントにおける Ph.D. 形成

①上級デパートメントへの動き

1820 年代のカレッジ教育改革の失敗，1828 年の「イエール報告」などで古典的なカレッジ教育擁護の動きはあったが，ユニバーシティの必要性はますます強く認識されており，イエールにおいては，伝統的なカレッジ教育を維持する必要から，ユニバーシティ的な要素を従来のカレッジのデパートメントで取り込むのではなく，カレッジ教育と卒業後教育は組織的にも別個のデパートメントで行うべきだという認識が生まれた（Storr 1953, p.31）。

1830 年代以降もカレッジとユニバーシティとの違いについての議論は相変わらずなされたが，例えば，1829 年のジャクソン大統領就任後の大衆平等主義を不安に感じた識者たちによって，従来のカレッジ教育では対応できない，より上級の科学的で実践的な教育を提供する大学の創設が議論され，ニュー

ヨーク大学（当時は University of the City of New York）が 1831 年に創設された（ルドルフ訳書 2003, 138 頁）。この大学創設に際して，議論になったのは，ヨーロッパで言えばドイツのギムナジウムのレベルに相当すると考えられていたカレッジ教育ではなく，また，すでに大学以外の場で提供されている神学，医学，法学といった専門職教育よりもむしろ，科学や文学，哲学の上級レベルの教育の問題であり，必要とされたのは，科学，文学，哲学の上級レベルのデパートメントであった（Storr 1953, p.37）。1835 年には，カレッジを卒業して学士号を有する者に 3 年の学修で修士号 M.A. を授与する「上級デパートメント（higher department）」の設置が決められ，大学院生（graduate student）が生まれることになった（Storr 1953, pp.40-1；ルドルフ訳書 2003, 138-9 頁）。

すでに 1826 年にハーバードでは，ハーバード以外のカレッジ卒業者がハーバードの講義を受けたり，図書館や資料を使える「卒業後履修学生」（resident graduates）が設けられ，修了者には名誉的な学士号（unearned master's degree）が授与されていたが，一定の教育課程を経て獲得できる修士号（earned master's）ではなかった（高木 1979, 145 頁）。

アメリカにおいてもヨーロッパ的な名誉学位を授与する風習は以前からあり，最初の名誉博士号は 1692 年のハーバードの学長に対する神学博士号であり，最初の名誉修士号は 1753 年にベンジャミン・フランクリンに対してイェールから授与された二つの名誉 M.A. であった（Glazer-Raymo 2005, p.6）。これに対して上記のニューヨーク大学の試みは本格的な修士号 M.A.（earned master's）の可能性があったのだが，大学側がカレッジ卒業者以外にも M.A. 授与を可能としてしまい，そして実際にはその後このデパートメントは振るわず，1839 年にはカタログからも消えた（Storr 1953, p.43）。

1830 年代，40 年代は，ジャクソン流民主主義のもとで，エリート主義的なカレッジにとっては危機の時期でもあったが（ルドルフ訳書 2003, 第 10 章），1850 年代には産業社会の台頭を背景に，新しい科学や技術の浸透が変革への駆動力となった（ルドルフ訳書 2003, 第 11 章）。具体的には，カレッジの学士レベルの教育で新しい分野への需要に対応せねばならず，しかし 1840 年代終わりまでにカレッジの授業はすでにいっぱいで，従来どおりのやり方では，

時々に応じて新しい教授職を追加してその教員に学士レベルの教育をさせるのが難しいカレッジもあった。新しい分野の要求を無視するか，古い分野の規制や影響を超えた新しい組織を作るほかはなかった（Storr 1953, p.46）。そうしたなか 1840 年代半ばまでに，ハーバードとイエールでは，学士教育とは独立したもので，なおかつ保守的で反対の強いカレッジの有力者にも理由（言い訳）がつくような，文理学デパートメント（department of arts and sciences）の創設，に解決策を見出していた（Storr 1953, p.46）。

②上級デパートメントと科学スクール

1846 年にハーバードとイエールで人文学と科学の新しいデパートメントの計画が着手されたが，それはグラジュエト（graduate）＝カレッジ卒業後教育，つまり大学院の設立のための計画であった（ルドルフ訳書 2003，225-6 頁）。

ハーバードでは，マサチューセッツ州の新興工業を背景に自然科学・技術に対する需要が強く，当初学長エヴァレット（Edward Everett）や数学および自然哲学教授パース（Benjamin Peirce）らは既存の科学デパートメント（scientific department）を改革しようと考えたが，その後，カレッジとは独立した科学スクール（scientific school）の創設へと進んだ（Storr 1953, p.49；潮木 1993，98 頁）。カレッジに置かれた既存の科学デパートメントでは，従来のカレッジの古典的なカリキュラムに縛られて新興科学・技術を取り入れることが難しかったからである。カレッジの外に新しいデパートメント（スクール）を作ろうという発想である。とくにパースは，新しい科学スクールは，カレッジ卒業後教育の場であると考え，新しいスクールの設立に関する委員会のプランでは，新しい科学スクールはハーバードやその他のカレッジの卒業生に対して，理論的・実践的な自然科学および諸領域の教育を行うものとされた（Storr 1953, p.49）。そして間もなく 1847 年に「科学スクール（Scientific School）」が設置された。Storr (1953) は，これを，ある種の文理大学院（graduate school of arts and sciences）が形作られた，と表現している（p.50）。この科学スクールは，1847 年にアボット・ローレンス（Abbot Lawrence）からの寄付 5 万ドルを受けて「ローレンス科学スクール（Lawrence Scientific School）」と呼ばれることになった。なお，

ローレンスはもともと工学（engineering）の学校にしようとして寄付し，実際に工学のデパートメントが置かれるのだが（Morison 1964, p.280），それはこのスクールに期待されていたことが何であったかを反映していて興味深い[12]。

イエールにおいては，「イエール報告」にあったように伝統的なカレッジの擁護が続いたが，シリマン・ジュニア（Benjamin Silliman, Jr.）やノートン（John P. Norton）らを中心に，科学スクールの創設が計画された。イエールは農業を基盤とするコネチカット州にあり，シリマンらは，応用的な農芸化学および野菜・動物生理学の教授職を導入しようとしていた（潮木 1993，105頁）。とくに彼らは既存のデパートメントにはない領域でカレッジ卒業生（今で言えば大学院生）を教えることを望んだ。そして1846年に委員会が設置され，1847年にその委員会は，法学や神学以外の哲学・文学・歴史学・道徳哲学，医学を除く自然科学とその諸学芸への応用を含んだ，カレッジの学生以外の学生に高度な教育を提供するための「哲学＆アーツ・デパートメント（Department of Philosophy and the Arts）」の創設を勧告し，この委員会の勧告に基づいて法人は新しいデパートメントを設置した（Storr 1953, pp.54-5）。「このデパートメントの学生は，すでにカレッジを卒業した者か，カレッジ以外の学生で構成するという制限」（潮木 1993，106頁）が設けられた。このイエールの哲学＆アーツ・デパートメントは，後に（1861年に）鉄道王ジョゼフ・シェフィールド（Joseph Earl Sheffield）からの10万ドルの寄付を受けて，「シェフィールド科学スクール（Sheffield Scientific School）」という名称となる。

こうして新しいデパートメント（スクール）でカレッジとは別に新興科学を教える組織，しかもカレッジ卒業生（大学院生）の教育を視野に入れた組織が生まれた。しかし，既存のカレッジとの差別化が図られ，経済的にもカレッジとは独立せざるを得ず（そのため寄付が必要で，結局寄付者名のスクールとなってしまう），修業年限はカレッジが4年なのに対して長年3年に据え置かれたままであり，さらにそこで学んだ者に対してどのような学位を出すべきかが問題とされた。結局1851年にハーバードのローレンス科学スクールで「科学士（Bachelor of Science）」（Morison 1964, p.280），1852年にイエールの哲学＆アーツ・デパートメントでは「哲学士（Bachelor of Philosophy）」が授与されること

になった（潮木 1993, 111 頁；ルドルフ訳書 2003, 226 頁）。当初は大学院レベルの学位でさえなく，それ以前の問題として，ハーバードやイエールのカレッジで授与されていた 'Bachelor of Arts' でもないという点で，ローレンス科学スクールと哲学＆アーツ・デパートメントは「あくまでも伝統的カレッジ本体とは切り離された別枠の学校であった。つまり新興科学は決してカレッジ本体のなかに位置づけられることはなく，それぞれ別個のスクールのなかに封じ込められた」（潮木 1993, 111 頁）。

③上級デパートメントにおける Ph.D. の誕生

しかし，イエールの哲学＆アーツ・デパートメントはそこにとどまらなかった。カレッジ教育からはじき出されることで，むしろ大学院の形成が可能になったと言うべきかもしれない。このデパートメントには実際，毎年数名のカレッジ卒業生＝大学院生（graduate students）が在学した（Storr 1953, p.56）。そして，ドイツの学問の雰囲気を求める若者がアメリカで学ぶことができるような「アメリカン・ユニバーシティ（The American University）」を作るべきで，そのために哲学＆アーツ・デパートメントという格好の組織があるではないか，と主張するダナ（James D. Dana）教授の運動などをへて，1860 年には哲学＆アーツ・デパートメントで哲学士を獲得後さらに 2 年学んで試験に合格した者は博士（doctor）を得ることができるという方向が示され（Storr 1953, p.56），1861 年に遂にイエールにおいて，アメリカで最初の 3 名（神学，古典学，物理学）の Ph.D.（Doctor of Philosophy）が誕生した。

このデパートメントで，B.A., M.A., Ph.D. の学位を持つ者は，1861-62 年に 9 名，1862-63 年に 9 名，1863-64 年に 7 名，1864-65 年に 15 名おり（Storr 1953, p.59），1860 年代末までに 16 名の Ph.D. が生まれた（髙木 1979, 145 頁）。この Ph.D. は，制度的にカレッジ修了で得られる学士（B.A.）を前提にしていなかったという点で（潮木 1993, 196 頁），大学院教育として完璧とは言えなかったかもしれないが，ここにおいてイエールは大学院教育の組織化に一定程度成功し，ハーバードに水をあけることになった。ハーバードが最初の Ph.D. を出すのは 1873 年になってからである（Morison 1964, p.335）。

④科学スクールの影響

このように Ph.D. の誕生の場はイエールの哲学＆アーツ・デパートメントであって、ハーバードのローレンス科学スクールではないので、Ph.D. 誕生における科学スクールの果たした役割の評価は難しい。だが、哲学＆アーツ・デパートメントはシェフィールド科学スクールとも呼ばれたし、そうした場が有していた雰囲気や傾向は Ph.D. の誕生にもいくらか影響していると思われる。

科学スクールについては、もともと応用的な科学領域が想定され、「文字通りの『科学校』というより、土木・鉱山・機械技術・農芸化学などの現場技師を養成するための技術学校であり」（古川 1989, 158-9 頁）、応用的な新興の自然科学・応用科学に比重を置いたものであった[13]。中山（1994）は「プロフェッショナル・スクール」（49 頁）とさえ呼ぶ。このことは Ph.D. の誕生に実学的・応用的な学問への期待が背景となっていることを意味し、のちのち Ph.D. が「哲学」と言いながらも、自由学芸分野や純粋科学に限らず、応用的・工学的な分野において広く使われるようになる要因となったのではないだろうか。

この「科学スクール」という考え方は伝染病的に広がった。1851 年にダートマス・カレッジで科学スクールができ、1850 年代には、科学スクールによって科学士や哲学士が授与されるのと同様なプログラムが 8 大学で設けられ、1860 年代には 25 大学が科学スクールを開設した（ルドルフ訳書 2003, 227 頁）。

3）Ph.D. の拡大とジョンズ・ホプキンス大学

① Ph.D. の拡大

イエールに刺激されて、多くの大学で大学院の制度化（カレッジ卒業後プログラムの設置）が試みられた（高木 1979, 145 頁）。ミシガン大学の学長ヘンリー・タッパン（Henry P. Tappan）は 1858 年に修士号（M.A. と M.S.）を授与する「ユニバーシティ・コース」（伊藤 1999, 359 頁）を開始し、1859 年に、アメリカで最初の、名誉修士号ではない修得修士号（earned master's）M.A. が授

与された（Glazer-Raymo 2005, p.6）。しかしこの試みはタッパンの退任とともに頓挫した（ルドルフ訳書 2003，228頁）。コロンビア大学でも，1857年に修士号（M.A.）を授与するプログラムを始めたが，これもうまくいかなかった（ルドルフ訳書 2003，228-9頁）。「1850年代には，多くの挫折した記録を含む大学院教育が開始された」（ルドルフ訳書 2003，226頁）。

　1860年代になると，例えば，1868年創設のコーネル大学は，最初からカレッジ卒業後プログラムを組み，1872年には修士号と Ph.D. を授与した（高木 1979，145頁）。その後も，イエールのタイプの Ph.D.（学士取得後2年の学修，一定の成績と総合試験，オリジナルな論文を要件とする）の授与は続く。1871年にペンシルバニア大学，1872年に先のコーネル大学で，1873年に上述したようにハーバード大学で，1875年にコロンビア・カレッジで，1879年にはニュージャージー・カレッジ（College of New Jersey，現在のプリンストン大学）で授与された（Miller 1971, p.186；羽田 2000，192頁）[14]。

　上級デパートメント形成でイエールと競ったハーバードは，大学院の組織化が遅れ，ほとんど実態をなしていなかった。カレッジ教育の改革（カリキュラム改革，自由選択制の導入）で有名なエリオット学長は大学院の重要性は認識しつつも，イエールよりも改革が遅れたことは確かで，ようやく1869/70年の学期に大学院教育を想定したユニバーシティ・コース（潮木 1993，187頁）を設置した。だがこれは失敗した。さらにエリオットは，修士号（M.A.）と博士号（Ph.D. および S.D.：Doctor of Science）の授与を目的として，1872年にグラジュエト・デパートメント（Graduate Department）を新設した（Morison 1964, p.334）。このデパートメントでは大学院生対象の授業が特別に用意されていたわけではなかったが，1873年に2名の Ph.D.，1名の S.D. が生まれた（潮木 1993，188頁；Morison 1964, pp.334-5）。

　こうして，次に取り上げる「ジョンズ・ホプキンズが Ph.D. を発展させることに懸命となった1876年までは，イエールが定めた前例が25の大学で踏襲され，合計44の Ph.D. がその年まで授与された」（ルドルフ訳書 2003，312頁）。

②ジョンズ・ホプキンズ大学の登場

　以上の大学院教育の組織化の試みは，カレッジから独立したデパートメントを作ることで，従来のカレッジ教育との摩擦を避ける，あくまでも追加的な改革に過ぎなかった。しかし，ドイツの研究大学を経験した研究至上主義者たちの間では，アメリカで研究大学を構築したい，アメリカの若者をアメリカで研究者として育てたいという願いは強まりこそすれ弱まることはなかった。そうしたなか，「ボルティモア・オハイオ鉄道会社」の大株主であるジョンズ・ホプキンズ（Johns Hopkins）による莫大な寄付金で大学を創設することになり，イエールのシェフィールド科学スクールの改革にも携わったギルマン（Daniel Coit Gilman）が，1874年初代学長に選ばれ，大学院構想を発表した。この構想は，カレッジ教育ではなく大学院教育を主体とする大学の創設であり，カレッジ卒業者のみを集めた大学院大学で発足する計画であった。こうして1876年，ドイツ的な意味でのユニバーシティであり，アメリカで初の研究大学とも言うべきジョンズ・ホプキンズ大学が創設された[15]。ただし，実際には後述するような事情でカレッジ教育も併せて発足した。しかし，最初の1876/77年度の学生数は，学士学生12名に対して大学院生54名という具合に，その後も大学院生数は学士学生数の2，3倍であり，大学院教育を主たる任務とするという点で画期的な大学であった（羽田2000，195頁）。アメリカ的な大学院教育，つまり明確にカレッジの上に位置づく大学院教育が本格的に開始された。

　さらに1889年には，ついに大学院だけの大学としてクラーク大学が開学した（創設は1887年）。ただし，これも反対にあって，うまくいかず，1902年には学士教育のためのカレッジを持つに至った（Grigg 1965, p.26）。「ジョンズ・ホプキンズにしろ，クラークにしろ，両者とも既成のカレッジの上に立つ，『大学院大学』を目指して出発しようとしたが，それはついに成功しなかった。大学院教育というものはアメリカの土地では，あくまでも学部教育とセットでない限り，成立することはなかった」「その当時，大学院大学を支持するだけの社会的ニーズは存在せず，その財政的可能性もきわめてとぼしかったのである」（潮木1993，219頁）。大学院教育にはカレッジ教育による経済的基盤の安定が必要だったのである。

前述したように，カレッジ卒業後教育を樹立しようとして難しかった理由の一つは大学院生を確保することであったが，大学院教育は，大学院生からは学費を徴収するどころか逆に経済支援を行わねばならなかった。ジョンズ・ホプキンス大学は，潤沢な予算で大規模な大学院生への奨学金（フェローシップ制度 Fellowships）を始めた。最初の年には 20 名に年間 500 ドルの奨学金（授業料は年額 80 ドル）を提供した（羽田 2000，195 頁；Hawkins 1960, p.80）。ジョンズ・ホプキンス以前にもフェローシップ制度を取り入れた大学はあったが，「自校に限らずどこからの学生でも見込みのある学生に補助金を与えることで，大学院に人を集めるという行為を確立したのはジョンズ・ホプキンスであった」（ルドルフ訳書 2003，315 頁）。これが後述するようにアメリカの大学院における Ph.D. 学生への財政補助というスタイルの本格的な出発点となった。

　こうして大学院教育を主体とする大学の出現は，カレッジ教育とは異なる段階の教育の明確な組織化であった。

　ジョンズ・ホプキンス大学の創設は大きなインパクトを与えた。最初の Ph.D. プログラムを立ち上げたイエールでさえ，ジョンズ・ホプキンスの拡大のあおりを受けて学生数が減少した（潮木 1993，191 頁）。また，ドイツの研究大学の洗礼を受けた教師たちが増えたアメリカでは，研究活動を教育より重視する教師も増え，そうした教師たちの雰囲気がジョンズ・ホプキンス大学を形成していったが，その点で遅れたハーバードがジョンズ・ホプキンスから教員を引き抜こうとして，研究条件を理由に断られるという事例もあった（潮木 1993，199-200 頁）。Ph.D. 学位授与数でみると，1876〜85 年度の間に，ハーバード 38 に対してジョンズ・ホプキンスは 67 であった（羽田 2000，195 頁）。

　とうぜんジョンズ・ホプキンス大学をモデルとして追従する動きがみられた。前述したようにジョンズ・ホプキンスと同様に大学院大学を目指したクラーク大学（1887 年創設），研究大学を目指したシカゴ大学（1890 年創設）がその典型だが，それだけではない。次にみるように組織的な「グラジュエト・スクール（graduate school）」の拡大である。

　アメリカの大学院教育と Ph.D. 制度は 19 世紀末まで着実に固まり，1900 年までに，大学院プログラムに在学する学生は 3,600 人をこえ，Ph.D. の獲得者

は239名にのぼった。イエールでPh.D.が最初に授与（1861年）されてから，ジョンズ・ホプキンス大学創設の1876年までに，わずか400人の大学院生が存在し，Ph.D.の授与数も55にとどまったことを考えれば，その拡大の大きさがわかる（Miller 1971, p.186）。

4）グラジュエト・スクールの拡大

　大学院形成に関して，Miller（1971）は，ドイツ・モデルへの適応で三つのモデルがあったとする。第一は，ハーバード・モデルで，カレッジで確立したデパートメントが大学院教育を発展させ，そのデパートメントはカレッジ教育と大学院教育を明確に区別しないままであり，最もドイツ・モデルに近い。第二はイエール・モデルであり，哲学＆アーツ・デパートメントを作ることで，カレッジ教育と大学院教育との区別を明確にしたことでPh.D.の誕生にいたった。第三は，ジョンズ・ホプキンス・モデルであり，第一義的な機能を大学院教育に置いた。しかし，高木（1979, 145頁）が言及し，潮木（1993, 204-5頁）が検討しているように，イエールがカレッジ教育と大学院教育を峻別（学士号を入学要件とし，大学院独自の授業から構成）していたかと言えばそうでもなく，ハーバード・モデルとイエール・モデルの差は必ずしも明確ではない。

　以上は教育段階と教育内容に関して大学院教育が分節化されたのか否か，という問題だが，程度の違いはあれ分節化がなされ，それがドイツの大学と違うところであると言えよう。では，組織的にはどうなのだろうか。大学院教育を強調すればするほど，カレッジ教育との区別から組織的に独立性をより増すと考えるのが自然であろうが，それが「グラジュエト・スクール」を生んだ。

　次に述べるように，イエールもハーバードも「グラジュエト・スクール」の組織化の方向へと向かい，その後に続く多くの大学もまた同様であった。アメリカの大学で「グラジュエト・スクール」という組織が作られたことがドイツの大学と最も違うところであると言えるかもしれない。だが，完全に独立性を有することはあり得ない。というのも，イエールもハーバードもジョンズ・ホプキンスも，教員は大学院教育のみを行うのではなく学士教育も行うのがふつ

うであり，その後の大学もそうであり，カレッジ組織と別に教育組織・運営組織である「グラジュエト・スクール」が形成されていくが，教員は学士教育と大学院教育の双方に関わる，という構造が定着していく。その意味では中途半端であるが，それがアメリカ的であると同時に，この点があとの章で議論するグラジュエト・スクールの微妙な位置づけの要因となっている。

イエールの場合，1860年代から大学院教育を担ったイエールの「哲学＆アーツ・デパートメント（シェフィールド科学スクール）」は学士プログラムにも関わっていた。この「哲学＆アーツ・デパートメント」は，1892年に正式にグラジュエト・スクール（Graduate School of Arts and Sciences）へと改組され，この改組とともにシェフィールド科学スクールは学士教育のみを担当する組織として独立し，グラジュエト・スクールに大学院教育の主体を譲ることになった。その後同科学スクールは，1956年にイエール・カレッジに吸収された[16]。

ハーバードの場合，「ローレンス科学スクール」は，大学院生はいたものの，Ph.D. を出すまではいかず，1872年にローレンス科学スクールとは別に「グラジュエト・デパートメント（graduate department）」が設置され，この翌1873年に最初の Ph.D. が輩出された。このグラジュエト・デパートメントが，カレッジ（Harvard College）の教員と，ローレンス科学スクールの自然科学の教員と共に，1890年に運営上の新組織である文理学ファカルティ（Faculty of Arts and Sciences）に統合され，その中で独自の運営スタッフを有するグラジュエト・スクール（Graduate School of Harvard University）となり（Morison 1964, pp.371-2），さらに1905年になって，大学院教育を行うプロフェッショナル・スクールと区別をつけるために，現在の文理大学院（Graduate School of Arts and Sciences）へと名称変更された（Horton 1940, p.105）。ローレンス科学スクールのほうは，1906年に独立した組織ではなくなった[17]。

ジョンズ・ホプキンズ大学では，当初から教員は「哲学ファカルティ（Faculty of Philosophy）」として組織化され，その各デパートメントが学士教育よりも大学院教育を重視する体制で始まっており，大学院を独立した組織にする必要もなかったが，大学院生の増加によって，1927年に，より Ph.D. に近い学生を対象とした「哲学ファカルティの上級探究スクール（School of Higher

Studies of the Faculty of Philosophy)」と呼ばれるものが作られた (Horton 1940, p.68)。ただ実際には自律性の高いデパートメントによる大学院教育が主体であったので，本質的な変化ではなく，哲学ファカルティが実質的にグラジュエト・スクールと言うべき存在であった。それは後に「文理学スクール (School of Arts and Sciences)」と改称されるが，現在でも「グラジュエト・スクール」という名称の組織はないものの，同文理学スクールが Ph.D., M.A. を管理している。

　このほかコロンビア大学でも，後に文理大学院の三つのブランチを形成する政治科学大学院ファカルティが 1880 年に，哲学大学院ファカルティが 1890 年に，純粋科学大学院ファカルティが 1892 年に設置された (Horton 1940, pp.101-3)。ミシガン大学では 'advanced school' が 1881 年に設置された後に (伊藤 1999, 362 頁)，1912 年に「大学院デパートメント」が設置され，1915 年にグラジュエト・スクールに改称された。

　州立大学でも 1890 年代からグラジュエト・スクールが設置され始め，その後 10 年間で「ユニバーシティは，つまりグラジュエト・スクールは」という表現が常識となるほどに普及した (Horton 1940, p.75)。表 2-1 にあるように，ジョンズ・ホプキンズ大学創設後，1927 年のブラウン大学にいたるまでの半世紀に，28 大学でグラジュエト・スクールが創設された (Horton 1940, p.73)。この半世紀は大学院教育のためのグラジュエト・スクールの形成期とされる。

　ただし，名前はグラジュエト・スクールだけでなく，コロンビアでは，'Faculties of Political Science, Philosophy, and Pure Science'，ジョンズ・ホプキンズは 'School of Higher Studies of the Faculty of Philosophy'，ハーバード大学やカトリック大学では 'Graduate School of Arts and Sciences'，クラーク大学，カリフォルニア大学，スタンフォード大学では 'Graduate Division'，ワシントン大学（セントルイス）では 'School of Graduate Studies'，バージニア大学では 'Department of Graduate Studies'，ネブラスカ大学やアイオワ州立大学では 'Graduate College' などの名称が使われている (Horton 1940, p.78)。こうして Ph.D. の大学院教育の組織化はグラジュエト・スクールという形で定着，拡大していく。ただし先にも述べたように，また後章でも議論するが，教員はデパートメ

表 2-1　グラジュエト・スクールが組織された年

大　学		組織された年
Brown University	ブラウン大学	1927
Catholic University	カトリック大学	1889（1930）
Clark University	クラーク大学	1889
Columbia University	コロンビア大学	1880
Cornell University	コーネル大学	1909
Harvard University	ハーバード大学	1890
Indiana University	インディアナ大学	1904
Johns Hopkins University	ジョンズ・ホプキンズ大学	1876
Northwestern University	ノースウェスタン大学	1910
Ohio State University	オハイオ州立大学	1911
Princeton University	プリンストン大学	1901
Stanford University	スタンフォード大学	1900
State University of Iowa	アイオワ大学	1900
University of California	カリフォルニア大学	1909
University of Chicago	シカゴ大学	1890
University of Illinois	イリノイ大学	1906
University of Kansas	カンザス大学	1896
University of Michigan	ミシガン大学	1915
University of Minnesota	ミネソタ大学	1905
University of Missouri	ミズーリ大学	1910
University of Nebraska	ネブラスカ大学	1895
University of North Carolina	ノースカロライナ大学	1904
University of Pennsylvania	ペンシルバニア大学	1906
University of Texas	テキサス大学	1910
University of Virginia	バージニア大学	1904
University of Wisconsin	ウィスコンシン大学	1892
Washington University	ワシントン大学（セントルイス）	1922
Yale University	イエール大学	1892

注）カトリック大学の場合，1930年にグラジュエト・スクールに改組。
出典）Horton（1940），p.77.

ントに所属し，学士教育と大学院教育の双方を担当するので，グラジュエト・スクールは実質的には普通のスクールと違って，大学院教育と学生を管理するための組織であった。

4 伝統的専門職養成の大学院化
──大学院形成の第3段階①

1) 専門職養成と専門職学位をめぐる状況

　これまでみてきたのは，Ph.D. の誕生という側面からの大学院の形成であったが，専門職養成の側面では大学院教育はどのように形成されてきたのか。

　すでに述べたように，中世ヨーロッパの大学は神学部，法学部，医学部で専門職を養成してきた。そこで出される学位として，最初はドクター，マスター，プロフェッサーというのが同じように使われていたが，次第に最終学位として，マスターは教養学部で 'Master of Arts' が使われ，上級学部では神学博士（Doctor of Theology/Divinity），法学博士（Doctor of Law），医学博士（Doctor of Medicine）などドクターが使われるようになった（横尾 1999, 34-5 頁）。

　しかし，アメリカでは 18 世紀までこれらの専門職学位は授与されなかった。18 世紀までのアメリカの大学はカレッジであり，ヨーロッパの水準からすれば中等教育レベルであり，同時に，カレッジ教育は古典中心の教養教育であって専門職教育ではなかった。19 世紀初頭以前には，ごくわずかの例外を除いて，学校で訓練を受けた米国の専門職は，ヨーロッパで訓練された者たちであった。

　そうしたアメリカにおいて，先にみたように 18 世紀後半から，カレッジに医学スクール，法律スクールなどの専門スクールを併設することで，ユニバーシティ化の動きがみられたが，ユニバーシティといってもかなり形式的なものであり，19 世紀は依然として実質的にはカレッジ教育中心の状態が続く。19 世紀アメリカの専門職養成がどのような状況であったかと言えば，「専門職はもっぱら徒弟制度を通じて訓練された。というのも，植民地カレッジは法律，医学，そして神学でさえ専門職教員を欠いていたからである。徒弟は相対的に素人じみた（洗練されていない）性格を持ち，徒弟は，彼らの雇い主の専門職の本を読むことで理論的な背景を修得した」（Mayhew 1977, p.1906）。

そして徒弟制度から派生して私設学校（proprietary school）が作られるようになるが，初期のプロフェッショナル・スクールは大学から独立した学校であり，それらはカレッジの人々にとっては「職業訓練学校（trade school）」であって，大学がプロフェッショナル・スクールのスポンサーになるのは19世紀末のことであった（Hoberman and Mailick eds. 1994, p.4）。

2）法律学

上の傾向は法律の専門職養成で顕著である。法律の専門職への参入のための教育訓練の最も支配的な手段を提供するものとして，全米法曹協会（ABA：American Bar Association）が認可した法律スクールの基準が確立し，それを裁判所が認可するのは1920年代であり，それ以前は，法律の実践のための準備教育の最も一般的な方法は徒弟的な訓練か，私設の法律学校（proprietary law school）の卒業であった（Hart and Norwood 1994, p.75）。

もともとアメリカはイギリスに法律家養成を依存していた。イギリスでは，オクスフォードやケンブリッジでの法律学はあくまでも学問的なもので，実際の法律家の養成は，15世紀頃から法曹院（Inns of Court）が主たる機能を果たしていたが，それがないアメリカでは，当初もっぱらイギリスに法律家養成を依存していた（Moline 2003, pp.776-8）。しかし，1775年からの独立戦争によってそれが不可能になり，自前の養成が求められるようになる（仙波1967，92頁）。独立戦争後に，見習いや法律事務職員の訓練を行っていた法律事務所が協力して，1784年，コネチカット州にリッチフィールド・ロー・スクール（Litchfield Law School）が建設された（Stevens 1983, pp.3-4）。これは私設の法律学校で，学位授与もなく実践に傾斜した学校であったが，その後各州に私設法律学校が姿をみせ始めた。

18世紀末になってようやく大学にも法律スクールができ始める。1779年にカレッジ・オブ・ウィリアム＆メアリー（College of William & Mary）に，「法律および警察に関する法律教授職」が置かれ，これが全米で最古の法律スクール（William & Mary School of Law）と言われる。同カレッジでは，1793年に最初の

法学士（L.B.：Bachelor of Law）が授与された。1789年にはペンシルバニア大学に，1793年にはコロンビア・カレッジに，1801年にはイエールでも法律の教授職が置かれ，1812年にはボルチモアのメリーランド大学（University of Maryland, Baltimore）で6名の法律学教授の教授団（faculty）が設置された（Moline 2003, pp.792-8）。1817年には，現在まで継続して開講してきた法律スクールとしては最古のハーバード・ロー・スクールが設置された。

　1820年代以降，例えば1824年にニューヘブン・ロー・スクール（New Haven Law School, 1800年創設）がイエールに統合されるなど，私設法律学校がカレッジに統合されるケースも増えたが，これは私設学校側がカレッジの威信を得るためであった（Stevens 1983, p.21）。カレッジ側からすれば，これらの法律スクールは，18世紀後半からのカレッジからユニバーシティへの転換の必要で設置されたものであった。

　1840年には9大学が法律スクールを有していたが，大学院レベルではなく学士（undergraduate）レベルであり，しばしば入学に高卒資格も課さない状況であった（Hart and Norwood 1994, pp.76-7）。当時はまだ大学の法律スクールでの専門職訓練はあくまで例外的な位置にあり，徒弟制が1890年代まで一般的であった。内容的にも，大学の法律学は，学問的な法律の理論，歴史，哲学であり，実践的な法律家養成は徒弟制度と私設学校に任され，むしろリッチフィールド・ロー・スクールのように，しばしば後者のほうが重要な役割を果たしていた（田中1989, 25頁）。ただし各州の教育レベルはまちまちで，なかには弁護士試験が簡単なことに乗じて営利的で質の悪いものもみられ[18]，概して法律専門職と専門職教育に対する信頼性は低かった。

　だが，1850年代にも大学に法律スクールが増え（コロンビア，ニューヨーク大学，ペンシルバニア大学），1860年までに21校を数えた（Stevens 1983, p.21）。こうした増加は，19世紀アメリカで専門職の権威が低いことで生じた間隙を突いて，法律のプログラムが拡大したからであり，それは大学制度と協力することで可能であった（Lewis 1992, p.1147）。つまり，法律の専門職からすれば，大学に食い込むことで，法律家という専門職の社会的地位の上昇が得られたのである。

第 2 章　大学院の成立　75

　しかし，1861-65 年の南北戦争終了後，経済発展とともに法律的処理の需要が増え続けるなか，法律専門職教育の基準が問題とされるようになる。その結果，ハーバードのロー・スクールでは，学長エリオットの下で，ディーンのクリストファー・コロンブス・ラングデル（Christopher Columbus Langdell）教授による改革がなされ，1870 年代に近代的な法律スクールが始まった（Hart and Norwood 1994, p.77）。法律を原理と教義からなる科学と同様に見立てたラングデルは，学士号を入学資格にし，年限を 2 年に延ばすとともに（それまでふつうで 1 年），判例に基づくケース・メソッド（case method）と，教授と学生の議論を重視するソクラテス・メソッド（Socratic method）を導入した。実際にこの間学生数は増え，入学者でカレッジ卒業者も増えた（Stein 1981, p.452）。さらにハーバードは 1899 年に年限を 3 年制に延ばし，これは，20 世紀初めには法律スクールの主導的なモデルとなった（Hart and Norwood 1994, p.77）。このケース・メソッドとソクラテス・メソッドに基づく学修の後に獲得される，大学院レベルの法律学の学位として，LL.B.（Bachelor of Laws）に代わり，J.D.（Juris Doctor）が確立していく。J.D. は，シカゴ大学の法律スクール（University of Chicago Law School）で最初に授与され（1903 年），同スクールは J.D. のみを授与する機関となった。J.D. へのシフトは，法律の学位は大学院レベルの学位であるべきことを主張するためであった[19]。

　他方で，1878 年に全米法曹協会が全国的な法律専門職の団体として創設され，学生は法律スクールで法律の原理を学び，その後で少なくとも 1 年間法律事務所でそれを応用し，最後に，裁判所によって任命された公平な試験官による公的な試験に合格するべきと提言した（Hart and Norwood 1994, pp.75-6）。この提言はあくまで提言に過ぎず，19 世紀末には未だ法律家になるためのフォーマルな要件がない状態であったが，多くの州が全米法曹協会の提言に関心を寄せ，1898 年には協会は法律スクールのための組織の設立を呼びかけ，1900 年に全米ロー・スクール協会（AALS: Association of American Law Schools）が設立され，そのメンバー校であるための最低要件が設けられた（Hart and Norwood 1994, p.76）。全米法曹協会によるアクレディテーション（適格認定）の第一歩である。その基準が求めるものは，法律職につく候補者はすべて，法律

スクール卒業が必要であり，その法律スクールは，入学前に2年のカレッジ教育と最低3年の法律の学修を課し，適切な図書と十分なフルタイムの教員を擁する必要があるとされた。

しかしながら，1900年の時点で，法律スクールに入学した学生のなかで，カレッジを卒業して学士号を有する学生の比率は17.5%に過ぎず，いまだ大学院教育が中心とは言えない状況であった（Geiger 2000b, p.271）。しかし，第二次大戦後弁護士は急速に増加し，その過程で多くの法律スクールは，カレッジ教育とその学位を前提とする大学院レベルのプロフェッショナル・スクールとなっていく（Hart and Norwood 1994, p.76）。

このように，多くの国々で法律の学位は学士レベルなのに対して，アメリカでは大学院レベルへと移行した。これは研究者養成でもみたように，カレッジ・レベルでは学生の水準が専門職教育に達しないためでもあったが，それ以上に法律専門職の地位を高めるためであった。法学教育を向上させる専門職集団の努力が，カレッジでの数年の学修とカレッジ卒業学位を入学要件とする（つまり大学院化する）ようになったのである（Stevens 1983, Chaps.5-7）。

3）医　学

植民地時代の医療は素人的で，農園のオーナー婦人が家族や従業員のための医者になったり，家庭や民間療法で広く用いられていた薬草と植物療法が「医療」の大半であった。内科医が一人で片手間に働き，新しい内科医は3年間の徒弟奉公で，そうした徒弟制が，独立戦争後の人口と領土の急速な拡大によって大規模な養成制度が必要となるまで，普及していた。独立戦争後は，数人の内科医が集まって私設医学校を作り，19世紀の百年でその数は急速に拡大し，次第に徒弟制度を凌駕していく（ライト訳書2000，358頁）。

カレッジがまったく関わらなかったわけではない[20]。先述したように，1765年にフィラデルフィア・カレッジ（College of Philadelphia，後のペンシルバニア大学）で医療の理論と実践のための教授職が設けられ，1767年にキングス・カレッジ（King's College of Medicine，後のコロンビア大学）で同様のデパートメン

トが設置され，1783年にはハーバード大学で医薬の理論と実践のための教授職が設けられた（Hart and Norwood 1994, p.42）。1797年には，ダートマス・カレッジ（Dartmouth College）に医学スクールが設けられ，19世紀の最初の10年でもう2校が設置された（Norwood 1971, p.430）。1768年にはすでにフィラデルフィア・カレッジで，医学の学位としてM.B.（Bachelor of Medicine 医学士）だけでなくM.D.（Doctor of Medicine）も授与され（Norwood 1970, p.474），独立戦争開始の1775年までに，フィラデルフィア・カレッジは29名にM.B.を，5名にM.D.を授与した。キングス・カレッジも，1768年にM.B.を12名に，M.D.を2名に，名誉的なM.D.（ad eundem M.D.）を4名に授与している（Norwood 1970, p.472）。19世紀になるころにはこうした医学スクールは10近くになった（Norwood 1970, p.472）。しかしながら，これらはM.D.を出しつつも，アメリカの医学教育のパラダイムにはならなかった（Hart and Norwood 1994, p.42）。

19世紀の間，数で言えば私設医学校が支配的であり，20世紀はじめごろには160を超えるまでに増加していた（ライト訳書2000, 359頁）。そこでは普通4, 5ヶ月の講義があり，それを毎年繰り返していたが，学生は2回繰り返して卒業の手数料を支払えば，M.D.（medical doctor）を授与された（Geiger 2000b, p.272）。そうした医学校（正統派医学校，ホメオパシー学校，折衷派医学校など）がその数と規模を拡大させたのは，それが大きな利益を得られるからであったが（ライト訳書2000, 359頁），実態はひどいものであり，植民地時代からのアメリカ的なインフォーマルで規制のない医療を組織化したに過ぎないものであった（Hart and Norwood 1994, p.43）。19世紀半ばのアメリカでは，医師の資格試験はほとんど有名無実の有様であった（橋本2008, 33頁）。他方で19世紀半ばまでに大学に基礎を置く医学スクールも数を増やした。

こうして医学教育の二つのシステムが並んで成長した。一方（大学の医学スクール）は多くの教員がヨーロッパの病院での研修で時間を費やすにつれて，ヨーロッパの医療科学の繁栄に影響を受け，他方（独立の私設医学校）はいろいろな医療流派の影響をより受けるようになった（Hart and Norwood 1994, p.43）。流派（ホメオパシー＝同種療法，折衷療法，整骨療法，自然療法，逆症療法＝正統派他）の間での争いが続き，そのなかで科学的医療として逆症療法が次

第に主流になっていった。逆症療法派は 1847 年に医学教育の向上のためにアメリカ医学協会（American Medical Association）を創設し，他の流派は次第に人気を失っていく（Hart and Norwood 1994, p.43）。医学校の中でも，州の認可を得られないものなどは，カレッジ卒業資格授与認可状を利用するためにカレッジ付属の学校となるものも増えた（ライト訳書 2000, 361 頁）。19 世紀後半には医師の間でも階層分化が進み，エリートの多くはドイツに渡って専門化された教育（科学的医療教育）を受け，帰国後専門学会や病院を設立して，大学の医学スクールにも関わった（ライト訳書 2000, 362 頁）。こうして科学的医療が拡大するにつれ次第に大学の位置が重くなっていった。

　こうした流れは，1876 年のジョンズ・ホプキンズ大学の創設で決定的になった。大学院教育，科学的研究に傾斜したジョンズ・ホプキンズ大学で，1889 年にジョンズ・ホプキンズ病院，1893 年にジョンズ・ホプキンズ・メディカル・スクールが創設されると，大学での医学教育が医学教育のパラダイムとなっていく。1870 年代には，ハーバードの医学スクールで，9ヶ月の学期を 3 回繰り返すという年限延長を行い，1880 年代には 3 年の年限が望ましいと思われるようになったが，1890 年までにそれを採用したのは医学スクールの 1/3 に過ぎなかった（Geiger 2000b, p.273）。1890 年ごろは医学スクールの入学要件が議論となっていたが，ジョンズ・ホプキンズ大学の医学スクールはカレッジ卒業の学士を要件とし，年限も 4 年制にさらに延ばし，ハーバードも 1900 年にこれに倣った（Geiger 2000b, p.274）。

　しかし，それでも 1900 年の時点で，医学スクールに入学した学生のなかでカレッジを卒業して学士号を有する学生の比率は 10.2% に過ぎず，いまだ大学院教育が中心とは言えない状況であった（Geiger 2000b, p.271）。これに対して，1904 年にはアメリカ医学協会によって医学教育評議会（Council on Medical Education）が設置され，著名な大学教授がメンバーとなり，悪しき私設医学校の閉鎖などによる医学教育の改善を勧告した（Hoberman and Mailick eds. 1994, p.44）。私立の医学校の閉鎖が進む中で，ドイツ流の医学教育を基礎にしたジョンズ・ホプキンズ大学モデルを賞賛したのが，1910 年に公刊された「フレクスナー報告書」であった（McGlothlin 1964, p.14）。アメリカ医学協会の医

学教育評議会は，各医学校とその教育内容に対する絶対的な権限を通じて，医師の資質向上と資格統一を達成していった（橋本 2008，34 頁）。

　こうして，20 世紀前半には，大学の医学スクールにおける大学院レベルの科学的な医学教育が教育と実践を独占することになった。これは，効果的な診断医療システムが確立されたことによって科学的医学教育が信頼を得るようになり，その医学教育の向上には大学院レベルにせざるを得なかったためである。しかし，科学的医学教育の独占状態になったのは，医師という専門職集団のなかで，科学的医療主義の医師たちがエリート的な乗っ取りに成功したという側面があり（ライト訳書 2000，364 頁），大学院化したことは他の医療教育を排除するためでもあった。

　同時に，医学教育の場合，科学的医療が（実験室のために）大きな費用がかかるようになり，もはや私設の医学校では独立採算で維持できなくなったことも重要であった（ライト訳書 2000，365-6 頁）。それは営利目的の医学校の死を意味し，大学が医学教育のスポンサーとならざるを得なくなったのである。

4）神　学

　神学においては，植民地時代にそれぞれの宗派を背景にアメリカ東海岸にカレッジが作られたが，初期カレッジのほとんどが事実上神学校の機能を果たしていた（ライト訳書 2000，346 頁；仙波 1967，92 頁）。ただし，神学教育と言っても，ヨーロッパ大陸における大学の神学部での専門職教育と言うよりも，指導者養成が使命であり，ハーバードやイエールも植民地の指導者全般を育てる大学であった（三谷 1998，4 頁；ホフスタッター訳書 1980，119 頁）。

　こうした状況は，独立戦争前の第一次大覚醒運動（The Greatest Awakening）で，徒弟制度的な神学教育（ミニ神学校）が増え（三谷 1998，4-5 頁），変化を始めたが，さらに独立戦争後の啓蒙思想の広がりのなかで，ユニタリアンの拡大やカレッジの世俗化に対して危機感を抱き，神学教育をカレッジに任せられないと考えた人々によって，高度な神学教育を行う神学校が作られていく。1807 年に創設されたアンドーヴァー神学校（Andover Theological Seminary）や

1812年に創設されたプリンストン神学校（Princeton Theological Seminary）などである。とりわけアンドーヴァー神学校（1807年に神学デパートメントの創設，1809年に開学）は，カルヴィン主義正統派を離脱したハーバードに対抗し，しばらくはハーバードの学生を奪い取ってハーバードの帰属収入が減るほどであった（ルドルフ訳書 2003，90頁）。

アンドーヴァー神学校の大きな特徴は，カレッジの外で独立の神学校として作られたことであり，それにもかかわらず，驚くべきことに「コース制，教授職，学術雑誌，教科書，学問研究の重視といった大学の特徴を取り入れ」（ライト訳書 2000，349頁），近代的な研究大学モデルを取り入れていたことである。入学者はカレッジ卒業生を対象として，3年間の大学院レベルの神学専門職教育（ヨーロッパのユニバーシティの神学教育に相当）が始まった。1840年までに，プロテスタント系の神学校はほとんどアンドーヴァーのスタイルを採用した（Goodlich 1992, p.1212）。同神学校は現在も存在し，M.Div.（Master of Divinity），M.A.（Master of Arts），Doctor of Ministryなどを授与している。

アンドーヴァー神学校は，ジョンズ・ホプキンス大学が創設される1876年より70年ほど前に設立され，大学院教育の先駆的なものとの評価もあり，アメリカで最初の大学院（三谷 1998）とも言われる。また，先にみたように専門職分野の法律学や医学が近代化して大学院レベルの教育へと本格的に移行し始めたのが19世紀終わりであることを考えても，その先駆性がわかる。ただし，アンドーヴァー神学校はあくまでもカレッジやユニバーシティの外にある学校であった。

では，カレッジのほうはどうかといえば，前述したように19世紀前半にユニバーシティ化のため専門スクールが設置され，神学も1816年にハーバードの神学スクール（Harvard Divinity School），1822年にイエールの神学スクール（Yale Divinity School）などが設置された。ハーバードは，1811年にすでに神学の大学院プログラムを持っていたともいう[21]。

ただし，神学校がユニバーシティの神学スクールへと取り込まれていったわけではない。神学校とユニバーシティの関係は，法律学や医学と違ってかなり微妙であった。独立した神学校とユニバーシティの神学スクールという二元モ

デルは現在まで続いており，神学博士の半分が大学の神学スクールで，半分は大学の外の神学校で授与されたと言われ（Goodlich 1992, p.1213），現在でも神学校は独立した単科の学校が多く，2010年のカーネギー高等教育機関分類でも単科高等教育機関（Special Focus Institution）の最多の分野であり，302校が存在する。これは，19世紀の間に近代科学の導入による近代化を進めるなかで，ユニバーシティが全体として宗教色，少なくとも宗派（denominational）色を弱める方向に進んだことが要因であろう。宗派カレッジや神学校は近代的な学問の自由という考え方との付き合いに苦慮し，それは現在でも続いている（Guthrie and Opitz 2002, p.155）。

　専門職養成という点では，アンドーヴァー神学校はその先駆けを成すものであり，アメリカで最初の近代的なプロフェショナル・スクールとも言われるが，その後の単独の神学校も，大学（ユニバーシティ）のなかの神学スクールも[22]，近代大学に範をとって神学校を洗練されたプロフェッショナル・スクールにしようという傾向が強かった（ライト訳書 2000, 350 頁）。1833 年創設のハートフォード神学校（Hartford Seminary）などはその典型であった。

　しかし，こうした神学校は，専門職養成機関としての性格を強めるにつれ，宗教的色彩を薄め，現場の実践的な宣教師や牧師の養成では十分な役割を果たせなかった。1893 年のユニオン神学校（Union Theological Seminary）の校長の言葉によれば，こうした神学校は教会でもなく，牧師養成を意図したものでもなく，知的な訓練を意図したものであった（Goodlich 1992, p.1212；Fletcher 1983, p.12）。だが，学問的になったとはいえ，「新しい大学のなかにおかれたその他の学問分野でも，聖書研究，古典語，組織行動，さらには社会学といったものの専門知識が発展し，それらは神学校学生のもつ専門的知識を超えることはなかったにせよ，それに匹敵するところまでいたった」（ライト訳書 2000, 351 頁）ために，学界での支配権を得たわけでもなかった。

　これに対して，移民の増加による宗教学校の不足に対応するために，19 世紀末，エリート的な神学校ではなく，「補充隊」を速成するための比較的地位の低い「宣教師養成学校」や「聖書学校」が設立されるようになり，こうした学校が「新たに入植された地域で農民や労働者の宣教師となる者を迅速に育成

した」（ライト訳書 2000, 352 頁）。つまり上記のような神学校の歴史は，近代的なプロフェッショナル・スクールの先駆けになりつつも，「宗教的体験の核心に触れられなくなったエリートたちの歴史」（ライト訳書 2000, 352 頁）であった。

　以上のように，神学においては，近代的な専門職養成への傾斜は法律や医学よりも早く，しかも大学院レベルの専門職教育を率先して開始した。しかし，第一に，宗教色を失っていくユニバーシティに神学が取り込まれるのではなく，独立した神学校とユニバーシティ内部の神学スクールという二元システムとなった。第二に，専門職養成の点で，信仰と近代的な高度な専門職養成には根本的に矛盾があり，法律学や医学のように専門職養成が大学院教育レベルに集中するに至らなかった。その結果，法律や医学のように，専門職養成が大学の専門スクールの大学院プログラムに限定される構造にはならなかったのである。

　なお，神学の大学院のアクレディテーション団体は，高等教育アクレディテーション協議会（Council for Higher Education Accreditation）加盟団体では，1947 年創設の聖書高等教育協会（Association for Biblical Higher Education），1918 年創設のアメリカ＆カナダ神学校協会（Association of Theological Schools in the United States and Canada），1979 年創設の国際キリスト教カレッジ＆学校協会（Transnational Association of Christian Colleges and Schools）などがある。聖書高等教育協会やアメリカ＆カナダ神学校協会は，准学士，学士，大学院学位レベルのプログラムや大学のアクレディテーションを行うが，国際キリスト教カレッジ＆学校協会は大学院レベルを対象とする組織である。

5）アメリカ的プロフェッショナル・スクールの成立

　伝統的な専門職養成の組織化の特徴は以下のようにまとめられよう。

　第一に，神学では必ずしもそうではないが，法律学と医学では，専門職養成は大学に所属するプロフェッショナル・スクールが主たる場となっていく。形式的には 18 世紀後半から 19 世紀前半に，カレッジは法律スクールや医学ス

クールをそろえることでユニバーシティに名称変更したが，19世紀末までは，これらの専門職養成は徒弟制度や私設の学校によってなされ，大学には十分食い込めなかった。その理由は私設学校の専門職教育に対する懐疑であり，当時のいい加減で視野の狭い教育を誇り高い大学が受け入れるのをためらったためである（McGlothlin 1964, p.14）。だが次第に，医学や法律の分野では専門職養成の近代化がはかられ，大学での位置が拡大し，専門職養成の大学化が進み，ユニバーシティの中のプロフェッショナル・スクールがその訓練の場に変わっていった。ただし，これは実質的には1870年代以降のことである。

　第二に，伝統的な専門職養成は，1870年代以降カレッジ・レベルから大学院レベルへと進み，20世紀になって本格化する。医学では，ドイツの大学における医学教育のインパクトが駆動力となり，ジョンズ・ホプキンズ大学創設のころの1870年代になって，大学院レベルの教育へと変化し始めた（専門職教育の大学院化）。法律学においても，ハーバードにおけるケース・メソッドなど法律学の科学化とも言うべき動きの中で，大学院レベルの教育へと変化し始めた。専門職教育の水準の向上には大学院化が必要とされたのである。こうした専門職養成の大学院化を，1890年代にカレッジ卒業生が急増したことが後押しした（Geiger 2000b, p.275）。すなわち，カレッジ卒業生がプロフェッショナル・スクールに多く進むようになる。そして，20世紀に入ると，アメリカ的なユニバーシティの一部分として学士教育カレッジ（ここではユニバーシティ内のカレッジ）という存在が受け入れられるにつれ，学内でのカレッジと大学院教育の関係が明確に区別されるようになり，プロフェッショナル・スクールの地位と水準の不可避的な上昇は，カレッジが常に渇望していた前専門職段階の教育という役割を実質的に正当化するものとなった（Geiger 2000b, p.275）。こうして大学院レベルのプロフェッショナル・スクールが確立していく。それが本格化するのは，20世紀に入ってからである。

　神学では，法律学や医学よりも早くに19世紀前半に大学院教育を始め，むしろその先端を走っていたが，専門職養成の近代化のなかで宗教的色彩を薄め，法律学や医学のようには大学院が専門職養成を独占することはできなかった。

いずれにしても，先に研究者養成の大学院化でもみたのと同じように，専門職養成においても，カレッジの存在が大学院の形成に決定的に影響した。カレッジ教育があるがゆえに，大学院レベルの教育にシフトせざるを得なかったし，それが可能になったのである。ただし，専門職養成の場合は，研究者養成と違って，教育水準だけでなく，自らの専門職の地位を高めることも大学院にシフトさせる要因となったと言えよう。

　第三に，専門職養成の制度化では専門職団体の役割が重要であった。法律学では，法律専門職の地位を高めたい専門職たちが集まって，専門職養成のレベルの低さを批判し，その向上を大学の法律スクールという場を活用して行った。そして入学者の資格と学修の年限を規制することで法律専門職養成の大学院化が行われた。医学においても，近代的・科学的医療を目指す人々が他の療法の医師たちを駆逐していく際に，大学の威信を活用する，という形で医療専門職の養成が確立していく。私設医学校を駆逐していったのがアメリカ医学協会であった。神学では，もともと宗派に細かく分かれ，各カレッジが聖職者養成を行い，その後の神学校設立なども宗派の団体つまり専門職団体がリードした。こうした専門職団体の関与で，専門職団体がプロフェッショナル・スクールの水準を維持する，アクレディテーション制度が確立していく。イギリスでも専門職団体が専門職の資格化に寄与したが，それよりも大学が活用され，また国家が専門職を大学の学修を通じて官僚制化したドイツとも異なる。

　第四に，ヨーロッパの専門職養成とのつながりという点では断絶がある。それまで専門職養成の伝統がないカレッジ教育に，そのままヨーロッパの大学の専門職教育を移植したわけではない。例えば医学のM.D.は18世紀後半にはすでに授与されていたが，現代につながるM.D.はジョンズ・ホプキンス大学以後であり，法律のJ.D.もその頃なので，「科学化した」M.D.やJ.D.は実質的に19世紀の終わりになってからである。M.D.やJ.D.はアメリカで独自に発展していったと言うべきであり，中世以来大学で行われていたヨーロッパ的な専門職養成とは一線を画す。なお，ドイツ・インパクトという点で言えば，研究者養成の大学院化においては，圧倒的に大きな役割を果たしたが，専門職養成の場合状況が異なった。ドイツでは国家による官僚制化が進んだが，アメ

リカでは大学と専門職団体が主導権を握った。

5　新たな専門職養成の拡大
──大学院形成の第3段階②

1) ビジネス

　伝統的な専門職の養成が大学院化しただけではない。ビジネス，教育，工学などで，職業的なものが専門職化し，大学院での専門職養成へと向かう。

　経営管理はもともとヨーロッパでは陸軍士官の養成所で学ばれており，例えば1799年創設のイギリス王立陸軍士官学校などであるが（Hoberman and Mailick eds. 1994, p.133），最初のビジネス・スクールは，1819年創設のフランスのパリ高等商業学校（ESCP）とされる。ドイツでは1898年にライプチヒ商科大学が創設され，東欧では工学系で教育が行われた。イギリスでは少し遅く，ビジネスの学位が授与されたのは，1910年のバーミンガム大学やマンチェスター大学であった（Hoberman and Mailick eds. 1994, p.134）。これに対し，アメリカでは，1880年代には，商業カレッジ（学位授与権はない）ができていた[23]。

　他方でアメリカでは大学でもビジネス・スクールが作られ，その最初のスクールは1881年創設のペンシルバニア大学ウォートン・スクール（Wharton School）と言われている。その創設の際，Ph.D. 誕生のプロセスで重要な役割を果たしたローレンス科学スクールやシェフィールド科学スクールなどの「科学スクール」が参考にされた（福留 2003, 25頁）点は興味深い。科学スクールは従来のカレッジになじまない新たな応用的な取り組みとして理解されていたが，それが参考にされた。ビジネス教育はそれまでの分野と比べてヨーロッパでも遅くに高等教育機関として設けられるが，その同じ頃にアメリカで誕生しており，むしろアメリカの場合は大学のなかのスクールとして誕生しており，ヨーロッパの国々よりも革新的であった。それまで専門職ではなかった職業的

な領域が19世紀末にユニバーシティに入り込むことができたのである。

さらに20世紀になって大学院教育が始まる。大学院レベルの学位を最初に授与したビジネス・スクールは，ダートマス大学に1900年に設置されたタック・ビジネス・スクール（Tuck School of Business）であった（Wren and Van Fleet 1983, p.30）。そこで授与されたのは，科学修士（Master of Science in Commerce degree）であり[24]，まだM.B.A.（Master of Business Administration）ではない。だが，1908年には，ハーバードで，ビジネス・スクール（Graduate School of Business Administration）が設立され，1910年に世界で最初のM.B.A.プログラムが提供された[25]。Ph.D.については，1898年に設立されたシカゴ大学のブース・ビジネス・スクール（Booth School of Business, Graduate School of Business）で，1922年に最初のPh.D.プログラムが始まり，1928年に最初の博士号が授与された[26]。

興味深いのは，アメリカのビジネス・スクールが文理学（arts & sciences）カレッジ，とくにその経済学デパートメントから生まれたことである（Wren and Van Fleet 1983, p.30）。それゆえPh.D.が授与される。

こうしてビジネス・スクールが大学院レベルでの教育を拡大させつつあるときに，1916年には，全米大学ビジネス・スクール協会（American Association of Collegiate Schools of Business：AACSB）が設立され，1919年からビジネス・スクールのアクレディテーションを始めた。

このように大戦間期にビジネスの専門職養成の大学院化が進展した。

2) 教 育

植民地時代には，教員資格は不十分で不明確であったが，それは教育が各植民地政府の法定宗教（教会）の勢力下に置かれ，教職を独立の職務とする基盤を阻害していたからであった（八尾坂1998，25頁）。その状況を変えたのはアメリカ独立戦争と啓蒙主義であり，社会の世俗化が進展する。18世紀末から19世紀には，教員免許制度は教会支配から学区・タウン支配を経て，郡免許制度が定着した（八尾坂1998，33頁）。アメリカで公立学校制度が成立し定着

第 2 章　大学院の成立　　87

したのは 1820 年から 40 年の間にかけてであり（小野 1976, 67 頁），ハイスクールも 1821 年にボストンに始まった。それらと並行するように，教師養成機関設立のための啓蒙運動が行われ（小野 1976, 第 4 章），1839 年にレキシントン師範学校が州立師範学校として創設された。免許制度も州免許制度が中心になっていく。私立師範学校なども設立されたが，師範学校の増加で教師も増え，教員の専門職化が進展し，教師の水準も問題となり，教育関係の団体が創設された[27]。

　とはいえ，大学はまだこの専門職養成の拠点になったわけではない。19 世紀後半のハイスクールの飛躍的な増加の中で，その教師を供給するために，師範学校を大学水準に高める必要が出（三好 1972, 233 頁），1890 年代から師範学校が師範大学への昇格を始めた（三好 1972, 262 頁）。他方で一般の大学では，すでに 1850 年代に州立大学のいくつかに師範部門が設けられていたが，これは師範学校の穴埋め的存在で振るわず，むしろ 1870 年代，80 年代に教育学のためのいくつかの大学に置かれていた教育学教授職が，やはりハイスクール教師の需要の増大を背景に，教育のスクールへと組織的に拡大することで 20 世紀には教員養成機能を有するようになった（三好 1972, 262 頁）。自由学芸カレッジも 19 世紀には師範学校の穴埋めとしてすでに教員養成を始めていたが，19 世紀末のハイスクール教員の需要増大でやはりその機能を拡大させた。こうしたなかで，大学の教育学者を主体とする大学教育学教師全国協会（NSCTE：National Society of College Teachers of Education）が 1902 年に結成され，また 1917 年にアメリカ師範大学協会（AATC：American Association of Teachers Colleges）が発足し，1926 年に最初の教員養成の認定基準を設けた。アメリカ師範大学協会は，1948 年にアメリカ教師教育大学協会（AACTE：American Association of Colleges for Teacher Education）に，1954 年に教師教育認定全国協議会（NCATE：National Council for Accreditation of Teacher Education）に改組された（三好 1972, 191-4 頁）[28]。

　こうして大学が教師養成の主体となっていくが，まだ大学院教育ではない。1870 年代から増加した夏季学校（サマー・スクール）が現職教員教育を行っていたが，さらに夏季学期（サマー・セッション）も始まり，20 世紀初めには師

範大学や一般の大学でも夏季学期を利用して教職免許や雇用資格を高めることが広がり，そのような取り組みを始めた大学は 1894 年の 100 校強程度から 1931 年には 654 校へと増加した（三好 1972, 289 頁）。とりわけ一般の大学の出身の現職教師にとってはそれが大学院教育の役割を果たすようになる（三好 1972, 290 頁）。このように，教師教育の継続化が大学院教育をもたらし，さらに，教育長や校長など行政管理者のための大学院教育も始まった。最初の現職教師のための大学院プログラムは，1890 年に始まったニューヨーク市立大学の教育スクールにおいてであり，学位は M.A. や Ph.D. ではなく，教育修士（M.Ed.：Master of Education）と教育博士（D.Ed.：Doctor of Education）であった。ただし，最初の Ed.D. は，1910 年に創設されたハーバード教育大学院で 1921 年に授与された。第一次大戦後の教師の専門性高度化の需要に対応して，大学院学位取得希望者が増加し，1949 年までに 191 の大学が教育大学院を設け，109 校が博士プログラムを有するまでになった（三好 1972, 307 頁）[29]。こうして拡大し始めた教育の大学院は，後にみるように他の分野を差し置いて最大規模を占めるようになっていく。

このように教育の専門職も大戦間期に大学院化が進展した。

3）工　学

工学の領域では，もともと軍の学校で訓練が行われており，アメリカでも 1802 年にウェスト・ポイント陸軍士官学校（United States Military Academy）が創設され土木工学（civil engineering）が教えられ，1845 年には海軍兵学校（United States Naval Academy）が創設され機械工学が教授された。軍の学校以外として，ニューヨーク州に 1824 年に私立の技術学校が設立され，1826 年に「レンセラー技術学校（Rensselaer Polytechnic School）」と呼ばれるようになった。この学校は，大学とは独立して設立された単独の学校で，土木技術が中心で 1835 年には学位を出すことができるようになり，英語圏で，最初の工学系の大学に匹敵する高等教育機関となった（村上 2006, 67 頁）。

他方で，カレッジやユニバーシティにおいて工学教育が発展し始めるのは

19 世紀半ばからである。例えば先述した「科学スクール」は，1847 年にハーバードとイエールで，1851 年にダートマス・カレッジで創設され，これらのデパートメントやリベラル・アーツ・カレッジの科学デパートメントでは学位として科学士（B.S.）を授与し，応用科学的なことも教えた。例えばハーバードのローレンス科学スクールは，のちに工学スクール（School of Engineering and Applied Sciences）に改組されていく。ただし科学スクールは Ph.D. を生んだことからもわかるように明確に工学というわけではない。こうした科学スクールとは違う系統で，工学教育と呼べるようなものとして，19 世紀半ばに大学に授業科目や教授職が設けられ始めた。1845 年にユニオン・カレッジで，1850 年にブラウン大学で，1852 年にダートマス・カレッジで，同年にミシガン大学で設けられ，これらは当初教員一人のデパートメントであったが，20〜30 年後に工学のスクールへと昇格する（Lundgreen 1990, p.55）。そして 1860 年代から工学のスクールの設置が始まった。1863 年にコロンビアで鉱山スクールが設置され（後に工学・応用科学スクールとなる），ダートマス・カレッジには 1867 年に土木工学スクール（Thayer School of Civil Engineering）が設置され，1861 年には，フランスのエコール・ポリテクニークをモデルとしたマサチューセッツ工科大学（MIT）が創設された（開校は 1865 年）。

　こうした大学における工学教育を一気に加速させたのがモリル法（1862 年）による国有地付与大学の開始であり，農業とメカニカル・アーツ（Mechanic Arts）が重視された。1870 年にコーネル大学で工学スクール（Sibley College of Mechanical Engineering and Mechanic Arts）が置かれ，これは後に工学カレッジ（College of Engineering）となる。1879 年にはパデュー大学（Purdue University）で，機械工学のスクール（School of Mechanical Engineering）が置かれた（工学の授業は 1875 年に始まる）。その後も相次いで設立され，それまでヨーロッパの大学では工学部が置かれることはなかったが，アメリカの州立大学でその道を開き，工学スクールは大学での地位を確固としたものにした。

　こうした動きに合わせて，工学系の専門職団体の結成も進む。最初の技術者組合は 1867 年創設のアメリカ土木技術者協会（The American Society of Civil Engineers）であり，その後，1880 年にアメリカ機械技術者協会（The American

Society of Mechanical Engineers）が設立される（村上 2006）。

　しかし，大学院教育となるとかなり遅れる。博士レベルでは，イエール大学で 1861 年に最初に三つの Ph.D. を出したときの一つは物理学であった。その後ジョンズ・ホプキンズ大学が大学院レベルの科学・技術教育をしばらく独占し，それに 1892 年創設のシカゴ大学などが続いた。そして 1893 年にハーバード大学と 1894 年に MIT が正式に工学の大学院プログラムを始め，1896 年までに 3 名に工学博士（engineering doctorates）が授与された（Goldman 1992, p.1109）。ただし，研究（research）がアメリカの工学教育の中で重要な影響力を持つようになるのは 1960 年代であって（Goldman 1992, p.1109），それまで工学の大学院教育では，博士レベルは長らく大きな位置を占めなかった。

　修士レベルでは，最初の "Master" の学位は，工学系ではレンセラー理工科大学（Rensselaer Polytechnic Institute）の前身であるレンセラー技術学校が，1826 年に最初の卒業者に対して学士号（B.A.）のほかに，修士号（M.A.）を授与したのが最初であるとされている。しかし，すでに見たように 19 世紀後半まで，アメリカの大学は 4 年制のカレッジが中心で，当時の Master は学士レベルの学位であったと考えられる（齋藤 1995，6 頁）。1880 年代以前の Master は，現在のような研究を通じて取得される学位（earned degree）ではなく名誉的な学位であった（清水 1992）。だが，1870 年代ごろから修士号の改編がなされるようになる（仙波 1974，10 頁）。工学系の場合，現在のような大学院プログラムはこれより後であり，例えば，ピッツバーグ大学の大学院開設は 1904 年であり，工学系の大学院プログラムはさらにその 10 年後であった（齋藤 1995，6 頁）。こうしてようやく工学系の大学院教育が本格的に始まったが，それは 20 世紀に入ってからであり，それもしばらく経ってからであった。

　このようにビジネス，教育，工学といった新しい専門職の大学院教育は，20 世紀に入ってから，1910 年代，1920 年代になって本格化すると言えるだろう[30]。

6　アメリカ的ユニバーシティと大学院

1) アメリカ的ユニバーシティの形成

　こうして，カレッジ，グラジュエト・スクール，さまざまなプロフェッショナル・スクールがひとつの大学（institution）の中でまとまるという形が広がっていくが，すでに18世紀後半から，カレッジは医学スクールや法律スクールを併設することでユニバーシティへと名称変更していったのであり，大学内部の多様化は始まっていた。1872年までに，ユニバーシティとは，文理学のカレッジを中心に，法律，医学，神学などのスクール，そしてその他のスクールという具合に，さまざまな部局を持つものであるという概念は，アメリカではかなり発達していた（ルドルフ訳書2003，311頁）。

　このような大学内部の多様化，複合化をさらに加速させたのが1862年のモリル法であった。モリル法は，新しく複雑な産業社会が新しい専門家を必要とするようになったことを背景に，国有地付与大学（Land-Grant College），州立大学を生み，新しい「ユニヴァーシティ運動」をもたらした（ルドルフ訳書2003，253-5頁）。設立が加速された州立大学は職業志向であり，それまでの教養カレッジがコアとなっていた大学に対して，農学や工学が大学の中心に位置するという点で，画期的な変化であった。「ユニヴァーシティ運動」は，プロフェッション（専門職）とヴォケーション（職業）の間に厳に存在していた区別を曖昧にし，その結果「アメリカのユニヴァーシティは，大学院レベルのプロフェッショナル・スクールの集合体となり，そのスクールは，司法における徒弟制度に取って代わり，医学を学ぶものに責任を持たせ，神学をそれぞれ独立した部門に委託する傾向を強め，教育を高等な学問分野につくりあげ」（ルドルフ訳書2003，319頁），農学，家政学，工学，ビジネス，法律，医学などのカレッジ，ソーシャル・ワークやジャーナリズムなどの新たな領域のカレッジからなる大学の創設をもたらした（Mayhew 1977, p.1907）。

2) 機能分化とユニバーシティ化

　以上のようにユニバーシティはさまざまな機能を統合することで形成されたわけだが，同時に内部で機能分化が進んだことは無視できない。ユニバーシティが大学院教育に乗り出すようになって，実は単独のカレッジも，水準は低く実質的には大学院レベルではないものの，Ph.D. プログラムを始めていた。Geiger（2000a）はそれを「多目的カレッジ（multipurpose college）」と呼ぶが，19世紀にはそうした多目的カレッジが排除されていくプロセスがあり，そのプロセスのなかで，大学院教育がカレッジ卒業後教育にふさわしいレベルへと脱皮し，カレッジは単一的なリベラル・アーツ・カレッジへと収斂していくという具合に機能分化が進展した。また，伝統的な専門職養成においても，大学院レベルへとシフトしていくことで，カレッジ教育との機能分化を果たし，少なくとも伝統的な医学や法律学ではプロフェッショナル・スクールは大学院レベルとなった（このため，プロフェッショナル・スクールは大学院だと誤解されることがあるが，教育やビジネスや工学などの新しい専門職分野のプロフェッショナル・スクールは学士プログラムを有している）。

　こうして，1870年から1920年の間に，多様な高等教育機関が統合され，学士教育のためのカレッジ（undergraduate college），大学院のためのスクール（graduate school），複数のプロフェッショナル・スクールからなる，アメリカ的なユニバーシティが形成された。

3) 大学院の形成（まとめ）

　これまでアメリカの大学院の形成を大きく三つの段階に分けてみてきたが，それはアメリカのカレッジがヨーロッパ的な「ユニバーシティ」へと変化しようとしたプロセス＝「ユニバーシティ化」の中で進展したものであった。これを理解するために，ユニバーシティ化には，「タテ」と「ヨコ」の大きく二つの側面があったと考える。なお，ユニバーシティの意味は，19世紀でも多様であった（ルドルフ訳書2003，第16章）。ここで取り上げた側面は，現代から

みた，なおかつ大学院形成という観点からみた二つの側面である。

「タテ」のユニバーシティ化とは，教育レベルの上昇であり，カレッジ教育からカレッジ卒業後レベル（＝大学院レベル）の教育への拡大である。

「ヨコ」のユニバーシティ化とは，教育の範囲の拡大であり，教養教育中心のカレッジ教育から，応用的な専門職養成への拡大である。

このように捉えると，まず，大学院形成の第1段階では，アメリカのカレッジが，18世紀から19世紀にかけて，ヨーロッパ的なユニバーシティになろうとして，医学や法律学などのスクールを併設して，ユニバーシティ（神学部，医学部，法学部といった専門学部から構成されるヨーロッパ型の）へと名称変更された。この第1段階においては，ユニバーシティはカレッジ卒業後のレベルの教育を行うところであるという認識はすでにあったが，それは実質化しなかった。専門スクールの設置で形としてはヨコのユニバーシティ化は比較的進んだが，大学が専門職養成の拠点となる状況とは程遠く，実質を欠いたものであった。カレッジ卒業後教育の実現も神学の一部を除いてはうまくいかず，専門職養成からそれをやるのは難しかったのである。

第2段階では，ひとまず専門職養成ではなく，哲学分野において（従来の古典ではなく応用的な科学・技術に傾斜しつつ），Ph.D. プログラムの形成を通じて，カレッジ卒業後の教育としての大学院教育が形成された。ドイツ・インパクトが大きく，カレッジ教育から「タテ」のユニバーシティ化が進展した。この段階は，組織的な側面に着目すると，カレッジの伝統的なデパートメントとは独立して置かれたデパートメントにおいて，研究者養成のための研究学位である Ph.D. が授与されるようになった前半の時期（1860年代まで），大学院教育を主体とする大学院大学であるジョンズ・ホプキンズ大学の方式が大きなインパクトを持つようになった時期（1870年代まで），グラジュエト・スクールの拡大の時期（1920年代まで），に分けることができる。Ph.D. 形成，ジョンズ・ホプキンズ大学創設，グラジュエト・スクール化によって大学院教育が普及していくという意味で，研究者養成において，カレッジ卒業後教育である大学院教育の組織化が段階的に進んだと言える。

しかし，研究者養成のみの大学院が形成されても大学院形成は完成しない。

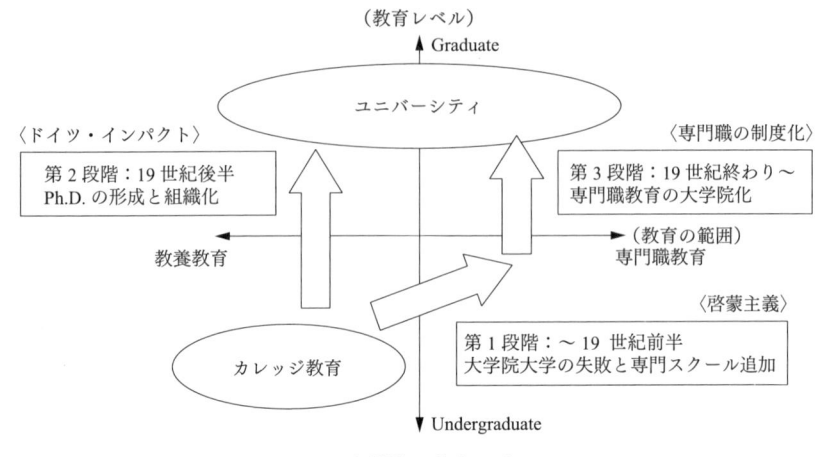

図 2-1 大学院の形成のプロセス

(教育レベル) Graduate / Undergraduate

ユニバーシティ

〈ドイツ・インパクト〉
第2段階：19世紀後半
Ph.D. の形成と組織化

〈専門職の制度化〉
第3段階：19世紀終わり〜
専門職教育の大学院化

教養教育 ←→ 専門職教育 (教育の範囲)

カレッジ教育

〈啓蒙主義〉
第1段階：〜19世紀前半
大学院大学の失敗と専門スクール追加

19世紀においては，専門職養成は必ずしも大学には確固とした基盤を得るにいたらず，1870年代以降になってやっと専門職養成が大学化される。専門職教育においても，ドイツ・インパクトが近代化に大きく影響した側面もあるが（特に医学），それだけでなく，専門職としての威信を高めるために大学に依存するようになり，さらに威信を高める目的で教育水準を向上させるために，カレッジ卒業生を対象とした大学院レベルの専門職養成へとシフトしていく。ただし，大学院レベルのプロフェッショナル・スクールの実質化は20世紀に入ってからである。こうした，専門職養成の大学院化が第3段階であり，そのプロセスは，「ヨコ」のユニバーシティ化に続いて「タテ」のユニバーシティ化が進展したと見ることができよう。これを図示したのが図2-1である。アメリカ的カレッジ教育からヨーロッパ的ユニバーシティへの変容を示している。研究者養成の大学院化において，Ph.D. の本格的な授与は1860年代に始まり，他方，専門職養成の大学院化においては，今につながるM.D. やJ.D. の授与は1890年代以降であり，専門職養成が研究者養成に遅れる。

　こうして大学院は形成された。もともとアメリカのカレッジがヨーロッパ的なユニバーシティを目指して始まったことだが，でき上がった大学院は，ヨーロッパのユニバーシティよりも明確に，学士レベルと大学院レベルを分けると

ともに（不明確な部分は残ったが），州立大学の誕生もあって従来は専門職と言えない職業のための訓練も専門職教育として大学院化し，領域を広げ，大学を構成するスクールも多様化し，複合的な大学が形成された。それはヨーロッパのユニバーシティとは異なる，アメリカ的なユニバーシティの形成であった。

第3章　アメリカの大学院のマクロな枠組み

　次の第III部で，機関レベルの検討を行う準備として，本章ではアメリカの大学院教育のマクロな枠組みを把握する。まず量的な側面から現在の大学院の大まかな特徴を整理し（第1節），大学院成立後から現在に至る大学院の拡大プロセスを概観し（第2節），大学院教育の国際化の特徴を整理する（第3節）。さらに機関レベルの大学院教育の運営の背景となるマクロな制度的枠組みとして，政府（連邦政府，州政府）の役割や，政府や大学以外の中間組織（専門職団体）の役割を検討し（第4節），高等教育システムの階層構造を形成する上での大学院教育の役割と，大学院教育における研究大学の位置を確認する（第5節）。

1　量的にみた現在の大学院のマクロ構造

　アメリカの大学院学生の数は，文部科学省『教育指標の国際比較』（平成24年度版）によれば（26-7頁），2008年時点で，フルタイム在学者が149万人，パートタイム在学者を含めると274万人であり，世界で最大規模の大学院生数を有する。それに次ぐのは中国の140万人（2009年）で大きいが，イギリスでフルタイム学生27万人，パートタイム54万人（2008年），フランスで53万人（2009年），日本で27万人（2011年）であることを考えるとその大きさがわかる。ただし，学士レベルの学生に対する大学院生の比率は14.6%であり，高い数値だが国際的にとび抜けて高いわけではない。大学院生が少ないと言われ続けてきた日本でも，1990年代以降の増加で10%を超えるまでに増えており，その他の国でも大学院生比率の大きな国は少なくない。

第 3 章　アメリカの大学院のマクロな枠組み　97

1) データについて——研究学位と専門職学位の観点から

では，どのような大学院教育が盛んなのか。本書の基本的枠組みは研究学位と専門職学位の対比であるが，前述のようにアメリカの大学院統計では，大学院学位は「修士学位（master's degree）」「研究／学問博士学位（doctor's degree—research/scholarship）」「専門職博士学位（doctor's degree—professional practice）」「その他の博士学位（doctor's degree—other）」に分けられており（Snyder and Dillow 2012, p.657），博士レベルで「研究／学問博士学位」は研究学位，「専門職博士学位」は専門職学位と言えよう。修士号は研究学位と専門職学位とには分けられていないが，実際には修士の 8 割以上は専門職学位である。とりあえずこの区分でみると，「研究／学問博士学位」＝研究学位の授与数は 2009/10 年数値で 57,151，「専門職博士学位」＝専門職学位の授与数は 99,695，「その他の博士学位」は 1,712，修士学位は 693,025 であり[1]，修士学位が圧倒的に多い。

この区分は，博士レベルで研究学位と専門職学位をどのように分けているのかそのプロセスが不明なところもあり（例えば，教育の分野で言えば，研究／学問博士学位は 8,698，専門職博士学位は 387，その他が 148 であるが[2]，これ以上具体的なことはわからない），時系列的な推移を捉えるには不便である。

そこでここでは，2008 年度以前の分類，つまり「第一専門職学位」「博士号」「修士号」を使う。この分類では，「博士号」の大部分は Ph.D. つまり研究学位であり，これに対してすでに述べたように「修士号」は 8 割以上が専門職学位に位置づけられる。従って研究学位と専門職学位の対比という観点からは，

　　　博士レベルでは「博士号」　　　→研究学位
　　　　　　　　　　「第一専門職学位」→専門職学位
　　　修士レベルでは「修士号」　　　→主に専門職学位

と位置づけてみていく。なお以下では，*Digest of Education Statistics* の 2010 年版のデータ（2008/9 年の数値）を使っている。少し古いデータであるが，これは 2011 年版から「第一専門職学位」が「博士号」と「修士号」に割り振られ

て，上の分類が使えなくなっているためである。

2）第一専門職学位と博士号の内訳（分野別）

まず，博士レベルであるが，第一専門職学位の授与数（2008/9 年）を専門分野別にみたのが表 3-1 である。第一専門職学位の授与総数は 92,004 であり，神学の修士号なども若干含むが，大部分は博士レベルである。それは先にみた 2009/10 年における専門職博士学位の授与数が 99,695 であることからもわかる。

専門分野別にみれば，第一専門職学位においては，法律（47.9％）が最も多く，それに医学（17.4％），薬学（12.3％）が続く。法律と医学に神学の 5.8％を加えると 71.1％となり，中世以来の伝統的専門職が中心である。これら以外の専門分野も歯学，検眼，整骨治療，薬学，足病，獣医，カイロプラクティック（脊椎矯正），自然療法など，基本的には医療系の専門職分野である。神学は 6％以下なので，大雑把に言えば第一専門職学位は半数が法律，半数が医療系である。

次に研究学位に相当する博士号であるが，専門分野別の博士号授与数

表 3-1　第一専門職学位授与数（2008/9）

	授与数	内訳（％）
歯学 Dentistry (D.D.S. or D.M.D.)	4,918	5.3
医学 Medicine (M.D.)	15,987	17.4
検眼 Optometry (O.D.)	1,338	1.5
整骨治療医学 Osteopathic Medicine (D.O.)	3,665	4.0
薬学 Pharmacy (Pharm.D.)	11,291	12.3
足病学 Podiatry (D.P.M., D.P., or Pod.D.)	431	0.5
獣医学 Veterinary Medicine (D.V.M.)	2,377	2.6
脊椎矯正 Chiropractic (D.C. or D.C.M.)	2,512	2.7
自然療法医学 Naturopathic Medicine	78	0.1
法律 Law (L.L.B., J.D.)	44,045	47.9
神学 Theology (M.Div., M.H.L., B.D., or Ordination)	5,362	5.8
全領域の合計	92,004	100.0

出典）Snyder and Dillow (2011), p.450.

表 3-2 専門分野別にみた修士号と博士号授与数 (2008/9)

専門分野	修士号 学位授与数	修士号 内訳（%）	博士号 学位授与数	博士号 内訳（%）
農業及び天然資源	4,877	0.7	1,328	2.0
建築及び関連サービス	6,587	1.0	212	0.3
地域研究，エスニック研究，文化研究及びジェンダー研究	1,779	0.3	239	0.4
生物科学・生命科学	9,898	1.5	6,957	10.3
ビジネス	168,375	25.6	2,123	3.1
コミュニケーション，ジャーナリズム及び関連プログラム	7,092	1.1	533	0.8
通信技術	475	0.1	2	0.0
計算機及び情報科学	17,907	2.7	1,580	2.3
建設業	0	0.0	0	0.0
教育	178,564	27.2	9,028	13.3
工学	34,750	5.3	7,931	11.7
工学技術	3,455	0.5	59	0.1
英語学及び英文学	9,261	1.4	1,271	1.9
家族・消費者科学	2,453	0.4	333	0.5
外国語，外国文学及び言語学	3,592	0.5	1,111	1.6
保健専門職及び関連臨床科学	62,620	9.5	12,112	17.9
法律専門職及び法学	5,150	0.8	259	0.4
自由学芸・科学，一般学及び人文学	3,728	0.6	67	0.1
図書館科学	7,091	1.1	35	0.1
数学及び統計学	5,211	0.8	1,535	2.3
機械及び修復技術	0	0.0	0	0.0
軍事技術	3	0.0	0	0.0
複合領域/学際領域	5,344	0.8	1,273	1.9
公園，レクリエーション，レジャー，フィットネス研究	4,822	0.7	285	0.4
哲学及び宗教学	1,859	0.3	686	1.0
物理科学及び科学技術	5,658	0.9	5,048	7.5
精密生産業	10	0.0	0	0.0
心理学	23,415	3.6	5,477	8.1
行政学及び社会福祉専門職	33,933	5.2	812	1.2
安全保障・防衛サービス	6,128	0.9	97	0.1
社会科学及び歴史学	19,240	2.9	4,234	6.3
神学及び聖職	7,541	1.1	1,520	2.2
運輸及び物資輸送	1,048	0.2	0	0.0
視覚芸術及び舞台芸術	14,918	2.3	1,569	2.3
その他，分類不可	0	0.0	0	0.0
全分野の合計	656,784	100.0	67,716	100.0

注) 博士は，Ph.D., Ed.D., 及びこれらに相当する博士レベルの学位を含み，M.D., D.D.S., J.D. などの第一専門職学位を除く。
出典) Snyder and Dillow (2011) の Table. 288 より。

(2008/9年)をみたのが表3-2である。表3-2には修士号の専門分野別授与数も示してある。

博士号の授与数は6万8000程度であり、第一専門職学位に及ばない。博士号の内訳をみると、保健および臨床関連分野の博士が17.9%と最も多く、その次に、教育分野の博士が13.3%、工学分野の博士が11.7%、生物科学・生命科学の博士が10.3%、心理学8.1%、物理科学および科学技術7.5%、社会科学および歴史学6.3%と続き、その他の分野の学位授与数は全体の5%以下である。

日本では、『学校基本調査』によれば(学位授与数ではなく大学院博士後期課程在学者数で)、2010年で保健関係が34%、工学が19%を占め、保健と工学に集中しており、教育は3%と低い。保健関係の比率が高いのは、医師以外の後期課程進学者が増えているということもあるが、日本では伝統的に医師で博士号を取得する者が多いからであろう[3]。また日本で工学の比率が高いのは、修士課程が大規模なので、工学の博士後期課程への進学率は低くても、進学者数では多いということであろう。また、日本で教育分野の博士後期課程進学者が少ないのは、教育の博士が大学教員にほぼ限定されているためでもあるだろうが、むしろアメリカで教育の博士号がきわめて多いと言うべきで、それは修士号のところで述べるように、教育分野の大学院修士プログラムが日本よりはるかに大きく、多くの博士号を持つ大学教員が必要とされるためであろう。

アメリカにおける上記の博士号には、第一専門職学位は含まれておらず、ほぼ研究学位に位置づけられる。この中には、Ph.D. 以外に教育の分野での Ed.D. も含まれているが、教育の博士号の中でも Ph.D. が大部分を占める。したがって、Ph.D.(研究博士号)を多く授与しているのは、自由学芸(文理学)の諸分野ではなく、医療・保健系、工学、教育などの分野である(文理学分野の全体と専門職分野の全体はほぼ拮抗している)。

3) 修士号の内訳(分野別)

他方で、以上の第一専門職学位と博士号の授与数は合計しても16万人以下だが、修士号は66万を数える。すでにみたようにその8割以上は専門職学位

に位置づけられるので，大学院学位全体は圧倒的に研究学位ではなく専門職学位に傾斜している。博士号（6.8万）をすべて研究学位と考え，例えば修士号（65.7万）の15%を研究学位だとすると，研究学位（16.7万）は大学院学位全体（81.7万）の2割程度に過ぎない。ただし，これは学位授与数であり，在学者数で言えば，博士号の在学年数が長いのでこれほど大きな開きはない。

修士号授与数を専門分野別にみると（表3-2），教育（修士号授与総数に対する比率が，27.2%）とビジネス（25.6%）で過半を占める。それに続くのが保健関係（9.5%）であり，そのあとはかなり数が減ってどの分野も修士号全体に対する比率は5%台かそれ以下になる。意外に少ないのは工学（5.3%）である。日本では，『学校基本調査』によれば，学位授与数ではなく大学院修士課程在学者数での比較ではあるが，工学の占める割合は極めて高い（2010年で41%）。その意味で日本と大きく異なる。また，アメリカでは教育の分野の学位授与数の占める比率が，日本と違って大きいが，これは教育分野の大学院学位（修士）が初等中等学校の教員や学校管理者の資格として機能しているためである。

このように博士でも修士でも，専門分野に大きな偏りがある。表3-2では専門分野別の授与数を示したうえで，博士号，修士号のそれぞれで授与数が全体の5%以上の専門分野のみ□で囲った。学位授与数の多い分野は限られている。

2　現在までの大学院の拡大プロセス

1) 大学院学位全体の拡大

すでにみたように1870年ごろから1920年ごろまでに大学院の形成と定着が進むが，上に述べた現状は，20世紀に大学院が著しく拡大していく中でたどり着いたものである。では，そのプロセスはどのようなものであったのか。

まず大学院学位授与数全体の推移をみたのが図3-1である。第一専門職学位

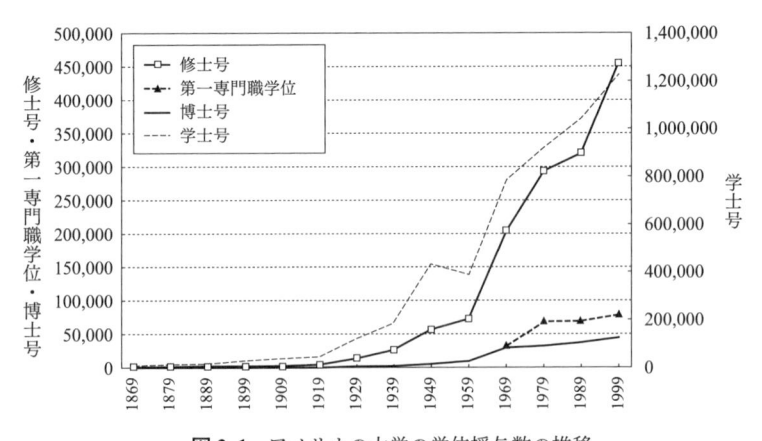

図 3-1　アメリカの大学の学位授与数の推移

出典）Snyder and Dillow (2011), Table. 247 より作成。

は，1959年以降に初めて統計上のカテゴリーとされたもので，それ以前は学士号に含まれている[4]。なお，図3-1では，参考のため学士号授与数を破線で示し，右縦軸に学士号授与数の目盛りをつけた。

　図3-1からわかるように，1920年ごろから大学院学位授与数が大きく増加する。だが，それ以上に第二次世界大戦後の，とりわけ1960年代の増加が著しい。ただし，時期的には多少のずれがあるものの，どの大学院学位も1970年代，80年代にはその増加傾向が減じ，その後1990年代以降に再び増加率が増している（第一専門職学位と博士号については図3-2を参照）。こうした戦後の急拡大，その拡大の鈍化，再度の増加率の増加を大きく規定したのは，学士学生数（学士号授与数）の変化であったと言えよう。つまり，学士学生数の増加に応じて，大学院に進学する者が増えたのである。とりわけ修士号授与数は学士号授与数に影響され，そのため，その大部分を修士号が占める大学院学位授与数も学士号の授与数の変化に影響されることになった。だがそうした背景に加えて，博士号，第一専門職学位，修士号のそれぞれに固有の状況や要因もあるようだ。

2）博士号の増加プロセス

まず博士レベルでは，博士号 Ph.D. の授与は 1860 年代に始まり，1876 年のジョンズ・ホプキンズ大学創設で加速し，20 世紀に入って一定の定着期を経た後，拡大の一途をたどる。Berelson（1960）やそれを参考にした高木（1979）によれば，20 世紀の初頭の最初の 20 年間は，大学院の成長は比較的緩やかであった。だが，1900 年に 14 であった博士号（Ph.D.）を授与する機関の数は 1920 年には 50 にまで増加した。その間，博士号の授与数は 1.5 倍に増加した。しかしその後の増加のほうが著しく，1958 年には，博士号授与大学は 175 にまで増加した（高木 1979，150 頁）。Finkelstein（1984, p.24）によれば，1920 年から 1940 年の間に，博士号授与大学は 50 から 100 に，1 年あたりの博士号授与数は 620 から 3,300 へと増加した。その後博士号授与数は，1950 年には 6,420，1960 年には 9,829 と増加した（ガンポート訳書 1998，310 頁）。

この間つまり 1920 年代から 50 年代までは博士号は増加するが，その後も 1960 年代の増加が著しい。その背景には大学院教育の財政基盤の変化があるようだ。大学の学術研究活動に対する経済的な支援の財源は，最初は政府ではなく，企業家個人や慈善事業財団による寄付であった。しかし，両大戦の経験から，連邦政府による研究予算の重要性が認識されるようになり，政府による大学の基礎科学への本格的な研究助成が開始され，それに伴って大学院の研究訓練に安定した資金が流れ込む構造が形成された。この構造を確固たるものにしたのが，1957 年のスプートニク・ショックであり，連邦政府は基礎研究への投資を拡大し，大学への連邦研究助成が拡大した。

この政府による研究助成の増加が Ph.D. の増加を後押しした。図 3-2 に博士号と第一専門職学位の授与数の推移を示した。大学院生の増加の要因は先に述べたように学士号の増加が基調にあるであろうが，Ph.D. 授与数は第一専門職学位以上に増えているのであり，明らかに研究学位固有の背景がある。1960 年には，博士号授与数が 10,575 であるのに対して，第一専門職学位は 25,253 であり，博士号授与数の 2.5 倍もあったが，1970 年には，第一専門職学位が 37,946 に対して，博士学位が 32,107 とかなり近い数にまで急増している。こ

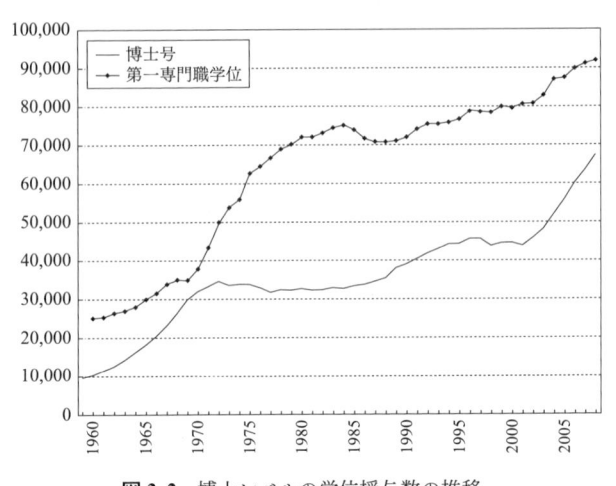

図 3-2　博士レベルの学位授与数の推移
出典）Snyder and Dillow (2011), Table. 247 より作成。

　の間の連邦研究助成の拡大は大学の研究活動を活性化し，この時代は研究大学にとって「黄金時代」であった（Geiger 1993, chapter.7）。そのなかで Ph.D. が増加した。

　しかし，図 3-2 でわかるように，1970 年代初めから博士号の増加が頓挫し，1970 年代，1980 年代半ばまで停滞している。喜多村（1994，第 7 章）は，大学院教育が 1960 年代の「黄金時代」から「危機」の時代に陥った背景や要因をまとめているが，大学院教育に対する過剰な期待から増設しすぎたこと，政府の財政難による高等教育関係予算の削減，大学院拡大のなかでの質の低下，Ph.D. の供給過剰などを挙げている。

　この 1970 年代以降の停滞の後，1980 年代後半から再度増加率が上昇する。その背景には先に述べたように学士学生の増加があるが，それだけではない。それをみるために，次に分野別に学位授与数をみてみよう。図 3-3 は 1970 年代以降の主な分野（2008/9 年の内訳で全博士授与数の 5％以上の分野）の博士号授与数の推移を示したものである。

　全体的に，1970 年代からの停滞後，1980 年代後半から増加傾向となり，2000 年代に急増するが，この間分野間の関係でどのような変化が起きたのか。

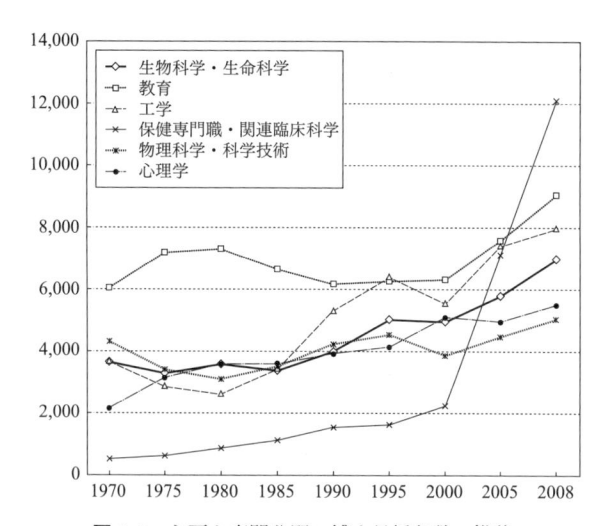

第3章　アメリカの大学院のマクロな枠組み　105

図 3-3　主要な専門分野の博士号授与数の推移
注）数値は5年刻みだが，2005/6，2008/9のみは3年である。
出典）Snyder and Dillow (2011), Table. 284 より作成。

1970/1年の分野内訳を比率の大きなものから挙げると，教育18.8%，物理科学・科学技術13.5%，工学11.5%，社会科学・歴史科学11.4%，生物科学・生命科学11.2%，であった。これらの分野は，1960年代の黄金期に顕著に拡大したもので，とりわけ教育と物理科学の分野が大きな位置を占めるにいたった。

　教育の博士号が増えたのは，後述するように修士プログラムの急増に伴う大学教員の需要が高じたためであるし，物理科学・科学技術の博士号が増えたのは，冷戦構造を背景に軍事関係も含めて物理科学領域への研究投資が増加したからであった。しかし，その後に教育と物理科学の分野は他の分野と比べても顕著な増加がみられず，これに対して1970年代の停滞後に顕著な増加を示したのは，工学の分野であった。意外に思われるかもしれないが，工学のPh.D.が顕著に増えたのは1980年代以降であり，それまでは工学の分野では学士教育に比重が置かれていた。1980年代以降に工学に次いで増加が大きかったのは生物科学・生命科学であり，さらに2000年代には保健関連臨床科学分野で飛躍的に博士が増え，一気に博士号授与数でトップに躍り出た。物理学系から生物学系・保健関係に研究投資の重点がシフトしたことを背景にしている。

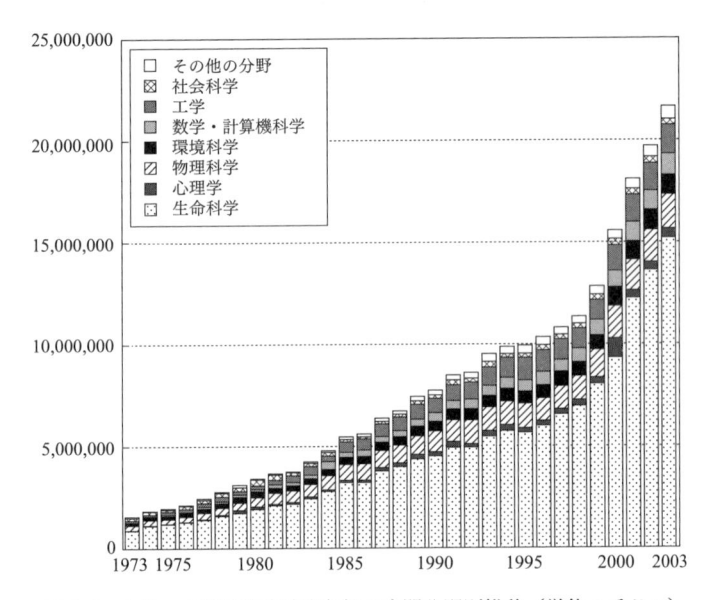

図 3-4 大学への連邦政府助成負担の専門分野別推移（単位：千ドル）
出典）National Science Foundation, Division of Science Resources Statistics, *Federal Funds for Research and Development, Research to Universities and Colleges by Agency and Field of Science : Fiscal Years 1973-2003*, Table 1A.

　図 3-4 は，1973 年以降の大学の研究開発費に対する政府負担の推移を，専門分野別にみたものである。どの分野も増加しているが，特に 2000 年代における生命科学分野（医療分野を含む）の著しい増加がめだつ。この著しい増加が，生命科学や保健関連臨床科学系の博士号の著しい増加の背景となった。

3) 第一専門職学位の増加プロセス

　他方で，第一専門職学位はどのように推移したのか。先にみたように，1960 年ごろには，博士号の倍以上の第一専門職学位が授与されていたが，1960 年代に博士号授与数が著しく伸びたため，両者の授与数は近くなった。しかしすでにみたように 1970 年代に博士号の授与数は停滞する。これに対して，第一専門職学位はむしろ 1970 年代と 1980 年代半ばまでに著しく増加する（図 3-

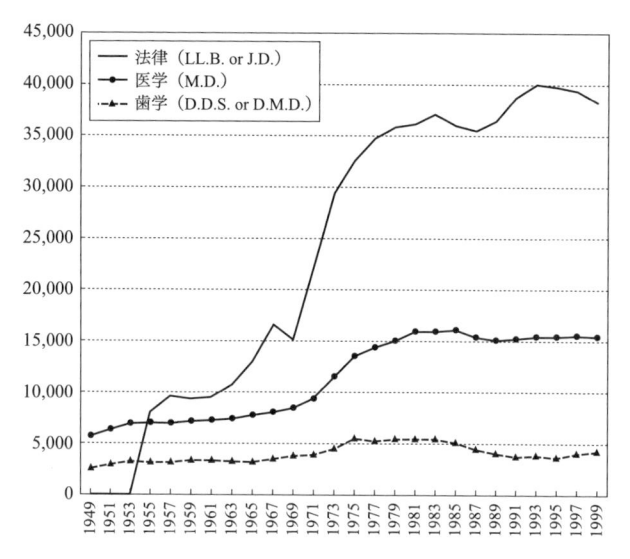

図 3-5　代表的な第一専門職学位の授与数の推移
出典）Snyder and Dillow (2011), Table. 290 より作成。

2)。

　では，どのような第一専門職学位が増えたのか。主な第一専門職学位の授与数の推移を示したのが図 3-5 であるが，1970 年代には，医学の M.D. も歯学の D.D.S.（Doctor of Dental Surgery）あるいは D.M.D.（Doctor of Dental Medicine）も増えているが，これは 1960 年代半ばまでしばしば医師不足が言われており，それに対応する形で連邦政府が 1963 年に保健専門職育成支援法（Health Professions Education Assistance Act）を制定し，医学スクールの定員拡大のための建設費と学生ローンに対する補助を始めたことが大きな要因となっている。この法律によって，さらには 1965 年にはその法改正が行われるなど，医学スクールと医療学生に対する補助が拡大し，この結果医学スクールと医療学生が大きく増加する。

　しかし，それ以上に著しく増加したのは，法律の主要学位である J.D. である（以上の三つの学位で第一専門職学位の 7 割を超える）。J.D. は，図 3-5 からわかるように，1960 年代からすでに増加モードに入っている。この 1970 年代の

法学の学位授与数の急増は，学士学生および学士号の急増が基底にあるが，それだけでなく，急速な経済発展と産業構造の変化，社会問題の顕在化などに伴って法律が整備されていく中で法律専門家の需要が急速に拡大したことがある。だが，この結果アメリカ社会は弁護士過剰であると言われるような状況になる。こうして1970年代の増加で第一専門職学位の現在の構成が形成された。

4）修士号の増加プロセス

すでに述べたように，20世紀における大学院学位の拡大の中で修士号の拡大は圧倒的であり，Ph.D. からなる博士号や第一専門職学位よりはるかに大幅に増加した。名誉的なものではなく一定の学修を経て獲得される修士号（earned degree）は1859年に初めて授与されるが（Glazer-Raymo 2005, p.6），1879年に修士号授与数879であったものが，1920年には4,279と増加し，そのときの博士号授与数は615であり，すでに博士号の7倍近くであった。そして1920年代以降に修士号の数は飛躍的に激増する。1920年代以降の大学院の飛躍的な拡大の大部分は実はこの修士号の増大であった。1940年には26,731，1950年には58,183，1960年には74,435，1980年には30万人という具合に，博士号や第一専門職学位よりもはるかに大きな増加を示した。

1960年代ごろまでの大学院全体の拡大要因については，Berelson（1960）が，①中等教育やカレッジ教育の普及，②高度の教育を受けた人材に対する社会的需要の増大——特に①との関連で中等学校教員やカレッジ教員の資格としての修士号や博士号が要求されるようになったこと，③特に第二次世界大戦後に急増した理由として，国家的見地から，連邦政府が大学院関係の財政補助を強化したこと，④大学間相互の競争，⑤年長教授（senior staff）が大学院生を研究教育の助手として持とうとする傾向，⑥さらに，大学の虚栄，誇り，野心，といった要因を挙げている（高木1979，150-1頁）。とりわけ1950年代末までに教育の分野の学位授与数の増大が著しく，修士号全体の増加を牽引した。これは学位が教員研修の奨励策であり，教員の資格要件として位置づけられたため，それが大学院教育の普及に大きく寄与した（高木1979，151頁）。

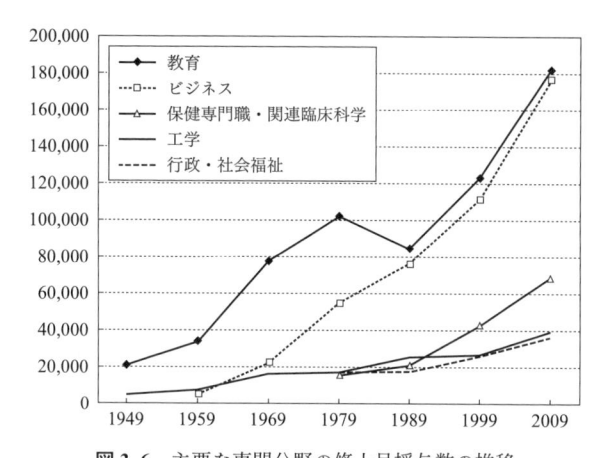

図3-6 主要な専門分野の修士号授与数の推移
出典）Snyder and Dillow (2011), Table. 283, 316, 319, 320, 326, 331 より作成。

　しかしながら1960年ごろまでの増加以上に，1960年代以降の増加がより飛躍的である。その要因としては社会における専門職，専門的な職業に対する需要の高まりがあるであろうが，同時に，すでに述べたように学士学生と学士号取得者が急増したためであると考えられる。

　ではどのような分野構成で拡大は進展したのか。図3-6は，2009/10年に授与数の比率で全体の5％以上の専門分野の修士号の授与数の推移をみたものである。

　1970年以前は専門分野別のデータが不十分であるが，戦後1950年前後には教育の分野が修士号で最も大きな割合を占めていた（1960年前後には修士号全体のおよそ半分）。それは戦後一貫して変わらないのであるが，1960年代から1970年代にビジネスの分野の修士号が著しく増加し，教育とビジネスという二大分野の構成ができ上がった。

　その後，保健専門職および関連臨床科学の分野の比率の顕著な増加があるが，それを除けば1980年代後半以降はこの構成に基本的に変化はない。分野構成で，アメリカと日本とでの最も大きな違いは，アメリカでは工学の比率が小さいことだが，工学の分野が全体に占める比率はわずかに減少気味であり，

現時点で修士号全体の 5%程度を占めるに過ぎない。

3　大学院教育の国際化

　アメリカの大学は，20 世紀とくに戦後に世界の学問の中心地（Center of Learning）に躍り出て，19 世紀に学問中心地であったドイツの大学がそうであったのと同様に，世界中から留学生を集めている。例えば，第三段階教育（tertiary education）で学ぶ外国人学生（international student）の国別の構成をみると（2009 年），アメリカ 18.0%，イギリス 9.9%，オーストラリア 7.0%，ドイツ 7.0%，フランス 6.8%，カナダ 5.2%，ロシア 3.7%，日本 3.6%の順位であり（OECD 2011, p.322），アメリカが世界で抜きん出ている。

　ただし，それぞれの国で，高等教育を含む第三段階教育の在学者の総数に対する外国人学生の比率でみると，アメリカは，オーストラリア 21.5%，イギリス 15.3%，オーストリア 15.1%，スイス 14.9%，ニュージーランド 14.6%，などにはるかに及ばず，ベルギー 9.2%，アイルランド 7.1%，カナダ 6.5%，スウェーデン 6.4%，デンマーク 5.4%，アイスランド 4.6%，オランダ 3.8%，フィンランド 3.7%，ハンガリー 3.7%，に続く 3.5%に過ぎず，順位で言えば日本の 3.1%より一つだけ上の順位である（OECD 2011, p.333）。とは言え，言うまでもなく，これは高等教育機関の在学者全体の規模によるので，逆に言えばアメリカの高等教育システムの規模の大きさを示している。

　世界的な規模でみたアメリカの留学生の位置は以上のとおりであるが，アメリカの大学院の留学生の特徴をさらにみるために，学士号，修士号，博士号，第一専門職学位の取得者の中で留学生（non-resident alien）[5]の占める比率をみると，2008/9 年で，学士号取得者総数 1,601,368 中で留学生数 45,883 は 2.9%であるのに対して，修士号取得者総数 656,784 中で留学生数は 79,444 であり 12.1%を占め，学士よりも修士で留学生比率が高い。さらに，博士号取得者数 67,716 中で留学生数は 16,887 であり，24.9%にも及び，学士よりも修士，修士よりも博士で留学生の比率が大きい。つまり，アメリカの大学では，大学院レ

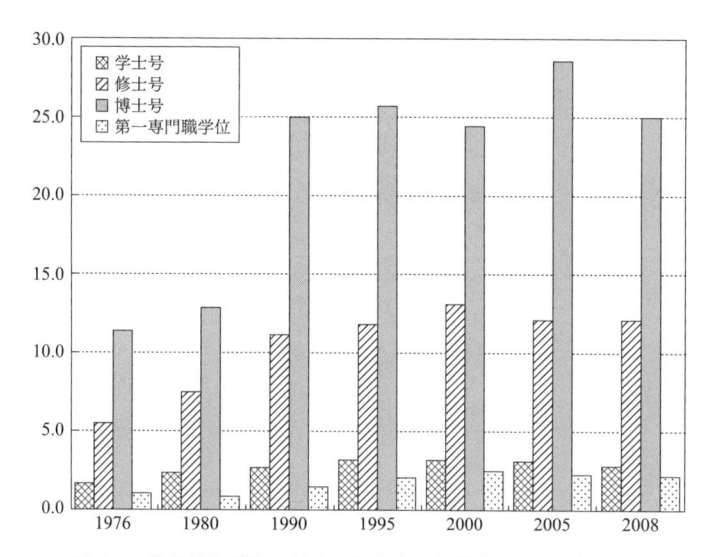

図3-7 学位授与総数に対する各学位の留学生比率の推移（％）
注）ここでの留学生は non-resident alien である。
出典）Snyder and Dillow (2011), Table. 296, 299, 302 より作成。

ベルとりわけ博士レベルで最も国際化している。

ただし，第一専門職学位取得者数 92,004 中で留学生数は 2,064 であり，2.2％に過ぎない。伝統的な専門職であり，アメリカ社会で専門職として確固とした地位を獲得している（さまざまな制度と結びついている）がゆえに，逆に学生は国内志向であることを反映していると考えられる。なお，大学院学位取得者全体（814,440）の中で留学生の学位取得者（98,395）は，12.1％を占める。

こうした大学院への留学生はいつ増えたのか，学位別（学士，修士，博士，第一専門職学位）に学位取得者中の留学生比率の推移をみたのが図3-7 である。1970年代半ば以前の数値がないが，少なくとも 1976 年の時点で大学院における留学生比率は 5.3％であり（学士学生の留学生比率は 1.7％），現在と比べて高くないが，1980 年代に大学院の留学生比率が大きく増加したことがわかる。とりわけ博士号における留学生比率が急増している。留学生比率の低い第一専門職学位でも留学生比率は増加している。

では，大学院でどのような専門分野に留学生が多いのか。修士，博士，第一

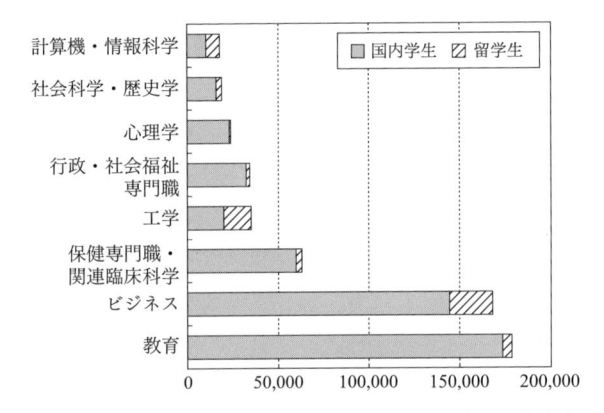

図 3-8　主要分野における修士号授与数の国内学生と留学生の内訳

注）2008/9 年の数値。学位授与数の上位 8 分野で全体の 82.0％を占める。
出典）Snyder and Dillow (2011), Table. 300 より作成。

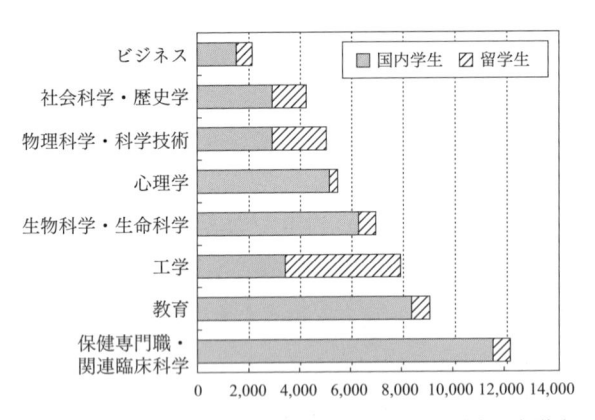

図 3-9　主要分野における博士号授与数の国内学生と留学生の内訳

注）2008/9 年の数値。学位授与数の上位 8 分野で全体の 78.1％を占める。
出典）Snyder and Dillow (2011), Table. 303 より作成。

専門職学位のそれぞれについて，専門分野別に学位を授与された学生の内訳（国内学生と留学生）をみたのが図 3-8，9，10 である。

修士号では（図 3-8），学位授与総数に占める留学生比率は，修士号の最も多い教育の分野では 2.8％に過ぎないが，次に修士号授与数の多いビジネスの

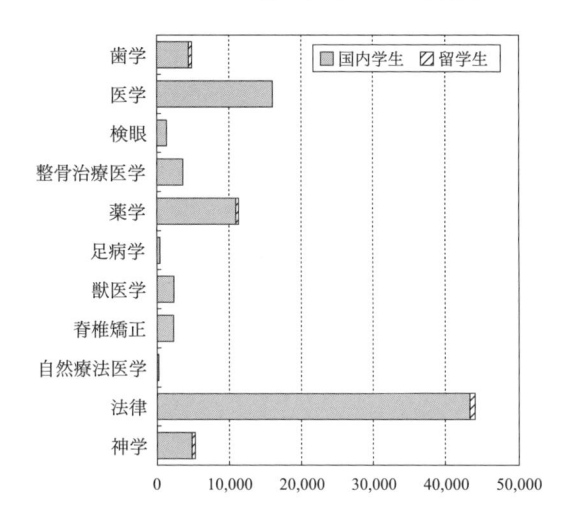

第3章　アメリカの大学院のマクロな枠組み　113

図 3-10　主要分野における第一専門職学位授与数の国内学生と留学生の内訳

注）2008/9 年の数値。
出典）Snyder and Dillow (2011), Table. 306 より作成。

分野では 14.2％と大きい。教育よりもビジネスは国際志向である。一時日本でもアメリカのビジネス・スクールに留学して M.B.A. をとるのが流行ったが，ビジネスや金融の急速なグローバル化に伴って留学生を多く集めている。しかし修士号の中で，留学生比率が最も多いのは，授与数自体は多くない，工学と計算機・情報科学であり，留学生比率がそれぞれ 43.4％，46.6％である。このように修士レベルでは，ビジネス，工学，および計算機・情報科学が大部分を占める。

　博士号においては（図 3-9），全体的に留学生比率が 24.9％と高いが，なかでも工学 57.6％，物理科学・科学技術 42.5％と高い。それに続くのが社会科学・歴史学で 31.2％，ビジネス 29.2％と続く。博士号授与数の大きさの割に保健専門職および関連臨床科学，教育の分野では留学生比率は 5.8％，7.5％と低い。

　また，第一専門職学位では（図 3-10），どの分野も留学生比率が低いが，これはすでに述べたように第一専門職学位が国内志向であることを示している。

以上より，アメリカの大学は世界的にみても留学生を最も多く受け入れている。ただし，国内学生の規模が大きいので，留学生比率は国際的にみて高くない（3.5%）。しかし，大学院に着目すれば，修士号授与数で12.1%，博士号授与数で24.9%と留学生比率が高い（第一専門職学位の留学生比率は2.2%と極めて低い）。つまり大学院中心に国際化がなされ，とりわけ博士プログラムの国際化が進んでいる（ただし，大学院学位取得者に対する留学生比率は12.1%であり，大学院教育は9割近くは国内学生向けのサービスである）。

 この大学院における留学生比率の高さは，とくに1970年代，80年代に進展した。さらにこれを専門分野別にみると，修士号ではビジネス，工学，計算機・情報科学で，博士号では工学，物理科学・科学技術，社会科学・歴史学で，留学生比率が高い。アメリカの大学とくに州立の大規模研究大学の工学スクールに行くと，中国とインドからの留学生の多さに驚かされることが多いが，その印象はこうした事実を反映していると言えよう。これらの分野が留学生に人気があることもあるが，工学のスクールの側にも，大学院教育さらには研究活動を維持していくには留学生に来てもらわねばならないという状況もあるようだ。また，後述するディーンへのインタビューでは，ビジネス・スクールが海外に学生募集拠点を作って積極的に留学生増加を図っているといったことも聞かれたが，こうした傾向が反映されていると思われる。

 このようにアメリカの大学院教育は部分的に国際化が進んでいるが，そこには留学生にとって魅力的であるという要因はもちろんあるが，大学院教育や研究活動を維持していくためにも，また経営上の観点からも留学生に来てもらわねば成り立たない側面もある。

4　大学院教育の質と量の調整に関わる制度・組織

 教育の質と量のコントロール・メカニズムには，大きなものとして一方で市場があり，他方で政府がある。教育サービスの質と量は，それを供給する個人と，それを需要（消費）する個人とが，授業料などを通じて市場的に調整され

ることはあり得るだろう。だが、一般に教育サービスはこのメカニズムが効きにくく、情報の不完全性、外部性などの要因によって必要な質と量のサービスが提供されないので、公共財として政府が関与するとされる。大学教育や大学院教育もそうであり、ヨーロッパでは伝統的に専ら政府が高等教育を提供する。だが政府だけではない。さまざまな組織的調整[6]が介在する。そもそも個々人ではなく大学という組織がある程度まとまった形で大学教育や大学院教育サービスを提供している時点で、すでに組織化がなされ組織的調整が行われている。

次の第III部では、機関レベルで、大学院教育がどのように動かされているのかを検討するが、ここでは、大学よりも大きなレベルで、大学院教育の質や量に影響を及ぼすマクロな制度や組織について整理する。大学外の制度や組織が大学に関与する場合、一般的に「規制」と「補助」があると言えるだろう。より具体的には、規制は設置認可やアクレディテーション（適格認定）などである。補助とは大学院教育に対する財政的な補助などである。

1) 規　制

周知のようにアメリカの大学においては、教育の質の維持のメカニズムとして設置認可（チャーターリング chartering）とアクレディテーション（適格認定 accreditation）が組み合わさっている。設置認可はふつう政府によって行われるが、「日本の大学・短大の設置認可と比べれば、アメリカでは各州政府が行う新設時の審査ははるかに許容的で、設置のための基準も緩やかだといわれている」（喜多村 1990, 149頁）。これに対してアクレディテーションは、同業者団体による自己規制であって、「個別の大学が人材と資金を提供して基準協会という連合団体を結成して、その水準に合致した大学の団体（協会）が大学にふさわしい基準を設定し、その基準に合致した大学のみに基準協会の会員校（membership）の資格を認め、水準に合致しない大学は排除することによって、個別の大学ないしはその教育プログラムの質の維持向上と改善を進めようとするものである」（飯島他編 1990, 5頁）。

アクレディテーションには四つの機能がある（Eaton 2002）。第一に，機関やプログラムが教員，カリキュラム，学生サービス，図書館などに関して最低基準を満たすか否かのチェックによって教育の「質の維持」を図る。第二に，連邦政府の学生支援や助成プログラムの対象となるための条件となることで「連邦資金へのアクセス」を可能にする。第三に，授業の水準を維持することで学生の「トランスファー（転プログラム，転大学）を容易にする」。第四に，雇用者が就職希望者の資格を評価したり，雇用者が被雇用者の教育訓練のために授業料を支援するか否かの判断に際してアクレディテーションの有無を利用してもらうことで「雇用者の信頼を増幅する」。

このアクレディテーションを行う団体には，大学を1機関としてその全体を認定する，機関アクレディテーションを行う「地域アクレディテーション団体（Regional Accrediting Organizations）」が全米に六つあり，このほか宗教系の大学や機関を認定する「全米宗派関連アクレディテーション団体（National Faith-Related Accrediting Organizations）」，継続高等教育機関や遠隔地教育機関を認定する「全米キャリア関連アクレディテーション団体（National Career-Related Accrediting Organizations）」，特定の専門職プログラムを認定する「プログラム・アクレディテーション団体（Programmatic Accrediting Organizations）」がある（Eaton 2002）。

アメリカでは設置認可は州政府が行い，設立された大学の水準維持や向上は非政府組織である大学団体によるアクレディテーションを通じて行われる，というのが普通であり，非政府組織の役割が大きいというのがアメリカの特徴とされる。ただし，ニューヨーク州のように設置認可とアクレディテーションの両方に州政府が関与する場合もある（といっても，基準協会のアクレディテーションの基準に合格すれば，政府の評価審査を免除される）が，いずれにしても，「専門職主導による大学評価が官主導の評価を質的水準において凌ぐものとみなされている」（喜多村 1990, 151 頁）。

しかし，大学院プログラムは，研究学位も専門職学位も機関アクレディテーションの審査対象であるが，あくまでも機関の認定を行うものであって，個々の大学院プログラムについて認可するわけではないため，質を維持するメカニ

ズムとして中心的なものではない。むしろプログラム・レベルのアクレディテーションのほうが重要であり，専門職学位に関しては，「全米宗派関連アクレディテーション団体」や「プログラム・アクレディテーション団体」（「専門アクレディテーション団体」ともいう）がある。高等教育アクレディテーション協議会（CHEA: Council for Higher Education Accreditation）あるいは連邦教育省認可の「プログラム・アクレディテーション団体」の一覧を表3-3に示した。これらの団体は大学の団体ではなく，外部の第三者団体である。専門職養成では，政府，大学，専門職団体の三つがその量と質のコントロールに関わる。

プログラム（専門）・アクレディテーションにおいては，「医学，法律，工学，経営学，ジャーナリズム，教職など，多数の協会がある。ただし，これらの協会は大学職業教育の水準の維持向上をめざすものであって，大学の基幹部分と考えられているリベラルアーツ（自由学芸），つまり人文社会科学，自然科学の分野は基本的には存在しない」（舘1995，40-1頁）。プログラム・アクレディテーションは，専門職プログラムを対象とする。心理学でごく一部にPh.D.プログラムを認定する団体もあるが，一般に研究学位（Ph.D.など）にはこうしたプログラム・アクレディテーションがない。この点は後述するグラジュエト・スクールが質の維持の役割を果たす。

他方で，政府の規制については，州立大学で，予算を握る州政府がアクレディテーション団体以上の規制を行うことは当然ある。州立大学の管理運営を間接的にコントロールする，いわゆるガバナンスの問題であり，とくに近年州政府のコントロールが強まっていると言われているし，その強さは州によって大きな違いがある[7]。アメリカの大学では，一般に大学の学長・オフィス，プロボスト・オフィス，大学によっては大学評議会（教員評議会）が強力な場合もあるが，そうした大学内の執行機関の決定を経て，最終的には理事会の承認を通じて諸事決定がなされる。州立大学の場合，州の意向が理事会に反映される場合もあるし，実質的に州が直接に個々のプログラムの認可をしているようなケースもある。例えば，ある領域の大学院プログラムを新設しようとすると，州によっては，州の他大学の類似のプログラムとの関係（重複や役割分担）から直接的・間接的に規制を行うこともある。また，州立大学の場合は大学の

表 3-3　プログラム・アクレディテーション団体（2013 年 7 月）

アクレディテーション団体	教育分野	CHEA認可	連邦認可
AACSB International : Association to Advance Collegiate Schools of Business	ビジネス	●	＊
ABET : Accreditation Board for Engineering and Technology	工学	●	＊
Accreditation Commission for Acupuncture and Oriental Medicine	鍼・東洋医学	―	●
Accreditation Commission for Audiology Education	聴覚学	●	―
Accreditation Commission for Education in Nursing (formerly National League for Nursing Accrediting Commission, Inc.)	看護	●	●
Accreditation Commission for Midwifery Education	助産術	―	●
Accreditation Council for Business Schools and Programs	ビジネス	●	＊
Accreditation Council for Pharmacy Education	薬学	●	●
Accreditation Review Commission on Education for the Physician Assistant, Inc.	医師補助者	●	―
Accrediting Council on Education in Journalism and Mass Communications	ジャーナリズム・マスコミ	●	＊
American Academy of Forensic Sciences, Forensic Science Education Programs Accreditation Commission	法医学	●	―
American Academy for Liberal Education	図書館学	―	＊
American Association for Marriage and Family Therapy, Commission on Accreditation for Marriage and Family Therapy Education	夫婦家族医療法	●	＊
American Association of Family and Consumer Sciences, Council for Accreditation	家族・消費者科学	●	―
American Bar Association, Council of the Section of Legal Education and Admissions to the Bar	法律学	―	●
American Board of Funeral Service Education, Committee on Accreditation	葬儀	●	●
American Council for Construction Education	建設	●	＊
American Culinary Federation Education Foundation, Accrediting Commission	料理	●	＊
American Dental Association, Commission on Dental Accreditation	歯科医	―	●
American Dietetic Association, Accreditation Council for Education in Nutrition and Dietetics/Academy of Nutrition and Dietetics	栄養学	＊	●
American Library Association, Committee on Accreditation	図書館学	●	＊
American Occupational Therapy Association, Accreditation Council for Occupational Therapy Education	作業療法	●	●
American Optometric Association, Accreditation Council on Optometric Education	検眼	●	●
American Osteopathic Association, Commission on Osteopathic College Accreditation	整骨療法	＊	●
American Physical Therapy Association, Commission on Accreditation in Physical Therapy Education	理学療法	●	●
American Podiatric Medical Association, Council on Podiatric Medical Education	足病学	●	●
American Psychological Association, Commission on Accreditation	心理学	●	●
American Society for Microbiology, American College of Microbiology	微生物学	―	＊
American Society of Landscape Architects, Landscape Architectural Accreditation Board	造園家	●	＊
American Speech-Language-Hearing Association, Council on Academic Accreditation in Audiology and Speech-Language Pathology	聴覚・音声言語病理学	●	●
American Veterinary Medical Association, Council on Education	獣医学	●	●
Association for Clinical Pastoral Education, Inc., Accreditation Commission	臨床パストラルケア	―	●
Association of Technology, Management, and Applied Engineering	技術経営応用工学	●	＊
Aviation Accreditation Board International	飛行，航空学	●	―
Commission on Accreditation for Health Informatics and Information Management Education	保健情報科学・情報管理	●	―

（つづく）

第3章 アメリカの大学院のマクロな枠組み

アクレディテーション団体	教育分野	CHEA認可	連邦認可
Commission on Accreditation for Respiratory Care	呼吸治療	●	—
Commission on Accreditation of Allied Health Education Programs	コメディカル	●	＊
Commission on Accreditation of Healthcare Management Education	健康管理	●	●
Commission on Collegiate Nursing Education	看護学	＊	●
Commission on English Language Program Accreditation	英語	—	●
Commission on Massage Therapy Accreditation	マッサージ療法	—	●
Commission on Opticianry Accreditation	検眼	●	＊
Council for Accreditation of Counseling and Related Educational Programs	カウンセリング	●	—
Council for Interior Design Accreditation	インテリアデザイン	●	＊
Council on Accreditation of Nurse Anesthesia Educational Programs	看護麻酔師	●	●
Council on Chiropractic Education	脊椎矯正	●	●
Council on Education for Public Health	公衆衛生	—	●
Council on Naturopathic Medical Education	自然療法医学	—	●
Council on Rehabilitation Education Commission on Standards and Accreditation	リハビリテーション	●	＊
Council on Social Work Education Office of Social Work Accreditation	ソーシャル・ワーク	●	＊
International Assembly for Collegiate Business Education	ビジネス	●	—
International Fire Service Accreditation Congress, Degree Assembly	消防士	●	—
Joint Review Committee on Education Programs in Radiologic Technology	放射線技術	●	●
Joint Review Committee on Educational Programs in Nuclear Medicine Technology	核医療技術	●	＊
Liaison Committee on Medical Education	医師	—	●
Midwifery Education Accreditation Council	助産術	—	●
Montessori Accreditation Council for Teacher Education	教師	—	●
National Accrediting Agency for Clinical Laboratory Sciences	臨床検査科学	●	＊
National Architectural Accrediting Board, Inc.	建築士	—	＊
National Association of Nurse Practitioners in Women's Health, Council on Accreditation	看護学	—	＊
National Association of Schools of Art and Design, Commission on Accreditation	アート・デザイン	＊	●
National Association of Schools of Dance, Commission on Accreditation	ダンス	＊	●
National Association of Schools of Music, Commission on Accreditation and Commission on Community/Junior College Accreditation	音楽	＊	●
National Association of Schools of Theatre, Commission on Accreditation	劇場	＊	●
National Council for Accreditation of Teacher Education	教師	●	●
National Environmental Health Science and Protection, Accreditation Council	環境健康科学	—	＊
National Recreation and Park Association, Council on Accreditation of Parks, Recreation, Tourism, and Related Professions	レクリエーション・公園	●	—
Network of Schools of Public Policy, Affairs, and Administration, Commission on Peer Review and Accreditation	公共政策・行政学	●	—
Planning Accreditation Board	都市計画	●	—
Psychological Clinical Sciences Accrediting System	心理臨床科学	●	—
Society of American Foresters	森林	●	＊
Teacher Education Accreditation, Council Accreditation Committee	教師	●	●
United States Conference of Catholic Bishops, Commission on Certification and Accreditation	カトリック牧師	—	＊

注）「＊」は以前に認可されていたことを示す。
出典）Council for Higher Education Accreditation (CHEA). *Recognized Accrediting Organizations (as of July 2013)* (http://www.chea.org/pdf/CHEA_USDE_AllAccred.pdf).

運営費への州補助があるので，州のコントロールが個々の大学院プログラムの予算や定員にまで及ぶこともある。もちろんそうした州のコントロールが実質ないような，言わば私立大学のような州立大学も少なくない。

2）補　助

①大学の財源構造と政府の役割

　政府やその他の組織による大学院教育への財政補助をみる前に，大学の財源構造を把握しておこう。図3-11は4年制の私立大学全体，州立大学全体について，その財源の内訳（平均）をみたものである。大学の財源は，授業料（tuiton）や手数料（fee）からなる学生納付金，連邦政府からの補助金と委託（contract），州政府（地方政府）からの補助金と委託，私的な個人や企業からの

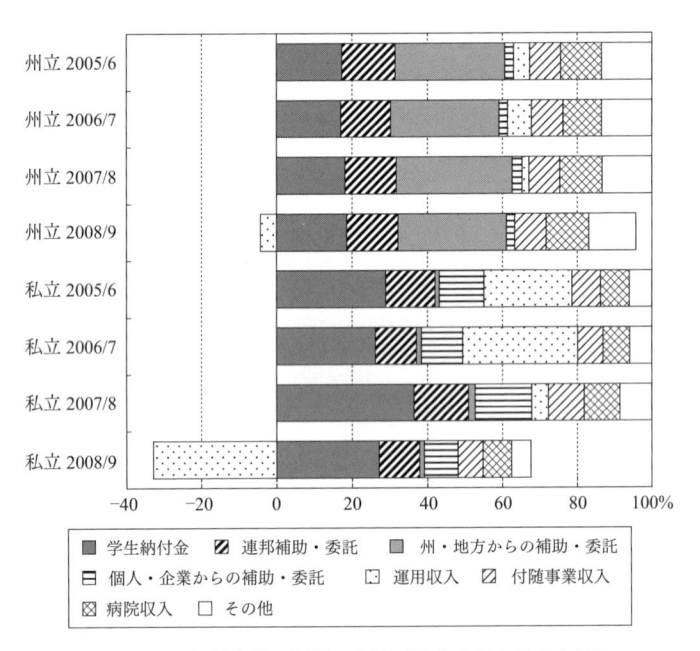

図3-11　4年制大学の財源の内訳（州立大学と私立大学）
注）2008/9年でマイナスに振れているのは，運用収入が赤字になったため。
出典）Snyder and Dillow (2011), Table. 362, 366より作成。

補助金と委託（寄付金を含む），基本財産あるいは寄付財産（endowment）の運用収入，さまざまな学生サービスなどによる付随事業収入（auxiliary enterprises）[8]，大学病院収入，その他，からなる。

　州立大学であれば州（と地方）からの補助金が最も大きく（2005/6年で総収入の29.1％，以下2005/6年数値），次に大きいのが学生納付金収入（17.0％）である。そのあとは連邦政府の補助・委託，付随事業収入（14.2％），病院収入（11.0％）が続く。これに対して，私立大学では，学生納付金収入が最も大きく（28.9％），当然州や地方からの補助金や委託は小さい（1.3％）。私立大学では州政府補助金が少ないのが一般的なので，そのかわりに授業料収入が大きな割合を占める，と考えればよいだろう。さらに州立大学と異なるのは基本財産の運用収入が大きいことである（23.4％）。とりわけアイビーリーグなど伝統的な有名大学（特に私立大学）では，卒業生などからの寄付によって蓄積された基金（基本財産，寄付財産）の運用収入の割合は平均以上に大きい。その平均でさえ，年によっては（例えば2006/7年）学生納付金収入より大きい。ただし，運用収入は金融市場の変化を受けやすく，リーマン・ショックによって2008/9年は運用収入が大きくマイナスになり，その損失は学生納付金収入の総額を超えるほどになっている。この変動の大きい運用収入に次いで大きいのが，連邦政府からの補助と委託（12.9％），個人や企業からの補助や委託（寄付を含む，12.1％），病院収入（7.6％）である。

　このほか大学に対する政府の財政補助として，非営利組織である高等教育機関に対する税控除もあり，実質的な補助金に相当する。以上は機関の財源としてみたものだが，学生個人が受ける財政補助（給付，ローン）もある。

②連邦政府と州政府の役割の違い
　ところで一般に州政府は，州内の高等教育機関（州立大学）に対して，経常的な運営費の機関補助を行う。一部の州では私立大学にも機関補助を行っており，例えば，ニューヨーク州では，コーネル大学の農学教育に対して州補助金（state appropriation）が交付されるが，これは例外的である。機関補助の額は歴史的な経緯に基づいて決められたり，教員数や学生数などを基礎にしたフォー

ミュラで積算されたり，部分的には業績に基づいて計算される場合もあるが，その合計額が大学に配分される。州政府の補助には教員やプロジェクトや学生個人への経済支援もあるが[9]，ほとんどは機関補助である。

他方で，連邦政府の役割は州政府と異なる。1972年の改正教育法（Educational Amendments of 1972）で規定されているが，連邦政府は，州政府のような機関補助（経常費補助）ではなく，大学の個別の研究者やプロジェクトに対する研究助成を行い（その間接経費は機関に入る），また個々の学生に対して経済的な支援（給付，ローン）を行う。ただし，その支援プログラムの管理は大学が行う。

このように大雑把に言えば，州政府は州立大学に対する機関補助（経常費補助）を行い，連邦政府は州立大学か私立大学かにかかわらず，教員と学生への個別補助（個人補助）を行うという政府の役割分担が存在する。

③大学院教育の経済的基盤

では大学院教育の資金はどうなっているのか。州政府による州立大学への機関補助では，直接に大学院教育に限定されたものはほとんどなく，州補助は，授業料収入とともに一般大学資金（GUF : General University Funds）として大学の運営費となる。私立大学では，州補助金がないので，主に授業料収入が一般資金となる。なお，税控除も実質的に政府補助金である。これらが大学院教育を支える。

授業料収入については，ふつう学士学生の授業料収入と大学院生の授業料収入を分けるのは難しいが，大学院教育の資金となる。その授業料についての特徴をみるために，大学院生（第一専門職学位以外）の授業料の額（2008/9年）の平均を学士と比較したのが図3-12である。なお，以下では学生納付金（tuition and fees）のことを授業料と呼んでいる。

大学院生（第一専門職学位以外）の授業料額は，公立大学で$7,999，私立大学$19,230で，私立が公立の2,3倍以上という違いがある。学士の授業料額は，公立$6,312，私立$22,036であり，公立と私立の間では同じように大きな差があるが，いずれにしても学士学生の授業料と大学院生の授業料（第一専門

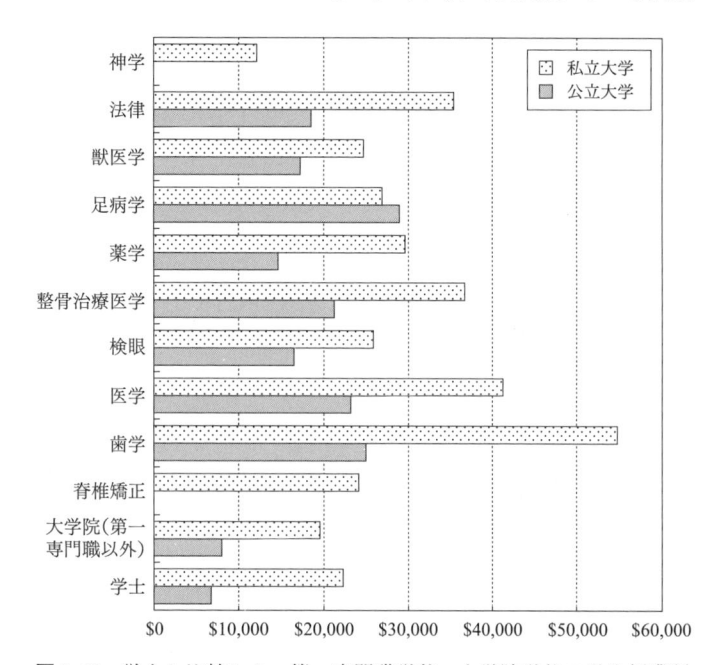

図 3-12 学士と比較した，第一専門職学位，大学院学位の学生授業料（2008/9）

注）tuition and fees の 2008/9 年の名目額，大学院は第一専門職学位を除く．
出典）Snyder and Dillow（2011），Table. 349, 352 より作成．

職学位以外）にはあまり差がない。これに対して，第一専門職学位の学生の授業料は，第一専門職学位以外の大学院生や学士学生の授業料の倍以上と大きな違いがある。第一専門職学位においても公立と私立では 2 倍程度の開きがあり，例えば，法律の第一専門職学位では，公立でも $18,461 と高額であるが，私立はさらに高く $35,622 と 2 倍程度である。第一専門職学位では，この法律や，歯学（公立 $24,787，私立 $54,774），医学（公立 $22,959，私立 $41,289）などの授業料が高く，神学，獣医学などは比較的低い。

このように，第一専門職学位を除く，一般の修士や博士の大学院生の授業料は学士学生の授業料とあまり変わらないが（公立と私立の差は大きい），第一専門職学位での授業料額が高い。ただし，ここでは修士における分野別の授業料が出ていない。例えば，M.B.A. プログラムだと，トップクラスの大学では，

$40,000〜50,000（公立だとこれよりは低い）が普通なので，第一専門職学位以外でも専門職学位プログラムでは授業料の高い場合は少なくない。

このように授業料収入は，公立と私立で大きく異なるが，これは私立に州補助金がほとんどないからであり，また学士学生と大学院生の違いは専門職学位プログラムで顕著である。

大学院生への経済的支援は，ハンドブック The Graduate School Funding Handbook. 2nd. ed. (Hamel et al. 2002) や，山本（1995, 128-31頁）などによれば，大学が行うものとしては，授業料免除 (tuition waiver, tuition remission, tuition scholarship)，フェローシップ (fellowship)，ティーチング・アシスタントシップ（TAシップ: teaching assistantship)，リサーチ・アシスタントシップ（RAシップ: research assistantship)，グラジュエト・アシスタントシップ（GAシップ: graduate assistantship)，トレーニーシップ (traineeship)，ワーク・スタディ (college work-study)，ローン (loan) がある。TAシップは教育補助者として雇用されることで，授業料免除（補助）とスタイペンド (stipend, 授業料免除や補助以外のサポートであり，生活費等に充てられる給費）を受けるものである。RAシップは研究補助者となって，授業料免除とスタイペンドを受けるものである。GAシップは，TAシップ，RAシップのことを指すが，あるいはリサーチやティーチングではない仕事（グラジュエト・スクールの提供するサービス）に対する報酬として授業料免除とスタイペンドを受けるものを指す。トレーニーシップは，連邦政府が特定のマンパワーの養成のために，主に医学・保健関係の分野で授業料を含め学生を援助するものである。ワーク・スタディは，連邦政府カレッジ・ワーク・スタディ・プログラムの補助金や大学の資金を財源に，グラジュエト・スクールでの仕事などに対する報酬として供されるものである。ローンは政府によるものが大きいが銀行によるものもある。

小林（2009）の分析から，あくまでも平均での傾向であるが，修士，博士，第一専門職学位との比較で，第一専門職学位でローンが多いこと，博士学生は修士学生よりも，グラント（給付奨学金）を中心に修士より手厚い支援を受けていることがわかる[10]。だが，修士と博士で構造的に何かが違うのかは必ずしもわからない。この点は，研究大学に絞って，第8章以降で検討する。

④連邦政府の大学院教育に対する支援の歴史

大学院教育の経済的基盤というと，連邦政府の研究助成金が比較的目立つためか，しばしば取り上げられる（ガンポート訳書 1999a, Geiger 2006 など）。確かに重要な財源なので大まかな連邦政府研究助成の推移を把握しておこう。

大学の研究活動に対する財政的な支援の財源は，最初は政府ではなく，企業家個人や慈善事業財団による寄付であった。Ph.D. の形成に重要な役割を果たした科学スクール，哲学デパートメント，さらには最初の本格的な研究大学，大学院大学となったジョンズ・ホプキンズ大学，さらにスタンフォード大学やシカゴ大学などの創設は寄付によってなされたのであり，こうした財政基盤が大学院形成を可能にした。ただし，全米的な規模で，大学の研究活動に対して，組織的に慈善事業財団による寄付が行われ，それが研究活動を支えるという原則が打ち立てられたのは，1913 年のロックフェラー財団の創設，1911 年のカーネギー財団の創設以降であり（ガンポート訳書 1999a, 317 頁），実際には 1930 年代からであった。1920 年代にはまだ，大学側は財団が安定した援助をしてくれるかどうかに関しては疑心暗鬼であったが，1930 年代には，さまざまな財団が，自分たちの寄付が大学の研究の中心的な資金基盤となるように方針を転換し，研究プロジェクトの費用や Ph.D. 取得後のポスドクへの給付の費用を負担した（ガンポート訳書 1999a, 317 頁）。

これに対して政府の支援には，19 世紀終わりに顕著になった国有地付与大学そして州立大学に対する州政府による財政支援があり，19 世紀後半の州立大学の拡大が大学院の形成と拡大に果たした役割は大きく，州政府の財政支援は実際に州立大学の研究活動や大学院を支えた。だが，それは研究活動や大学院教育への直接的な支援というわけではなかった。

他方で政府（連邦）が大学の研究活動に対して財政支援（個別プロジェクトに対する研究助成や，軍や特定官庁と契約でなされる委託研究（受託研究））を行うようになったのは，二つの世界大戦によるものであり，その形態は戦後になって飛躍的に拡充された。

1945 年にバネバー・ブッシュ（Vannevar Bush）科学研究開発局長が作成した報告書「科学：限りなきフロンティア（Science : The Endless Frontier）」が有名

だが，両大戦の経験から，連邦政府による研究予算の重要性が認識されるようになり，その結果1952年には全米科学基金（NSF: National Science Foundation）が創設され，大学の基礎科学への本格的な研究助成が開始され，大学院の研究訓練に安定した資金が流れ込む構造が形成された。この構造を確固たるものにしたのが，1957年のスプートニク・ショックであり，連邦政府は基礎研究への投資を拡大し，大学への連邦研究助成が拡大した。

こうした連邦政府の研究助成の拡大の結果，慈善事業財団や企業からの研究助成の比率は相対的に減り，戦後は大学の研究活動や大学院教育の財源を政府に依存する構造が定着した。こうした研究助成は，基礎研究は公共財として政府が補助すべきという「公共的な知の体制」の基盤をなすものとなった（スローター＆ローズ訳書2012）。

しかし，先に述べたように，1960年代末に大学院教育の財政基盤を危機が襲う。特別研究員のための奨学金と研究者養成のための教育訓練の奨学金が大幅に削減された。そして「1970年代と80年代の間に大学院教育と研究への助成方式が変わったため，研究者養成のための教育訓練経験の性格も変わった。連邦政府が特別研究員への奨学金プログラムの大部分を削減したため，政府は，本来は意義ある活動であるにもかかわらず大学院教育への援助を減らして，その代わりに研究開発という形で直接支援するようになった。大学院生への助成の基盤は，短期的な学術研究プロジェクトに組み込まれた研究助手への奨学金へとさらに集中することになったため，彼らはさまざまな学費貸与（ローン）プログラムの補助を受けざるを得なくなった」（ガンポート訳書1999a, 329頁）。博士学生の支援は，奨学金（スカラーシップ）からRAシップへとシフトし（TAシップは少し減少），より研究に組み込まれるようになった（Geiger 2006, p.82）。

政府の研究助成におけるこの変化は，同時に基礎研究よりも応用的な研究，実用的な研究に対する助成の拡大をもたらした。1970年代以降，自然科学以上に工学への助成が増え，先にみたように工学の分野のPh.D.が大幅に増えていく。だがそれ以上に，生命科学や保健関連分野への助成の増加が顕著である。図3-13は，1970年代以降の大学の研究開発費に対する政府負担の推移

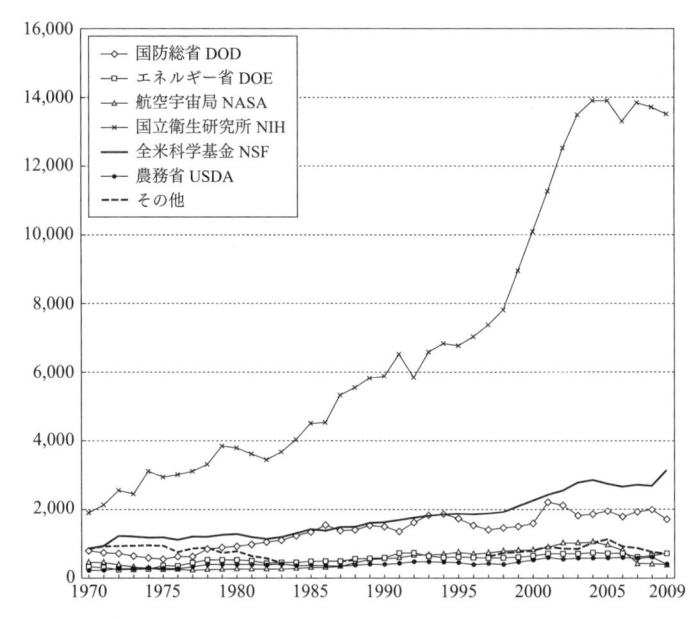

図 3-13 大学の研究開発費に対する政府負担の推移（2008 年価格，単位：百万ドル）

出典）National Science Board 2010. *Science & Engineering Indicators 2010*, Appendix Table. 5-3 "Federal obligations for academic R&D, by agency：1970–2009"（http://www.nsf.gov/statistics/seind10/append/c5/at05-03.pdf）

を，政府の機関別にみたものであるが，図 3-4 でみた分野別の政府負担の推移でもわかるが，少なくとも 1970 年代以降には，大学への研究助成では国立衛生研究所（NIH：National Institutes of Health）による生命科学，保健関係への研究助成の占める比率が高く，とりわけ冷戦後の 1990 年代後半からその傾向がますます強まっている。生命科学，保健関連科学分野は基礎研究でもあるのだが，しばしば言われるようにこうした分野では基礎と応用の距離が近くなり，あるいは区別がつきにくくなっており，つまり効用が高そうな基礎研究への助成にシフトした。

3) 規制と補助――研究学位と専門職学位の違い

　規制と補助について，研究学位と専門職学位の違いを示したのが表 3-4 である。大学院教育に対する規制という点では，研究学位でも専門職学位でも，連邦政府の役割はあまり重要ではなく，また設置認可に関する規制は州政府が行うが，設置認可よりも非政府組織によるアクレディテーションのほうが規制として強い。だが機関アクレディテーションは特定の大学院プログラムを規制するものではなく，専門職学位プログラムに対する，専門職団体つまり専門・専門職アクレディテーション団体によるプログラム・アクレディテーションが直接に大学院教育の規制に関わる。ただし，これは研究学位 Ph.D. にはほぼ関係がない（後述するようにアメリカ大学協会が Ph.D. の基準作りを先導したことはある）。このように直接の規制があると言えそうなのは，大学院教育では専門職学位に対する専門職団体に限定される。しかし，先にも述べたように州立大学の場合，規制以上に補助と関わることなのだが，大学院プログラムの認可や予算で事実上規制されることはある。なお，専門職学位プログラムについては，例えば法律の学位プログラムに関しては州の資格試験と関わるが，州の直接関与ではなく，あくまでも専門職団体を通じた規制となる。

　他方で補助という点では，連邦政府は研究助成を中心に，私立大学か州立大学かにかかわらず大学院教育に対する大きな支援を行っている。ただし，連邦

表 3-4　大学院教育に対する規制と補助（政府と中間組織）

		政　府		中間組織
		連　邦	州	
規制	研究学位	―	州立大学の プログラム設置	―
	専門職学位	―	州立大学の プログラム設置	専門・専門職 アクレディテーション団体
補助	研究学位	連邦研究助成	州立大学への 機関補助	民間助成財団
	専門職学位	（学生へのローン）	州立大学への 機関補助	―

政府の補助は主に研究学位に向かっている。また，州政府は州立大学に対する機関補助を中心に州立大学の大学院教育を支えている。これは研究学位と専門職学位の双方に言えることである。このほか，大学外の非政府組織の役割としては，慈善事業団体による補助が大きな役割を果たしたこともあったが，現在では相対的に連邦政府や州政府の補助が大きい。

4) その他の大学院関連組織

そのほかに大学院教育の質と量のコントロールに関わる組織として，すでに述べた全米科学基金以外には，全米科学アカデミー（NAS：National Academy of Sciences），全米リサーチ・カウンシル（NRC：National Research Council），大学院協議会（CGS：Council of Graduate Schools），後述するカーネギー高等教育審議会（Carnegie Commission on Higher Education）やアメリカ大学協会（AAU：Association of American Universities）などがある。

1950年に創設された全米科学基金は，大学の研究活動に対する連邦政府研究助成を行う機関であり，大学の基礎研究に対する連邦補助金のおおよそ20％程度を占める[11]。全米科学基金は研究動向を調査分析し，研究助成を通じて大学の研究活動を方向づける役割を果たす。また全米科学基金内部には，全米科学技術統計センター（NCSES：National Center for Science and Engineering Statistics）があり，基礎科学に関する統計だけでなく，アメリカの科学技術関係全般の基本統計（代表的なものは，*Science and Engineering Indicators*）を提供し，多くの出版物がある。研究活動のみならず，初等中等教育，高等教育に関しても統計を提供し，とくに大学院教育，その中でも博士プログラムに関する統計は大学院関連統計の中で最も基本的な統計である。なお，大学院関連統計では，全米科学基金と双璧をなすのが教育省の全米教育統計センター（NCES：National Center for Education Statistics）の統計であり，個別大学のデータを元にしたデータベース，中等後教育総合データシステム（IPEDS：Integrated Postsecondary Education Data System）を提供している。

全米科学アカデミーは，政府に科学政策について助言するために1863年に

創設された著名な科学者の団体である。その後同アカデミーから，1916年に全米リサーチ・カウンシル，1964年に全米工学アカデミー（NAE：National Academy of Engineering），1970年に医学院（IOM：Institute of Medicine）が設立され，アカデミーを構成している。そのなかで，全米リサーチ・カウンシルは他の組織と違って会員制の組織ではなく，全米科学アカデミーと全米工学アカデミーの実働部隊（operating arm）であり，情報収集，調査研究，分析，ワークショップなどを行う。この全米リサーチ・カウンシルの登場で，科学界，大学，企業，慈善団体などの民間エリートたちのネットワークが構成され，1920年代までに科学政策はこうした民間エリートたちによる指導が影響力を持ち，もともとリサーチ・カウンシルの助言の対象であった連邦政府を舞台裏に押しやることになった（Geiger 1986, p.100）。この全米リサーチ・カウンシルは，1980年代から，大学院教育の改善のために「研究博士プログラム評価（Assessment of Research Doctoral Programs）」を行い，それは1983年，1995年，2010年に公表され，大学関係者や大学院進学予定者に貴重な情報を提供している（例えば，NRC 1995, 2011）。

　大学院協議会は，各大学のグラジュエト・スクールのディーンたちの集まりであり，大学院教育の振興のための唯一の全米組織である。具体的には，各大学の大学院の運営担当者の情報交換と政策的な提言を行う。大学院協議会は，政策の場での喧伝活動，革新的な研究，ベスト・プラクティスの展開と普及を通じて，その使命を果たし，また，現在の大学院教育に影響を及ぼす広範囲の問題を議論し，それに対して行動を起こすためにグラジュエト・ディーンやその他のステークホルダーを招集する核となるとされる[12]。近年では「専門職科学修士 Professional Science Master's（PSM）」の普及などの取り組みも行っている（第4章注3参照）。

　カーネギー高等教育審議会やアメリカ大学協会については次にも述べるが，アメリカ大学協会は，Ph.D. プログラムの独自性を確立し，そのスタンダードを作る上で重要な役割を果たした。また，カーネギー財団をはじめ，いくつかの慈善財団や協会が，大学院教育に関わる活動（調査研究と提言）を行っている[13]。

このほか，大学院教育の量や質が調整される際に，大学，学生，企業にとっては，個別の大学院プログラムに関する情報が不可欠であり，個別大学院情報の雑誌やガイドブック，ウェブサイトの役割は大きい。とりわけ US News & World Report の Best Graduate Schools などの大学院関連ランキングが，学生個人にとっては大学院プログラムの選択のため，企業にとっては卒業生の獲得のため，そして大学にとっては自己宣伝や自らの位置の確認ひいては大学院プログラムの運営のために不可欠の役割を果たしている。

5　高等教育システムの階層構造と大学院

1) カーネギー高等教育機関分類と州内階層構造

アメリカの高等教育システムは巨大であり，きわめて多様である。その多様性を理解するための枠組みの一つにカーネギー高等教育機関分類がある。

前述したように，20世紀初めにロックフェラー財団とともに，慈善事業財団として大学の研究活動への資金援助をはじめ，大学院教育の拡大に貢献したのがカーネギー財団であったが，さらに1905年に鉄鋼王アンドリュー・カーネギー (Andrew Carnegie) は，教育の向上のための政策の立案，そのための調査研究を行うことを目的に，カーネギー教育振興財団 (Carnegie Foundation for the Advancement of Teaching) を創設した。

このカーネギー教育振興財団が，カーネギー財団とともに1967年に調査特別委員会として，カーネギー高等教育審議会 (Carnegie Commission on Higher Education)，カーネギー高等教育政策研究審議会 (Carnegie Council on Policy Studies in Higher Education) を設置し，連邦の高等教育政策に資する160以上の政策的答申，専門的報告書を公刊した。その中で，カーネギー高等教育機関分類 (The Carnegie Classification) は最も有名なもので，アメリカの高等教育の多様性を記述する代表的な枠組みであり，高等教育政策においても高等教育研究においてもしばしば使用されている。1970年に最初に公刊され，1976年，1987

年，2000年，2005年，2010年に改訂版が出されている。

なお，多様な高等教育機関を単一の基準で分類することの難しさから，2005年に大きな変更（追加）があり，一般にカーネギー分類と呼ばれる基本分類 (Basic Classification = traditional Carnegie Classification Framework) のほかに，学士教育プログラム分類（Undergraduate Instructional Program Classification），大学院教育プログラム分類（Graduate Instructional Program Classification），在学者プロフィール分類（Enrollment Profile Classification），学士学生プロフィール分類（Undergraduate Profile Classification），規模および学生生活（住環境特性）分類（Size & Setting Classification）がある[14]。表3-5に2010年の基本分類を示した。

このカーネギー分類では，それぞれの機関の主要学位のレベルの違いがベースにあり，その他にカバーする領域や規模などが考慮されている。カーネギー高等教育機関分類は，アメリカの高等教育機関が多様である，つまり広く機能分化している姿を描いているとも言えるが，伝統的にその研究機能や大学院機能を中心とした分類であるため，結果として，博士授与大学，そのなかでも「研究大学（Research Universities (very high research activity))」108校が，4,634の機関から構成されるアメリカ高等教育システムの上位に君臨する，いわば階層構造がみてとれるような分類となっている。大学院教育の機能が高等教育システムの階層構造の要因となっているのであり，本書で対象としている研究大学は，この108校に含まれる大学である[15]。

カーネギー高等教育機関分類と並んで，高等教育機関の階層構造を表すものに，州内の高等教育機関の分類がある。例えばカリフォルニア州高等教育マスタープラン（Master Plan for Higher Education in California, 1960-1975）が有名だが，カリフォルニア州では，高等教育機関をエリート型，マス型，ユニバーサル型の分類に基づいて，University of California（UC）10校，California State University and Colleges（CSU）21校，California Community Colleges（CCC）108校に分けた。UCシステムには，バークレーやUCLAなど著名な研究大学があり，UCシステムは研究と大学院教育に傾斜し，CSUシステムは大衆化した高等教育を担い，CCCシステムはそれ以上にアクセスが容易で教育機会の拡大の役割を担う。このように機関の分類を行い，つまり機能分化をさせ，それに

第3章　アメリカの大学院のマクロな枠組み　133

表3-5　カーネギー高等教育機関基本分類 2010

大分類	機関数 (大分類)	機関数 (小分類)
準学士カレッジ (Associate's Colleges)	1,920	
定義　授与学位が全て準学士, あるいは学士は 10%以下。		
細分類　Assoc/Pub-R-S : Associate's— Public Rural-serving Small		137
Assoc/Pub-R-M : Associate's— Public Rural-serving Medium		299
Assoc/Pub-R-L : Associate's— Public Rural-serving Large		134
Assoc/Pub-S-SC : Associate's— Public Suburban-serving Single Campus		109
Assoc/Pub-S-MC : Associate's— Public Suburban-serving Multicampus		104
Assoc/Pub-U-SC : Associate's— Public Urban-serving Single Campus		32
Assoc/Pub-U-MC : Associate's— Public Urban-serving Multicampus		137
Assoc/Pub-Spec : Associate's— Public Special Use		12
Assoc/PrivNFP : Associate's— Private Not-for-profit		94
Assoc/PrivFP : Associate's— Private For-profit		652
Assoc/Pub2in4 : Associate's— Public 2-year Colleges under Universities		48
Assoc/Pub4 : Associate's— Public 4-year, Primarily Associate's		42
Assoc/PrivNFP4 : Associate's— Private Not-for-profit 4-year, Primarily Associate's		20
Assoc/PrivFP4 : Associate's— Private For-profit 4-year, Primarily Associate's		100
博士授与大学 (Doctorate-granting Universities)	297	
定義　最低 20 以上の研究博士号 (JD や MD などの博士レベルの専門職学位を除く) を授与。		
細分類　RU/VH : Research Universities (very high research activity)		108
RU/H : Research Universities (high research activity)		99
DRU : Doctoral/Research Universities		90
修士カレッジ・大学 (Master's Colleges and Universities)	726	
定義　最低 50 以上の修士号, 20 以下の博士号を授与。		
細分類　Master's/L : Master's Colleges and Universities (larger programs)		414
Master's/M : Master's Colleges and Universities (medium programs)		185
Master's/S : Master's Colleges and Universities (smaller programs)		127
学士カレッジ (Baccalaureate Colleges)	809	
定義　学士レベル以下の学位のうち学士号が 10%以上, 修士号は 50 以下, 博士号は 20 以下。		
細分類　Bac/A&S : Baccalaureate Colleges— Arts & Sciences		270
Bac/Diverse : Baccalaureate Colleges— Diverse Fields		392
Bac/Assoc : Baccalaureate/Associate's Colleges		147
単科高等教育機関 (Special Focus Institutions)	850	
定義　学士以上のレベルで, 単一の専門分野あるいは関連分野への集中度が高い (授与学位数で 75%以上)。		
細分類　Spec/Faith : Theological seminaries, Bible colleges, and other faith-related institutions		302
Spec/Medical : Medical schools and medical centers		53
Spec/Health : Other health profession schools		165
Spec/Engg : Schools of engineering		7
Spec/Tech : Other technology-related schools		57
Spec/Bus : Schools of business and management		78
Spec/Arts : Schools of art, music, and design		128
Spec/Law : Schools of law		38
Spec/Other : Other special-focus institutions		22
部族カレッジ (Tribal Colleges)	32	
定義　アメリカ・インディアン高等教育連合 (American Indian Higher Education Consortium) の会員カレッジ・大学。		
細分類　Tribal Colleges		32
合　計	4,634	4,634

応じた資源配分を行っている。同じ形ではないが，各州にはフラッグ・シップ（旗艦大学）と呼ばれる有名な大学が存在し，その旗艦大学を中心に研究大学が最上位の階層を形成し，その下に大衆化した高等教育を支える大規模な州立大学や，ユニバーサル化した高等教育を担うコミュニティ・カレッジなどの機関が位置する，という階層があることが多い[16]。

2）大学院と研究大学の位置

①研究大学と階層構造の形成

大学院教育はアメリカの高等教育システムにおける階層構造に決定的な役割を果たす。そしてその大学院の位置づけがまた大学院の発展を促してきた。すでに大学院形成のプロセスでそれが現れていた。

前述のように19世紀の最後の20年で大学院の普及が進んだが，1900年にアメリカ大学協会が創設された。Geiger（1986）によれば，それは20世紀のアメリカ的な研究大学の出現が象徴的に具現化されたものであった。その創設のための会議の呼びかけでは，①Ph.D.の要件について確固たる統一性を確立すること，②アメリカの博士号に対する海外の認知を獲得すること，③脆弱なアメリカの総合大学水準を向上させること，という三つの目的が挙げられた（Geiger 1986, pp.18-9）。アメリカ大学協会は，当時のトップのPh.D.授与大学を集結したもので，14大学（コロンビア大学，コーネル大学，ハーバード大学，ジョンズ・ホプキンズ大学，プリンストン大学，スタンフォード大学，シカゴ大学，ペンシルバニア大学，イエール大学，アメリカン・カトリック大学，クラーク大学，カリフォルニア大学バークレー，ミシガン大学アナーバー，ウィスコンシン大学マジソン）の威信は，この排他的なクラブに参加を希望する発展途上の大学に対して大きな影響を与えた（Geiger 1986, p.19）。

アメリカ大学協会ができた背景には，19世紀の最後の20年の頃に，多くの単独のカレッジで，Ph.D.教育は単に領域が別のものに過ぎないという理解があって，「カレッジの博士号（collegiate doctorates）」と呼ばれる，おおむね試験のみからなるPh.D.プログラムを多く設けており，これらの水準の低い博士

第 3 章　アメリカの大学院のマクロな枠組み　135

を,「アメリカの Ph.D.」から排除しレベルを維持しようという意図があった。結果的にカレッジの博士号は消滅していく（Geiger 2000b, p.270）。

　アメリカ大学協会は現在アメリカの 60 大学が加盟し（カナダを入れると 62 大学）, 4,400 を超える高等教育機関の頂点に位置する。すでにみたように, 19 世紀を通じてカレッジではないユニバーシティという概念や体制が確固たるものになって行ったが, その最終段階でアメリカ的なユニバーシティにふさわしい大学とそうではない大学, という差別化が図られたのである。研究機能と大学院教育は, 高等教育機関を差別化する基準となっていく。

　Geiger（1986, p.38）によれば, 雑誌『サイエンス』の編集ジェームズ・マッキーン・キャテルがアメリカのトップの科学者 1,000 人を調査した結果では（1906 年の調査）, 596 人が大学に所属し, その 2/3 は上に挙げたようなトップの 13 の研究大学に所属し, 1/3 は, その次に位置する 38 大学に所属しており, 階層構造が形成されていた。この頃, 1900 年ごろから 1920 年の間に, 教員の充実, 施設や研究プロジェクト資金の整備が進み, アメリカの研究大学の基盤が形成される（Geiger 1986, chapter 2）。その後も 1930 年代末まで, 入学者の拡大で大規模化が進み（これは経済的基盤の安定につながった）, 財団からの研究助成が拡大し, 研究大学の研究基盤が形成される。さらに階層構造を顕著なものにしていったのが, 戦後に急拡大する連邦政府の研究補助金であった。

　すでに 1937 年において, 16 の大学が, 全米の大学研究予算の半分を占め, また博士号の 58％を授与している（ガンポート訳書 1998, 308 頁；Geiger 1986, p.262）。さらに 1953/4 年には, トップにランクされる 20 の大学が, 連邦政府の大学研究予算の 66％を, 博士課程学生への経済支援の 52％を受け取るという状況であった（ガンポート訳書 1998, 310 頁；Rivlin 1961, p.47）。1970 年代末までに, 連邦政府の助成の拡大は一般化し, この国の基礎研究のほぼ半分は大学で行われ, 大学の研究費の約 3 分の 2 は連邦政府から助成を受け, そして基礎研究のための連邦助成のおよそ半分はトップ 25 の研究大学に交付されるようになった（ガンポート訳書 1998, 313 頁）。

②階層構造の現在

Digest of Education Statistics 2010 の連邦政府の研究助成額順位（Table 370）によれば，120 位までのうち，カーネギー高等教育機関分類で言えば，3 つの軍事関係の高等教育機関（Bac/A&S：Baccalaureate Colleges—Arts & Sciences に分類される），15 の医学系の独立した高等教育機関（Spec/Medical：Medical schools and medical centers），2 大学（Assoc/Pub4：Associate's—Public 4-year, Primarily Associate's，および，Assoc/PrivFP4：Associate's—Private For-profit 4-year, Primarily Associate's に分類される）を除くと，100 大学すべてカーネギー分類の「博士授与大学（Doctorate-granting Universities）」に分類される大学である。

さらにその 100 の博士授与大学のなかで「研究高活性の研究大学（RU/H：Research Universities (high research activity)）」の 4 大学以外は「極めて研究高活性の研究大学（RU/VH：Research Universities (very high research activity)）」に分類される。この 120 位までの大学が受けた研究助成の総額は $40,451,304 で，全米全体での連邦政府研究助成額 $64,331,668 の 62.9%を占める。高等教育機関はこの時点で 4,409 であり，つまり，高等教育機関のわずか 2.7%の上位 120 大学が，連邦の研究助成の 62.9%を受け入れている。さらには上位 67 大学（高等教育機関全体の 1.5%）が連邦政府研究助成の半分，上位 19 大学（高等教育機関全体の 0.4%）が連邦政府研究助成の 1/4 を占めるという具合に，連邦の研究助成はごく一部の研究大学に集中している。

次に博士号授与数（1999/2000 年から 2008/9 年の間の授与数）の順位をみると（表 3-6），州立の大型研究大学が上位を占める。ここでは 60 位まで上げているが，カーネギーの高等教育機関分類では「博士授与大学」に分類され，ほとんどが「極めて研究高活性の研究大学」に位置づけられ，多くが連邦政府研究助成額の上位に名を連ねる。ただし，研究助成の順位でよりも博士号授与数の順位では州立大学が目立つ。それは，一般に私立大学よりも州立大学のほうが規模が大きく，研究大学においても，州立の大規模研究大学が多く存在し，多くの Ph.D. を授与しているからである。私立の研究大学でも大規模なものはあるが（私立の研究大学は私立のなかでは比較的大規模である），大規模州立研究大学よりも小さく，私立大学のなかではごく一部である。1999/2000 年から

第3章 アメリカの大学院のマクロな枠組み 137

表3-6 1999/2000 から 2008/9 の博士号授与数の順位

大　学	博士授与数順位	博士授与数	上位からの累積数	博士授与総数に対する上位からの累積数の比率（％）
カリフォルニア大学バークレー	1	8,078	8,078	1.5
テキサス大学オースティン	2	7,393	15,471	2.9
ノバサウスイースタン大学	3	7,213	22,684	4.3
ウィスコンシン大学マジソン	4	6,972	29,656	5.6
ミシガン大学アナーバー	5	6,955	36,611	6.9
フロリダ大学	6	6,894	43,505	8.2
ミネソタ大学ツインシティー	7	6,850	50,355	9.5
カリフォルニア大学ロサンゼルス	8	6,684	57,039	10.8
イリノイ大学アーバナ・シャンペーン	9	6,623	63,662	12.0
オハイオ州立大学メインキャンパス	10	6,424	70,086	13.2
スタンフォード大学	11	6,348	76,434	14.4
南カリフォルニア大学	12	6,140	82,574	15.6
ハーバード大学	13	5,967	88,541	16.7
ペンシルバニア州立大学メインキャンパス	14	5,715	94,256	17.8
ワシントン大学シアトル	15	5,496	99,752	18.9
マサチューセッツ工科大学	16	5,365	105,117	19.9
テキサス A&M 大学	17	5,312	110,429	20.9
パデュー大学メインキャンパス	18	5,254	115,683	21.9
コロンビア大学	19	5,244	120,927	22.9
メリーランド大学カレッジパーク	20	5,234	126,161	23.8
ノースカロライナ大学チャペルヒル	21	4,608	130,769	24.7
コーネル大学	22	4,477	135,246	25.6
ミシガン州立大学	23	4,474	139,720	26.4
ペンシルバニア大学	24	4,430	144,150	27.2
アリゾナ大学	25	4,082	148,232	28.0
カリフォルニア大学デービス	26	4,064	152,296	28.8
ニューヨーク大学	27	4,060	156,356	29.6
ジョージア大学	28	3,950	160,306	30.3
インディアナ大学ブルーミントン	29	3,929	164,235	31.0
ジョンズ・ホプキンス大学	30	3,906	168,141	31.8
ノースウェスタン大学	31	3,897	172,038	32.5
ピッツバーグ大学ピッツバーグ・キャンパス	32	3,878	175,916	33.3
ボストン大学	33	3,855	179,771	34.0
ラットガーズ大学ニュー・ブルンツウィック	34	3,838	183,609	34.7
アリゾナ州立大学	35	3,615	187,224	35.4
シカゴ大学	36	3,601	190,825	36.1
ノースカロライナ州立大学ローリー	37	3,490	194,315	36.7
ジョージア工科大学メインキャンパス	38	3,449	197,764	37.4
バージニア大学メインキャンパス	39	3,444	201,208	38.0
カリフォルニア大学サンディエゴ	40	3,436	204,644	38.7
カペラ大学	41	3,421	208,065	39.3
アイオワ大学	42	3,418	211,483	40.0
イエール大学	43	3,378	214,861	40.6
バージニア工科大学	44	3,292	218,153	41.2

(つづく)

大　学	博士授与数順位	博士授与数	上位からの累積数	博士授与総数に対する上位からの累積数の比率（％）
ニューヨーク州立大学バッファロー	45	3,263	221,416	41.9
テンプル大学	46	3,133	224,549	42.4
ニューヨーク市立大学グラジュエト・スクール＆大学センター	47	3,070	227,619	43.0
テネシー大学	48	3,053	230,672	43.6
フロリダ州立大学	49	2,986	233,658	44.2
コロラド大学ボルダー	50	2,929	236,587	44.7
A.T. スティル健康科学大学	51	2,878	239,465	45.3
ニューヨーク州立大学ストーニーブルック	52	2,875	242,340	45.8
プリンストン大学	53	2,862	245,202	46.3
カリフォルニア大学サンタバーバラ	54	2,822	248,024	46.9
ミズーリ大学コロンビア	55	2,787	250,811	47.4
ユタ大学	56	2,716	253,527	47.9
デューク大学	57	2,707	256,234	48.4
コネチカット大学	58	2,682	258,916	48.9
マサチューセッツ大学アマースト	59	2,670	261,586	49.4
アイオワ州立大学	60	2,623	264,209	49.9
全米での博士授与数の合計			529,034	100.0

2008/9 年の全米での博士授与総数が 529,034 であるのに対して，この 60 大学の博士号授与数は 264,209 であり，全体の半分を占める。つまり 4,000 以上の高等教育機関のなかで 1.4％の大学が博士号の半分を授与してきた。さらには上位 22 大学が博士号授与数全体の 25％を占める。なお，本書のインタビューを行った調査対象大学全体の博士号授与数は全体の 21％を占める。

6　大学院のマクロ構造

　以上をまとめると以下のようになろう。
　第一に，学位授与数は，第一専門職学位は博士号の倍の規模だが，それらよりも圧倒的に修士号の規模が大きい。分野別にみれば，第一専門職学位は法律と医療系が半々，博士号（研究学位）では，保健関係，教育が多く，生物・生命科学，工学を加えて半数を超える。また，修士レベルでは，教育とビジネスで半数を超え，保健関係がそれに次ぐ。
　第二に，戦後の大学院拡大は，とりわけ 1960 年代に学位授与数が大きく増

加するが，1970年代には停滞し，1990年代に再度増加率が上昇する。博士号（研究学位）においては，1970年ごろには，教育の分野が最大規模で，工学，物理科学，心理学などがそれに続くという構造が形成されたが，2000年代に保健専門職および関連臨床科学分野がPh.D.の急増でトップに躍り出た。第一専門職学位は，1970年代に全般的に増加したが，とりわけ法律の学位が増え，現在のような法律の学位が半分を占めるという構成が形成された。修士号に関しては，戦後は教育の分野の修士号が増え，1970年代にはビジネス分野の学位が急増，その結果教育とビジネスで過半を占める構成となり，90年代以降に保健専門職および関連臨床科学分野の学位が増加している。

　第三に，アメリカの大学の留学生比率は全体で3.5％だが，修士号授与数で12.1％，博士号授与数で24.9％（第一専門職学位は2.2％）であり，大学院を中心に国際化がなされ，とりわけ博士プログラムの国際化が進んでいる（ただし，大学院教育の9割近くは国内学生向けのサービスである）。修士では，ビジネス，工学で多く，博士では，工学，物理科学，社会科学・歴史学が多い。

　第四に，大学院教育に対する規制として，研究学位においても専門職学位においても，連邦政府の役割はあまり重要ではない。設置認可に関する規制は州政府が行うが，非政府組織によるアクレディテーションのほうが規制として強く，だが，これは機関アクレディテーションであって特定の大学院プログラムを規制するものではない。むしろ，専門職学位プログラムに対する，専門職団体つまり専門・専門職アクレディテーション団体によるプログラム・アクレディテーションが直接に大学院教育の規制に関わる。ただし，これは研究学位Ph.D.には関係がない（学校心理学のPh.D.には関わる）。このように直接の規制は，大学院教育では専門職学位に対する専門職団体に限定されるが，州立大学の場合，大学院プログラムの設置や予算で規制がなされる。

　第五に，大学院教育への補助として，連邦政府は研究助成を中心に，私立大学と州立大学の双方に大きな支援を行っている。州政府は州立大学に対する機関補助を中心に州立大学の大学院教育を支えているが，これは研究学位と専門職学位の双方に言える。

　第六に，アメリカの高等教育機関は多様であり，階層構造が形成されてい

る。カーネギー高等教育機関分類，州内の高等教育機関の階層，研究助成金の集中度，博士号授与数の集中度などで顕著な階層構造がみられるが，その階層構造の主要因は機能分化であり，端的に言えば，大学院教育が階層構造の要因の最も重要なものの一つである。大学院教育は，高等教育システムの階層構造に顕著に現れると同時に，大学はその階層構造上の威信を目指して行動するがゆえに，大学院教育はさらに階層構造を堅固なものにしている。

第 III 部

研究大学の大学院の組織的基盤

　第 II 部では，アメリカの大学院のマクロな概要をみてきた。この第 III 部では，研究大学に焦点を絞って，大学の内部に目を転じ，個別大学のデータをもとに大学院教育の組織的基盤を探る。以下では，まず多様な大学院教育に対するスクール機能分担モデルとも言うべき「二元モデル」を再検討し，その限界を指摘し（第 4 章），大学院からみた大学組織を整理したうえで（第 5 章），大学院教育の活動の配置（分業）を探るべく，機関レベルの全学的な大学院管理について検討し（第 6 章），部局レベルでの大学院教育の組織と運営について検討する（第 7 章）。第 6, 7 章では，活動の配置のみならず，研究学位と専門職学位でどのような違いがあるのかを明らかにする。さらに，補論では，多様な大学院プログラムを同時に動かす組織的な仕組みであるマトリクスについて論じる。

調査の対象と方法

　第III部および第IV部の分析のための調査対象は，アメリカの東部，中西部，西部の大学で，カーネギー高等教育機関分類（2010年）の研究大学（極めて研究高活性）に分類される大学のカレッジやスクールである。2005年，2006年，2008年および2009年に訪問調査を行った。大学は，州立大学12校，私立大学11校で，州立大学は大学院生を含む学生数が3～5万人の大規模総合大学である。私立大学も総合大学だが，学生数は3万人規模の1校を除けば，6校が2万人前後，4校が1万人前後である。

　訪問したのは，法律（law），文理学（arts&sciences），工学（engineering），医学（medicine），ビジネス（business），教育（education）のカレッジやスクールである。この6分野を選んだのは，アメリカの研究大学のカレッジやスクールとして量的にも質的にも代表的な存在であると考えたからである。これらのなかで US News & World Report 誌の大学院ランキングで40位以内にあるカレッジやスクール，計23大学で33スクールを訪問し（e-mailによる回答を含む），それとは別に8つのグラジュエト・スクールやグラジュエト・カレッジなどにも訪問した。主にカレッジやスクールのディーン（dean）や副ディーン（associate dean）に対してインタビューを行った。大学名とインタビュー対象者の職階，日時を表A・Bに記載した。なお，「　」で引用するのはインタビュー（使用言語は英語）を翻訳したものである。「　」の後には（イリノイ・工学）のように，大学名とスクールの分野を示す。〔　〕内は筆者による補足や注である。なお内容に重複もあって引用したのは全員ではない。

　質問の内容は，「大学院教育はどのように組織化されているのか」「大学院教育はどのように経済的に支えられているのか」「研究者養成と専門職養成の双方を有することの理由，利点，問題点は何か」の大きく三つであり，さらに細かく，大学院組織の構造と機能／大学院の全学的管理／カレッジやスクール内部の組織構造／デパートメントとプログラムの違い／大学院教育の質保証メカニズム／大学院教育に対する州政府や大学の財政補助／学内資源配分／学生

数,授業料額,教員給与の設定の仕方／スクール内部での資源配分／スクール内部の財務運営／大学院プログラムの開始,再編成,廃止のプロセス／大学院生への経済支援／大学院生のリクルート,などについて尋ねた。

表A 訪問したカレッジないしスクール,インタビュー対象者,日時

スクール	大　学	設置形態	インタビューの対象	訪問日
法律	インディアナ大学ブルーミントン Indiana University, Bloomington	州立	Dean	2005.12.6
	ノースウェスタン大学 Northwestern University	私立	Dean	2005.12.7
	ハーバード大学 Harvard University	私立	Associate Dean	2006.3.10
ビジネス	コーネル大学 Cornell University	私立	Dean	2005.10.18
	カーネギーメロン大学 Carnegie Mellon University	私立	Dean	Emailによる回答
	マサチューセッツ工科大学 Massachusetts Institute of Technology	私立	Associate Dean	2006.3.7
	パデュー大学 Purdue University	州立	Associate Dean	2005.11.30
	ペンシルバニア州立大学ユニバーシティ・パーク Pennsylvania State University, University Park	州立	Director (MBA Program)	2005.8.30
	ミシガン州立大学 Michigan State University	州立	Dean/Associate Dean	2005.12.8
	オハイオ州立大学 Ohio State University	州立	Dean	2005.11.29
	ペンシルバニア大学 University of Pennsylvania	私立	Associate Dean (Vice President)	Emailによる回答
	スタンフォード大学 Stanford University	私立	Associate Dean	2008.2.8
	ワシントン大学シアトル University of Washington, Seattle	州立	Associate Dean	2009.3.12
工学	カーネギーメロン大学 Carnegie Mellon University	私立	Dean	2006.2.7
	イリノイ大学アーバナ・シャンペーン University of Illinois, Urbana-Champaign	州立	Dean	2005.12.5
	ウィスコンシン大学マジソン University of Wisconsin, Madison	州立	Dean	2005.12.2
	オハイオ州立大学 Ohio State University	州立	Associate Dean	2005.11.29
	プリンストン大学 Princeton University	私立	Associate Dean	2006.1.25
	ジョンズ・ホプキンズ大学 Johns Hopkins University	私立	Dean/Associate Dean	2006.2.3

(つづく)

スクール	大　学	設置形態	インタビューの対象	訪問日
医学	ウィスコンシン大学マジソン University of Wisconsin, Madison	州立	Associate Dean	2005.12.2
	イエール大学 Yale University	私立	Associate Dean	2006.2.28
	ボストン大学 Boston University	私立	Dean/Associate Dean	2006.3.1
	アイオワ大学 University of Iowa	州立	Associate Dean	2005.12.1
	ピッツバーグ大学 University of Pittsburgh	州立	Associate Dean	Emailによる回答
教育	ウィスコンシン大学マジソン University of Wisconsin, Madison	州立	Associate Dean	2005.12.2
	インディアナ大学ブルーミントン Indiana University, Bloomington	州立	Associate Dean	2005.12.6
	ペンシルバニア州立大学ユニバーシティ・パーク Pennsylvania State University, University Park	州立	Associate Dean	2005.8.19
	ミシガン大学アナーバー University of Michigan, Ann Arbor	州立	Dean	2005.12.9
	ハーバード大学 Harvard University	私立	Associate Dean	2006.3.3
	カリフォルニア大学バークレー University of California, Berkeley	州立	Dean 他	2008.2.5
文理学	コーネル大学 Cornell University	私立	Senior Project Manager (Division of Budget and Planning)	2005.10.18
	プリンストン大学 Princeton University	私立	Dean (Graduate School)	2006.1.25
	ワシントン大学シアトル University of Washington, Seattle	州立	Dean	2009.3.12

表B 訪問した大学院組織等，インタビュー対象者，日時

大　学	設置形態	インタビューの対象	訪問日	名　称
パデュー大学 Purdue University	州立	Dean	2005.11.30	Graduate School
イリノイ大学アーバナ・シャンペーン University of Illinois, Urbana-Champaign	州立	Dean	2005.12.5	Graduate College
ウィスコンシン大学マジソン University of Wisconsin, Madison	州立	Associate Dean	2005.12.2	Graduate School
アイオワ大学 University of Iowa	州立	Associate Dean	2005.12.1	Graduate College
ミシガン大学アナーバー University of Michigan, Ann Arbor	州立	Senior Associate Dean	2005.12.9	Rackham Graduate School
プリンストン大学 Princeton University	私立	Dean (Graduate School)	2006.1.25	Graduate School
スタンフォード大学 Stanford University	私立	Associate Dean for Graduate and Undergraduate Studies	2008.2.8	Graduate Office
ワシントン大学シアトル University of Washington, Seattle	州立	Dean/Vice Provost	2009.3.12	Graduate School

第4章　スクールの二元モデル再考

　アメリカの研究大学で，多様な大学院教育を動かしていくにはどのような工夫がなされているのか，とくに研究者養成と専門職養成の違い，学位で言えば研究学位と専門職学位という異なる志向を持つ学位にどう対応しているのか。それらが本書の課題であるが，この問題に対して，「文理大学院とプロフェッショナル・スクール」というスクールの違いで対応しているという捉え方がある。確かにそれが成立すれば，上記の問題は解決するかもしれない。本章では，この「二元モデル」とも言うべき捉え方の妥当性と限界を検討する。

　以下では，まずスクールの二元モデルの捉え方について概説し（第1節），次に代表的な六つの専門分野のスクールを取り上げ，スクールと授与される学位の対応について検討し，二元モデルがどの程度妥当かを明らかにする（第2節）。文理学のスクールは二元モデルの一方であり，その他はプロフェッショナル・スクールというカテゴリに入るものと思われるが，伝統的に法律，医学のスクールが専門職養成のスクールの典型とされる。文理学のスクールをみたうえで，対比的に法律と医学のスクールを取り上げ，その後でビジネス，工学，教育へと検討を進め，最後に二元モデルの限界を論じる（第3節）。

1　文理大学院とプロフェッショナル・スクールという「二元モデル」

　日本でも近年では，専門職大学院や専門職プログラムの増加にみられるように，研究学位とは違う専門職学位があるのだという認識は高まっている。さらにアメリカの大学院教育において，研究者養成と専門職養成という機能の違い，学位で言えば研究学位と専門職学位の違いを組織的に具現化したものが，

「文理大学院（graduate school of arts & sciences）」と「プロフェッショナル・スクール（professional school）」である，ということもしばしば紹介され，そういう認識もすでにかなり広まっていると思われる。

　例えば，「研究者養成のためのものは，文理系大学院（Graduate school of arts & sciences）であり，狭義ではこれを大学院と呼ぶ。しかしアメリカでは，法律家，医師，聖職者，教育行政官などの専門職を養成する機関も広義の大学院の中に数えられ，たとえば，『大学院案内』というガイドブックにはその種のprofessional schoolも含まれている」（宮澤1980，175頁）。「アメリカの大学院には，高度な研究を推進し，研究者を養成する研究型大学院と専門職を養成するプロフェッショナルスクールの二種類が存在する」（山田1998，8頁）。「一般的に，扱う分野によって大学院は大きく2つに分けられ，アカデミックな内容の教育や研究を主な目的とするものを学術系大学院（graduate school），実務家向きの教育を提供するものをプロフェッショナルスクール（professional school）と呼ぶ」[1]。「リベラル・アーツ・スクールとプロフェッショナル・スクールに大別される」（舘2006，13頁）。また，中山（1994）は，「プロフェッショナル・スクール」と「学問のための大学院（graduate school）」を対比させる（168-72頁）。

　つまり，「プロフェッショナル・スクール」は専門職養成を行い，その典型はロー（法律）・スクール，ビジネス・スクール，メディカル（医学）・スクールなどであり，日本の専門職大学院制度のモデルとされ，他方で「文理大学院」は，学術的な研究者養成を行う，というわけだ。「文理大学院」は，もしそれがなければ，「リベラル・アーツ・スクール」「文理学カレッジ（college of arts & sciences）」，あるいは「グラジュエト・スクール」など，いくらか呼び方に幅があるようだが，いずれにしても二種類のスクールがあって，研究者養成と専門職養成という異なる機能を分担して提供する，という意味で「二元モデル」と言えよう。この二元モデルは，アメリカの大学院教育と学位の二元構造から大学組織を理解する仕方としてとてもわかりやすい。

　しかし，この二元モデルは実際にはどれほど妥当性があるのだろうか。

2 スクールと学位プログラムの対応関係

1) 文理大学院・文理学カレッジ

まず文理大学院（Graduate School of Arts & Sciences）については，人文学，社会科学，自然科学，さらに細分化した専門分野それぞれで，Ph.D.（Doctor of Philosophy），M.A.（Master of Arts），M.S.（Master of Science）などの文理学（arts & sciences）の学位プログラムを提供しており，その多くは研究者養成やその途上にある研究学位である。

ただし，文理大学院は，後述するようにハーバード大学やイエール大学などアイビーリーグの大学などごく一部の私立大学にしかない。むしろ文理大学院よりも文理学カレッジ（College of Arts & Sciences, School of Arts & Sciences, College of Liberal Arts & Sciences）が一般的である。文理大学院のカバーする専門分野は，文理学カレッジ（あるいは文理学スクール）よりも若干広く，実際にはビジネス，工学，医学などのスクールが提供する学位プログラムの一部（Ph.D. プログラムなど）も管轄する。イエール大学ではそうであり，またハーバード大学は文理大学院が工学のスクールの提供する大学院学位プログラムを丸抱えしており，M.Eng.（Master of Engineering）すら提供する[2]。だが主要な学位は，あくまでも文理学のデパートメントが提供する文理学分野の Ph.D. など研究学位である。

次章で検討するように，州立大学ではふつう，また私立大学でもコーネル大学などでは，文理大学院のかわりにグラジュエト・スクールがあるが，これはティーチングをしない管理的な（administrative）組織であって，大学院教育の実態は文理学カレッジにある。

コーネル大学の文理学カレッジの専門分野（リベラル・アーツ専門分野）をデパートメント（デパートメントについては次章で取りあげる）でみたものが表4-1 である。それぞれの専門分野に対応して，Ph.D.（M.A., M.S.）in Mathematics, Ph.D.（M.A., M.S.）in Astronomy というように学位が授与される。

表 4-1 コーネル大学文理学カレッジの専門分野

社会科学 Social Sciences	人文学 Humanities and Arts	物理科学/自然科学 Physical/Natural Sciences
アフリカ研究 Africana Studies 人類学 Anthropology 経済学 Economics ガバメント Government 心理学 Psychology 科学技術論 Science & Technology Studies 社会学 Sociology	アフリカ研究 Africana Studies アジア研究 Asian Studies 古典 Classics 比較文学 Comparative Literature 英文学 English ドイツ研究 German Studies 歴史学 History 美術史&視覚論 History of Art & Visual Studies 言語学 Linguistics 音楽 Music 近東研究 Near Eastern Studies 舞台芸術&メディア芸術 Performing and Media Arts 哲学 Philosophy ロマンス語系研究 Romance Studies	天文学 Astronomy 化学&化学生物学 Chemistry & Chemical Biology 生態学&進化生物学 Ecology & Evolutionary 数学 Mathematics 分子生物学&遺伝子 Molecular Biology & Genetics 神経生物学&行動学 Neurobiology and Behavior 物理学 Physics

注）アフリカ研究については，African Studies and Research Center が実質的に社会科学あるいは人文学のデパートメントとして機能しているため，両方に記載してある。
出典）コーネル大学文理カレッジのウェブサイトより（http://as.cornell.edu/academics/departments.cfm，2013 年 1 月 20 日アクセス）。

　他方で専門職養成は文理学カレッジにはなさそうだが，ワシントン大学文理学カレッジのディーンによれば，「本来的には専門職プログラムはないが，実際には二つ例外があり，小規模なジャーナリズム・プログラムと小規模な臨床心理学プログラムを有す。それらはアクレディテーションを受けた事実上の専門職プログラムだが，大学院プログラムのほとんどは生物学，物理学，英語のように，専門職プログラムではなく，Ph.D. プログラムだ」（ワシントン・文理学）。

それに加えて，実は研究大学でも「専門職修士プログラム（Professional Master's Program）」[3] を提供する文理学カレッジが増えている。ワシントン大学でも，「物理学デパートメントが提供する，M.S.（Master of Science in Physics）は，とくに現在専門的職業についている人や，物理科学，工学，数学，コンピュータ科学の学士号を有する人のために作られ，学生はフルタイムで就業中に大学院で勉学することができ，最先端の科学技術に関わるキャリアにつながるM.S. 学位を取得できる。専門職 M.S. プログラムは，大学院での学習を仕事後の時間に始める学生のために大学院レベルの基礎的なコア授業を提供する。選択科目は科学教師のための特別の内容の授業，現職の科学者や技術者のための職業用選択科目を含む」[4]。コーネル大学の数学のデパートメントでも専門職修士（Master of Professional Studies）を提供する[5]。

しかし，これは最近の動きであって，依然として文理学カレッジの主要なプログラムは文理学分野の研究学位プログラムである。

2）法律スクール

文理学カレッジと対照的に，法律（ロー）スクール（Law School, School of Law, College of Law）で提供される代表的な学位は，専門職学位 J.D.（Doctor of Jurisprudence）であり，すでに述べたように第一専門職学位に位置づけられる。全米法曹協会（ABA）で認定された法律スクールで3年程度の学修を要する J.D. を取得すると，各州で実施される司法試験の受験資格があり，J.D. はアメリカで弁護士など法曹関係の専門職に入職するために必要な最低要件である。日本で専門職大学院制度が創設される際にモデルとされ，J.D. は法務博士（博士（法学）ではない）のモデルになった。

J.D. についで典型的な専門職学位は，法律修士 LL.M.（Master of Laws）であり，LL.M. はすでに J.D. などを取得後さらに個別の専門領域を1年程度学んで得る学位であるが，実際には外国ですでに法律の学位を有する法律専門職（弁護士など）がアメリカ法を学ぶために修得する場合が大部分である。ノースウェスタン大学，インディアナ大学，ハーバード大学でも LL.M. プログラ

ムは外国人（international students）を対象とするプログラムである。大学によっては，LL.M. に似たものに，比較法修士（M.C.L：Master of Comparative Law）がある。なお，J.D. が博士で，LL.M. が修士なのに，LL.M. のほうが専門的であるというのは不思議であるが，これは，すでに述べたようにもともと J.D. は法学士（LL.B.：Bachelor of Laws）に取って代わったもので，法律職の最低要件であるし，LL.M. のほうはすでに法律職に就いた外国人向けの学位であるということからその位置づけが理解できよう。

このほか，J.D. については，J.D./M.B.A.（Master of Business Administration），J.D./M.D.（Doctor of Medicine），J.D./M.P.H.（Master of Public Health）など，そして後述する J.D./Ph.D. などの学内の他のスクールとの共同学位もある。

しかし，このなかで学生の多数を占めるのは J.D. である。例えばインディアナ大学では，院生約 750 人中 J.D. 学生は約 640 人（2005/6 年の数値，以下の学生数も特記したものを除いて 2005/6 年の数値である），ノースウェスタン大学では，院生 950 人中 J.D. 学生は 770 人，ハーバード大学では，院生約 1,950 人中 J.D. 学生は約 1,720 人である。

他方で，研究学位については，Ph.D. や S.J.D. または J.S.D.（Doctor of Juridical Science）がある。ただし，Ph.D. プログラムは，「法律スクールでは一般的ではなく，Ph.D. プログラムを持つ法律スクールは多くない」（インディアナ・法律）。訪問した大学でも，法律のスクール単独ではなく，文理学カレッジ（社会科学デパートメントなど）との共同学位プログラムで提供される。学位名称は例えば Doctor of Philosophy in Law and Social Science である。Ph.D. プログラムは，「学際的なプログラムで，法律スクールと大学の他の部分との間でやっている」（インディアナ・法律）。また，J.D./Ph.D. プログラムという形での提供もあり，「社会学や経済学のような社会科学，心理学，政治科学などのデパートメントと共同して出す学位である」「われわれが J.D. 部分を提供し，社会学デパートメントが Ph.D. 部分を提供する。学位論文は法律の教員と社会学の教員によって共同で指導される。審査委員会は法律と社会学の教員をミックスしたものである」「J.D./Ph.D. プログラムは常に 5, 6 人の学生がいる」（ノースウェスタン・法律）。

インディアナ大学では，S.J.D. は実質的に留学生向けの学位であり，最も多く授与していると思われるハーバード大学で学生が 60 人程度いるが，「博士 (S.J.D.) の学生はほぼ全員が LL.M. を取得する」(ハーバード・法律)，つまり LL.M. 取得後の外国人である。他の研究大学の法律スクールでは数人程度でごくわずかであり，Ph.D. 以上に S.J.D. を有する教員もごくわずかである[6]。

S.J.D. と Ph.D. との関係だが，S.J.D. はいわば Ph.D. in Law のような位置にあるとも言えるが，法律の学位は専門職学位の要素が強く，Ph.D. in Law は適切な表現ではないらしい。「S.J.D. は日本の法学博士に相当するような種類のものだ。私は Ph.D. in Law を必ずしも良いとは思わない。というのも S.J.D. は固有の方法論を持っていないし，専門職学位だからだ」(ノースウェスタン・法律)。インディアナのディーンも，法律を経済学や社会学の方法で分析するような Ph.D. は必要だが，「Ph.D. in Law は，法律の性格から必要はない」という[7]。このような意識から S.J.D. よりも Ph.D. あるいは J.D./Ph.D. プログラムが重視されている[8]。

S.J.D. との比較のみならず，ノースウェスタン大学やインディアナ大学の法律スクールのディーンによれば，近年ではスクールの評価に研究機能が考慮され[9]，Ph.D. を有する教員も急速に増え，Ph.D. プログラム重視の傾向がある[10]。

このように法律スクールは，専門職学位 J.D. が主要学位であり，プロフェッショナル・スクールに最もふさわしいが，いまだ小規模ながら Ph.D. 重視の傾向も強まりつつある。

3) 医学スクール

医学 (メディカル) スクール (Medical School, School of Medicine, College of Medicine) で提供される代表的な学位は，専門職学位の M.D. (Doctor of Medicine) である。J.D. と同様第一専門職学位に位置づけられる。アメリカで医師となるために必要な学位で，学士 (Bachelor) を取得したものが入学し，4 年程度の学修を経て M.D. が授与される。つまり大学入学後，8 年程度の学修を

要する。日本では医学部（6年）卒業後に医師となったものが M.D. を使うことがあるが，年限が少なく，学士相当である。M.D. には，M.D./M.P.H.（Public Health），M.D./M.H.S.（Health Sciences），M.D./J.D.（Law），M.D./M.B.A.（Management），M.D./M.Div.（Divinity）など，他のスクールとの共同学位もあるが，中心は一般の M.D. である。

他方で，研究大学では大規模な Ph.D. プログラムを有し，例えばイエール大学では M.D. 学生 396 人に対して Ph.D. 学生は 366 人，ウィスコンシン大学では，M.D. 学生 645 人で Ph.D. 学生は約 650 人，ピッツバーグ大学では M.D. 学生 590 人で Ph.D. 学生約 300 人，ボストン大学では M.D. 学生約 540 人で Ph.D. 学生約 350 人である。学生数で Ph.D. は M.D. に劣らず大きい。医学スクールは，法律スクールと共に，伝統的にプロフェッショナル・スクールとされるが，国立衛生研究所（NIH: National Institutes of Health）などからの膨大な研究助成金を受け，従前からの医師養成機能を超えるくらいの研究者養成機能を有するに至っており，その点が法律スクールと異なり，現在では Ph.D. プログラムが二大プログラムの一つになっている。

Ph.D. プログラムは（M.S. プログラムなどとともに），しばしば大学院プログラム（graduate program）と呼ばれる。「われわれは，大学院 Ph.D. プログラム（graduate Ph.D. programs）を有する。解剖学，生化学，生理学，微生物学，薬理学，遺伝学，神経科学，分子生物学，免疫学，これらが大学院プログラム（graduate programs）である」（アイオワ・医学）。形式的には，M.D. も大学院プログラムではあるが，M.D. プログラム（M.D. programs）と区別するために，医学スクールでは，'graduate' という言葉がよく使われる。ボストン大学では，組織的にも「大学院医科学部門（The Division of Graduate Medical Sciences（GMS））」が Ph.D.（や M.S.）プログラムを提供する。

医学スクールの Ph.D. プログラムには，専らスクール内部のデパートメントで行われる Ph.D. もあれば，スクールが大学のメイン・キャンパスから離れていなければ（スクールはふつう大学病院のそばにある），医学スクールをベースにしながら，大学の他のデパートメントとも施設利用や指導など協力して行う Ph.D. プログラムもある。例えばイエール大学の医学スクールの，「生命科学

および生物医科学 Ph.D. プログラム（Ph.D. in Biological and Biomedical Sciences）」はそうしたプログラムである。

なお、多くの研究大学で M.D./Ph.D. を出すが、これは一部の優秀な学生を対象とする特殊なものである。イエールでは 80～90 名程度、ボストン大学やウィスコンシン大学では 80 名程度、アイオワ大学では 50, 60 名程度が在学する。国立衛生研究所の「医科学者訓練プログラム（MSTP : Medical Scientist Training Program）」に対応したプログラムで、「医師を希望するが、同時に科学に強い関心を持つ学生がおり、4 年ではなく 8 年を要し、医学学位と Ph.D. の両方を取得することを考えて医学スクールに来る。国立衛生研究所がそのプログラムの財政補助を行う」（アイオワ・医学）。

M.D. と Ph.D. 以外にも、さまざまな修士プログラム（専門職）が提供されており（M.S. in Clinical Research, M.A. in Medical Sciences Program, M.S. in Medical Education, Master's degree in Biomedical Informatics, Master's of Physician Assistant Studies など）、それらの学生数も数百名[11]になる場合があるので、M.D., Ph.D., 修士の三大プログラムと言ったほうがいいかもしれない。また医学スクールが公衆衛生（Public Health）プログラムを有すると、それだけでふつう学生（主に修士）は 100 人や 200 人はおり、公衆衛生スクール（School of Public Health）として独立している場合（学生は数百名いる）も医学スクールとの連携があり、そのような場合さらに四大プログラムと言えなくもないが、Ph.D. と M.D. が医学スクールの主要プログラムであることには変わりがない。

4）ビジネス・スクール

ビジネス・スクール（Business School, School of Business, College of Business, School of Management, College of Management, School of Business and Administration）は、法律や医学のスクールと同様に典型的なプロフェッショナル・スクールとされ、代表的な専門職学位として M.B.A.（Master of Business Administration）を授与する。そのほか、E.M.B.A.（Executive MBA）を提供し、小規模だが M.B.A./J.D.（Law）, M.B.A./M.Eng.（Engineering）, M.B.A./M.D.（Medicine）などの他の

スクールとの共同学位もある。M.B.A. は，専門職学位であるが，J.D. や M.D. と違って，特定の専門職入職のための最低要件である第一専門職学位ではなく，経営者の学位と言うべきものである。米国公認会計士（Certified Public Accountant）や税理士（Enrolled Agent）などの公的な資格はあるが，M.B.A. が要件となっているわけではない。

他方で，ビジネス・スクールも実は研究学位として Ph.D. を提供する。ただし，M.B.A. プログラムと比べれば小規模である。研究学位としては，D.B.A.（Doctor of Business Administration）もあるが，ワシントン大学のビジネスの副ディーンによれば，「1960 年代，70 年代に D.B.A. と呼ばれていた。しかし，今ではあまり見ない。主要なビジネス・スクールで D.B.A. を出すところはほとんどない」（ワシントン・ビジネス）[12]。主要な研究学位は Ph.D. である。

Ph.D. プログラムの規模は，例えばコーネル大学では M.B.A. が約 730 人に対し Ph.D. 約 40 人，カーネギーメロン大学では M.B.A. 約 810 人で Ph.D. 約 100 人，MIT（マサチューセッツ工科大学）では M.B.A. が 800 人以上で Ph.D. は 124 人，ペンシルバニア州立大学では M.B.A. 約 200 人で Ph.D. 約 80 人，オハイオ州立大学では M.B.A. が 260 人弱で Ph.D. が約 90 人，ミシガン州立大学では M.B.A. が 480 人程度で Ph.D. は約 90 人，スタンフォード大学では M.B.A. 約 750 人で Ph.D. 約 100 人，ペンシルバニア大学では M.B.A 約 2,000 人（E.M.B.A. 含む）で Ph.D. 約 190 人程度，であり，相対的に小規模である。

ビジネス・スクールの Ph.D. プログラムの専門分野は，例えばコーネル大学では，会計，ファイナンス（金融・財務），経営と組織，マーケティング，生産および業務管理，オハイオ州立大学では，会計，ファイナンス（金融・財務），国際ビジネス，ロジスティック，マーケティング，業務管理，P 的経営，労働＆人材資源，組織行動，スタンフォードでは，会計，経済分析＆政策，ファイナンス（金融・財務），マーケティング，オペレーション・情報・技術，組織行動，政治経済，などであり[13]，経済学の Ph.D.（Ph.D. in Economics）プログラムとは区別される。経済学の Ph.D. は文理学カレッジ（ミシガン州立大学では College of Social Science，スタンフォードでは School of Humanities and Sciences，MIT では School of Humanities, Arts, and Social Sciences）の経済学デパートメントで

提供されている。しかし全く区別されているわけではなく，スタンフォードではビジネス・スクールの Ph.D. は応用経済学的な要素が強いし，コーネル大学ではビジネス・スクールの教員の数人が全学の経済学の Ph.D. プログラムの教員となり，パデュー大学では稀ではあるが経済学デパートメントはビジネス・スクールにあって，経済学の Ph.D. プログラムを提供する。

　M.B.A. のほかにもさまざまな修士号，例えば Master of Professional Accounting（MPAcc），Master of Science in Management Studies（MSMS），M.S. in Information Systems, Master of Finance, M.S. in Finance（M.Fin.），M.S. in Accounting, M.S. in Business Analytics, M.S. in Marketing Research, M.S. in Supply Chain Management などが授与されているが，ビジネス・スクールでは M.B.A. が最重要な学位である。

　このように Ph.D. よりも M.B.A. が主要な学位であるが，ビジネス・スクールの評価では近年研究機能が重視され，研究大学では教員の大部分が Ph.D. を有する大学も多く[14]，優秀な教員を獲得するためにも Ph.D. プログラムは重視されている[15]。

5）工学スクール

　工学（エンジニアリング）スクール（Engineering School, School of Engineering, College of Engineering）というと，社会で活躍する技術者を養成するスクールであり，技術者教育認定機構である ABET（Accreditation Board for Engineering and Technology）が思い浮かぶので，プロフェッショナル・スクールとされるのも不思議ではない。アメリカでは，土木工学や機械工学で，工学の資格である「専門職エンジニア（professional engineer，日本では「技術士」と訳される）」があり，州ごとに試験が行われるが，受験のためには ABET に認定された大学の工学プログラムで学士を取得せねばならない。このように学士教育だけみれば工学のスクールはプロフェッショナル・スクールであり，また歴史的には大学院教育よりも学士教育が主体であったころはそうであっただろう。

　しかし，ABET は主に学士教育を対象とするもので，工学のスクールが授与

する修士号や博士号は直接に専門職の資格にはつながらない。それ以上に重要なことは，連邦政府からの研究助成金の増加に伴って，研究大学において大学院教育に比重が傾き，現在では研究大学では，大学院教育は研究学位つまりPh.D. プログラムが最も中心的な学位プログラムとなったことである。特に州立大学では大規模な工学のスクールを持つところが多く（特に中西部の大規模研究大学），例えば，イリノイ大学は約1,600人，ウィスコンシン大学は約1,150人，オハイオ州立大学は約840人といった規模のPh.D. 学生を擁し，私立でもカーネギーメロン大学で約550人，プリンストン大学で約420人，ジョンズ・ホプキンズ大学で約500人という規模でPh.D. 学生を抱える。

　博士号については，研究大学の工学のスクールの多くがPh.D. を授与し，D. Eng.（Doctor of Engineering）を授与する大学もあるが（例えば，カリフォルニア大学バークレー，ここはPh.D. も授与する），「Doctor of Engineeringはきわめて少ない」（オハイオ州立・工学）。そしてD.Eng. は，Ph.D. よりいくらか応用重視の学位とされる[16]。

　また，研究大学の工学のスクールでは，修士号はM.S.（Masters of Science in Engineering）が多いが，M.Eng.（Master of Engineering）を授与するスクールも少なくはない。こちらはD.Eng. よりは「とてもポピュラーである」（オハイオ州立・工学）。M.Eng. はM.S. と変わらないというディーンもいたが，「Master of Engineeringは専門職学位（professional graduate degree）」（プリンストン・工学）とされる。

　修士の学生数は，プリンストン大学の30人程度など少ないところもあるが，調査した大学では，イリノイ大学ではPh.D. 1,600人に対して修士が740人程度，ウィスコンシンでPh.D. 約1,150人に対して約630人，オハイオ州立大学でPh.D. 840人に対して修士400人，カーネギーメロン大学でPh.D. 550人に対して修士約340人という規模で，Ph.D. 学生の4〜7割程度の規模である。ただし，一般のフルタイムの学生はPh.D. プログラムに進むので，修士プログラムはそうした学生を主たる対象としているわけではなく，職業人向けの実践的な修士プログラムが増えている[17]。例えばカーネギーメロン大学の340人の修士学生の9割がパートタイム学生であるという。また，「MITは多数のPh.

D. 学生がいるが，M.Eng.（Master of Engineering）だけを望んで行く学生がおり，MITは現在ではほとんど〔Ph.D.とは〕別の原理を持っている。彼らは，Ph.D. in Engineering の学生から区別した，別立ての M.Eng.（Master of Engineering）プログラムを有している」（プリンストン・工学）。その極端な事例がジョンズ・ホプキンズ大学であり，工学＆応用科学専門職プログラム（EPP：Engineering and Applied Science Programs for Professionals）に主に企業からの派遣学生2,200名を擁している[18]。「われわれは多くの修士号を提供する。このスクールには，土木工学修士（Masters of Civil Engineering），土木工学の科学修士（Masters of Science in Civil Engineering）など，パートタイムとフルタイムで違う修士を出す。EPP の修士号のほとんどは専門職志向の修士号であり，それぞれの領域のM.S. よりも，技術経営修士（Masters of Technical Management）や土木工学修士を授与する」（ジョンズ・ホプキンズ・工学）。

こうした修士論文の必要のない，企業などからのパートタイム学生を対象とする専門職修士プログラムが増えてはいるが，それは高収入の事業だからという側面があり，研究大学の工学のスクールの本務は Ph.D. プログラムとされており，研究活動と Ph.D. プログラムを中心に動いているといってよい。

なお，Masters of ○○，と Masters of Science in ○○（M.S. in ○○），の違いであるが，前者が専門職学位，後者が研究学位であるとは限らない。例えば，M.S. in Civil Engineering（土木工学の科学修士）はオンライン・プログラムで授与されることも多く，専門職修士プログラムであることも多い。従って M.S. は研究学位と専門職学位の両方の場合がある。

6) 教育スクール

教育（エデュケーショナル）スクール（Educational School, School of Education, College of Education）は，初等中等学校の教員養成という点でみればプロフェッショナル・スクールであると言えよう。特に学士教育では教師教育が主な機能であるし，修士レベルも実質的に教員養成の部分が大きい。また，修士レベルではさまざまな領域（カウンセリング，教科教育，カリキュラム，学校心理学，学

校管理など）で専門的職業のための修士学位プログラムが数多く用意されている[19]。M.A.（Master of Arts）や M.S.（Master of Science）だけでなく，より実践的な学位と思われる M.Ed.（Master of Education）が授与されている。ただし，大学によっては，例えばカリフォルニア大学バークレーの教育のスクールでは，M.A. プログラムではあるが，現職教員向けの「Master's/Credential プログラム」などがあり，M.A. や M.S. でも実践的な専門職学位として位置づけられることは普通にある。このように研究大学の教育のスクールの大学院教育においては修士プログラムが専門職養成で重要な役割を果たす。さらには博士レベルでも専門職学位であるとされることの多い Ed.D.（D.Ed.：Doctor of Education）がある。このように研究大学の教育のスクールは学士レベルのみならず大学院教育においても専門職学位プログラムが重要な位置を占める。

　しかし，これだけでなく，研究大学の教育のスクールは，Ph.D. プログラムを提供しており，それも相当に大規模のプログラムを擁している。有名なハーバード大学の教育のスクールは Ph.D. ではなく Ed.D. を授与するが，これは例外的であり，研究大学では一般には Ph.D. を授与し，そのかたわらで小規模の Ed.D. プログラムを有する。例えばインディアナ大学では修士学生（M.S.）が約 440 人（そのほとんどは学校心理学，カウンセリング），Ed.D. 約 90 人弱に対して Ph.D. は約 520 人いる。ウィスコンシン大学では修士学生約 490 人に対して Ph.D. 学生は 530 人程度いる。比較的小規模なミシガン大学の教育スクールでは，修士の学生が 170 人程度（半数は教員資格のプログラム）に対して，Ph.D. の学生も 170 人程度である（Ed.D. はない）。カリフォルニア大学バークレーは，学士プログラムがないが，修士の学生が 161 人（校長など学校の指導者のためのプログラムが 132 名と大半を占める），Ed.D. の学生が約 40 人に対して，Ph.D. の学生は 222 人である（2006/7 年）。

　上述のハーバードの教育スクールでは，修士 Ed.M. 学生 600 人弱に対して（多くは現職教員），博士 Ed.D. 学生 370 人程度で，修士の学生のほうが多いが，これは修士プログラム主体の専門職養成に傾斜しているからで，上記のように研究大学の教育スクールではしばしば，修士以上に Ph.D. 学生の規模が大きく，研究学位プログラムを重視している。

なお，ハーバードについては，Ph.D. は文理大学院に制限するという事情から，教育のスクールで Ph.D. が出せないので Ed.D. のみを出しており（ただし，2014 年より文理大学院から Ph.D. を出す予定である），このため，副ディーンによれば，ハーバードの Ed.D. 取得者は教育行政職などの専門職と大学教員などの研究職になるものが半々くらいであり，実は Ed.D. が研究学位としても機能している[20]。ハーバードの特殊性は措くとしても Ed.D.（D.Ed.）は専門職学位としてはかなり曖昧なところがあり，特に Ed.D. を規制するアクレディテーション団体もないし，専門職に入職するための資格でもなく，Ed.D. は教育内容や授業が Ph.D. と共通な部分が多くあって研究論文も課すので，前の章でみたように統計上研究学位と位置づけられる場合もある。また，他方で教育のスクールの Ph.D. については，例えば学校心理学（school phychology）の Ph.D. はアクレディテーション（NASP：National Association of School Psychologists による）を受ける専門職学位という側面もあり，専門職学位と研究学位の区別が曖昧なところが多々ある。

ただ，いずれにしても研究大学の教育スクールでは，Ph.D. が重視されている。

3 限定的な「二元モデル」

文理大学院（文理学カレッジ）以外は一見するとどれもプロフェッショナル・スクールと言われるようなものではあるが，法律・医学・ビジネス・工学・教育のスクールではこのように専門職学位と研究学位の両方のプログラムが提供されている。スクール別に主要な大学院学位を挙げると表 4-2 のようになる。

法律のスクールは，さすがにプロフェッショナル・スクールの典型だけあって，研究学位の位置はとても小さいが，ビジネス・スクールになると，研究大学では自前の Ph.D. プログラムを重視し，多くの教員が Ph.D. を有する。さらに，法律のスクールと並んで典型的なプロフェッショナル・スクールとも言う

表 4-2 研究大学におけるスクール別にみた主要な大学院学位

	研究学位	専門職学位
文理学	Ph.D., M.A., M.S.	(M.S.)
法律	(J.D./Ph.D., Ph.D., S.J.D.)	J.D., LL.M.
医学	Ph.D., M.S. (M.D./Ph.D.)	M.D., M.S.
ビジネス	Ph.D.	M.B.A., M.S.
工学	Ph.D., M.S.	D.Eng., M.S., M.Eng.
教育	Ph.D., M.A., M.S. (Ed.D.)	Ed.D., Ed.M., M.A., M.S. (Ph.D.)

べき医学のスクールは，M.D. と並んで大規模な Ph.D. を有し，機能的には半分以上が研究者養成である。さらに工学や教育のスクールにおいても，大学院教育は専門職養成の色彩の濃い修士プログラムよりも Ph.D. プログラムが大きく，Ph.D. が大学院教育の中心に位置している。

第 3 章でもみたように，Ph.D. の輩出は，実は文理学の諸分野よりも医学，教育，工学の諸分野（専門職分野）の方が多い。Ph.D. 授与数全体に占める比率は，文理学分野では比率の多い順に言えば，生物・生命科学 10.3％，心理学 8.1％，物理科学 7.5％，社会科学・歴史学 6.3％であるのに対して，保健および臨床関連分野 17.9％，教育分野 13.3％，工学分野 11.7％，ビジネス 3.1％である。つまり研究者養成は，量的には，もはや文理学中心とは言えず，医学，教育，工学，ビジネスなどのスクールで過半を占める。プロフェッショナル・スクールだから専門職学位だけを出す，というわけではないどころか，研究者養成では文理学カレッジに引けを取らない。

そもそもプロフェッショナル・スクールには厳密な定義がなく，かなり曖昧な概念である。相当のバリエーションがあり，文理大学院（文理学カレッジ）以外をひとくくりに同じプロフェッショナル・スクールと言うわけにもいかない。パデュー大学のグラジュエト・スクールのディーンによれば，「ここアメリカでは専門職プログラムの定義は非常に多様だ。われわれは法律や医学，おそらく M.B.A. は含めるが，教育は含めないし工学も含めない。それらを専門職とは呼ばないと思う」（パデュー・GS，以下引用では，グラジュエト・スクールを GS と略す）。またプリンストンのグラジュエト・スクールのディーンによれば，「プリンストンには工学＆応用科学があるが，それは文理学とプロフェッ

ショナル・スクールの中間にある。この国では，ほとんどの大学で工学は文理学の精神を濃厚に有している。私は，スタンフォード大学とカリフォルニア工科大学は工学をプロフェッショナル・スクールであると考えていないと思う」（プリンストン・GS）。ハーバードの文理大学院に工学スクールが含まれるのもこうした土壌があるからである。いずれにしても，これまでみたように，研究者養成の中でのプロフェッショナル・スクールの位置は，もはや例外的なものではなく，文理学カレッジ以上であるとさえ言える。

　このように，研究者養成は文理大学院（あるいは文理学カレッジ）で，専門職養成はプロフェッショナル・スクールで行う，という組織的な役割分担（二元モデル）は，文理学と法律を除けば部分的にしか成り立たない。とくに州立大学では学内の多くのスクールで研究学位が提供されるのが普通であり，また，私立大学でもペンシルバニア大学など文理学のスクール以外で研究学位Ph.D. を出すところは少なくない。なお，州立大学では，文理大学院がなく，グラジュエト・スクールがある場合が多いが，あとで詳しく述べるように，一般のスクールと異なり管理（administration）に偏った組織であり，それだけでなく学内のあらゆるカレッジやスクールに関わるので，そもそもスクールをグラジュエト・スクールとそれ以外とに分けることは適切ではない。

　ただし，文理大学院とプロフェッショナル・スクールは，研究者養成と専門職養成の違いには対応していないものの，「文理学分野（自由学芸分野，学問分野）学位」と「専門職分野学位」との対比には対応している。以上の表現はわかりにくいので図示すると図4-1のようになる。学位を教育機能上の違いと，専門分野の違いで分類したものである。

　典型的な文理学の学位，例えば，数学や歴史学や文学のPh.D. は文理学分野の研究学位である。しかし，同じ研究学位であるPh.D. も，文理学分野のものもあれば，専門職分野のものもある。医学，工学，教育，ビジネスのPh.D. は専門職分野の研究学位である。他方で，専門職分野の専門職学位としては，J. D., M.D., M.B.A. などが典型的な例である。ややこしいのは修士号である。修士号でも，M.Eng. やM.Ed. などは専門職分野の専門職学位としてはっきりしている。だが，M.A. やM.S. にいたっては，文理学分野の研究学位，専門職

（教育機能上の違い）

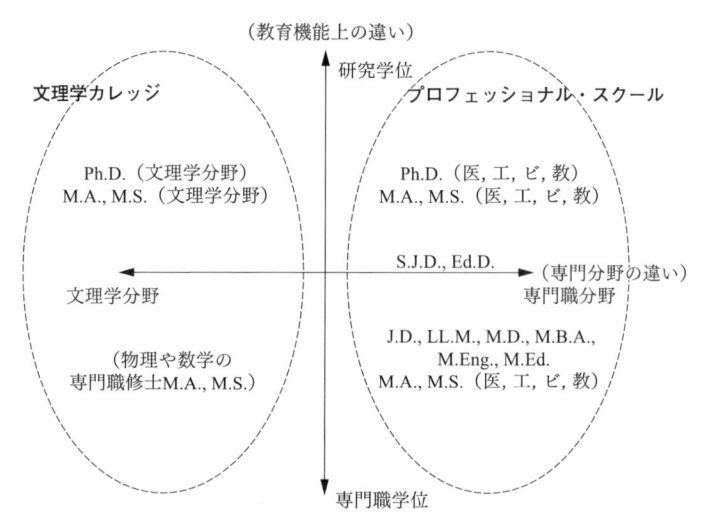

図 4-1 学位分類（教育機能と専門分野による）

文理学カレッジ側（研究学位）：
- Ph.D.（文理学分野）
- M.A., M.S.（文理学分野）

プロフェッショナル・スクール側（研究学位）：
- Ph.D.（医, 工, ビ, 教）
- M.A., M.S.（医, 工, ビ, 教）
- S.J.D., Ed.D.

文理学カレッジ側（専門職学位）：
- （物理や数学の専門職修士 M.A., M.S.）

プロフェッショナル・スクール側（専門職学位）：
- J.D., LL.M., M.D., M.B.A., M.Eng., M.Ed.
- M.A., M.S.（医, 工, ビ, 教）

軸：文理学分野 ←→ 専門職分野（専門分野の違い）／研究学位 ↑↓ 専門職学位

　分野の研究学位，専門職分野の専門職学位（これが最も多い），文理学分野の専門職学位（例が少ない）のどれにも該当する。ただし，量的には，専門職分野の専門職学位（例えば医学や工学やビジネスや教育の M.A. や M.B.）が最も多い。

　プロフェッショナル・スクールというのは，図 4-1 の右側，つまり専門職分野の学位（研究学位も専門職学位も含む）を提供するスクールと捉えればわかりやすいだろう。このように捉えると，文理学分野とそれ以外の専門職分野を文理大学院（文理学カレッジ）とプロフェッショナル・スクールで二分する，というのは当然といえば当然である。というよりもそれは定義に近い。この意味で，先に引用した舘の「リベラル・アーツ・スクールとプロフェッショナル・スクールに大別される」（舘 2006, 13 頁），という表現は全く正しい。

　しかし，本書が重要と考えるのは，専門分野の違いよりも，大学院教育の機能上の違いである。その観点からすれば，研究者養成と専門職養成という教育機能（研究学位と専門職学位という学位）の違いに対して，文理大学院（文理学カレッジ）とプロフェッショナル・スクール，というスクールの違いで組織的に対応（役割分担）がなされているにしてもそれは限定的であることがわか

る。それゆえ，一つのスクール内部で異なる学位プログラムを動かさねばならない。しかし，「(Ph.D. プログラムと J.D. プログラムは) 非常に異なっている。二つのプログラムは（中略）一つは学者になるものを訓練することを目的としたアカデミック・プログラムであり，後者は専門職学位だ。医学スクールも同様に M.D. と Ph.D. との間に違いがあり，多くの部分が別々になっていると思う。かなりややこしいね。ビジネス・スクールでは Ph.D. プログラムを持っているが，M.B.A. 学生とは別に Ph.D. 学生のための別のゼミがある。それは全く異なった考え方なのだ」（ノースウェスタン・法律）。

では，大学院教育の教育機能の違い，大学院学位の違いに対して組織的にはどう対応がなされているのか。次に大学内部の組織にさらに踏み込んで検討する。

第5章　大学組織と大学院

　前章では，大学院教育および学位の違いに対して，文理大学院とプロフェッショナル・スクールという二元モデルでの対応には限界があることがわかった。では，大学はどのようにその多様性に対応しているのか。それを探るために大学院教育の組織化や運営の仕方を検討せねばならないが，その準備としてこの章では，大学組織の構成について基本的な知見を得ておくことにしよう。
　というのも，アメリカの大学組織については，知っているようで知らないことが意外に多いと考えられるからである。例えば，カレッジとスクールはどう違うのか，スクール内部の組織構成はどうなっているのか，グラジュエト・スクールは普通のスクールと違うのか，といったことである。筆者自身この研究を始める前にはこうした基本的なことすら知らなかった。留学経験などを通じて知っている人も，その知識は恐らく自分の知る範囲に限定されよう。ここでもあくまで研究大学に限られるし，調査した大学からの知見に過ぎないが，研究大学の組織の基本的な構成を捉えておきたい。なお，本章で検討する大学組織の構成は公式的な組織の構造についてであり，実際の機能や運営の仕方は多様性に富むと思われるが，それについては次章以降で検討する。
　以下ではまず，大学内の組織構成について，カレッジとスクールとの関係を中心に整理し（第1節），次にスクール内部の組織構成について整理し（第2節），研究大学の組織構成の基本構造を理解したうえで，複数の意味があってわかりにくいグラジュエト・スクールについて整理する（第3節）。

第5章　大学組織と大学院　165

1　大学を構成する基本的な組織
　　──カレッジとスクール

1)　研究大学におけるカレッジとスクールの構成

　アメリカの研究大学を構成する基本的な組織（教育研究組織）は，ふつうは「カレッジ（college）」と「スクール（school）」である。'college of arts and sciences', 'school of arts and sciences', 'college of education', 'school of education' などであり，専門分野で分かれた組織単位（ユニット）である。このほか，'division', 'institute', 'faculty' などの組織もある。
　このように基本的な構成組織がカレッジとスクールであるとしたら，この二つはどう違うのか。具体的に，調査対象の研究大学でカレッジとスクールの構成を比べると，スクールの方が多い場合（パターンA，表5-1）とカレッジの方が多い場合（パターンB，表5-2）の大きく二つに分かれる。
　パターンAには，カレッジがない大学もある。スタンフォード大学，マサチューセッツ工科大学，ジョンズ・ホプキンス大学，ペンシルバニア大学である。
　そこまで極端ではなくとも，文理学カレッジ以外はすべてスクール，という場合があり，イエール大学，プリンストン大学[1]，ノースウェスタン大学，インディアナ大学などがそれに相当する。そして文理学カレッジと工学などでいくつかカレッジがあり，その他大部分はスクールから成るという場合も少なくなく，ハーバード大学，ボストン大学，ウィスコンシン大学マジソン，ミシガン大学などがこのケースに相当する。以上の，カレッジがない場合，カレッジはあっても文理学だけの場合，そしてカレッジが2, 3に制限される場合をあわせると，調査対象大学の半分程度にはなる。さらにカリフォルニア大学やワシントン大学などは，さらにカレッジの数が多いが，学内で半分までは行かず，スクールの数のほうが多い。これらを併せると，スクールがカレッジよりも多いパターンAは，カレッジがスクールよりも多いパターンBよりも例が

表 5-1 パターン A（スクールがカレッジより多い）

| ［スタンフォード大学］
Graduate School of Business
School of Earth Sciences
Graduate School of Education
School of Engineering
School of Humanities and Sciences
School of Law
School of Medicine
［イェール大学］
Yale College
Graduate School of Arts and Sciences
School of Architecture
School of Art
Divinity School
School of Drama
School of Engineering & Applied Science
School of Forestry & Environmental Studies
Law School
School of Management
School of Medicine
School of Music
School of Nursing
School of Public Health
Institute of Sacred Music
［インディアナ大学ブルーミントン］
College of Arts and Sciences
Jacobs School of Music
Kelley School of Business
Maurer School of Law
School of Education
School of Global and International Studies
School of Informatics and Computing
School of Journalism
School of Library and Information Science
School of Nursing
School of Optometry
School of Public and Environmental Affairs
School of Public Health-Bloomington
School of Social Work
University Graduate School | ［ミシガン大学］
A. Alfred Taubman College of Architecture & Urban Planning
Penny W. Stamps School of Art & Design
Stephen M. Ross School of Business
School of Dentistry
School of Education
College of Engineering
Rackham Graduate School
School of Information
School of Kinesiology
Law School
College of Literature, Science, and the Arts（LSA）
Medical School
School of Music, Theatre & Dance
School of Natural Resources and Environment
School of Nursing
College of Pharmacy
School of Public Health
Gerald R. Ford School of Public Policy
School of Social Work
［ワシントン大学シアトル］
College of Arts and Sciences（Henry M. Jackson School of International Studies 含む）
College of Built Environments
Michael G. Foster School of Business
School of Dentistry
College of Education
College of Engineering
College of the Environment
Graduate School
Information School
School of Law
School of Medicine
School of Nursing
School of Pharmacy
Daniel J. Evans School of Public Affairs
School of Public Health
School of Social Work |

多い。

　他方で，カレッジの方が多い，パターン B として，ペンシルバニア州立大学，イリノイ大学，コーネル大学，パデュー大学，オハイオ州立大学，ミシガン州立大学，アイオワ大学，カーネギーメロン大学などがあり，これらの大学ではカレッジが大部分を占める。アイオワ大学などはすべてカレッジである。

表5-2 パターンB（カレッジがスクールより多い）

［コーネル大学］ College of Agriculture and Life Sciences College of Architecture, Art, and Planning College of Arts and Sciences College of Engineering School of Hotel Administration College of Human Ecology School of Industrial and Labor Relations College of Veterinary Medicine Cornell Law School S. C. Johnson Graduate School of Management Weill Cornell Medical College (NYC) Weill Cornell Medical College in Qatar (Doha) Weill Cornell Graduate School of Medical Sciences (NYC) ［ペンシルバニア州立大学ユニバーシティ・パーク］ College of Agricultural Sciences College of Arts and Architecture Smeal College of Business College of Communications College of Earth and Mineral Sciences College of Education College of Engineering College of Health and Human Development College of Information Sciences and Technology School of International Affairs School of Law College of the Liberal Arts College of Medicine School of Nursing Eberly College of Science Graduate School Schreyer Honors College	［イリノイ大学アーバナ・シャンペーン］ College of Agricultural, Consumer and Environmental Sciences College of Applied Health Sciences Institute of Aviation College of Business College of Education College of Engineering College of Fine and Applied Arts Division of General Studies Graduate College School of Labor and Employment Relations College of Law College of Liberal Arts and Sciences Graduate School of Library and Information Science College of Media College of Medicine at Urbana-Champaign School of Social Work College of Veterinary Medicine ［アイオワ大学］ College of Liberal Arts and Sciences Tippie College of Business College of Dentistry College of Education College of Engineering Graduate College College of Law Carver College of Medicine College of Nursing College of Pharmacy College of Public Health University College

　以上のように，スクールが大部分の大学が多くあり，他方でカレッジが大部分の大学も多くあり，カレッジとスクールが同数程度ある大学は少数派である。

2）カレッジとスクールの違い

　ではカレッジとスクールの違いをどのように理解すればよいのか。
　前述のようにアメリカの大学は，植民地カレッジから始まり，300年間ほどはカレッジが主たる高等教育機関で，カレッジを中心に発展を遂げたことも

あって,「スクール」よりも「カレッジ」が中核的な組織だという見方があるようだ。とくに文理学カレッジを軸にその外部にプロフェッショナル・スクールを加味してユニバーシティに発展した大学, ハーバード大学, イエール大学, プリンストン大学などアイビーリーグの大学ではその傾向が強く,「カレッジ」は学士教育を行う文理学カレッジに限られる。州立大学でもその傾向はいくらかあるようで, ウィスコンシン大学, インディアナ大学ブルーミントン, ミシガン大学では「カレッジ」は一部の文理学と工学などに限られる。

他方で, ペンシルバニア州立大学, イリノイ大学アーバナ・シャンペーン, パデュー大学, オハイオ州立大学, ミシガン州立大学, アイオワ大学など,「カレッジ」が大勢を占める州立大学は, 文理学カレッジを大学の起源としない場合もしばしばあり, 文理学以外のビジネス, 教育, 工学のスクールも大規模な学士学生を抱えているが, これは, アイビーリーグの大学ほどには文理学カレッジが中核的な存在ではないことを反映していると思われる。私学でもカレッジを多用しているコーネル大学, カーネギーメロン大学などはそうであろう。

このように文理学カレッジに「カレッジ」を限定しない大学も多いが, だからといってカレッジとスクールとが同列に見なされている, というわけでは必ずしもないようだ。スクールよりカレッジが上だという認識もあるようで, だからこそこれらの大学では多くがカレッジという名称を使っているとも言える。例えばペンシルバニア州立大学の全学のある委員会にオブザーバーで出席したときに (2005 年 11 月), 情報科学技術スクール (School of Information Sciences and Technology (IST)) の「カレッジ」への昇格要求についての審議が行われていた。その申請は, その後全学の評議会と理事会で承認され, 同スクールは 2006 年 1 月 20 日に情報科学技術カレッジ (College of Information Sciences and Technology) に名称変更がなされ,「カレッジ」の地位を得た[2]。しかし, その委員会の審議の際にも,「カレッジ」が「スクール」よりも重要な組織であるという認識以上に, 何が違うのかについては, 委員たちの間で必ずしも合意があったわけではない。

では, 専門分野による違いがあるのだろうか。訪問した大学でみると, 法

律，医学，ビジネス，教育などの，一般にプロフェッショナル・スクールと考えられているものには「スクール」を名称とするものが多い傾向がある。しかし，プロフェッショナル・スクールにも，「カレッジ」という名称を持つものも少なくない（アイオワ大学では，College of Law である）。また工学や文理学は「カレッジ」を使うところが多い傾向があるが，「スクール」を使うところもある（ジョンズ・ホプキンス大学では School of Arts and Sciences である）。

また，「カレッジ」や「スクール」は学士教育だけでなく大学院教育を行っており，後述するグラジュエト・スクール（graduate school）も，グラジュエト・カレッジ（graduate college）と呼ぶ大学もある。このように考えると大学院教育か学士教育かは，「カレッジ」か「スクール」かとは関係がない。

このほか，規模が大きいのが「カレッジ」，相対的に小さいのが「スクール」，という考え方もあるようだ。歴史的にみても，科学スクールはデパートメント・レベルの規模であった頃もあるし，例えば，オハイオ州立大学の College of Education and Human Ecology は，School of Educational Policy and Leadership, School of Physical Activity and Educational Services, School of Teaching and Learning を有し，「カレッジ」内に下位組織として「スクール」があるという場合もある。また，ワシントン大学では，文理学カレッジの中に School of Music があるが，ディーンによれば，機能的にはデパートメントのようなものだという。しかし，こうしたことが一般的というわけではない。

このように，「カレッジ」と「スクール」とでは地位や規模でいくらか違いがあるようではあるが，大学を超えて統一的な合意があるわけではない。実際にディーンへのインタビューでも，その違いについては，何かルールがあるというわけではなく，多くの場合同じ意味で使われることが多いようだった。

そこで本書でも特に区別はせず，「スクール」とだけ記述している時は「カレッジ」を含めていると考えていただきたい。

なお，以上のようにスクールが大学の基本的な構成単位と言えるのは，比較的規模の大きな大学である。小規模な大学であれば，例えばプリンストン大学では，大学の大部分は文理学が占め，スクールの影が薄く，実質的に後述する「デパートメント（department）」がより重要な構成単位と言うべき大学もある。

また，シカゴ大学でも文理学が相対的に大きく，いくつかのプロフェッショナル・スクールはあるが，文理学の領域を分割した「ディビジョン（division）」（生命科学，人文学，物理科学，社会科学の各ディビジョン）が大きな位置を占める。つまり，文理学の比重が大きい大学ではカレッジやスクールよりも文理学内部の区分が重要な場合もあるようだ。ただ，いずれにしても，研究大学では一般にカレッジやスクールが大学の主要な構成要素である。では，カレッジやスクールはさらにどのような組織で構成されているのだろうか。

2　カレッジやスクールを構成する基本組織
──プログラムとデパートメント

1）プログラム

　調査したスクールについて，インタビューに基づいてその構成組織をまとめたのが表5-3である。どのスクールでも必ず「プログラム（program）」があることがわかる。例えばJ.D. プログラム，M.B.A. プログラム，Ph.D. プログラム，M.A. プログラム，B.A.（Bachelor of Arts）プログラムなどであり，「学位プログラム（degree program）」と言われる。学位につながらないプログラムもあるが，大学の第一の機能は学位授与なので大部分が学位プログラムである。それぞれの学位プログラムにおいて，それぞれの学位の取得が目標にされ（教育目標があり），そのための要件が設定され，学位取得のための構造化された授業科目リストや手順が決められ，つまりカリキュラム（教育課程）が設定される。ワシントン大学の文理学カレッジのディーンによれば，プログラムは「カリキュラム・ユニット（curriculum unit）」である。このように学位プログラムは，教育のプロセス（教育過程）をも示すが，学生にとっての所属先とも言える。

　以上のように，アメリカの大学は，教育活動を学位プログラムという形で組織化していると言える。だが，学位プログラムという考え方は日本の大学では

表5-3 カレッジ・スクール内部の組織構成

スクール	大 学	スクールの構成組織	学士教育の有無	(参考) 学士プログラム学生数	(参考) 大学院プログラム学生数
法 律	インディアナ大学ブルーミントン	プログラム	—	—	749
	ノースウェスタン大学	プログラム	—	—	950
	ハーバード大学	プログラム	—	—	1,948
ビジネス	コーネル大学	プログラム，ディシプリン	—	—	768
	カーネギーメロン大学	プログラム	有	437	916
	マサチューセッツ工科大学	プログラム，ディシプリン	有	235	962
	パデュー大学	プログラム，デパートメント，エリア	有	2,563	684
	ペンシルバニア州立大学ユニバーシティ・パーク	プログラム，デパートメント	有	4,714	264
	ミシガン州立大学	プログラム，デパートメント	有	4,627	770
	オハイオ州立大学	プログラム，デパートメント	有	4,619	513
	ペンシルバニア大学	プログラム，デパートメント	有	1,755	2,265
	スタンフォード大学	プログラム，ディシプリン	—	—	885
	ワシントン大学シアトル	プログラム，デパートメント	有	1,787	935
工 学	カーネギーメロン大学	プログラム，デパートメント	有	1,512	892
	イリノイ大学アーバナ・シャンペーン	プログラム，デパートメント	有	5,085	2,354
	ウィスコンシン大学マジソン	プログラム，デパートメント	有	3,205	1,782
	オハイオ州立大学	プログラム，デパートメント	有	4,536	1,234
	プリンストン大学	プログラム，デパートメント	有	346	449
	ジョンズ・ホプキンズ大学	プログラム，デパートメント	有	1,301	2,803
医 学	ウィスコンシン大学マジソン	プログラム，デパートメント	—	—	1,240
	イエール大学	プログラム，デパートメント	—	—	1,158
	ボストン大学	プログラム，デパートメント	—	—	1,380
	アイオワ大学	プログラム，デパートメント	—	—	949
	ピッツバーグ大学	プログラム，デパートメント	—	—	949
教 育	ウィスコンシン大学マジソン	プログラム，デパートメント	有	2,169	1,023
	インディアナ大学ブルーミントン	プログラム，デパートメント	有	1,246	1,050
	ペンシルバニア州立大学ユニバーシティ・パーク	プログラム，デパートメント	有	1,940	780
	ミシガン大学アナーバー	プログラム	有	241	345
	ハーバード大学	プログラム，コンセントレーション	—	—	967
	カリフォルニア大学バークレー	プログラム，エリア	—	—	423
文理学	コーネル大学	プログラム，デパートメント	有	4,251	1,298
	プリンストン大学	プログラム，デパートメント	有	4,222	1,293
	ワシントン大学シアトル	プログラム，デパートメント	有	20,038	2,626

出典）インタビューより作成。学生数は，ウェブサイト記載の数字や口頭（インタビュー）で得た数値であり，規模の目安のために挙げた。カリフォルニア大学の2006/7年数値，スタンフォード大学とワシントン大学の2007/8年数値を除くとすべて2005/6年数値である。パデュー大学のビジネス・スクールは調査時点ではデパートメントを有しない。

なじみがない。日本の大学では、学科であれ専攻であれ、学生はそうした組織に所属し、とくに学位プログラムという意識もなく、その所属組織での学習の結果が卒業につながるという認識であり、とりたてて学位プログラムを云々することが少ない。しかし、近年では、より教育の目標を明確化する目的から、学士教育を中心に日本の大学教育もプログラム化しようという動きが盛んである。このプログラムの存在は、次に述べるデパートメントの存在と密接に関わる。

なお、プログラムは、M.B.A. プログラムのように個別学位を指す場合もあるが、一括して大学院（学位）プログラムというような使い方もなされる。また、後述するように、教育のスクールなどでよくあることだが、例えば Ph.D. プログラムが、細かい領域に分かれ、高等教育プログラム（Higher Education Program）のように、「領域名称」プログラムという使われ方をする場合もある。

2) デパートメント

表 5-3 によれば、スクールを構成する組織として、学位プログラムに次いで多いのが「デパートメント（academic department）」[3] である。物理学デパートメント、数学デパートメント、電子工学デパートメントなどであり、ディシプリン（専門分野）に分かれた組織である。プログラムが「カリキュラムをベースにする組織」であるのに対して、デパートメントは「ディシプリンをベースにする組織」である。ディシプリンを奉じるのは教員なので、教員が所属する組織（教員組織）であるとされることが多い[4]。プログラムが特定の教育のための言わば学生主体の教育組織であるのに対して、デパートメントはそれぞれの専門分野の知識の生産（研究）や維持や普及（教育）に責任を有する教員主体の組織である。平均 20 名程度の教員がいるとされるが（Hearn 2007, p.224）、医学のスクールなどでは 100 名規模のものもある。

ただし、プログラムがどのスクールにも必ず存在するのに対して、デパートメントを持たないスクールがある。デパートメントの有無については、スクー

ルの分野によって傾向に違いがある。表5-3に示されているように, 工学, 医学, 文理学のスクールはデパートメントを持つが, 法律のスクールはデパートメントを持たない。ビジネス, 教育のスクールでは, デパートメントがある場合と, ない場合の両方がある。とは言え, 数で言えば, 法律, 一部のビジネス, 一部の教育のスクール以外ではデパートメントがあるので, デパートメントが存在するほうが多数派である。デパートメントがない場合, 教員が所属するのは直接にカレッジやスクールである。また, 特殊な例だが, プリンストン大学では, デパートメントはディシプリンに基づくかなり保守的な存在で, 新しいデパートメントを作るのは容易ではなく, 緊急の課題に対応するために新しく教育プログラム (大学院学位プログラム) を立ち上げたときに, デパートメントではなくプログラムに教員が所属する, というパターンもある。

その他, デパートメントがない場合, 例えばマサチューセッツ工科大学のビジネスのスクールでは, ディシプリン (discipline), ハーバード大学の教育のスクールにはコンセントレーション (concentration), カリフォルニア大学バークレーの教育スクールでは, エリア (area) というのもある (しばしば学生の専攻 major と同様に使われる)。これらは, 日本語に訳すと, 「領域」や「分野」になってしまうが, 以下特定の組織カテゴリーを指す場合はカタカナ表示とする。これらは領域別の組織でデパートメントに近いが (デパートメント内部の下位組織として使われることも多い), デパートメントほど確立したものではない。基本的には先のプログラムとデパートメントがカレッジやスクールを構成する代表的な組織であると言えよう。

なお, デパートメントの有無がどのような要因によるのかについては, その教育上の特性, カレッジやスクールの規模との関係について第7章でも検討するが, 第2章でみたように19世紀アメリカの大学の歴史的な展開からすると, カレッジの規模の拡大を背景にした組織の分化という側面が強い[5]。このほか, インタビューによると, スクールが創設された時期にデパートメント制がポピュラーであったかどうかというような歴史的な文脈も関係があるようだ (パデュー・ビジネス)。

以上より, 大学組織の構成としては, 「大学を構成する基本組織はカレッジ

やスクールであり，カレッジやスクール内では教育は学位プログラムとして組織化され，それとは独立した教員組織としてデパートメントが存在する」というのがアメリカの研究大学に多い基本的なパターンである。そして，それより少ないが「カレッジやスクール内ではプログラムがあるだけで，デパートメントがない」というパターンがそれに次ぐ。

3) 学士教育と大学院教育の組織的関係

　この基本構造は，学士教育と大学院教育の組織間関係から考えるとよくわかる。教員はデパートメントに所属し，学士プログラムにも大学院プログラムにも関わる，という構図である。これは日本の大学と比較するとわかりやすい。

　日本では学士教育は「学部」，大学院教育は「研究科」という組織的対応になっている。日本の「学部」はもともと学士教育と大学院教育の双方を行う組織で，専門分野別に大学を構成する基本組織であった。しかし，最近では，「学部」と言えば学士教育を担当する部局という色彩が強い。これは，大学院重点化以降，国立大学を中心に研究科の部局化が行われたためである。その結果現在では，「学部」は学士教育を行う組織，大学院教育を担当するのが「研究科」と分けられている。そして，英語で表記すると，「学部（undergraduate school または faculty）」の上に「研究科（graduate school）」があり，例えば「工学部（school of engineering）」の上に「工学研究科（graduate school of engineering）」がある。

　他方でアメリカでは，舘（1997）の説明の通り，スクールのなかに大学院プログラムと学士プログラムがあり，学部と大学院の違いはプログラムの違いに過ぎない。アメリカでは，大学院教育が独立したスクール（graduate school）ではなく，一般のスクール内部で大学院プログラムとして提供され，日本の「研究科」はアメリカで言えば 'graduate program' であって 'graduate school' ではない。そのためアメリカの研究大学のスクールは日本の大学で言えば，「学部」と「研究科」とをあわせたものに相当し，'school of engineering' は，「工学部＋工学研究科」に相当する。ただし，例は少ないが，ミシガン州立大学のビジ

ネス・スクールのように学士プログラムと大学院プログラムの両方を有し、それぞれを College of Business, Graduate School of Management が担当する、という具合に、日本の大学に似たケースもある。

重要なのは、アメリカの研究大学では、学士教育と大学院教育という段階の異なる教育を同じスクール内で行っていることであり、異なる教育を担当する教員集団は同じであるということである (Balderston 1995, p.106)。同じ教員集団が学士プログラムと大学院プログラムを担当し、先にみたようにその教員組織の多くがデパートメントであり、学位プログラムに対する教員組織の独立性がある。日本でも実態は同じようなものであるが、日本の場合はデパートメントのような明確に独立した教員組織がない[6]。このデパートメントは、学士教育から大学院教育まで多様な教育を行うのに適した組織であるとされる[7]。

なお、学士プログラムについては、それを有するか有しないかは分野によって違いがあり、舘 (2007) でも議論されているが、本書の調査対象大学をみると、表5-3にあるように、法律と医学のスクールは、学士プログラムを持たないのがふつうである。逆に、工学や文理学のスクールでは、大学院プログラムだけでなく学士プログラムをも有するのがふつうである。これに対して、ビジネスと教育のスクールでは、学士プログラムを有する場合が多いが、学士プログラムがなく大学院プログラムだけの場合もある。

4) ファカルティ

以上みたようにアメリカの大学ではカレッジとスクールが大学の基本的な構成組織だが、「ファカルティ (faculty)」という組織がある大学もある。

ふつう「ファカルティ」という言葉は教員集団 (教員団) を意味するが、いわゆる中世大学の4学部制 (神学、法学、医学、自由学芸) 以来、専門分野によって区切られた「学部」を意味し、単なる教員集団を超えて専門的な組織単位 (ユニット) として、ヨーロッパ大陸の国々やさらには日本の大学の主要な構成要素として続いてきた (例えば「理学部」は faculty of science)。

しかし、第2章でみたように、アメリカの大学＝ユニバーシティは、19世

紀にカレッジから発展したものでヨーロッパの大学とは断絶がある。ヨーロッパの大学のような「学部（ファカルティ）」を構成するのではなく，カレッジの外に専門スクールを増設していくことでユニバーシティ化した。大学の構成組織は一般にファカルティではなくカレッジやスクールである。むしろアメリカの大学では「ファカルティ」は教員集団や教員を指すのがふつうである。文理学ファカルティ（faculty of arts and sciences）[8]という組織がある場合もあるが，ハーバードやコロンビア大学などごく一部の大学である。

　ハーバード大学では，文理学ファカルティ（Faculty of Arts and Sciences）は，文理学系の学士教育を担当するハーバード・カレッジ（Harvard College），文理学系の大学院教育を行う文理大学院（Graduate School of Arts and Sciences），工学・応用科学スクール（School of Engineering and Applied Sciences），継続教育ディビジョン（Division of Continuing Education（Harvard Extension Schoolを含む））を包括する組織として位置づけられている。その意味では，文理学ファカルティは，いくつかのカレッジやスクールが集まった，いわば大きなスクールとも言えなくもない。しかし，ハーバードの文理学ファカルティは，傘下のカレッジとスクールが提供するプログラムを担当する教員が所属する32のデパートメントと5エリア（工学・応用科学スクールはデパートメントがなく，エリアに分かれる）で構成され，あくまでも教員組織であるデパートメントの集合体であり，文理学教員団と言うべきものである。これは，学士プログラムと大学院プログラムに対する独立性のある教員組織が存在する，という前述の基本構造とは矛盾しない。ただし，文理学ファカルティは数から言えば，あくまでも例外的な存在である。

　なお，中世大学以来の「学部」制を取り入れた日本の大学も，近年では理学部は，ファカルティ（faculty of science）ではなく，'college of science' や 'school of science' と英語で書くところが増えているようだが，これはアメリカの大学でカレッジやスクールが基本組織である場合がふつうであり，そのアメリカ式の表記の仕方の影響を受けるようになったためではないかと思われる。

3 大学院のスクール
──3種類の「グラジュエト・スクール」

　以上、大学組織の基本構成をみてきたが、すでに大学を構成する組織として登場したものに、グラジュエト・スクールがある。この言葉は混乱の元になる場合があり、日本での使われ方と異なるし、アメリカでも複数の使われ方があるので整理しておこう。

　日本では、上述したように研究科の英訳が 'graduate school' で、英語で表現すると1大学内に研究科の数だけ、多くの 'graduate schools' が存在することになるが、アメリカでは限られている。では、アメリカではどのような場合に 'graduate school' という言葉がつくのか。調査対象の大学をみる限りでは、以下の大きく三つのケースに分けられよう。

①文理大学院（GSAS：Graduate School of Arts & Sciences）
　学士プログラムの有無について分野別にみると図5-1のようになる。'graduate school' がつくのは、まずは「文理大学院」である。この組織は、文理学カレッジ（college of arts & sciences）がベースにあり、その教員や領域を中心に、他のスクール（ハーバード大学では、School of Engineering and Applied Sciences）の教員や領域を入れて、大学院組織としてまとめられたスクールである。
　この場合、文理学の分野に関しては、学士教育も大学院教育も文理学カレッジで行われている。つまり教員は共通であり、領域別のデパートメントに所属し、学士プログラムと大学院プログラムに関わる。その大学院教育の部分が文理大学院であり、形式的には、学士教育と大学院教育とを文理学カレッジと文理大学院とで分けて担当していることになる。
　ただし、繰り返すが、文理学以外の分野の大学院プログラムも含んで文理大学院と呼ばれているので[9]、厳密には文理大学院という名称が適切かどうかは疑問がある。「Graduate School of Arts & Sciences、は誤った名称だ。ハーバードをみると、文理学以上を含んでいるので、不適切な名前である。それでわれ

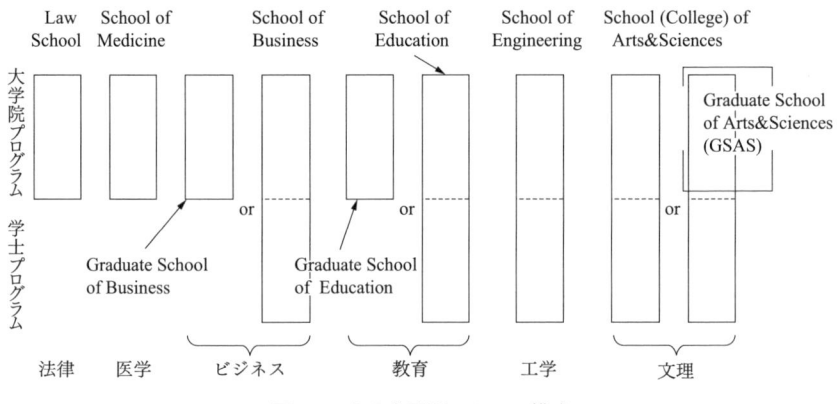

図 5-1 主な分野別スクール構成

われは〔プリンストンでは〕グラジュエト・スクールとだけ呼んでいる」(プリンストン・GS)。こういうこともあって，文理大学院があるのは，アイビーリーグの大学をはじめとする一部の私学に限られる。

②大学院のみのカレッジやスクール（Graduate School of ○○○○）

　図 5-1 に示したように，ふつう法律と医学のスクールは，単に法律スクール（law school）や医学スクール（school of medicine）と呼んで，'graduate school' という言葉は使わない。これは法律と医学のスクールは，学士プログラムがなく大学院プログラムのみであるため，わざわざ 'graduate school' という言葉を使う必要がないからであろう。また J.D. や M.D. はふつう 'graduate program' とは呼ばれておらず（医学のスクールでは，'graduate program' は Ph.D. プログラムや修士プログラムを示す），伝統的にそれらが主体なので 'graduate' がつかないのかもしれない[10]。

　他方で，工学スクールでは，ふつう学士プログラムがないということはないので，これもまたわざわざ 'graduate school' とつける必要がない。

　しかし，教育とビジネスのスクールには，学士プログラムがある場合とない場合の両方があり紛らわしいので，大学院プログラムだけの場合に，'graduate school of education'，'graduate school of business' などが使われているようだ。

'school of education', 'school of business' という場合はふつう大学院プログラムとともに学士プログラムを有している。つまり大学院プログラムのみの場合にそれを強調し差別化するために，わざわざ 'graduate' が使われている。日本で言えば独立研究科に相当すると言えるかもしれない。

③グラジュエト・スクール（GS：Graduate School）

このように「文理大学院」と「大学院のみのスクール（graduate school of ○○○○）」で 'graduate school' が使われるが，アメリカの研究大学でより一般的な意味での 'graduate school' は，個別スクールではなく，全学的な大学院管理組織である「グラジュエト・スクール」である[11]。「グラジュエト・スクール」は，「グラジュエト・カレッジ（graduate college）」，「グラジュエト・ディビジョン（graduate division）」とも呼ばれ，学内に唯一の全学的な大学院管理組織である。その構造や機能については次章で検討するが，大学院関係の意思決定のすべての最終的な権威であり，全学の大学院教育の質の維持を最重要の課題とする組織である。このタイプのグラジュエト・スクールは日本の大学にはない。

以上のように，'graduate school' という言葉は，しばしば全学に一つしかない大学院管理組織を指すもので，「文理大学院」と「大学院のみのスクール」を考慮しても，日本のように研究科の数だけたくさんあるというわけではない。そして「グラジュエト・スクール」は，管理組織としては重要であるが，大学を構成する一般のカレッジやスクールと同等のものではない。

4　大学組織の多様性

本章の検討をまとめれば以下のようになろう。

第一に，大学を構成する基本的な組織はカレッジやスクールであり，学内で大部分がスクールである場合と，逆にカレッジが大部分を占める場合が多数を占める。スクールだけの大学，カレッジだけの大学，カレッジとスクールが同

程度存在する大学は少数派である。カレッジとスクールの違いについては，カレッジのほうが地位や規模で上であるという見方もあるようだが，大学を超えた統一的な合意があるわけではなく，実際には同じように使われている。このあたりは，さらに詳しい調査や歴史学的な研究で確認する必要がある。

　第二に，カレッジやスクール内部では，教育は学位プログラムとして組織化されており，それとは独立した教員組織としてデパートメントがある，というパターンが基本的なパターンである。それより少ないが，カレッジやスクール内ではプログラムだけがあり，デパートメントがない，というパターンもある。プログラムはカリキュラム・ベースの教育組織であるのに対して，デパートメントはディシプリンに基づく教員組織である。

　デパートメントは，法律のスクールにはなく，文理学，医学，工学のスクールには必ず存在するが，ビジネスや教育のスクールではない場合もある。

　第三に，大学院教育と学士教育との関係で言えば，アメリカの大学では，同じスクール内部で学士プログラムと大学院プログラムが提供される。その際教員は，デパートメントに所属し，学士プログラムと大学院プログラム両方に関わる。

　第四に，学士プログラムを有する場合と有しない場合とがあり，ふつう法律と医学のスクールは学士プログラムがなく，また文理学と工学のスクールはふつう学士プログラムがあるが，ビジネスと教育のスクールではない場合もある。

　第五に，大学院の組織である「グラジュエト・スクール」には，「文理大学院」「大学院のみのカレッジ・スクール」「大学院管理組織としてのグラジュエト・スクール」の，大きく3種類がある。

　以上のように大学組織には，構造的なパターンがあり，いくつかのバリエーションもあるが，大学院教育の多様性ほどに多様なパターンがあるわけではない。なお，最初に述べたように，以上は大学の組織構成の公式組織の特徴や基本的構成を整理したものであり，こうした組織が実際にどのように機能し，大学院教育がどのように運営されているのかは次章以降で検討する。

第6章　機関レベルの大学院管理

　本章では，全学（機関）レベルの大学院管理の構造を明らかにする。次章で，カレッジやスクールの内部組織まで降りて，大学院教育がどのように運営されているのかを検討するのに対して，本章では，全学レベルで大学がどのように大学院教育に関与しているのかを検討する。

　とくに議論の中心の一つは，前章でも取り上げたグラジュエト・スクール（GS：graduate school）である。グラジュエト・スクールについては舘（1994）による検討があるが，本章ではそれ以外の場合も含めて，全学的な大学院教育の管理のパターンを整理し，また研究学位と専門職学位で大学院管理にどのような違いがあるのか，を検討する。

　こうした大学院教育の組織的な側面や管理運営については参考にできる研究は多くない。個人的な経験に基づく事例紹介を除くと，日本では，ほとんど舘（1994，1997，2004）によるもののみであり[1]，アメリカでも，大学院の組織や管理運営は幅広い関心を呼ばないためか，歴史学的な研究を除けば，ほぼ大学院協議会（CGS：Council of Graduate Schools）の文献などに限られる[2]。

　そこで，ディーンや副ディーンへのインタビューによって，大学（中央）がどのように大学院学位プログラムに関与しているのかを検討する。グラジュエト・スクールなど，大学院関連組織だけでなく，個別のカレッジやスクールに対するインタビューを行うことで，全学的組織の役割を相対化する。

　以下ではまず，研究大学における大学院教育の全学的な管理のパターンを整理し（第1節），研究者養成と専門職養成との違いという観点から，全学的な大学院管理の守備範囲を検討し（第2節），どのような学位プログラムを守備範囲とするのかで大学院教育に対する大学の関与のパターンを整理する（第3節）。そして大学院教育に対する大学の（全学的な）関与と個々のカレッジや

スクール（以下，スクールと書いて，カレッジを含める）の関与の違い，役割分担を検討することで全学的な関与の限定性を明らかにする（第4節）。

1　全学的な大学院管理方式の3パターン

　アメリカの大学の管理運営においては，最終的な意思決定機関である大学理事会（Board of Trustees, Board of Regents），執行機関として学長（President）がある。大学によっては大学評議会（Senate）が大きな力を持つ場合もある。大学執行部は学長室（President Office）とプロボスト室（Provost Office）からなり，学務関係については最終的には学務最高責任者（chief academic officer）であるプロボスト（Provost）が責任を有する。学務と言っても，教育・研究に関連する予算（budget）も管理するので（副学長 Vice Presidents はしばしば，資産運用や施設など，一般の教育・研究以外の大学の管理運営に関わる専門的管理者に過ぎない），大学ではプロボストが最重要の管理者と言えよう（プロボストの代わりに，学務担当副学長 Vice President for Academic Affairs, が置かれることもある）。個別スクールのディーンはプロボストの管轄下に入る。

　以上は研究大学ではかなり共通の構造だが，大学院教育に関しては，一般に全学の大学院教育に責任を有する管理者[3]がいる。日本にはそのような管理者はいないが，さらにそれだけではなく，グラジュエト・スクールのような，日本の大学にはない大学院組織が存在する場合がある。アメリカの研究大学では，大学院教育の全学的な管理の方式に多様性があるが，その要因の一つがこのグラジュエト・スクールのような大学院教育固有の全学的な管理組織があるか否かである。調査対象大学をみると，大学院教育の全学的管理方式には「アンブレラGS型」，「文理大学院型」，「個別スクール型」の三つのバリエーションがあると考えられる。ただし，この三者は連続的なもので，完全に区別できるものではない。調査対象のスクールについて「アンブレラGS型」，「文理大学院型」，「個別スクール型」に分けたものが表6-1である。

1)「アンブレラ GS 型」

「アンブレラ GS 型」は，グラジュエト・スクール，またはグラジュエト・カレッジ，またはグラジュエト・ディビジョンが存在する場合であり（以下，これらをまとめてグラジュエト・スクールまたは GS と呼ぶ），グラジュエト・スクールを中心に全学の大学院プログラムの管理が行われるパターンである。大規模州立大学に多くみられ（表6-1），ノースウェスタンなどの私学にもある。

①グラジュエト・スクールの役割

全米の大学院協議会（CGS 2004）によれば，グラジュエト・スクールは，「学位授与のための独立した大学院組織（separate degree-grating graduate unit）」として以下のように紹介されている。「入学許可の決定権あるいは拒否権を有し，大学院担当教員によって設定された諸方針の実行を保証し，あらゆる大学院学位の最終的な授与権を有する，独立した組織が大学内部に必要である。この組織はあらゆる大学院プログラムに通じる基準の公平性を保ち，質の管理に貢献し，大学院レベルの学際的カリキュラムを促進する」[4]（pp.11-2）。

より具体的な業務は，大学院協議会編（訳書1994，125-39頁），CGS（2004, pp.17-42）によれば，プログラムの内容に関する業務（プログラムの新設および変更の審査，新しい大学院プログラムの開発，既存のプログラムやデパートメントの評価，大学院教育を統制する学務規則の設定），学生に関わる業務（学生の入学管理，学生募集，フェローシップ・トレーニーシップ・学生への経済支援，ティーチング・アシスタントおよびリサーチ・アシスタントの管理，学生の学修の進捗状況の監督，教員の委員会委員の任命と承認，成績の記録管理と学位評定，学位論文の承認，学生支援業務および退学防止プログラム，学生組織との連携，大学の他の管理組織との連携・調整，学生の苦情処理，学生に対する対応やその基準の適切性のチェック，学問上の不正行為や剽窃のチェック），教員に関わる業務（大学院担当教員の任用，教員の任用と昇進の決定への関与，ファカルティ・ディベロップメント，ポストドクトラル研究員と滞在研究員の管理），管理支援（データの収集と提供，法務室との連携），全学的業務（知的協力関係の促進，大学中央の意思決定

表 6-1 全学的な

大学	設置形態	管理主体		意思決定・諮問機関
		Graduate School (GS)	Graduate School of Arts & Scinces (GSAS)	
ペンシルバニア州立大学ユニバーシティ・パーク	州立	Graduate School	—	Graduate Council
オハイオ州立大学	州立	Graduate School	—	Graduate Council
インディアナ大学ブルーミントン	州立	Graduate School	—	Graduate Council
パデュー大学	州立	Graduate School	—	Graduate Council
イリノイ大学アーバナ・シャンペーン	州立	Graduate College	—	Graduate College Executive Committee
アイオワ大学	州立	Graduate College	—	Graduate Council
ウィスコンシン大学マジソン	州立	Graduate School	—	Graduate Faculty Executive Committee
ミシガン大学アナーバー	州立	Rackham School of Graduate Studies	—	Rackham Executive Board
ミシガン州立大学	州立	Graduate School	—	Graduate Council (University Committee on Graduate Studies)
カリフォルニア大学バークレー	州立	Graduate Division	—	Graduate Council
ワシントン大学シアトル	州立	Graduate School	—	Graduate School Council
ピッツバーグ大学	州立	—	—	University Council on Graduate Study (UCGS)
コーネル大学	私立	Graduate School	—	General Committee
ノースウェスタン大学	私立	Graduate School	—	Administrative Board of the Graduate School
プリンストン大学	私立	Graduate School	—	Faculty Committee on the Graduate School
ジョンズ・ホプキンズ大学	私立	—	Krieger School of Arts and Sciences	Graduate Board（文理学と工学のスクールの Academic Council の下に）
イエール大学	私立	—	Graduate School of Arts and Sciences	Graduate School Executive Committee
ハーバード大学	私立	—	Graduate School of Arts and Sciences	Administrative Board + Committee on Graduate Education
ボストン大学	私立	—	Graduate School of Arts and Sciences	Graduate Academic Council
ペンシルバニア大学	私立	—	—	(Graduate Council of the Faculties)
マサチューセッツ工科大学	私立	—	—	(Committee on Graduate Programs (CGP))
カーネギーメロン大学	私立	(各 school が graduate school)	(各 school が graduate school)	—
スタンフォード大学	私立	—	—	(Academic Senate + Committee on Graduate Studies)

第6章　機関レベルの大学院管理　185

大学院管理組織

大学院教育と研究		タイプ
大学院教育の責任者	研究担当責任者との関係	
Senior Vice President for Research and Dean of the Graduate School	併任	アンブレラ GS 型
GS Dean (reporting to the Provost)	分離 (Senior Vice President for Research)	アンブレラ GS 型
GS Dean (reporting to the Provost)	分離 (Vice Provost for Research)	アンブレラ GS 型
GS Dean (reporting to the Provost)	分離 (Vice President for Research)	アンブレラ GS 型
GS Dean (reporting to the Provost)	分離 (Vice President for Research)	アンブレラ GS 型
GS Dean (reporting to the Provost)	分離 (Vice President for Research)	アンブレラ GS 型
Vice Chancellor for Research and Dean of Graduate School	併任	アンブレラ GS 型
Vice Provost for Academic Affairs-Graduate Studies, Dean of the Horace H. Rackham School of Graduate Studies	分離 (Vice President for Research)	アンブレラ GS 型
Associate Provost for Graduate Education and Dean of the Graduate School	分離 (Vice President for Research and Graduate Studies)	アンブレラ GS 型
GS Dean (reporting to the Provost)	分離 (Vice Chancellor for Research)	アンブレラ GS 型
GS Dean and Vice Provost	分離 (Vice Provost for Research)	アンブレラ GS 型
Vice Provost for Graduate and Undergraduate Studies	研究と分離 (Vice Provost for Research)，大学院独自ではない	個別スクール型
GS Dean (reporting to the Provost)	分離 (Senior Vice Provost for Research)	文理大学院型＋アンブレラ GS 型
GS Dean (reporting to the Provost)	分離 (Vice President for Research)	文理大学院型＋アンブレラ GS 型
GS Dean (reporting to the Provost)	分離 (Dean for Research)	文理大学院型＋アンブレラ GS 型
Vice Provost for Graduate and Postdoctoral Programs and Special Projects	分離 (Vice President for Research)	文理大学院型
GSAS Dean (reporting to the Provost)	—	文理大学院型
GSAS Dean	—	文理大学院型
Dean of Arts and Sciences (reporting to the Provost)	分離 (Vice President and Associate Provost for Research)	文理大学院型
各スクールの Dean (reporting to the Provost)	—	個別スクール型
各スクールの Dean (reporting to the Provost)	Dean for Graduate Education と Vice President for Research は別	個別スクール型
Vice Provost for Education	学士教育，研究と分離せず	個別スクール型
Vice Provost of Graduate Education (VPGE)	分離 (Vice Provost & Dean of Research)	個別スクール型

への参加，学問・研究の向上），対外関係（地域の組織や全国組織への関与，連邦・州・地域の立法機関や委員会との連携，同窓生との関係構築，資金募集），研究管理などである。

これだけをみると，グラジュエト・スクールは大学院教育に関連するありとあらゆることに関わり，広範囲にわたる業務と権限を有するようにみえるが，これらの業務すべてを行っているわけではなく，その範囲は大学によってかなり異なる。実際には，プログラム新設の審査や評価，学位取得要件その他学務規則の決定と管理，学生の入学管理と学位授与，学生支援などが主な役割であるが，この点は後で詳しく議論する。

②グラジュエト・スクールの運営，全学との関係

グラジュエト・スクールには，ディーン（graduate dean）がおり，そのディーンや大学院担当教員の代表などからなる大学院カウンシル（graduate council）が，グラジュエト・スクールの意思決定機関・諮問機関として，学位取得要件やさまざまな規則を設定する。パデュー大学の「大学院カウンシルは，学士以後の学習と学位プログラムに関わる大学の方針すべてに責任を有し，とりわけグラジュエト・スクールへの入学許可，学修の基準，授業科目群とプログラム，外国語の要件，登録要件，そして他のすべての上級学位のための要件に関わる規則に責任を負う」[5]。

大学院カウンシルには複数の委員会があり，大学によっては，大学院カウンシルの代わりに，大学院執行委員会（Executive Board, Executive Committee），などが置かれる。単にルールを作るだけでなく，例えばミシガン大学のグラジュエト・スクールでは，「すべての新規のプログラムは，毎月2回開催される大学院執行委員会（executive committee）の会合で12名の教員メンバーによって承認されねばならない」（ミシガン・GS）。

大学に対しては，グラジュエト・スクールのディーンが大学院担当副学長（Vice President for Graduate Education）や副プロボスト（Vice Provost for Graduate Studies）になって大学院教育の最高責任者となるか，あるいは他の個別スクールのディーンと同様に，学務の最高責任者であるプロボストの指揮下に入る。

いずれにしても，グラジュエト・スクールが存在する場合，学務最高責任者のプロボスト以外に，全学の大学院固有の責任者（大学院担当副学長，副プロボスト）が存在し，大学院教育が管理の対象として重視されている。また，管理上，研究と大学院教育とは同じ管理下に置かれることがあるが（表6-1を参照），とくに管理上大学院をより重視するところでは，大学院担当の副学長や副プロボストが，研究担当とは別に置かれている。

③「アンブレラ」としてのグラジュエト・スクール

こうしたグラジュエト・スクールの重要な特徴は，教育（teaching）を行っていない，固有の教員もいない，あくまでも管理的（administrative）な組織であるという点である。「われわれは授業を提供しないし，教えることはしない。教員もいないし，研究者もいない」（ミシガン・GS）。「固有の教員を持たない。他のカレッジの教員から構成される。グラジュエト・スクールは，大学院プログラムのための組織だが，教員をサポートしない。教員に対する経済的サポートではなく，大学院プログラムのための管理組織（administrative organization）である。14のカレッジ，100以上のデパートメント，それらが教員を持ち，約100の大学院プログラムがある」（オハイオ州立・工学）[6]。

教員のなかには，大学院カウンシルなどのメンバーになってグラジュエト・スクールの運営を担う大学院担当教員（graduate faculty）が少人数おり（例えばイリノイ大学は14名，ミシガン大学では12名），全学から選抜された名誉ある教員だが，グラジュエト・スクール固有の教員ではない。あくまでも「教員はデパートメントに所属し，グラジュエト・スクールの教員であるという称号を有する教員もいるが，実質的なものではない」（ノースウェスタン・法律）。

また，学生にとって，グラジュエト・スクールは，入学願書を出し，合格通知書をもらう相手であり，形式的にはそこに所属し，学位もそこから授与されるのだが，実際には学生は個別のカレッジやスクール，あるいは個々のデパートメント（またはプログラム）で過ごし学修するので，所属意識について学生に尋ねても，ふつうカレッジやスクール，デパートメント（またはプログラム）であると答え，グラジュエト・スクールへの所属意識は低い。

グラジュエト・スクールにはこうした特徴があり，なおかつ全学の大学院プログラムの運営に関わるので，教育組織ではなく管理組織として傘のように学内のスクールを覆う。その意味で，「アンブレラ GS (umbrella graduate school)」と呼ぶことができる[7]。「それは雇用しないし，テニュア（終身在職権）を与えない，抜け殻とは言いたくはないが，実体的なアカデミック単位というよりも管理運営単位である」（ワシントン・文理学）。

2) 文理大学院型

「文理大学院型」は，文理大学院が存在する場合であり，文理大学院を中心に全学の大学院教育の管理が行われるパターンである。アイビーリーグや私学にみられる。調査対象大学の州立大学でこれを有するものはない。

①文理大学院の役割と運営

文理大学院の役割は，上述したグラジュエト・スクール（アンブレラ GS）と同様に，大学院プログラム新設の審査や評価，学位取得要件その他学務規則の決定と管理，学生の入学管理と学位授与，学生への経済的支援など，大学院教育の管理や支援である。

文理大学院の運営については，アンブレラ GS 型と同様にスクールにはディーンが置かれ，大学院カウンシルや大学院委員会（graduate board）を有する。ハーバード大学では，「文理大学院のディーンは，大学院教育を行う領域の教員に関わる方針を執行し監督する責任が課されている。ディーンは，大学の方針の運営においては，運営委員会と大学院教育委員会（Administrative Board and the Committee on Graduate Education）の指示を受ける」[8]。大学との関係では，文理大学院のディーンがプロボストの指揮下に入り，ディーンを通じて大学は文理大学院の大学院プログラムを管理する。

また，文理大学院が存在する場合は，アンブレラ GS は存在しない。逆にアンブレラ GS が存在する場合には，文理大学院は存在しない。

②グラジュエト・スクールとの違い

このように，文理大学院とアンブレラ GS は機能上同様のものだと言えそうだが，全く同じものかと言えば，必ずしもそうではない。アンブレラ GS の特徴は，固有の教員がおらず，教育（teaching）を行わない，管理的（administrative）な組織といったことになるが，教員に着目すれば，以下のような見方がある。オハイオ州立大学の工学のディーンによれば，「グラジュエト・スクールは，アイビーリーグの文理大学院のように教員のための管理責任を持っていない。文理大学院において教員はテニュアを与えられ，そのための本拠（home）を有する，教員の本拠はそこにある。教員のテニュアの本拠も財務上の本拠もデパートメントにあるのであって，グラジュエト・スクールにはない」（オハイオ州立・工学）。つまりアンブレラ GS では，教員のホーム・デパートメントはグラジュエト・スクールではなく個別スクールにあるが，文理大学院では教員のホーム・デパートメントは文理大学院にある，という点で，アンブレラ GS とは異なるというわけだ。

しかし，この捉え方は厳密には正しくない。教員の本拠であるデパートメント自体が文理大学院（graduate school of arts & sciences）ではなく文理学カレッジ（college of arts & sciences）の内部にあるとも考えられるからだ。教員は文理大学院ではなく文理学カレッジに所属し，結果的に文理大学院はアンブレラ GS と同じことになってしまう。ハーバードやイエールでは，文理大学院のディーンよりも文理学カレッジ（ハーバード・カレッジやイエール・カレッジ）のディーンの方に人事や予算の権力があり[9]，その意味でも教員の本拠は文理学カレッジにあると言えそうである。

もっとも，形式的なことを言えば，ハーバードもイエールも，教員組織であるデパートメントは文理学ファカルティ（Faculty of Arts & Sciences）にあって，文理大学院は言うまでもなく，文理学カレッジですら教員組織（学士教育のための組織）ではなく教育組織に過ぎない。

しかし，上記のような文理大学院に教員の本拠がある，という見方も実態としては間違いとも言えない。と言うのも，州立大学におけるグラジュエト・スクールと個別のスクールとの関係と違って，ハーバードやイエールのように文

理大学院がある場合には，実態として文理大学院と文理学カレッジ（と文理学ファカルティ）はその相当部分が重複しているからである。逆に実質的には教員のホーム・デパートメントは，文理大学院にも文理学カレッジにも（文理学ファカルティにも）あると言える。そのため，文理大学院は，教員がいて，教育が行われ，学生も所属意識があって，州立大学のグラジュエト・スクール（アンブレラGS）と違って，実体的な教育組織であると見えるのも無理はない。

加えてアンブレラを，スクールが管轄する守備範囲で考えると，先述したように州立大学のグラジュエト・スクールは学内のすべてのカレッジやスクールをカバーするがゆえにアンブレラ（傘）と表現できるのだが，これに対して文理大学院のほうは，文理学カレッジ以外のカレッジやスクールに多少関わることはあっても，大部分は文理学カレッジを対象とする。つまり文理大学院は管理する範囲がより限定的であり，アンブレラとは言いにくい。

以上を図示すると図 6-1 のようになる。文理大学院はアンブレラ GS と比較すれば教育組織として多少実体的であり，また，学内のカレッジやスクールを

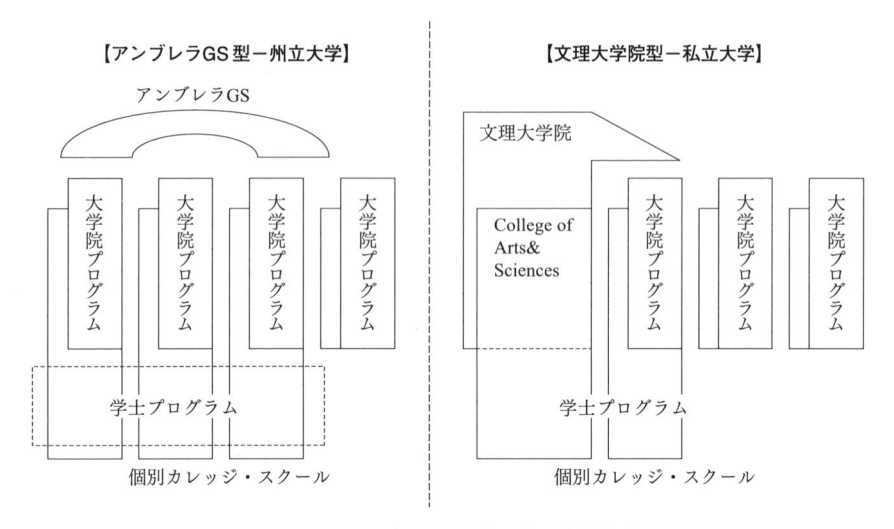

図 6-1　アンブレラ GS 型と文理大学院型

どの程度カバーするのかという点でグラジュエト・スクールがアンブレラ（傘）であるのに対して，文理大学院は「軒先」のある母屋のようなイメージである。

なお，私立大学では，コーネル大学，プリンストン大学，ノースウェスタン大学は文理大学院ではなくグラジュエト・スクールを有し[10]，これらはアンブレラ GS 型のようにもみえるが，州立大学のアンブレラ GS と比較して文理学の教員を母体にする傾向が強く，文理大学院型に近い。こうしたグラジュエト・スクールの存在は，アンブレラ GS と文理大学院が峻別できるというよりも連続的なものであることを示していると言えよう。また，ジョンズ・ホプキンズ大学は，文理大学院がなく，次に述べる「個別スクール型」にもみえるが，文理学カレッジ（Krieger School of Arts and Sciences）が文理大学院に近い役割を果たしているようなので，文理大学院型に入れた。

3）個別スクール型

個別スクール型とは，アンブレラ GS や文理大学院などの全学的管理組織がなく，大学院教育の管理が個別スクールに任されているパターンである。州立大学では，調査大学ではピッツバーグ大学だけである。私立大学では，ペンシルバニア大学は大規模総合大学だが，カーネギーメロン，MIT，スタンフォード大学など，理工系の強い大学である。

個別スクール型では，個々のスクールが大学院プログラムの管理主体となり，スクールのディーンが直接プロボストの指揮下に入る。スタンフォード大学のように，グラジュエト・スクールや文理大学院はないが，大学院担当副プロボストが置かれることもある。カリキュラムや学位要件などは，大学院固有の決定機関が置かれる場合もあるし，ない場合もある。例えばピッツバーグ大学では，大学院教育カウンシル（UCGS：University Council on Graduate Study）が置かれ，「大学院教育カウンシルはすべての領域の大学院教育および研究に適用される基礎的基準，規則，ポリシーを策定する。大学院教育カウンシルは，大学の学士以上の新たな学位プログラムや資格プログラムすべての申請に関し

て，それらの申請がスクールでの適切な人物による事前の検討を経た後で，再検討，評価を行い，プロボストへの勧告を行う」[11]。グラジュエト・スクールがないため各スクールのディーンが直接プロボストにつながる。「ピッツバーグ大学は，プロボストを通じて，すべての教育プログラムを監督し，大学院教育および専門職教育のための，そして学位授与のための広範なガイドラインを制定する。各スクールは，ディーンを通じて，特定のプログラムを構築し，カリキュラムを設定し，質のコントロールを保証する責任を有する。学位授与を行うプログラムが複数のスクールにわたる場合は，スクールは管理の分担のための方法と手続きを確立するためにプロボストと協働する」[12]。

さらにはカーネギーメロン大学では，大学院教育カウンシルのような組織すらない。Ph.D.の要件やカリキュラム設定，質の維持に関わる全学的組織について，「われわれは文理大学院を持たない。アンブレラ GS を持たない。副プロボストの役割はない。Ph.D. を得るための要件を設定するための評議会もない。七つのカレッジ（カーネギー・インスティテュート・オブ・テクノロジー，美術カレッジ，H・ジョン・ハインツ III 公共政策・経営スクール，人文学および社会科学カレッジ，メロン科学カレッジ，コンピュータ科学スクール，テッパー・ビジネス・スクール）がすべての学士および大学院プログラムを運営している」[13]。

こうした個別スクール型では，個別スクールは管理組織であると同時に，固有の教員を有し，教育（teaching）が行われるという点で，アンブレラ GS よりも，そして文理大学院よりも，実体としての教育組織である。

2　全学的な大学院管理組織の守備範囲

以上，大学院教育に対する大学の全学的な管理のパターンを整理してきたが，研究者養成と専門職養成の違いという観点からは検討してこなかった。以下では，学位で言えば研究学位と専門職学位との違いという観点から全学的管理を検討する。全学的な管理組織は大学院学位プログラムのすべてを管理するのか，そうでなければどの範囲の学位を管理するのか。

1) 大学院協議会の捉え方

アンブレラ GS の権限が及ぶ範囲については，大学院協議会（CGS）が，「文理学分野の学位にのみ責任を有するものもあれば，大学のあらゆる学士以降の学位に責任を有するものもある。グラジュエト・スクールの多数は，その間のどこかに位置づく」として，グラジュエト・スクールを，より限定された学位のみを扱う，「包括性の低い（限定性の高い，Least Inclusive）」ケースと，より多くの学位を管轄する「包括性の高い（Most Inclusive）」ケースの両極を設定し，そのバリエーションの枠組みを示した（CGS 2004, p.49）。

この枠組みについては，これ以上の説明がないので，本書の検討も踏まえて解釈を加えて説明すれば以下のようになる。なお四つのタイプ名称は，本書の説明のために付け加えたもので，大学院協議会がつけたものではない。

まず，「最も包括性の低い」場合は，文理学分野の学問的（academic）修士（M.A./M.S.），文理学分野の研究（research）博士（Ph.D.）のみを扱うものである（①「文理学分野タイプ」）。このタイプよりも包括性が増したものは，文理学分野の学位に加えてプロフェッショナル・スクールの学問的修士（M.A./M.

	修士号	博士号	タイプ
包括性が低い	文理学分野の学問的修士 (M.A./M.S.)	文理学分野の研究博士 (Ph.D.)	→ ① 文理学分野タイプ
	プロフェッショナル・スクールの学問的修士号 (M.A./M.S.)	プロフェッショナル・スクールの研究博士号 (Ph.D.)	→ ② Ph.D., M.A., M.S.包摂タイプ
	専門職修士の一部（例えば，M.S.W., M.P.A., M.F.A.)	専門博士の一部（例えば，Ed.D., D.P.A., D.V.M.)	→ ③ 一部専門職包摂タイプ
包括的が高い	専門職修士の全て (M.B.A., M.Engin.を含む)	専門職博士の全て (J.D., M.D.を含む)	→ ④ 全学位包摂タイプ

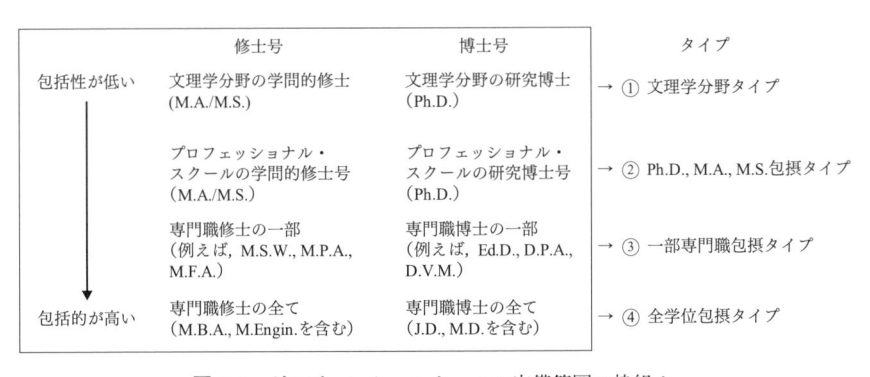

図 6-2　グラジュエト・スクールの守備範囲の枠組み

出所) CGS (2004, p.49) より。
注) 右のタイプは本書の説明のためにつけたものである。
　　略称については以下のとおりである。
　　M.S.W. (Master of Social Work), M.P.A. (Master of Public Administration),
　　M.F.A. (Master of Fine Arts), Ed.D. (Doctor of Education),
　　D.P.A. (Doctor of Public Administration), D.V.M. (Doctor of Veterinary Medicine).

S.)や研究博士（Ph.D.）をも管轄するタイプである（②「Ph.D., M.A., M.S. 包摂タイプ」）。M.A.（Master of Arts）や M.S.（Master of Science）や Ph.D. は名称だけは文理学の学位なので不可解に思われるかもしれないが，すでに述べたように専門職分野のスクール（プロフェッショナル・スクール）でもこれらの学位が提供されている。従って②Ph.D., M.A., M.S. 包摂タイプ，は文理学分野か専門職分野かを問わず，Ph.D., M.A., M.S. を管理するタイプである。これよりさらに包括性が高まれば，これらの学位に加えて，専門職修士の一部（例えば，M.S.W.：Master of Social Work, M.P.A.：Master of Public Administration, M.F.A.：Master of Fine Arts）や専門職博士の一部（例えば，Ed.D.：Doctor of Education, D.P.A.：Doctor of Public Administration, D.V.M.：Doctor of Veterinary Medicine）を管轄するようになる（③「一部専門職包摂タイプ」）。そして「最も包括的な」ものは，以上の学位に加えて専門職修士の全て（M.B.A., M.Engin. を含む）や専門職博士の全て（J.D., M.D. を含む），つまり大学院学位のすべてを管轄するグラジュエト・スクールである（④「全学位包摂タイプ」）。

2）調査対象の大学院管理組織の守備範囲（カバーする学位）

より具体的にみるために，調査対象のアンブレラ GS と文理大学院について表 6-2 に示した。表 6-2 は，パデュー大学のグラジュエト・スクールの調査（東部・中西部のビッグ 10[14] の大学に対するアンケート調査）の結果に，インタビューや大学のウェブサイトから得た情報を加味したものである。例えば，ウィスコンシン大学のグラジュエト・スクールは，全学の Ph.D. を管理し，ほとんどの専門職学位を管理するが，J.D., M.D., D.V.M.（獣医学），Doctor of Audiology（聴覚学），Doctor of Pharmacy（薬学），Master of Physical Therapy（理学療法），その他いくつかの小規模な専門職修士号（professional master's degrees）には関与しない。また，ミシガン大学では，「グラジュエト・スクールはおよそ 130 もの学位プログラムに責任を有する。その大多数は Ph.D., 博士号プログラムである」「M.B.A., J.D., M.D., そうした専門職学位は完全に個別のスクールの内部で管理される」（ミシガン・GS）。

上の大学院協議会の枠組みで言えば，調査対象大学のアンブレラ GS ではどこでも，文理学分野はもちろん，専門職分野（プロフェッショナル・スクール）の M.A., M.S., Ph.D. を管理しているので，守備範囲が文理学分野の学位だけという「最も包括性の低い（限定性の高い）」，①文理学分野タイプは存在しない。文理大学院は，概ね①文理学分野タイプに近いが，医学や工学の Ph.D. などを管理するので，厳密には当てはまらない。

他方で，専門職学位の典型とされる，法学（J.D.），医学（M.D.），獣医学（D.V.M.）などの学位はどの大学でもアンブレラ GS（や文理大学院）の扱う対象ではない。それゆえすべての学位を管轄する，「最も包括的な」タイプ（④全学位包摂タイプ）というのも存在しない。

従って，調査対象の大学院管理組織は，医学，工学，教育といったプロフェッショナル・スクールの M.A., M.S., Ph.D. まで包摂する，②Ph.D., M.A., M.S. 包摂タイプか，大学院協議会の示す専門職修士や専門職博士を部分的に包含する，③一部専門職包摂タイプ，に位置づけられることになる。表 6-2 をみると，大学院協議会のいう専門職修士や専門職博士を管理しないグラジュエト・スクールもありそうで，それらは②Ph.D., M.A., M.S. 包摂タイプ，に位置づけられ，とくに少数派である文理大学院はここに位置づけられよう。しかしアンブレラ GS の多数派は，③一部専門職包摂タイプである。

そうなると，グラジュエト・スクールの守備範囲にいくらかの違いがあるとすれば，専門職修士や専門職博士をどこまで含むか，という違いである。例えばビジネス・スクールの M.B.A.（Master of Business Administration）はグラジュエト・スクールが管理する傾向があるが，ミシガン大学やアイオワ大学では関与しない。

3）守備範囲のゆらぎの背景——専門職学位の曖昧さ

守備範囲におけるこうしたいくらかの違いは小さなものではない。表 6-2 にあるように，一方で「専門職学位は管理しない」グラジュエト・スクールがあれば，他方で「ほとんどの専門職学位を管理する」グラジュエト・スクールが

196　第 III 部　研究大学の大学院の組織的基盤

表 6-2　大学院管理組織が管轄する範囲

大　学	設置形態	アンブレラ GS 又は文理大学院の管轄範囲	タイプ
ペンシルバニア州立大学ユニバーシティ・パーク	州立	グラジュエト・スクールは専門職学位（法律と医学の学位）を管理しない。M.B.A. を含むが専門職プログラムとは考えてない（ただし，実質的には管理していない）	アンブレラ GS 型
オハイオ州立大学	州立	グラジュエト・スクールは専門職学位（J.D., D.V.M., 歯学の学位，医学の学位）を管理しない。M.B.A. を含むが専門職プログラムとは考えてない（他の修士プログラムより自律的）	アンブレラ GS 型
インディアナ大学ブルーミントン	州立	グラジュエト・スクールは専門職学位を管理しない。（個別スクールを通じて授与される）	アンブレラ GS 型
パデュー大学	州立	法律と獣医学の学位を除く	アンブレラ GS 型
イリノイ大学アーバナ・シャンペーン	州立	J.D., D.V.M. は除く，M.B.A. と LL.M. は含む	アンブレラ GS 型
アイオワ大学	州立	M.B.A., M.D., D.D.S.（歯科），J.D., LL.M.（法律修士），看護学修士を除く専門職学位全て，その他の修士号全てを管理，ただし D.P.T.（理学療法）はグラジュエト・スクールが管理	アンブレラ GS 型
ウィスコンシン大学マジソン	州立	ほとんどの専門職学位（M.B.A. を含む）を管理するが，J.D., M.D., D.V.M.（獣医学），Doctor of Audiology（聴覚学），Master of Physical Therapy（理学療法），Doctor of Pharmacy（薬学），その他いくつかの小規模な専門職修士号を除く	アンブレラ GS 型
ミシガン大学アナーバー	州立	グラジュエト・スクールは専門職学位（J.D., M.D., M.B.A., M.S.W.（社会福祉））を管理しない	アンブレラ GS 型
ミシガン州立大学	州立	グラジュエト・スクールは専門職学位を管理しない。学位の管理は分権化され，大学院学位プログラムであれ専門職学位プログラムであれ，個別スクールが全ての学位プログラムを管理する。ただし，大学院カウンシル（Graduate Council）が，大学院及び専門職学位プログラムを提供する全てのスクール/カレッジのための方針や規定を管理する	アンブレラ GS 型
カリフォルニア大学バークレー	州立	M.B.A., 金融工学の修士，法律の学位を除く	アンブレラ GS 型
ワシントン大学シアトル	州立	主要な専門職プログラム（法律，医学，薬学），いくつかの独立採算プログラム（fee-based program）とエグゼクティブ・プログラムを除く	アンブレラ GS 型
ピッツバーグ大学	州立	―	個別スクール型
コーネル大学	私立	M.B.A., 法律の学位，獣医学の学位を除く	文理大学院型（アンブレラ GS 型）
ノースウェスタン大学	私立	グラジュエト・スクールは専門職学位を管理しない。M.B.A., Master's in Journalism（ジャーナリズム），医学の学位，法律学の学位を除く，また，音楽，様々な工学，コミュニケーション，教育の学位も除く	文理大学院型（アンブレラ GS 型）
プリンストン大学	私立	建築学，工学，ファイナンス，行政（public affairs），公共政策の修士を除く	文理大学院型（アンブレラ GS 型）
ジョンズ・ホプキンズ大学	私立	M.A., Ph.D. を管理（M.S. は含まれない）	文理大学院型
イエール大学	私立	M.A., M.S., M.Phil., and Ph.D., 及び共同学位（プロフェッショナル・スクールとの）を管理	文理大学院型

(つづく)

第6章 機関レベルの大学院管理　197

大　学	設置形態	アンブレラGS又は文理大学院の管轄範囲	タイプ
ハーバード大学	私立	Ph.D., A.M.（＝M.A.），S.M.（＝M.S.），M.E.（工学），and M.F.S.（森林学）	文理大学院型
ボストン大学	私立	M.A., Ph.D.（人文学，自然科学，社会科学，数学，神学，音楽の50分野近く）	文理大学院型
ペンシルバニア大学	私立	—	個別スクール型
マサチューセッツ工科大学	私立	—	個別スクール型
カーネギーメロン大学	私立	—	個別スクール型
スタンフォード大学	私立	—	個別スクール型

出典）パデュー大学のGSの調査の結果（GS及びGSASの管轄範囲）に，インタビューや大学のウェブサイトから得た情報を加えて作成。

あるからである。これをどう理解すればよいのか。結論から言えば，その違いは専門職学位の捉え方の揺らぎ，つまり専門職学位の曖昧さに由来すると考えられる。文理大学院はそうでもないが，特にアンブレラGSには大きな揺らぎがあるようだ。それを理解するために，守備範囲に関する考え方をもう少し詳しくインタビューから抽出してみよう。

　まず，グラジュエト・スクールの守備範囲について「はっきりしていることの一つは，研究志向の学位であれば，修士レベルであれ博士レベルであれ，ほとんど常にグラジュエト・スクールにあることだ」（ウィスコンシン・GS）。これに対して，逆に法律のJ.D.や医学のM.D.はふつう守備範囲にならないが[15]，その理由は，それらの学位は「研究」の要素が少ないこと，そして専門職の自律性が高いので，大学（グラジュエト・スクール）が口を出せないということのようだ[16]。問題はこれら以外の学位であるが，端的に言えば専門職学位の中にバリエーションがある，ということである。

　それについてイリノイ大学のグラジュエト・スクールのディーンが説明してくれる。「イリノイ大学では専門職学位について言及するとき，二つの可能性を思い浮かべる。一つは，専門職学位とは何かについて制限的に定義されるものであり，イリノイ大学では法律の学位と獣医学の博士号である〔このキャンパスには医学のスクールはない〕。別のありようもあって，専門職学位という言葉を使うことがいろいろな点で正確なのだが，M.B.A.のような学位，その他に専門職修士（professional master's）としばしば言われるさまざまなプログラムである。これらの学位はしばしば，研究学位のすぐ隣に存在する。例えば，

コンピュータ科学デパートメントでは，コンピュータ科学の M.S.（Master of Science in Computer Science）を取得できるが，それは研究学位であり，Ph.D. への準備をさせるものだ。そこでは同時にコンピュータ科学修士（Masters of Computer Science）も取得できる。これは修士どまりの学位（terminal degree）であり，労働市場に送り出すように企画され，博士には進まない。所属する二つのプログラムのどちらでも，とるべき授業の多くは同じである。だが，M.S.（Master of Science in Computer Science）は研究の要素を強く有し，Masters of Computer Science は少なくしか持たない。同じように，小文字の専門職学位，とも言うべきプログラムはキャンパスじゅうにある。ある意味で教育の学位は専門職学位であり，というのも，教育の Ph.D. のような研究学位もあるが，Ed.D. もあり，Ed.D. は Ph.D. よりもより専門職的である。Ed.D. は IPEDS の基準〔連邦政府の統計上の基準〕で言えば，J.D. や D.V.M. のような専門職学位ではない。しかし，それは広い意味で専門職学位だ。研究の場でのキャリアに進むための準備をするのではなく，仕事の世界に入っていく準備をするものだ」（イリノイ・GS）。つまり，専門職学位には，「狭義の専門職学位」と「広義の専門職学位（小文字の専門職学位）」があるという指摘であり，相対的に後者は研究学位に近く，グラジュエト・スクールは前者の狭義の専門職学位には関わらないが，後者には関わる傾向がある。そうなると広義の専門職学位のどこまで関わるのかが問題となるが，この広義の専門職学位こそが多様でわかりにくく，特に修士号が多様で問題である。

4）修士号の分類

修士号については，上記のイリノイ大学のディーンの説明では，M.S. in Computer Science であれば研究学位，Masters of Computer Science だと専門職学位，とされ，確かに M.A., M.S. であれば研究学位で，それ以外の修士は専門職学位，だとすればわかりやすいのだが，それほど単純ではない。M.A., M.S. でも，例えばビジネスでは M.S. in Finance は専門職学位であり，また，教育のスクールでは，Master of Arts in Teaching, Master of Arts in Counseling, Master of Arts in School Psychology, Master of Arts in Clinical Psychology, などの M.A. や M.S. は専門職学位として扱われ，文理学カレッジでも，Master of Arts in Applied Mathematics などは専門職学位とされる[17]。

つまり，専門職学位でも，文理学名称である M.A., M.S. が使われている。だが，専門職学位のなかでは，M.A., M.S. 名称の修士よりも，M.A., M.S. 以外の名称の修士（M.Ed., M.B.A., M.S.W., Master of Accounting, Masters of Computer Science）のほうが，専門職学位として存在が明瞭である。M.A., M.S. では一見それが専門職学位かどうかわからない。修士号をわかりにくくしていることの一つが，このような文理学名称の専門職学位があることだ。

他方で研究学位の修士号のほうは，文理学分野の M.A., M.S.（例えば M.A. in History）とともに，工学や教育などの専門職分野の M.A., M.S. があり（例えば，先の M.S. in Computer Science である），ともに Ph.D. への途上の学位である場合が多いようだが，文理学分野にも専門職分野にも研究学位があることもまた修士号を複雑にしている。

実は，これら修士号をわかりにくくさせている要因については，すでに第1章で述べている。すなわち，学位分類に，名称による分類（文理学学位と非文理学学位），専門分野による分類（文理学分野学位と専門職分野学位），機能による分類（研究学位と専門職学位），という複数の分類があることである。この違いを踏まえて修士号を整理すれば図6-3のようになる。

修士号は，「文理学分野の研究学位である M.A., M.S.」，「専門職分野の研究学位である M.A., M.S.」，「M.A., M.S. 名称の専門職学位」（「文理学分野の M.A., M.S. 名称の専門職学位」＋「専門職分野の M.A., M.S. 名称の専門職学位」），そして「M.A., M.S. 以外の修士の専門職学位」，の大きく四つに分けられる[18]。

先の大学院協議会の枠組みは，「M.A., M.S. 名称の専門職学位」の部分が抜けている点が問題である。なぜなら，この部分が修士レベルの専門職学位でかなりの部分を占め，最近特に増えているからだ。なおかつ広義の専門職学位の中でも，最も専門職らしくない学位である。最初の疑問はこの部分に関わるもので，ふつうグラジュエト・スクールは M.A. と M.S. を管理しているが，これを専門職学位でないと位置づければ，「グラジュエト・スクールは専門職学

		教育機能上の分類			
		研究学位	専門職学位		
専門分野による分類	文理学分野	(M.A., M.S.) M.A. in History, M.S. in Mathematics	(M.A., M.S.) M.A. in Applied Mathematics	文理学名称	学位名称による分類
	専門職分野	(M.A., M.S.) M.S. in Engineering, M.S. in Computer Science	(M.A., M.S.) M.A. in Counseling, M.A. in Teaching, M.S. in Finance		
			(M.A., M.S.以外) M.B.A., M.Ed., M.S.W, M.P.A., M.F.A., Masters of Computer Science, Master of Accounting	非文理学名称	

図6-3 修士号の分類

位を管理しない」となるし，これらを専門職学位と位置づければ，「グラジュエト・スクールはほとんどの専門職学位を管理する」という言い方が可能になる。

なお，「M.A., M.S. 以外の専門職学位」の代表ともいうべき M.B.A. でさえ，専門職学位とは言え位置づけが微妙であることは指摘しておく必要がある。オハイオ州立大学でも，ペンシルバニア州立大学でも，「M.B.A. を専門職プログラムとは考えていない」として，グラジュエト・スクールで管理されている（ただし，両大学とも，実質的にはグラジュエト・スクールがほとんど関わらない自律的なプログラムと位置づけられている）。しかも，そうした位置づけは安定していない。イリノイ大学では，ビジネス・カレッジの提供する M.B.A. とファイナンス（金融・財務）をはじめとする三，四つの修士号（Master of Science in Finance など）をグラジュエト・スクールが管理しているが，GS のディーンによれば，「ビジネス・カレッジの M.B.A. やこれらの修士プログラムはグラジュエト・スクールの外に置き，〔グラジュエト・スクールの管理対象は〕非専門職の学位だけにすべきだという議論もあり，時にそうしたほうがよいとビジネスのディーンが考えていることは知っているが，そういうことはまだ生じて

いない」(イリノイ・GS)。

5) 研究大学の大学院管理組織の守備範囲（まとめ）

以上の修士の分類を踏まえて，研究の要素の強弱で学位の種類を区分し研究大学の大学院管理組織の守備範囲をまとめたのが図6-4である。

学位は研究学位と専門職学位に大きく分けられ，だがそのなかにもバリエーションがあり，そのバリエーションは研究の部分（compornent）をどの程度含むかによる違い，あるいはどれだけ職業的かによる違いであると認識されているようである。研究学位には，文理学カレッジに代表される文理学分野の学位（例えば M.A. in History, Ph.D. in Astronomy）と，プロフェッショナル・スクールで提供される専門職分野の研究学位（例えば M.S. in Computer Science, Ph.D. in Engineering）がある。また，専門職学位では，「狭義の専門職学位」として伝統的で典型的な究極の専門職学位と言うべき第一専門職学位（例えばJ.D.）があるが，それ以外の多様な「広義の専門職学位」がある。とりわけ修士号で多様であり，修士号の専門職学位を大きく二つに分けると，M.A. や M.S. の名称のつくもの（例えば M.A. in Library and Information Science）と，M.A. や M.S. 以

区 分		種 類	修 士	博 士	要 素	アンブレラ GSの守備範囲
研究学位		文理学分野の研究学位	M.A., M.S.	Ph.D.	研究	↕
		専門職分野の研究学位	工学や教育の M.A., M.S.	医学，ビジネス，工学，教育の Ph.D.		
専門職学位	広義の専門職学位	文理学名称の専門職学位	（M.A., M.S.名称の修士）M.A. in Library and Information Science, M.S. in Finance, M.A. in School Psychology	Ph.D. in School Psychology		↕
		非文理学名称の専門職学位	（M.A., M.S.名称以外の修士）M.B.A., M.S.W., M.P.A., M.F.A.	Ed.D., D.P.A.		
	狭義の専門職学位	第一専門職学位	J.D., M.D., D.V.M.		職業	

図6-4　学位の種類とアンブレラ GS の守備範囲

外の修士（例えば M.B.A.）があり，前者（文理学名称の修士）よりも後者（非文理学名称の修士）のほうが研究の要素が薄く，職業の要素が強い。アンブレラ GS はここまではおおむね守備範囲とする。ただし，上にみたように，M.A. あるいは M.S. の名称のつくものでも専門職学位は除くべきという考えはあるし，逆に M.B.A. のように M.A. や M.A. ではない修士号を守備範囲にする場合もある。

なお，歴史的にみれば，科学スクールの成立でみられたように，M.S. は M.A. よりも応用的な学位であるという側面もあるだろうが，その差はグラジュエト・スクールの守備範囲には関わらないようだ。

このようにグラジュエト・スクールは研究学位プログラムを管理しているが，専門職学位の相当部分を管理しており，しかしながら，どこまでを含むかは一貫せず，それぞれにローカルな（大学ごとの）事情があるようだ。ただし個別の事情だけでなく「アメリカでは現在，専門職学位とは何か，大学院学位とは何かについて，とくに修士レベルについて，大きな論議が起こっている」（ウィスコンシン・GS）というように，学位の区別が難しくなっている現実がある。

3　大学院教育に対する大学の関与のパターン

1）文理大学院は専門職分野にも関与する

前節では，文理大学院についてあまり言及していないが，それは文理大学院が専門職学位には関与しないので，専門職学位における揺らぎを論じる必要がなかったからである。しかし，文理大学院も全く専門職学位と無縁というわけではない。例えば，ハーバードでは，工学の M.E.（Master of Engineering），森林学の M.F.S.（Master in Forest Science）を管理する（第 4 章の注 2 参照）。またワシントン大学のように専門職修士を提供する文理学カレッジもある。

だが，さらに言えばこれらよりも専門職分野（専門職学位，ではない）への

関わりが無視できない。Ph.D. など研究学位については，専門職分野でも関わることが少なくない。例えば，ハーバードの文理大学院は工学や森林学の Ph.D. を出すし，ビジネス・スクールと共同して Ph.D. プログラム（ビジネス経済学，組織行動学，医療政策経営学）を提供する。第 7 章で詳しくみるように，イエール大学では，多くの Ph.D. の学生が実際には医学スクールの各デパートメントに所属し，教育研究が行われているが，形式的には Ph.D. は医学スクールではなく文理大学院が授与し（M.D. は医学スクールが授与する），学位取得の要件も文理大学院の決めた要件に従う。また，イエールでは文理大学院は「イエール大学のプロフェッショナル・スクールとの共同学位プログラム（joint-degree programs）をも提供している」[19]。ボストン大学でも，文理大学院は社会福祉スクールとの共同学位 Ph.D. in Sociology and Social Work を管理する。

　前節のアンブレラ GS の守備範囲で考えると，文理大学院は，文理学分野の学位にとどまらず，専門職分野の研究学位を管理する，ということになる。文理学分野の研究学位（Ph.D. など）を中心に管理し，専門職分野でも研究学位であれば文理大学院が関わる，という点はアンブレラ GS と同様である。

2）アンブレラ GS 型と文理大学院型の相違とその背景

　このようにみると，アンブレラ GS 型と文理大学院型とであまり違いがないようにみえるが何が違うのか。ひとことで言えば，文理大学院が Ph.D. について専門職分野に関わるといっても，州立大学のグラジュエト・スクールと比べれば，相対的にプロフェッショナル・スクールつまり専門職分野への関わりが少ないということである。文理大学院は他のスクールへのアンブレラになっていない（図 6-1 を参照）。これは言い換えれば，大学全体が研究学位をどのように管理するべきか，についての考え方の違いが基礎にあるように思われる。

　アンブレラ GS は学内のほとんどのスクールに関与するが，それは州立大学で Ph.D.，M.A.，M.S. が多くのスクールで提供されているからである。ワシントン大学のグラジュエト・スクールは「すべての博士プログラムとほとんどの修士プログラムのためのグラジュエト・スクールで，法律と M.D. 医学の学位

だけが例外だ〔M.B.A. も対象としない〕。しかし，医学でさえ Ph.D. はグラジュエト・スクールの一部であり，文理学だけではない。そのためここではグラジュエト・スクールはキャンパス全体をカバーする」。

しかしこれに対して，文理大学院のある私立大学では，Ph.D., M.A., M.S. は文理大学院に集中する傾向がある。「私立大学では，〔文理大学院の〕ディーンは，Ph.D. プログラムと恐らく文理学と工学のデパートメントのいくつかの修士号プログラムのための大学院ディーン（graduate dean）であることが多い。しかし，医学スクール，法律スクール，ビジネス・スクール，公衆衛生スクールは別扱いで，〔文理大学院の〕ディーンの下にはない。これはハーバードでも同じようなものだ」（プリンストン・GS）。極端な場合，例えば，ハーバード大学では，文理大学院以外の学内のスクール（＝プロフェッショナル・スクール）が Ph.D. を出すことは許可されない。「ハーバードのルールは，プロフェッショナル・スクール，医学スクール，ビジネス・スクール，法律スクールが Ph.D. を授与することを許可しない」（ハーバード・教育）。もともと Ph.D. は研究学位であると同時に，文理学の学位だったからである。このためハーバードの教育大学院は，いまでも Ph.D. ではなく Ed.D. のみを提供している（ただし，2014 年より文理大学院から Ph.D. を出す予定である）[20]。ハーバードでは，上述したようにビジネス・スクールが Ph.D. を出せるが，あくまで文理大学院との共同学位である。つまり，Ph.D. を学内でどの程度広げて出せるようにしているのか，ということで違いがある。

こうした違いは歴史的な文脈に依存するところが大きい。もともと州立大学では，個別スクールが強く，学士プログラムも，文理学カレッジ以外のスクールが有することが多く，文理学カレッジは学内でアイビーリーグの大学ほどには特別な存在ではない。また，農学校などから始まった大学も少なくなく，州立大学が工学と農学を中心にしているとしばしば言われるように，もともと実用的・専門職的教育に抵抗はない。その結果，文理学分野と専門職分野という違いは認識しつつもその区別はアイビーリーグほどは厳しくないのであろう。多くのスクールが Ph.D. に関わり，Ph.D. への文理学からの拘束が弱いので，その結果大量の Ph.D. を生産できる。ワシントン大学では「グラジュエト・ス

クールは，もともとは文理学カレッジと最も強く結びついていた。文理学カレッジがもともとのカレッジで，いまでもグラジュエト・スクールは文理学の大学院プログラムを管理しているが，社会福祉，看護学，薬学，公衆衛生のような新しいスクールの拡大は，大学院教育の拡散を意味している。グラジュエト・スクールの役割は時間とともに次第に拡大した」（ワシントン・文理学）。

　他方で，アイビーリーグに代表される私立大学は，歴史的にみて文理学カレッジが中心に位置づく。これらの大学では学士プログラムも文理学カレッジに集中する傾向があり，規模も大きい。その文理学カレッジがPh.D.を出し始め，文理大学院ができて，周辺にプロフェッショナル・スクールが追加されていく。その結果，Ph.D.は文理学カレッジを中心に管理され，その管理を文理学カレッジ以外のスクールにも及ぼしていく[21]，あるいは個別スクールにはPh.D.を出させないというようなケースまで存在する。

　研究学位はもともと文理学の学位であり，それは文理学カレッジが管理すればよかったが，その後研究学位はプロフェッショナル・スクールも含めて全学に広がった。そのためグラジュエト・スクールはアンブレラになるが，ハーバードなど，数少ない文理大学院を残す大学では，研究学位を文理学分野に限定する傾向があり，全学に広げなかった。その違いである。

　以上はアンブレラGS型と文理大学院型の違いであるが，個別スクール型については，研究学位であろうが，専門職学位であろうが，明確な全学的組織がなく，個別のスクールが管轄し，個別スクールのディーンが直接にプロボストの管轄に入るという形で全学的な管理がなされる。Ph.D.を文理学カレッジに限定するという力学もない。

3）大学院プログラムへの大学の関与のパターン

　これまでの検討に基づき，研究学位と専門職学位の違いの観点から，全学的な大学院管理方式のパターンを整理すると表6-3のようになる。

　研究学位プログラムについては，アンブレラGS型ではアンブレラGSが，文理大学院型では文理大学院が全学的な管理に関わり，個別スクール型では個

表 6-3 大学院プログラムへの大学の関与のパターン

		アンブレラ GS 型	文理大学院型	個別スクール型
全学の関与	研究学位プログラム	アンブレラ GS が関与	文理大学院が関与	個別スクールに任せる
	専門職学位プログラム	アンブレラ GS が関与／個別スクールに任せる	個別スクールに任せる	個別スクールに任せる
研究学位と専門職学位の区別		弱い	強い	弱い
機関の傾向		州立大学	私立大学	―

別スクールに任される。専門職学位プログラムについては，アンブレラ GS 型では狭義の専門職学位は個別スクールに任されるが，広義の専門職学位の多くはアンブレラ GS が管理し，文理大学院型では主に個別スクールに管理が任され，個別スクール型では個別スクールに管理が任される。研究学位プログラムと専門職学位プログラムとの関係については，アンブレラ GS 型ではそれほど区別が強くなく，プロフェッショナル・スクールも多くの研究学位を提供し，広義の専門職学位のかなりの部分にもグラジュエト・スクールが関与する。これに対して，文理大学院型では，研究学位プログラムを文理大学院に集中させる傾向があり，プロフェッショナル・スクールには概して関与しない傾向がある。個別スクール型では，研究学位と専門職学位の違いについて全学的な関与の違いがなく，その区別の傾向は低い。

　なお，第 4 章で，研究者養成と専門職養成（研究学位と専門職学位）の違いを，プロフェッショナル・スクールと文理大学院の役割分担で対応する「二元モデル」が，必ずしも成り立たないことをみたが，一方で全学の管理組織として研究学位プログラムを管轄するのはアンブレラ GS か文理大学院であり，他方で J.D. や M.D. など狭義の専門職学位プログラムを管理するのは個別スクール（プロフェッショナル・スクール）であるところをみれば，「二元モデル」は全学の大学院管理のレベルでは機能しているようにみえる。しかし，グラジュエト・スクールも，広義の専門職学位プログラムを多く管理しているので，博士号に限定しない限り，管理上でも二元モデルは限定的である。

4　全学的な管理組織と個別スクールの役割分担

以上の大学院教育の全学的管理が実際にはどの程度機能しているのか，次に個々のスクールとの役割分担に着目して検討する。

1）プログラムの承認

　大学院プログラムについて，全学的管理が最も影響を及ぼすのは，大学院プログラムの開始の時点であろう。大学院学位プログラムは，ふつう個々のスクールやデパートメントのレベルで企画されるが，大学での承認（approval）が必要となる。「新しい学位プログラムは，それが正式に学位プログラムになる前に，グラジュエト・カレッジの執行委員会に承認されねばならない」（イリノイ・GS）。先述したようにミシガン大学では，グラジュエト・スクールは12名の教員からなる執行委員会が1カ月に2回会合し，新規の学位プログラムの審査を行い，副ディーンによれば，平均すると毎年25〜30の新規プログラムの要求があるが，実際にグラジュエト・スクールは3〜5を却下するという。

　グラジュエト・スクールだけではない。プロボスト，学長を経て大学評議会や理事会で承認され成立する。「新しい学位プログラムを申請するときには，グラジュエト・スクールのカリキュラム委員会（Curriculum Committee）に行き，そこで承認され，さらに大学院カウンシル（Graduate Council）に行く。それは教員評議会（Faculty Senate）のようなものだが，大学院プログラムだけを対象とし，その大学院カウンシルでいったん承認されると，教員評議会に進み，そこで自動的に承認される。というのも大学院カウンシルが教員評議会に優先するからであり，教員評議会のレベルでやるのはハンコを押すだけのようなものだ。そして理事会に進む。最終的には理事会が学位を提供できるか否かを決定する」（ペンシルバニア州立・教育）[22]。

　理事会が大学の最終的な意思決定機関であるが，州立大学であれば州の意向

を無視できない場合もある。例えば，ミシガン大学ではグラジュエト・スクールで承認の後，「専門職プログラムも Ph.D. プログラムも理事会で承認され，ミシガン州に承認されねばならない」（ミシガン・GS）。法律などの伝統的な専門職学位プログラムは，グラジュエト・スクールは関わらないが，むしろ州の高等教育委員会のほうが重要な場合もある。インディアナ州では，「新しいプログラムを始めるときはいつでも，理事会と州の高等教育委員会の承認を得る必要がある。彼らはノーと言えるし，5年ごとに州全体の Ph.D. プログラムすべてを点検する。学位を授与するプログラムであれば，グラジュエト・スクールに接触するが，われわれにとってより重要なグループは州の高等教育委員会と理事会である。グラジュエト・スクールは専門職学位にはあまり関心がない。歴史的にそうなのだ。（中略）グラジュエト・スクールは高等教育委員会ほど重要ではない。高等教育委員会がみているのは学位への需要であり，多くの人が関わらないようなプログラムに補助金を出すのを歴史的に望まないからだ」（インディアナ・法律）。

2）研究学位プログラムの最低水準の維持

承認後の大学院学位プログラムに，大学はどのように関与するのか。

①グラジュエト・スクールの側から

研究学位プログラムに対して，前述したようにグラジュエト・スクールはルールを定める。イリノイ大学では，「グラジュエト・カレッジは学内のあらゆるスクールやデパートメントの大学院教育を統治する方針を有し，それは学位に必要な要件，入学許可の最低要件，英語の要件，Ph.D. 委員会を招集するプロセス，それに誰が参加でき誰が参加できないか，誰が投票できるのかできないか，を含んでいる。規定を集約した組織だ。大学院プログラムのほとんどの部分はプログラム自身によって管理され，物理学デパートメントは物理学の大学院生の面倒を見る。しかし，彼らはそのプログラムを，グラジュエト・カレッジが定めたルールの枠組みの中で運営する」（イリノイ・GS）。

しかし，グラジュエト・スクールが積極的にプログラムの内容をコントロールしようということではない。「われわれは物理学の先生方に，物理学のPh. D.に必要な知識は何であるかを言うことはできない。われわれは，授業科目やその内訳の要件が，グラジュエト・カレッジのルールの要件に対応するように確認するだけである。(中略)〔大学院プログラムは〕デパートメントが管理する。グラジュエト・カレッジの方針に抵触しない限りは，われわれはプログラムには関与しない」(イリノイ・GS)。

パデュー大学でも同様であり，「グラジュエト・スクールは大学院プログラムの内容には関わらない。われわれはいくつか最低要件を有する。修士なら30単位，Ph.D.の最低要件は，大学院レベルの学業が90単位。研究の単位，授業の単位の割合は，それぞれのデパートメントが決めることができる。総単位数の最低が90単位であり，デパートメントは95と言ってもよいし，110単位と言ってもよい。また，学位を取るにはGPA (Grade Point Average) が3.0以上だ」。プログラムの評価もしない。「GSは，これまでプログラムが不人気だからという理由でプログラム廃止を勧告したことはない。われわれは大学院プログラムの評価については組織的に行ってこなかった。でも，それはすべきだと考える」(パデュー・GS)。

つまりグラジュエト・スクールは最低要件を課すだけで，プログラム評価も行わない。ただし評価を行う場合もある。ウィスコンシン大学では「新規のプログラムはすべて5年後に点検され，そのあとはすべてのプログラムが10年ごとに点検される」(ウィスコンシン・GS)。ミシガン大学では，グラジュエト・スクールが，「1年に1度，大学院プログラムのすべてを点検する。130プログラムすべて。われわれは，プログラムへの応募数，合格者のなかで入学した者の数，卒業後の就職者数，学位取得にかかる時間，成績を見る」(ミシガン・GS)。

しかし，こまごまと科目の内容をチェックするものではない。「現在なされている科目を見ることはない。すでにあるものについて全体を見渡すのは，プログラムの点検のときだけだ。プログラム点検は10年に一度で，その点検では個々の授業をいちいち見ない，カリキュラム全体が適切か，合理的かを見

る。われわれよりも彼らのほうがはるかによく知っているだろう。(中略) われわれができるのは、それが大丈夫かを見るだけで、彼らと同じような水準の専門知識を持たない。それゆえデパートメントを信頼しなければならない。(中略) プログラムの質の全体の感じを伝える。だが、授業科目の実際の内容のほとんどはデパートメントに任されている」(ワシントン・GS)。

　また、プログラムの評価の結果、即廃止するということはない。ミシガン大学のグラジュエト・スクールは潤沢な資金があるため、大学院生への経済的支援でも小さくない役割を果たし、大学院の学生数をコントロールするなど(グラジュエト・スクールが学生数までコントロールする例は稀である)、稀に大きな権限を持つが[23]、そういうミシガン大学のグラジュエト・スクールでも、カリキュラムや授業の内容への関与については、「時々、質が悪い場合に、われわれは気にかける。しかし、普通は気にかけない。われわれは、要件、適切な学生への経済的サポートの金額、教えている教員の質、を点検する。その上で、積極的に内容や授業を変えることはふつうしない。しかしたまにそういうことも起きる。教科が悪いとき、質が低いときだ」(ミシガン・GS)。いわば最低水準を下回れば口を出す、ということらしい。

　むしろスクールの自主的な改善を期待するのがふつうだ。「カリキュラムや研究に関しては、デパートメントが何をやっているのかは彼らが知っているのだ、と信じなければならない。長い時間をかけて、もし彼らが自分たちは何をやっているのかわからなくなったことを示すに十分なデータが得られたら、それは学生がごくわずかになったり、プログラム点検で悪い評価を受けたり、全米ランキングでとても低くなったときなどだが、その時は何が起きているのかを疑い始めるだろう。彼らの同僚たちも注意を向けるようになるし、同様に文理学カレッジのディーンが細かく注意を向けるようになるだろう。それゆえプログラムの実態の分析は、実際にはデパートメントやカレッジのレベルにあるのであり、われわれの果たす役割は小さい。だから彼らが実際に何をやっているのかについて深く入ることはない」(ワシントン・GS)。

②個別スクールの側から

　個別スクールの立場からみても，イリノイ大学の工学スクールでは，「〔グラジュエト・カレッジの役割は〕ほとんどない（very little）。グラジュエト・スクールは，Ph.D. の指導教員の資格を与え，修了試験をアレンジし，論文が最低要件を満たすかどうかチェックする程度である。それ以外はほとんどなにもしない。（中略）何らかの監督，プログラム点検が時折あり，デパートメントが評価されることがある。もし Ph.D. があまりに少なければ，学生がほとんどいなければ，その学位プログラムを廃止するなり改善するなりすべきだというアドバイスを受けることがあるかも知れないが，極めて稀である」（イリノイ・工学）。

　イエール大学の医学スクールでは，「グラジュエト・スクールは Ph.D. プログラムの内容には関わらない。それはデパートメントの管理下にある。グラジュエト・スクールが求めるのは，最低限の要件だけだ。学生は，一定の GPA を維持し，あるときには一定の書式を，例えば論文のプロポーザルをグラジュエト・スクールに提出せねばならないが，実際の学位に必要な要件のほとんどはデパートメントの管理下にある。（中略）学生は文理大学院から学位を得るが，それは非常に形式的なことだ。文理大学院は非常に形式的な組織だ。（中略）入学許可は文理大学院を通じて行われるが，アドミッションの委員会はすべてデパートメントにある」（イエール・医学）。

　ウィスコンシン大学の医学スクールでも，「グラジュエト・スクールは，いくつの単位をとらねばならないかなど，最低要件を求めるが，実際には内容については見ない。カリキュラムはカレッジに運営が任されている。教育の内容は，この大学では教員に任されている。学則でも，教育の内容の決定はカレッジの教員に与えられている。管理運営もそうである。教員による統治（faculty governance）である」（ウィスコンシン・医学）。

　インディアナ大学の教育スクールでは，「Ed.D. は完全に〔教育〕スクールにコントロールされる。Ph.D. はグラジュエト・スクールの要件と教育スクールの要件に従う。すべての Ph.D. は，グラジュエト・スクールとキャンパス・カリキュラム委員会の承認が必要である。だが，大学は監督しているだけであ

り，ほとんどの決定はこのスクールで行われている。第一の責任はこのスクールにある。グラジュエト・スクールは要件を課すのみである。アドミッションもこのスクールのデパートメントで決定される」（インディアナ・教育）[24]。

このように，グラジュエト・スクールや文理大学院による教育の質のコントロールといっても，主に個別のカレッジやスクールやデパートメントに任されており，実際には学位プログラムがひどくならないように最低要件のチェックを行う程度である。

3）さらに少ない専門職学位プログラムへの関与

専門職学位の場合，すでにみたようにJ.D.やM.D.などの狭義の専門職学位プログラムと，それ以外の広義の専門職学位（M.A., M.S. やそれ以外の名称の修士号，Ed.D. のような博士号）に分かれるが，後者に対しては，グラジュエト・スクールは研究学位プログラムと同じように関与する傾向がある。例えば，パデューのビジネス・スクールの副ディーンによれば，「（グラジュエト・スクールは）本質的には学位を授与するだけだ。しかも，われわれ教員の推薦に基づいて授与される。修士号が有すべき内容がなんであるかを決定するのは，マネジメント・スクールにいるわれわれ教員である。われわれがカリキュラムを設定し，それを提供し，授与されるべき学位を推薦し，グラジュエト・スクールによって授与される」（パデュー・ビジネス）。

狭義の専門職学位プログラムについては，グラジュエト・スクールの関与はもっと少ない。例えば法律スクールでは，「グラジュエト・スクールは，J.D./Ph.D. プログラムを除けばあまり関わり（connection）がない」。プログラム点検はあるが，「大学の点検でプログラムが終わることは稀だ。評価は全米法曹協会によるJ.D. プログラム評価のみだ」（ノースウェスタン・法律）。医学のスクールでは，「大学がM.D. プログラムを監督することはほとんどない。プログラム評価はするが，M.D. は大学からほぼ独立したプログラムだ。Ph.D. はいくらか大学からコントロールされるが，M.D. はスクールとアクレディテーション団体がコントロールする」（イエール・医学）。ボストン大学でも，「M.D.

は国家試験がある。アクレディテーション団体がカリキュラムや基準をコントロールする」(ボストン・医学)。

　先述したように微妙な位置にあるのが M.B.A. だが，ペンシルバニア州立大学では，グラジュエト・スクールが管理することになってはいるが，実際には「グラジュエト・スクールはまったく関与しない。M.B.A. を規制するのは外部のアクレディテーション団体である。州政府も口を出さない」(ペンシルバニア州立・ビジネス)。オハイオ州立大学でも「M.B.A. プログラムでは，われわれ自身のアクレディテーション協会があるので，そのプログラムが，われわれにとって最も重要なアクレディテーション協会の要件に適合している限り，グラジュエト・スクールの言うことは重要ではない。形式的には，学位はグラジュエト・スクールに管轄されねばならないが，M.B.A. プログラムについてはほとんど何も言わない」(オハイオ州立・ビジネス)。ワシントン大学でも「大学は一般的なルール以外ではほとんどコントロールはしない」(ワシントン・ビジネス)。

　このように，狭義の専門職学位や M.B.A. にはアクレディテーション団体があって，いわば研究学位プログラムに対するグラジュエト・スクールや文理大学院に代わる役割を果たし，そのぶんグラジュエト・スクールの関与が少ないということであろう。

　そのアクレディテーション団体の規制も，周知のように専門職プログラムとしての質の最低要件を満たすかどうかをチェックするだけで，「特定のカリキュラムの規制を行うわけではなく，ただ，良い教育を行っているかどうかスクールの点検を行うだけだ。内容はスクールが責任を持つ」(ノースウェスタン・法律)。さらにそれも今では違っているらしい。「M.B.A. が外部のアクレディテーション団体によって決定される，とは思わない。AACSB (Association to Advance Collegiate Schools of Business) というアクレディテーション団体がある。この AACSB のルールは，各大学はその目標を定めねばならないと言う。スクールがいったん目標を決めれば，スクールはどのようにしてその目標に合致するのかを示さねばならない。だから，AACSB は自分の目標に見合っているかどうかを監督している。プログラムの内容にはほとんど関与しない。(中

略）外部のアクレディテーション団体が，プログラムの最低要件を要求する，ということでは最早ない。彼らはこのように言うだろう。何をしようとしていますか？　目標は何ですか？　その目標に見合うような十分な教員がいますか？　教員は学問的な基準で資格を持っていますか？　教員は学問的な基準を維持していますか？　特定のテーマに関して一定数の授業を開講し，ここではこれだけの単位数，また他にはこれだけの単位数を提供しなければならない，などとはもう言わない。今は全く違っている」（ワシントン・ビジネス）。つまり，最低要件を課すことすらしない場合もある。

広義の専門職学位では，アクレディテーション団体がない場合もあるが，その代わりに研究学位の場合と同じように大学つまりグラジュエト・スクールが関与する，ということになる。だが，すでにみたようにグラジュエト・スクールの関与は厳しくない。「グラジュエト・スクールの役割は質の管理，点検である。プログラムを見て，どううまくやっているか？　と聞く。学生数には関わらない」（オハイオ州立・ビジネス）。さらに，M.B.A. を含む「修士どまりの修士号（terminal master's degree）のすべてをグラジュエト・スクールから完全に除いてしまおうというのが，現在の学内の動きだ」（オハイオ州立・ビジネス），という具合に，専門職学位への全学的な関与をなくそうという話まである。

4）サポート主体のサービス組織

以上のように大学院プログラムの全学的な関与も，強い規制ではなく，大学院プログラムの管理の主体は個々のスクール（やデパートメント）である。むしろグラジュエト・スクールの役割は，入試，学位プロセス，学生援助などのサポートという色彩が濃い。入試の合否，大学院担当教員の選定，学位取得の審査は実質的に各スクールとデパートメントが行うが，その側面支援と言える。

入学許可に関しては，グラジュエト・スクールが応募を処理し，要件を満たしたものを個別スクールのデパートメントに送り，そこで決定され推薦された

者を合格者として受け入れ，合格通知に含まれる経済的援助の情報もデパートメントから受けて添付する。例えばパデュー大学では，「学生は特定のプログラムに願書を出す。工学，歴史学，言語学，あるいは看護学，70 のプログラムがあり，それらに願書を出す。しかし，グラジュエト・スクールを通じて願書を出す。(中略) すべてのファイルをデパートメントに送る。そしてデパートメントが学生の合格か不合格かを決定する[25]」。それで学生を受け入れ，その後プログラムを進めていくとともに学生の記録を管理する。プログラムの最後にわれわれが，あなたは修士号や Ph.D. などの学位を取得しましたと，伝える」(パデュー・GS)。

ワシントン大学では，「グラジュエト・スクールがやるのは，大学院プログラムのためのインフラを提供することだ。入学許可の基礎的な作業，入学から卒業までのすべてに責任がある。大学院生の諸権利，もし大学院生に苦情や問題があれば，われわれが対応する組織だ。デパートメントがやるのは，願書の内容を読むことで，彼らは学生についてよく知っている。彼らが推薦書を読み，プログラムにとって良い学生か否かについて決定する。グラジュエト・スクールがやるのは，学生に資格があるか否かを決めること。学生に学歴があるのか，学士号を持っているのか，もし Ph.D. プログラムを志願するのなら修士号を持っているのか，正しい試験を受けているのか，といったような内容である。合衆国の国民でなければ，訪米するのに適切な書類を有しているのか？従ってわれわれは決定のための基盤を用意し，実質的な決定，つまりこの人物はうまくいくのかどうかは，デパートメントによって決定がなされる。グラジュエト・スクールはすべてのデパートメントと協働するのであり，いろいろな点でわれわれはサービス組織である」(ワシントン・GS)。

学生に対する経済的支援は，主に研究学位プログラムに対するフェローシップだが，例えば法律スクールでは「グラジュエト・スクールの役割は，大学がグラジュエト・スクールに資金を提供し，その資金が個々のスクールやデパートメントの Ph.D. 候補者をサポートするために使われる，というものだ」(ノースウェスタン・法律)。ビジネス・スクールでも「Ph.D. はグラジュエト・スクールから経済的サポートを受ける」(オハイオ州立・ビジネス)。これら，

法律やビジネスのスクールの Ph.D. プログラムは J.D. や M.B.A. と比較すれば小規模なものだが，Ph.D. 学生に対しては経済的支援が必要で，研究助成金を期待できないため，グラジュエト・スクールによる経済的支援はなくてはならないようだ。

しかし，第 9 章で検討するように，工学，自然科学，医学などの研究学位プログラムは，教員が膨大な連邦政府の研究助成金を獲得し Ph.D. 学生の学費や生活費を負担する。このため学生数も研究助成金の規模に左右されるほどである。リサーチ・アシスタントシップ（RA シップ）やティーチング・アシスタントシップ（TA シップ），スカラーシップやフェローシップは，大部分個別スクールの財源に依存し，それと比較すればふつうグラジュエト・スクールが提供する経済的支援の規模は小さい。

5）市場的競争と個別スクールの役割

以上のように専門職学位プログラムでは，狭義の専門職学位に対してグラジュエト・スクールの関与はごく少なく，専門アクレディテーション団体が最低水準を維持するように規制を行う。これに対して，その他の専門職学位や研究学位に対しては，専門職アクレディテーション団体が担っている，最低水準の維持という役割をグラジュエト・スクールや文理大学院が担っている。

だが，これらはあくまでも最低水準の維持である。では，研究大学における大学院教育の高度な水準はどのように維持されているのか。それはグラジュエト・スクールの最低要件のチェックやプログラム評価によるというよりも，「政治学のように専門分野の協会による全米での評価もあり，それらがプログラムのランキングを行い，自然科学者カウンシル〔全米リサーチ・カウンシルのこと〕もある」（ワシントン・GS）し，上にも述べたように *US News & World Report* などの大学院学位プログラムの全米ランキングがあって，個別のスクールやデパートメントにとってはこれらの相対評価の方がよほど気になる。

それは，大学院プログラムの成功が最終的には，優秀な人材を輩出し，評判（reputation）を高めることであるからである。そしてその一つの鍵は，教育機

会市場でいかに優秀な学生を多く確保するのかということであり，そのためには研究学位プログラムであれば，学生への経済的支援のための資金（連邦政府研究助成金など）の獲得をめぐって熾烈な競争を行わねばならない。研究資金は業績主義的に配分される。研究活動が活発で教員や大学院生の成果が出ていれば，次の研究資金を得ることが可能であり，いわば研究資金市場[26]で競争が行われている。それはグラジュエト・スクールよりも個々のスクールやデパートメントが主体となることは言うまでもない。「資金獲得に競争力がないプログラムで生き残れるものはない」（イエール・医学）。

　また，研究学位の場合は学界（研究者コミュニティ），専門職学位プログラムの場合は専門職集団や社会において卒業生がどのように評価を受けるかが，学位プログラムの評判を規定し，それがさらに優秀な学生を獲得することに貢献するので，ライバルのスクール以上に優秀な研究者や専門職を多く育てるために競争が行われる。評判を獲得すれば，さらに卒業生が活躍することができ，プログラムの評価につながる。ボストン大学の医学のスクールの副ディーンによれば，Ph.D. については，「特にデパートメントが重要である。評判が重要で，それはどの大学も同じである。良い仕事をしないと職を得ることはできない。マーケットによるコントロールである」（ボストン・医学）。

　このように，個別スクールのデパートメントやプログラムのレベルで，学生獲得の市場にせよ，資金調達の市場にせよ，労働市場にせよライバルとの熾烈な競争が行われ，それに勝つために教員の研究生産性や教育生産性を高めるという形で，プログラムの高度な水準が維持されている。

　特に面白いのは，プログラムの量と質を維持する独自のメカニズムが機能していることである。第9章で詳しく議論するが，研究学位プログラムであれば，研究資金をより多く獲得できれば，より多くの優秀な大学院生を獲得でき，それによって研究活動も活性化し，その成果がさらに研究資金を呼び込み，優秀な大学院生を増やせる，というようなメカニズムが働く。また，専門職学位プログラムについては，これも第9章以降で議論するように，個々のスクールがかなり自由に学生数を自分たちで決めることができるが，質の維持のためにやたらに増やすことはしない。法律スクールやビジネス・スクールで

表6-4 全学的な管理組織と個別スクールの役割分担

		品質管理	
		最低基準・要件のクリア	高い質の維持
研究学位		大学（アンブレラGS・文理大学院）の関与	個別スクールによる（市場的競争）
専門職学位	広義の専門職学位	大学（アンブレラGS）の関与＋外部の専門職団体の関与	個別スクールによる（市場的競争）
	狭義の専門職学位	外部の専門職団体が関与	

は、ライバルとの競争の中で自ら教育と学生の質に常に注意を注いでおり、大学やグラジュエト・スクールが余計なチェックをするまでもない、という雰囲気だ。

　以上をまとめれば（表6-4）、専門職学位プログラムについては、特に狭義の専門職学位ではグラジュエト・スクールや文理大学院によるコントロールはほとんどなく、アクレディテーション団体のコントロールはあるが、これは最低要件を求めるだけである。その他の専門職学位プログラムや研究学位プログラムに関しては、グラジュエト・スクールや文理大学院による関与は幅があるものの概して限定的で、主に最低要件を求めるものである。そして実際には、研究学位プログラムも専門職学位プログラムも、労働市場や研究資金市場での競争が高い質の維持に貢献している。

5　全学的な大学院管理の構造と直面する問題

　以上の検討をまとめれば、第一に、アメリカの研究大学における大学院教育に対する全学的な管理方式には、「アンブレラGS型」、「文理大学院型」、「個別スクール型」の大きく三つがある。アンブレラGS型が州立大学を中心に多数派であり、文理大学院型は私立大学にみられ、個別スクール型は少数派である。

　この中で、アンブレラGSと文理大学院は、大学院管理組織として機能的に

は同等である。その違いは，アンブレラGSが管理的機能に特化し，学内のより多くのカレッジやスクールに傘のように覆いかぶさっているのに対して，文理大学院はむしろ，文理学カレッジと一体化しているので単なる管理組織とは見えにくく，また，アンブレラGSほどには学内の多くのカレッジやスクールに関与しているわけではないことである。あくまでも文理学カレッジを中心に大学院プログラムを管理しており，アンブレラではない。

　第二に，アンブレラGS型と文理大学院型の違いは，守備範囲とする学位プログラムの種類の違いにも現れている。アンブレラGSと文理大学院はともに研究学位プログラムを中心に管理しているが，アンブレラGSがかなり広い範囲の学位プログラムを管理し，広義の専門職学位プログラムを多く管理しているのに対して，文理大学院は広義の専門職学位を含むといってもごく一部であり，研究の要素の多い部分のみを守備範囲にしている。

　また，研究学位プログラムに着目すれば，文理大学院型では，Ph.D. が学内にむやみに拡散しないようにしているのに対して，州立大学に多いアンブレラGS型では学内のどのカレッジやスクールもPh.D. が出せるようになっていて，Ph.D. などの研究学位を学内でどの程度まで広げて出せるのか，という違いがある。そしてそれは研究学位と専門職学位を区別する度合いの違いであり，州立大学と私立大学の歴史の違いに規定されていると考えられる。個別スクール型は大学内でのこうした文理学の縛りが最もないケースである。

　第三に，全学の大学院組織が管理する大学院学位プログラムの範囲は，すべての研究学位を含む一方で，狭義の専門職学位を含まないが，広義の専門職学位のいくらかを含む。

　大学院学位プログラムは，研究の要素の含有量という観点からみれば連続的な多様性があるが，研究の要素のかなり少ない学位プログラムまでアンブレラGSは守備範囲とする（文理大学院はこの部分をほとんど守備範囲としない）。だが，実際にどこまでの学位プログラムを含むのかは大学によって異なり，必ずしも大学間で合意があるわけではない。現在でも，一方で広義の専門職学位をグラジュエト・スクールから取り除いて，研究を多く含む学位プログラムに限定しようという議論があるが，他方で，アカデミック・キャピタリズムの進展

のなかで（スローター＆ローズ訳書2012），伝統的な専門職学位ではない，学問ディシプリン・ベースの専門職修士が増えており，広義の専門職学位はさらに拡大し複雑さを増している。こうした状況の中でグラジュエト・スクールとしてどこまで専門職学位を含めるべきかという問題は解決されているわけではない。その背景には研究学位と専門職学位の違いの曖昧さがある。なお，個別スクール型はこうした問題からは解放されている。

　第四に，大学による全学的な大学院管理は実際には限定的であり，個別スクールの役割が大きい。全学的な大学院管理は，学位関係のルールの設定や，学位プログラムの開始の際の審査，入試や学生管理や学生支援など，大学院教育の枠組みの維持やサービス機能が顕著であり，プログラムの品質管理については，個別スクールに対して質の最低水準を維持するように求めるのに対して，個別スクールは，ライバル大学のプログラムとの競争を通じて，高い水準の維持に努力している。その意味では役割分担がなされている。これは研究学位や広義の専門職学位についてだが，狭義の専門職学位については，全学的な管理組織に相当するのが外部のアクレディテーション団体であり，そこでも求められるのは最低水準である。そして高い水準の維持となるとやはり専門職学位プログラムでも個別スクールが主要な役割を果たしている。すなわち，いずれの場合も，個別スクールは，卒業生の労働市場や研究資金市場におけるライバルたちとの競争のなかでプログラム向上，品質管理を図っている。

　ただし，大学院管理組織の守備範囲とスクールとの役割分担は安定しているわけではない。上述したように専門職修士の拡大は事態をより複雑にし，また最近では，プロフェッショナル・スクールと言えども，評判（reputation）を得るために研究機能，Ph.D. を重視せざるを得なくなりつつあり，「法律スクールは文理学と一緒に学際的プログラムを作りたいと考えている」（ミシガン・GS）が，Ph.D. を増やせばグラジュエト・スクールの管理が加わり，プロフェッショナル・スクールの自律性を弱める。また，ミシガン大学では，「昨年の夏，グラジュエト・スクールのディーンの責任は，単にグラジュエト・スクールとPh.D. プログラムだけでなく，プロフェッショナル・スクールをも含めるように変更された」が，「プロフェッショナル・スクールがどう対応する

かは明確ではない。彼らは誰かに監督されることに慣れていない」(ミシガン・GS)。さらには大学によっては個別スクール志向が強く，グラジュエト・スクールをやめてしまった大学すらある。スタンフォードは1991年までに，グラジュエト・ディビジョンとグラジュエト・ディーンを不要として廃止した。個々のスクールがより高い自律性を確保するためにはグラジュエト・スクールが邪魔であった。かくて大学院管理組織の守備範囲とスクールとの役割分担は解決されていない。

　以上のように，大学院教育に対して大学がどのように関与し，コントロールしようとするのかは多様であるが，いくつかのパターンがある。ただ，いずれにせよ，大学院教育の管理や運営は大学以上に個別のカレッジやスクール，デパートメントの役割がより重要である。そこをみなければ大学院教育がどう動かされているかを理解することはできない。この点は，全学的な事業として全学的な管理がなされている学士プログラムと大きく違う。

第7章　スクール・レベルの大学院教育の組織と運営

　多様な大学院教育への組織的対応をめぐって，第4章で，研究学位と専門職学位の違いに対する「スクールの二元モデル」が十分成り立っていないことが示された。また前章では，大学の全学的管理は限定的であり，大学院教育の運営の主体はカレッジやスクールであることも示された。そうであれば，多様性に対する組織的対応として，スクールのレベルで何らかの工夫がなされているに違いない。こうした観点から本章では，スクールの内部に眼を向け，大学院教育がどのように運営されているのかを探る。

　以下ではまず，大学院教育の運営とはどのようなことを指すのか，大学院教育の多様性からどのように運営を捉えるべきか，その枠組みと課題を提示する（第1節）。そして，具体的に6分野のスクールごとに大学院教育の運営のされ方を検討し，そのパターンを探る（第2節）。さらに，研究学位と専門職学位で運営がどのように異なるのかを検討する（第3節）。

1　大学院プログラム運営の分析枠組み

1）大学院教育の「運営」

　大学教育や大学院教育は個々の教員が存在すれば済むものではなく，わざわざ大学という組織において提供されている。それは個々の授業ではなく，パッケージ化された教育を提供できるからであり（それが学位につながる），言い換えれば「カリキュラム」を基礎に教育を提供できるからであり，また，そのための資源の獲得と配置を組織的に効率よく行えるからである。従って，組織と

しての大学の機能は，第一に「教育の実施」，第二に「カリキュラムの設定と維持」，第三に「教育に必要な資源の獲得と配置」，であると言えるだろう[1]。大学院教育で言えば，第一に「大学院教育の実施」，第二に「大学院教育のカリキュラムの設定と維持」，第三に「大学院教育のための資源の獲得と配置」となる。資源の獲得と配置とは，教員や資金の獲得や配置である。

　この三つの機能の関係は，第一の「大学院教育の実施」が「教育機能」であるのに対して，「カリキュラムの設定と維持」と「資源の獲得と配置」はいわば「運営の機能」とも言うべきものである。運営の機能は教育機能を大きく規定するであろう。また，運営の機能においても，「カリキュラムの設定と維持」は「資源の獲得と配置」に大きく規定される。運営の機能は「カリキュラムの運営」と「教員と財務の運営」とも言える。財務の運営には，教育の規模である学生数の調整なども含めて考えている。

　　教育組織の機能　1．教育の実施────────────→教育機能
　　　　　　　　　　2．カリキュラムの設定と維持─┐
　　　　　　　　　　3．資源の獲得と配置──────┴→運営機能

　このように位置づけると，大学院教育がどう運営されているのか，という問いは，「大学院教育のカリキュラムの設定と維持」と「大学院教育のための資源の獲得と配置」がどのようになされているのか，つまり「カリキュラムの運営」と「教員と財務の運営」がどのようになされているのか，という問いになる。

　なお「運営」と「管理」は一般に区別が難しく，ともに当該活動に関わる意思決定，執行，制御などの意味であり，本書でも厳密な区別はしない[2]。

2）学位プログラムを支えるスクールおよびデパートメント

　以上のような捉え方で大学院教育の運営を検討する際に，問題となるのは，スクール，デパートメント，プログラムといった現実の組織が運営にどのように関わっているのか，という問題である。

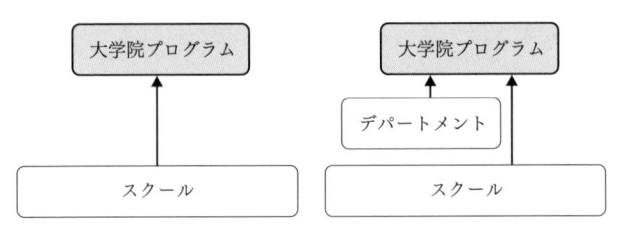

図 7-1 プログラムをサポートするデパートメントとスクール

　すでに述べたように，スクール内部は，プログラムとデパートメントで構成されるパターンと，プログラムで構成されるパターンの，大きく二種類がある。
　しかし，実際に「大学院教育の実施」の場はプログラムなのか，デパートメントなのか。運営機能について言えば，「カリキュラム運営」や「教員や財務の運営」を行うのはどの組織なのか，プログラムなのか，デパートメントなのか，スクールなのか，実は自明ではない。カリキュラムに対応するのがプログラム，教員が帰属するのがデパートメントと言っても，それだけではどのように運営されているのかは語られていない。
　従ってそれを明らかにする作業が必要であるが，少なくとも，どのスクールにも学位プログラムが存在し，大学の外の社会に対しては，大学院教育は大学院学位プログラムとして存在し，提供されている。そこには目標やカリキュラムがあって，学修のプロセスがあり，学位にたどり着く。つまり，大学院教育を組織化したものが学位プログラムである。従って「大学院教育を運営する」とは，「大学院プログラムを運営する」と考えることができる。それに対して，デパートメントやスクールは大学院教育のためだけにある組織ではなく，デパートメントがない場合もある。従ってデパートメントとスクールは大学院プログラムをサポートする組織である。以上よりここでは，「大学院プログラムをスクールとデパートメントが支える（動かす）」，という構図を基礎にする。そのうえで，大学院教育の実施，カリキュラム運営，教員や財務の運営といった機能は，どの組織が担うのかを問うことにする。

3) 大学院教育の志向性

　大学院プログラムの運営パターンに違いがあるとすると、それは何に起因するのか。大学院教育の外部環境の要因や資源によることもあるだろうが（外部要因），大学院教育の特性（志向性）の違い、によるところもあると考えられる（内部要因）。ここでは後者の内部要因に着目する。

　本書の最初に挙げた研究者養成と実践者養成の対比からすれば、研究者養成は学問ディシプリン（discipline）重視、専門職養成は職業レリバンス（relevance）重視という対比になるであろうが、単に教育の内容の違いの問題ではない。

　研究者養成は、学問ディシプリン（専門分野）に拘束されるのだが、その基礎にある研究は個人の好奇心に駆動され（curiosity driven）（村上1999, 43-6頁），学問への深化を目指して、学修が進むほどに学ぶ知識も学生によって異なるようになる。ディシプリンといっても細分化した領域へと学修は進み、さらには個々の研究室単位での探求・訓練へと進む。そこは暗黙知やローカル・ナレッジが支配する世界となる（ラウズ訳書2000, 第4章）。研究では独創性（オリジナリティ）が重視され（Merton 1973, chapter 4），最終的には、学生は「同じことを学位論文に書くと剽窃になる。一人ひとり違ったことをやらねばならない」（中山1998, 61頁）。

　他方で専門職養成では、職業レリバンスが求められ、「社会からの拘束」（Anderson 1976, p.9）を受け、外から目標が設定される。その目標は職業資格獲得であり、一定水準の、バラツキのない人材育成が求められ、そのために明確な目標に向かってカリキュラムが構造化され、学ぶ知識も標準化され、必修科目の多いコース・ワークで「同じことを一定期間に学生に詰め込む」（中山1998, 61頁）。同一の専門職の教育においては高度な共通性（commonality），統合的な（unifying）要因が存在する（Anderson 1976, p.10）。

　このように、一方で、学問への深化を目指して教育内容・方法の多様化や分化を志向する「分化志向」，他方で、バラツキのない人材育成（つまり資格獲得）を目指して教育内容・方法の標準化・均質化を志向する「統合志向」，が

表 7-1 大学院教育の志向性

	分化志向		統合志向
目　標	学問への深化	—	資格獲得
内　容	多様性・個別性	—	標準化・共通性
方　法	個別探究・論文	—	必修授業

あるとすると、研究者養成は分化志向が強く、専門職養成は統合志向が強いと言うことができよう。ただし現実には、研究者養成も初期には必修のコース・ワークを必要とする時期があるだろうし、学生に応じて多様化（専門分化）した専門職養成もあり得ることは言うまでもない。

こうした志向性はあるものの、無制限の分化や統合があるわけではない。恐らく実際の大学院教育においては、それぞれに内容（規模ではない）上で適当な一定の大きさのまとまりとも言うべきものがあるのではないだろうか。ここではそうしたまとまりに多様性があることを前提としたい。

4）組織と運営における分化と統合

以上から大学院プログラムの運営とはどのように捉えるべきか。「大学院プログラムをスクールとデパートメントが支える」という構図のなかで、大学院教育の特性（志向性）の違いが、プログラム、デパートメント、スクールといった組織構成や組織の構造の違い、それらの組織が運営上で果たす役割の違いに影響し、その結果大学院プログラム運営のパターンの違いがもたらされるのではないか、と考えられる。これは端的に言って「大学院教育の特性が大学院教育の組織や運営を規定する」という考え方（仮説）である。

その仮説の検討の見通しを立てるための枠組みとして以下のような想定を行う。すなわち、大学院教育の特性の違いが分化と統合の志向性の違いであるとすると、「一方で組織が細分化され、分散的に運営される場合、他方で組織が未分化のまま、集中的に運営される場合」の両極が想定される。いわば「組織と運営における分化志向と統合志向」である（表 7-2）。

以上より、研究者養成と専門職養成の違いに対してどう組織的対応がなされ

ているのか，という本書の主題に沿って言えば，「研究学位プログラムであれば分化した組織による分散的な運営がなされ，専門職学位プログラムは未分化の組織で集中的な運営がなされる」，という仮説になる。ただし，こうした仮説は他のさまざまな要因を除いて考えたものであり，現実には組織や運営は外部環境の要因による影響を受けるだろうし，同じスクールに研究学位と専門職学位の両方がある場合では状況はもっと複雑になるだろう。この仮説はむしろ，そうしたもろもろの要因を浮かび上がらせるための物差しに過ぎない。

表7-2 組織と運営における分化と統合

志向性	分 化	—	統 合
組 織	細分化	—	未分化
運 営	分 散	—	集 中

かくして，以下では，第一に，いくつかの専門分野のスクールの事例から，大学院プログラム，デパートメント，スクールの組織構造，そしてそれらの組織が運営上で果たす役割や運営のパターンを分化と統合の観点から明らかにする。第二に，研究学位と専門職学位とでそうした組織や運営にどのような違いがあるのかを明らかにする。こうした検討を通じて，上記の「大学院教育の特性が大学院教育の組織や運営を規定する」という仮説の妥当性を検討する。

なお，運営を検討する際に着目するのは，カリキュラム運営，教員と財務の運営であるが，カリキュラム運営が特定の大学院プログラムに固有なものであるのに対して，教員と財務の運営は大学院教育固有のものではないので，プログラム固有の運営の特徴を抽出するのは難しく，それゆえカリキュラムの運営を中心に，教員と財務の運営を補足的に扱う。これは教員と財務の運営が重要ではないという意味ではない。とくに財務については次章以降で詳しく扱う。

2 スクール別にみた大学院教育の運営

以下の専門分野（スクール）ごとの検討の構成について述べておけば，まず提供される主な大学院プログラムを述べたうえで，①スクールの内部組織の構成の特徴を整理し，次に，②大学院プログラムの運営について検討し，最後に，③まとめ，を行う。②の大学院プログラムの運営については，大学院プロ

グラムがどのように動かされているのかを（カリキュラムを中心に），主要な学位プログラムごとに検討するが，研究学位と専門職学位とを対比させながら検討する場合もある（医学とビジネスのスクール）。その際にプログラムの構造にどのような特徴があるのかに注意する。それに続いて，教員と財務の運営について整理するが，それらはプログラムで分けることが難しいので学位プログラム別の整理はしない。また，ビジネスと教育のスクールでは，デパートメントの有無がプログラム運営を大きく規定するようなので，デパートメントがある場合とない場合とに分けて検討する。なお，分野（スクール）によっては，特に他の分野と比べて顕著な特徴を持つ場合は，その点についても追加的に記述する。

以下では，6分野のスクールについて，専門職学位に傾斜した法律スクール，研究学位に傾斜した文理学と工学スクールを最初に取り上げ，その対照的な特徴をとらえた上で，専門職学位プログラムと研究学位プログラムがより複雑に絡む医学，ビジネス，教育のスクールの順に検討する。なお，スクールごとに挙げる図は具体的なものでなく，あくまでもスクールの違いを理解するために模式化した図である。

1）法律スクール（ロー・スクール）

提供される専門職学位プログラムは，主に J.D. であり，それより小規模の LL.M. プログラム，そしてやはり小規模な研究学位（S.J.D., Ph.D., J.D./Ph.D.）プログラムがある。学士プログラムはない。

①スクールの内部組織

組織的には「スクール内部にはデパートメントはない。デパートメントを持たないのは法律スクールに共通だ」（インディアナ・法律）。その理由の一つは「法律スクールはふつう小規模な組織」（インディアナ・法律）だからである。インディアナ大学の法律スクールのフルタイムの教員数は50名程度である。ただし，ノースウェスタン大学とハーバード大学は100名程度であり[3]，必ず

しも小規模ではないがデパートメントはない。規模が要因だけではなく,「法律の学位は,歴史的にはずっとジェネラリスト（generalist）の学位であった。法律スクールの学生はふつう,修了時に特定の専攻（specialty）を付した資格を持って修了するわけではない。この二つのことが,法律スクール内部に階層的な構造がないことの要因となっている」（インディアナ・法律）。ジェネラリストの学位というのは興味深いが,学生は専門分化せずに,みな同じ必修授業を受講する。また階層的な構造がないとは,スクールと個々の教員との間にデパートメントがないことである。つまり,小規模であることと,主な学位プログラムである J.D. プログラムが専門分化しないので組織を分割する必要がなかったことが,デパートメントが採用されなかった理由であるという。

②大学院プログラムの運営
・J.D. プログラム

その専門職学位プログラムである「J.D. プログラムは,ひとかたまり（one body）のプログラムであり,カリキュラムや授業の内容はスクールが責任を持つ。これに対して文理学カレッジは,多くのディシプリンの入れ物（容器）であるから,デパートメントは文理学カレッジではより普通のこと」（インディアナ・法律）であり,デパートメントが責任を持つ,という大きな違いがある。ノースウェスタンの法律スクールでも,J.D. プログラムのカリキュラムは,スクール・レベルのカリキュラム委員会（Curriculum Committee）を通じて,スクールによって直接管理される[4]。

・その他の学位プログラム

J.D. 以外の専門職学位プログラムに関しては,「われわれのプログラムの特徴は,Ph.D. を除けば,すべてのプログラムで,共通の授業であり,同じ運営をしている。(中略)その理由は,最大のプログラムが J.D. プログラムだからだ。M.C.L.（Master of Comparative Law）と LL.M. プログラムは,外国ですでに法律の学位を有する学生に対する1年のプログラムである。彼らはここでアメリカ法のセンスを得るために在学し,ふつう自分たちの特定の分野で少数の授業を取るだけである。そのためプログラムごとに別々に管理する必要はない」

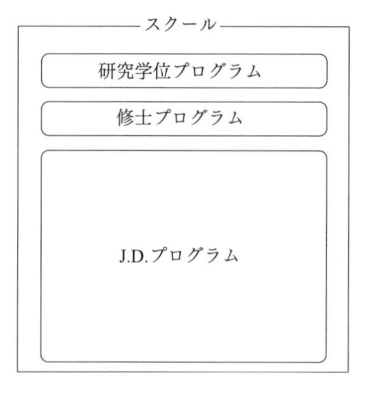

図7-2 法律スクール

（インディアナ・法律）。

研究学位（Ph.D., S.J.D.）プログラムについては，J.D. の授業に加えて，文理学のデパートメントの授業をとったり，教員に個別指導を受けるという形になっており，学生はごくごく少人数なので，「組織を分ける必要はない」（ノースウェスタン・法律）という。

・教員と財務

教員については，「学生は同じ授業を受け，教授は学生のすべてを教える」（インディアナ・法律）体制であり，分割された組織にはなっていない。上述したようにデパートメントがなく，そのため教員はスクールが直接に管理を行い，採用，昇進，給与の決定，配置などはディーンが行う。

財務的な側面では，「プログラムは予算を持っている。プログラムで必要な予算は私〔ディーン〕が毎年配分する。（中略）しかし，財務上の主要なコントロール単位はスクール中央にある。これはビジネス・スクールでも同じだ。医学スクールは違う。なぜなら各デパートメントが非常に大きな存在だからだ。それは各デパートメントがきわめて大きな実体だからであり，デパートメントがそれぞれの予算に対して強くコントロールする。デパートメントが連邦助成金を調達する責任を有する」（ノースウェスタン・法律）。法律スクールの財源は第9章でみるように，主に授業料収入であり，その財源と支出の管理を行うのはスクール（ディーン）であるために，財務上はスクールが責任を有する。

③まとめ

以上のように法律スクールでは，デパートメントはなく，スクールを構成するのはプログラムのみである。プログラムの形態は，その主要なプログラムである専門職学位 J.D. プログラムはひとかたまりのプログラムであり，典型的

な統合志向の高いプログラムである。それを反映して運営はスクールが主体となる。カリキュラムの運営はスクールによってなされ、教員や財務運営もスクールが行う。その他の専門職学位プログラム（LL.M.）や研究学位プログラム（Ph.D.）は、必ずしも統合志向ではないが、J.D. プログラムと比べて相対的に規模が小さいため、スクールがまとめて運営している。このようにすべてのプログラムがスクールを中心に運営されている。

2) 文理学カレッジ（文理学スクール）

提供されるのは主に、Ph.D., M.A. または M.S. などの研究学位プログラムであり、わずかだが専門職修士プログラムもある。そして大規模な学士プログラムを有する。

①スクールの内部組織

組織的には、法律スクールと対照的に、必ずデパートメントを有する。文理学のさまざまなディシプリン（専門分野）を抱えるのが文理学カレッジだからであり、デパートメントはそれぞれのディシプリンに対応している。例えばプリンストン大学では 34 のデパートメント（と 5 つのプログラム[5]）があり、ワシントン大学では 40 のデパートメントがあり、例えば「物理学のデパートメントは 40 名、生物学のデパートメントには 30 名の教員を有する」（ワシントン・文理学）。ただし、コーネル大学でもワシントン大学でもデパートメントのフルタイム教員数は平均 23 名である[6]。

②大学院プログラムの運営

・Ph.D. および修士プログラム

コーネル大学では、文理学カレッジは、「学士のリベラル・アーツ教育を行うカレッジであり、25 のデパートメントを有し、デパートメントのレベルで資金配分が行われる。（中略）資金配分が行われ、管理運営体制があり、デパートメント長（chair）と事務職員を有するデパートメントがプログラムをサ

ポートする。学士プログラムと大学院プログラムは，デパートメントが動かしている。(中略)財務の運営，教員の採用，学位授与に責任を有するのがデパートメントであり，その他の点でも，カリキュラムはデパートメントに依存する。カリキュラムはデパートメントに任せられるし，カレッジにも任せられ，またデパートメントやカレッジを横断した領域（area）に任せられることもある」が，しかし「多くの場合デパートメントとカレッジの連携となるが，カレッジはカリキュラムの基本的な要件，修了要件を設定するだけで，個々のプログラムのカリキュラムはデパートメントで決定される」（コーネル・文理学）。このようにデパートメントが大学院プログラムのカリキュラム運営，教員や財務の運営の主体となる。文理学カレッジでは各デパートメントが複数のプログラムを動かす，という形態であり，「ほとんどのデパートメントには，学士教育主任と大学院教育主任がおり，学士教育主任は学士教育がうまくいっているかを監視し確認する。大学院教育主任は大学院教育を監視しうまくいっているかを確認する」（ワシントン・文理学）。この結果，学位プログラム（Ph. D., M.A., M.S.）は，法律スクールのJ.D.のようにひとまとまりのプログラムとは違って，デパートメントで分断される。

　また，専門職修士プログラムがある場合も，物理や数学などの特定のデパートメントのみであり，その運営もデパートメント内部でなされている。

・教員と財務

　教員の運営に関しては，上述したようにデパートメント中心になされるが，文理学カレッジのディーンの関与も一定程度ある。文理学カレッジでは，学士教育も重要なミッションであり，リベラル・アーツの学士教育全体のバランスを考える必要があるからで，この点は，デパートメントがオールマイティな力を有する工学（次にとりあげる）とはいくらか事情が異なる。例えばワシントン大学の文理学カレッジでは，デパートメントのテニュア教員の人事にディーンが関わる[7]。

　財務の運営は，先述したようにデパートメントが主たる役割を果たす。教員の基本給はスクールの一般資金（授業料収入＋州立であれば州補助金）に依存し，それも含めてデパートメントに配分され，デパートメントが財務運営を行

う。また，大学院生の数は，デパートメントが決めることができるが（第9章参照），特に自然科学系で，デパートメントが大学院生のための費用の多くを連邦政府研究助成金などから獲得することができるからであり（それがなければ大学院生を得ることはできない），それもデパートメントが管理する。

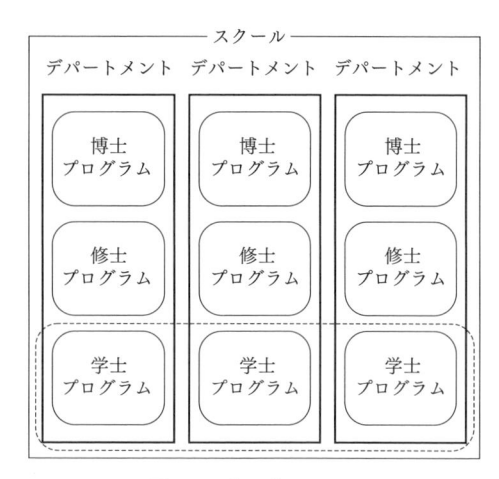

図7-3　文理学カレッジ
注）学士プログラムは3～4年生の部分。

③まとめ

文理学のスクールは，プログラムとデパートメントから構成される。プログラムの形態としては，研究学位（Ph.D., M.A., M.S.）プログラムは，法律スクールのJ.D. のようなひとまとまりのプログラムではなく分化志向が強い。その結果デパートメントで分断され，それぞれのデパートメントで運営される。カリキュラムの運営や，学生数の決定，教員や財務の運営もデパートメント中心に行われる。

3) 工学スクール（エンジニアリング・スクール）

提供される学位プログラムは，学士（B.S.）プログラムと大学院学位プログラム（Ph.D., M.S.）である。学士プログラムは専門職学位プログラムであるが，大学院プログラムの主要な学位はPh.D. である。このほか近年では専門職修士プログラムが増えている。

①スクールの内部組織

デパートメントがスクールを構成し，例えば，イリノイ大学の工学スクールだと，航空工学，農業＆生物工学，生体工学，化学＆生体分子工学，土木＆環

境工学，計算機科学，電気＆計算機工学，一般工学，物質科学工学，機械＆生産工学，核プラズマ＆放射線工学，物理学，理論＆応用力学の各デパートメントがある。デパートメントの規模は，1デパートメント当たりのフルタイム教員数で言えば，イリノイ大学で31名，カーネギーメロン大学で29名，オハイオ州立大学で23名，ジョンズ・ホプキンズ大学で15名，プリンストン大学で22名である[8]。工学のスクールのデパートメントでは，デパートメントがさらに下位の領域に分かれることがある。例えば，「ほとんどのデパートメントは，非公式だが，下位領域があり，例えば物理学デパートメントでは，固体物理学，核物理学に分かれ」（イリノイ・工学），Ph.D.（固体物理学），Ph.D.（核物理学）が授与される。この2領域以外に，原子・分子・光／量子力学，宇宙物理学／宇宙論，生物物理学，高エネルギー物理学，物理学教育の諸領域が物理学デパートメントを構成する。

②大学院プログラムの運営
・Ph.D. および修士プログラム

　学士プログラムは ABET に認定を受けるといっても，デパートメントごとの認定であって，学士教育でもデパートメントが主体であり，文理学カレッジよりもデパートメントの独立性が高く，後述する医学のようにスクール全体の学位プログラムである M.D. のような学位がないという点でもスクールのまとまりがない。大学院プログラムの運営もデパートメントが中心となるようだ。

　例えば，イリノイ大学の工学スクールでは，「デパートメントが大学院プログラムのトータルな責任を有している。学生を入学許可し，〔経済的な〕支援を与え，教員を採用し，〔博士研究基礎〕資格認定試験を行い，専門知識をテストする。デパートメントが学位を出す」（イリノイ・工学）。またジョンズ・ホプキンズ大学でも，「デパートメントが運営上最も重要な単位である。デパートメントは，教員の採用と昇進，TA（ティーチング・アシスタント）の採用と配分，大学院プログラムに対する責任がある。デパートメントは，博士号，修士号，学士号を授与する。デパートメントがすべての責任を有する」（ジョンズ・ホプキンズ・工学）。

なおデパートメント内部は，上述したように「工業物理学デパートメントの学生は，原子力工学，機械工学，工業物理学の学位をとることができ，（中略）それぞれの学位のための専門科目を教える教員は分かれている」（ウィスコンシン・工学）という具合に領域に細分化されるが，領域に分かれた学位でも「デパートメント内でコア科目は共通」であり，運営は領域ではなくデパートメントが中心となる。

専門職修士プログラムも，例えば応用計算機数学，システム工学，コンピュータ工学，技術マネージメントなどの専門分野で提供されるが，これらは工学のスクール・レベルでまとまっているわけではない。「デパートメントはB.S., M.S., Ph.D. といった複数のプログラムを持ち，一部のデパートメントは論文なしの修士号も出す」（イリノイ・工学）とあるように，すべてのデパートメントが担当するわけではないが，Ph.D. と同様にデパートメント別に運営されている。ただし，例外的に，ジョンズ・ホプキンス大学の工学スクールのように特定の専門職プログラムを，デパートメント・システムから切り離す，というパターンもある[9]。

・教員と財務

このように学位プログラムのカリキュラム運営，教員や財務の運営などすべてにわたってカレッジやスクールよりも，デパートメントが重要な役割を果たす。「デパートメントは，学位の要件をさだめ，デパートメントが財務運営の単位だ」（ウィスコンシン・工学）。「デパートメントが学士教育，大学院教育，教員の採用，予算，管理運営に責任を有する」（カーネギーメロン・工学）。

財務は上述したとおりであり，また第9章でみるように，医学スクールと同様，各デパートメントが大量のPh.D. 教育のための給費や授業料の財源として巨額の研究助成金を受け入れ，また授業料収入や州立大学であれば州補助金もスクールからデパートメントに配分され，デパートメントがそれらの管理を行う。このためイリノイ大学の工学のディーンは，「デパートメントが強すぎて，ディーンには力がない」（イリノイ・工学）と嘆くくらいであった。

・デパートメントに埋没するプログラム

以上のようにすべての学位プログラムがデパートメントで運営される。その

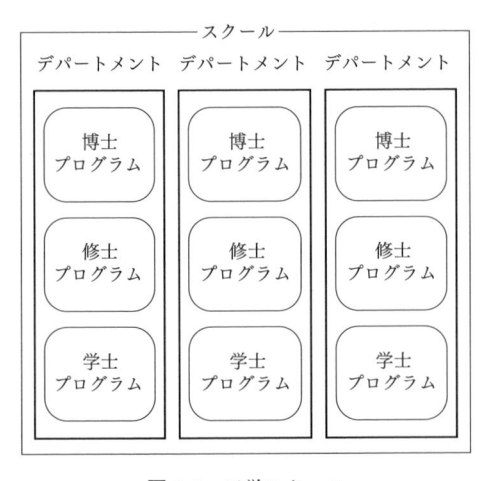

図7-4 工学スクール

結果、「われわれのカレッジでは、プログラムはフォーマルなものではない、フォーマルなプログラムはない。資金と教員、学生もデパートメントに所属する」「デパートメントの中にプログラムが存在する」「デパートメント内の複数プログラムはカテゴリーに過ぎない」(イリノイ・工学) とか、「プログラムは認定された要件や取るべき科目のリストに過ぎない」(ウィスコンシン・工学) と認識される。学位プログラムはデパートメントで分断され、実態として存在するのはプログラムではなくデパートメントであり、デパートメント内部で、それぞれの分野の学士教育、Ph.D. 教育をやっている、という認識である。

③まとめ

工学スクールはプログラムとデパートメントで構成される。研究学位も専門職学位もどの学位プログラムも専門分野で細分化されており、カリキュラムの運営や、学生数の決定、教員や財務の運営もデパートメントが行う。分化志向の強い学位プログラムがデパートメントごとに運営されていると言えよう。工学では、文理学のようなリベラル・アーツの調和のような考え方がなく、学士プログラムもよりデパートメント主体であり、財務上でも研究助成金への依存が高いので、文理学以上にデパートメント中心の運営となっている。

4) 医学スクール (メディカル・スクール)

提供されるのは、専門職学位としては M.D. プログラム、研究学位として

Ph.D. プログラムであり，両プログラムの規模は拮抗している。小規模だが M. D./Ph.D. プログラムもあり，また，修士レベルでもさまざまな専門職学位プログラムがある。学士プログラムはない。

① スクールの内部組織[10]

医学スクールもデパートメントで構成され，ふつう基礎科学デパートメント (basic science department) と臨床科学デパートメント (clinical science department) の2種類がある。例えばボストン大学の医学スクールの基礎科学デパートメントには，解剖学＆神経生物学，生化学，微生物学，病理学＆臨床検査医学，薬理学＆実験治療学，生理学＆生物物理学の6種類，臨床科学デパートメントには，麻酔学，皮膚科学，救急医学，家庭医学，医学，神経学，産婦人科学，眼科学，小児科学，精神医学，放射線腫瘍学，放射線科学，外科学，泌尿器科学の14種類がある。デパートメント当たりのフルタイム教員数は，調査対象のスクールの平均で60名であり，他のスクールよりも大きいが，これは臨床科学デパートメントが大きいためである。ウィスコンシン（基礎科学18，臨床60），イエール（基礎科学44，臨床99），ボストン（基礎科学30，臨床79），アイオワ（基礎科学19，臨床43），ピッツバーグ（基礎科学27，臨床75）であり[11]，基礎科学デパートメントと臨床科学デパートメントでかなり異なる。

② 大学院プログラムの運営

・M.D. と Ph.D. の運営の違い

M.D. と Ph.D. とは全く別のものとして考えられており，「M.D. と Ph.D. は全く別に運営される。（中略）それは二つの学位が全く違うからだ。だが，教員は両方に関わる。（中略）予算は別で，デパートメントや教員は重複し，事務のスタッフは分かれており，教室はシェアされ，スペースはデパートメントに属する」（ボストン・医学）。「カリキュラムは分かれている。財務も分かれている」（アイオワ・医学）。

では M.D. と Ph.D. とで運営がどのように異なるかと言えば，ウィスコンシン大学の医学の副ディーンによれば，「スクールが M.D. を運営するが，デ

パートメントが Ph.D. と修士号 M.S. を運営する」「デパートメントが Ph.D. について決定を行い，デパートメントが修士号に関する決定を行う。M.D. 学位はスクールによって決定される」（ウィスコンシン・医学）。もう少し言えば，Ph.D. プログラムは，デパートメント・プログラム（departmental program）と呼ばれているように，デパートメント・ベースのプログラムであるのに対して，「医学スクールでは，デパートメントが最も重要だが，M.D. のカリキュラムは完全にデパートメントからは切り離されている」（ウィスコンシン・医学）。「M.D. は，医学スクールのカリキュラムだ。（中略）M.D. は一つのプログラムと呼ぶことは可能だが，しかし，あくまでも医学スクールの一部であり，分離していない。だから，ディーンが M.D. プログラムをコントロールする」。M.D. プログラムはスクール・ベースのプログラムであり，例えばボストン大学では，M.D. のカリキュラムはスクール・レベルの組織である医学教育オフィス（Office of Medical Education）が管理する。

なお，修士号（M.S.）プログラムについては，「医療健康カウンセリング，法医学，犯罪医学，栄養学，生化学などの修士号が」（ボストン・医学）主に基礎科学デパートメントで提供される。修士どまりの学位（terminal degree）であり，広義の専門職学位に位置づけられるが，興味深いことに専門職学位である M.D. プログラムと違って，Ph.D. と同様にデパートメントで運営される。むしろ，M.D. プログラムのみがスクールによって直接運営される学位であって特殊である。

・M.D. と Ph.D. の違いの要因

このような違いがどこから来るのかといえば，ウィスコンシン大学の医学のディーンによれば「M.D. プログラムは領域に分かれていないが，Ph.D. プログラムは 14 の領域に分かれるからだ」（ウィスコンシン・医学）という。

Ph.D. プログラムが領域に分かれるという点を，イエールの副ディーンが詳しく教えてくれる。「M.D. は 1 プログラム。Ph.D. は多くのプログラムがある。（中略）概ねすべての医学生〔M.D. 学生のこと〕は同様のトレーニングを受け，同じ授業を受け，病院，近郊の病院で同じ臨床ローテーションを行う。彼らは概ね同じ教育を受ける。Ph.D. の学生の教育は非常に多様だ。学生がと

れる授業は異なっており，それは学生がどのデパートメントに属するかによる。ラボでどのような研究を行うかは学生によって全く異なる。Ph.D. 学生の教育はデパートメントで異なる。とくに実験室での訓練はデパートメントによって全く異なる。Ph.D. 教育は，M.D. よりもはるかに専門化している」（イエール・医学）。

　この結果カリキュラムは具体的には，M.D. プログラムではスクール・レベルの委員会などで決定されるが，Ph.D. は個々のデパートメントに任されている。「Ph.D. プログラムのいくつかはデパートメント・プログラムである。例えば私のデパートメントは遺伝学だが，遺伝学デパートメントは Ph.D. 修了のための一群の要件を有している」（イエール・医学）。もちろん医師も専門化を深めていくが，「医療においては，専門化，専門訓練は医学スクールの後で行う。医学教育で専門的になるのはインターンシップやレジデンシーの時だ。デパートメントがレジデンシー・プログラムを持つ。レジデンシー・プログラムとは，M.D. 取得者が専門化するプログラムで，医療の実践に入る。（中略）彼らは病院で働き，患者を治療し，さらに臨床トレーニングを受ける。（中略）専門によって異なるが，3 年から 7 年，あるいはそれ以上と長いプログラムだ。しかし，彼らはもはや学生ではない。医学スクールの卒業生で，医師だ。イエールでレジデンシーをやるのではなく，イエールでは M.D. を取得するだけで，彼らは国じゅうの多くの違う場所に行く。Ph.D. で言えばポスト・ドクトラルの訓練だと思えばいい。彼らは M.D. 取得後に継続的な訓練を受ける」（イエール・医学）。

・学生の所属と学位授与における M.D. と Ph.D. の違い

　このように少なくとも大学院教育のレベルでは，Ph.D. 教育と M.D. 教育とは大きく異なる。これは学生にも言えることで，「Ph.D. 学生はデパートメントに属する。M.D. 学生はデパートメントには属さない」「M.D. 教育と Ph.D. 教育にはほとんど関わりがない」「M.D. と Ph.D. とでは，同じ授業はほとんどない」「M.D. を取得後 Ph.D. プログラムに進む学生はほとんどいない」「M.D. 学生のために研究ラボは訓練の機会を提供するが，研究の経験は非常に限られている」（イエール・医学）[12]。

学位授与についても M.D. と Ph.D. とで異なる。「医学スクールの M.D. に志願する学生は医学スクールから学位を授与され，Ph.D. 学生は，文理大学院に願書を出し，文理大学院から学位を授与される」（イエール・医学）[13]。「実際には，Ph.D. はウィスコンシン大学グラジュエト・スクールから受け，M.D. は医学スクールが授与する」（ウィスコンシン・医学）[14]。

・教員と財務

教員に関わる運営はデパートメントに任されている。Ph.D. 教育に必要な人事は全くデパートメントに任されており，M.D. プログラムについても，カリキュラムはスクール・レベルで設定されるものの，授業の内容と教員の割り当てはデパートメントが行う。教員の配置で医学スクールの特徴的なことは，先述したように，2種類のデパートメントがあることである[15]。

教員は多様な仕事をするが[16]，基礎科学と臨床科学の教員の大学院プログラムへの関わりはいくらか異なる。「臨床科学デパートメントの教員は，研究を行い，患者の治療を行う。なぜなら彼らは M.D. を持っているからだが，患者を治療し，患者の治療に関して学生を教えることができる。基礎科学デパートメントの教員は，医学スクールに対しては基礎科学を教え，修士や Ph.D. の学生を教える。われわれは学生に患者を治療させる前に解剖学を教える。解剖学デパートメントは彼らが外科に入る前に体のパーツについて教える。言うまでもなく患者を手術する前に人体の構造を知る必要があるからだ。それで，M.D. 学生たちは最初の2年間は解剖学や生化学のような基礎科学に関わり，次の2年間は臨床医学に関わる。そして，卒業する。4年の M.D. プログラムだ。他方で Ph.D. 学生は，2年は教室で過ごし，それから研究を行う。つまり，基礎科学の勉強のあとで，実験に科学を応用することへと進む。M.D. の学生は，基礎科学の勉強のあとで，患者の治療に科学を応用することへと進む。双方ともに最初は基礎科学を学ぶ」（ボストン・医学）。

このように M.D. プログラムに対しては，両方のデパートメントの教員が関わるが，Ph.D. プログラムは，主に基礎科学デパートメントが提供する[17]。「臨床デパートメントの教員は Ph.D. や M.S. の教育に参加することができる。しかし，学位は基礎科学デパートメントから与えられる。（中略）すべてのデ

パートメントがM.D. プログラムに参加できる。しかし，基礎科学デパートメントのみがPh.D. や修士プログラムに参加できる」（ウィスコンシン・医学）。教員の区別が厳しいスクールもある。「基礎科学デパートメント（basic science department）と臨床デパートメント（clinical department）の両方がM.D. に関わるが，Ph.D. とM.S. に関わるのは基礎科学デパートメントの教員である」（イエール・医学）。

　財務については，「財務運営はスクールの中央が行う。スクールはどのように資金がデパートメントに配分されるのかを決める」（ウィスコンシン・医学）。特にM.D. プログラムに関しては，その主要な財源が授業料収入（州補助金）なのでその財務管理上スクールの役割が欠かせない。しかし，第9章でみるように医学スクールでは，スクールに入る授業料収入よりも，連邦政府からの研究資金（や病院収入）の割合が圧倒的に大きく，スクール以上にデパートメントによる財務運営が，特にPh.D. プログラムを動かすのには重要である（直接経費に関しては教員に来るのでデパートメントもさわれない）。「医学スクールは独立採算的な組織だが，デパートメントも自分で財務運営を行い，独立採算的である」（ボストン・医学）。プログラムそのものは実体的ではなく，「デパートメントが非常に重要だ。デパートメントがすべてを決める。プログラムはデパートメントほど権限も資金もない」（アイオワ・医学）[18]。

③まとめ

　医学スクールは2種類のデパートメントで構成される。学位プログラムの形態は，M.D. プログラムがひとまとまりのプログラムであるのに対して，Ph.D. やM.S. プログラムは領域で分割されたプログラムである。つまり分化志向の強いPh.D. およびM.S. プログラムと統合志向の強いM.D. プログラムである。それが学位プログラムの運営の違いに顕著に現れている。一方でPh.D. およびM.S. プログラムはカリキュラム運営，教員や財務の運営もすべてデパートメントが行う。これに対してM.D. プログラムは，カリキュラムの運営，財務の運営もスクールが中心となって行う。ただし，教員についてはデパートメントが管理する。このようにPh.D. プログラムの運営とM.D. プログラムの運営は

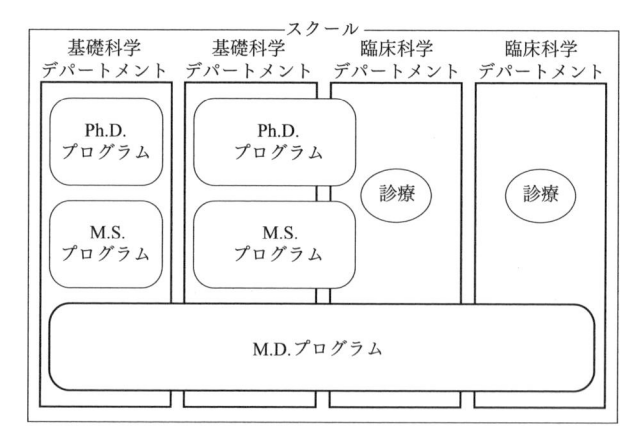

図7-5 医学スクール

```
                    ┌─── スクール ───┐
  基礎科学      基礎科学      臨床科学      臨床科学
 デパートメント  デパートメント  デパートメント  デパートメント

  Ph.D.        Ph.D.
 プログラム    プログラム
                            診療         診療
  M.S.         M.S.
 プログラム    プログラム

         M.D. プログラム
```

大きく異なる。修士プログラムは、専門職学位に位置づけられるが、ディシプリンに分かれており、Ph.D. プログラムと同じように、デパートメントで運営される。

5) ビジネス・スクール

提供される大学院学位プログラムは、主要な専門職学位としてまず M.B.A. プログラム、それよりも規模は小さいが、研究学位として Ph.D. プログラム、そのほかエグゼクティブ M.B.A.、会計学、ファイナンス（金融・財務）、マーケティング、統計学などの修士を出すスクールも多い。また多くのスクールが学士プログラムを有するが、コーネル、スタンフォードにはない。

①スクールの内部組織

デパートメント制をとるスクールととらないスクールがあり、調査対象のスクールでは、オハイオ州立、ペンシルバニア州立、ミシガン州立、ペンシルバニア、ワシントンといった大学のビジネス・スクールはデパートメント制をとるが、コーネル、カーネギーメロン、MIT、スタンフォードはデパートメント

制ではない。パデュー大学は少し特殊で，ビジネス・スクールに経済学デパートメントがあり，他のファイナンスや会計学など普通のビジネス・スクールの部分はデパートメント制ではない（現在ファイナンスもデパートメントを採用し，2デパートメント7エリアになっている）。

　デパートメントがない場合，学士プログラムを持たないか，持っても比較的小規模なビジネス・スクールが多く[19]，小規模な場合，執行部と教員の間に余計な組織がないので柔軟なスクール運営が可能だと考えられている[20]。「デパートメントがないことで，われわれは柔軟性を得ることができ，ディシプリン〔ファイナンス，経済学，会計学など〕の横断を促すことができる」（スタンフォード・ビジネス）。

　ただし調査対象スクールでは，デパートメントがない場合，フルタイムの教員数は，コーネルの58名以外は，カーネギーメロン90名，スタンフォード99名，MIT 98名で（パデューは104名），小規模というわけでもなく，これに対しデパートメントがあるスクールでは，オハイオ州立101名，ミシガン州立109名，ワシントン102名，ペンシルバニア198名，ペンシルバニア州立86名で[21]，デパートメントの有無は規模だけによるものではないようだ。パデュー大学のビジネスの副ディーンによれば，デパートメントはPh.D.には適するが，専門職学位には適さないという。とくに1960年前後には，デパートメントのような専門分野別の縦割り組織への批判を背景に，横断的な組織，プログラム重視の傾向があり，その時期にできたビジネス・スクールはデパートメント制を採用せず，パデュー大学のビジネス・スクールもデパートメントを採用しなかった[22]。

　なおデパートメントがあるスクールでは，その数はオハイオ州立5，ミシガン州立5，ワシントン5，ペンシルバニア10，ペンシルバニア州立6であり，デパートメント当たりの平均教員数はそれぞれ20名，22名，20名，20名，14名となる。

②大学院プログラムの運営（デパートメントがある場合）
・M.B.A.とPh.D.との違い

デパートメントを有する場合，M.B.A. プログラムと Ph.D. プログラムの運営方法が異なる。そもそも「M.B.A. プログラムは，Ph.D.（経営学）プログラムのカリキュラムと全く異なる」「Ph.D. 学生は基本的には M.B.A. の授業は取らない。彼らは研究のスキルと研究の経験を提供するようデザインされた授業をとる」（コーネル・ビジネス）。ミシガン州立大学のスクールでは，「M.B.A. 学位のような一般的な学位プログラムはスクールが提供し，M.S. や Ph.D. はそれぞれのデパートメントが責任を有する」（ミシガン州立・ビジネス）。

多少具体的に言えば，Ph.D. プログラムは，個々のデパートメントで，それぞれカリキュラムが異なっており，学ぶ内容も異なり，同じ Ph.D. プログラムといってもあたかも違うプログラムの如く，個々のデパートメントが責任を有する。これに対して M.B.A. プログラムを，ワシントン大学のビジネスの副ディーンは，「M.B.A. はスクール全体で動かしている」と表現するが，どういうことかと言えば，デパートメントという組織がありながらも，「教育上は，プログラム内部にある授業に教員が割り当てられるのであり，プログラムがどんな授業が必要であるかを決め，デパートメントがそれを充当する。デパートメントが授業を運営するのではなく，プログラムが授業を運営する。（中略）カリキュラムは教員の委員会がアレンジする。（中略）教員〔の委員会〕はビジネス・スクールの教員全員で構成され，それはデパートメントではなく，（中略）授業は五つのすべてのデパートメントから出される。（中略）カリキュラムはスクールによってコントロールされる」（ワシントン・ビジネス）。同ディーンによれば，この違いは Ph.D. と M.B.A. との性格の違いによる。「Ph.D. は一つの狭いテーマに向かって非常に深く入っていくが，M.B.A. は本質的に非常に幅が広い」「M.B.A. 学生は研究をほとんどしない。研究は M.B.A. 学生の文化ではない」（ワシントン・ビジネス）。

・Ph.D. に近い修士号（M.S.）

他方で専門職学位の修士号 M.S. は M.B.A. と違って専門が細分化されるため運営は Ph.D. に近いようだ。「会計学で M.S. in accounting を有するが，会計学のデパートメントが会計学の修士号を，その予算とプログラムを完全にコントロールする。M.B.A. のような一般的なプログラムについては，カレッジの

レベルで，M.B.A. プログラムのための別のユニットがあって，そこが予算を持ち，授業はデパートメントとは別に開講される。従って，一般的な学位はわれわれが組織化し，ファイナンスの修士号，ロジスティック＆サプライ・チェーンの修士号のように，特定のデパートメント学位は，デパートメントのなかにある，といった違いがある。M.B.A. はカレッジ学位だ。学士号もカレッジ学位であり，予算はカレッジ内部でプログラムとして独立して維持されており，授業はデパートメントとは別に開講されている」（ミシガン州立・ビジネス）。

・カレッジ学位とデパートメント学位

　ここでカレッジ学位と，デパートメント学位という言葉が出てきた。少しわかりにくいが，プログラムには，カレッジやスクールでひとまとまりのプログラム（M.B.A. プログラムや学士プログラム）と，領域別のプログラム（会計学やファイナンスの修士号，Ph.D.）との二種類があり，前者は「一般的な学位プログラム」として「カレッジ学位」が授与されるのに対して，後者は「デパートメント・プログラム（departmental program）」であり，「デパートメント学位」が授与される，と表現されている。学位やプログラムがデパートメント内部にある，というのはプログラムが領域に分かれ，それぞれが領域別のデパートメント内部で運営されることを意味し，独立したプログラムとか別のプログラムといった表現は，デパートメントに対して独立しているという意味で，それはスクール・レベルの運営を意味する。

　かくて，「Ph.D. はデパートメントのなかにある。しかし M.B.A. はカレッジにある。それは独立したプログラムで，デパートメントから分離した構造を持つ。学士プログラムもそれを運営する副ディーンがおり，M.B.A. は私〔副ディーン〕が担当する。デパートメント主任が M.S. 学位に責任を有する」（ミシガン州立・ビジネス）。

・教員と財務

　M.B.A. はスクールが，Ph.D. と M.S. はデパートメントが運営するというのは，カリキュラムだけではない。ペンシルバニア州立大学では，「Ph.D. と M.B.A. は，まったく別に運営され，授業もまったく別である。M.B.A. は内容が

ハードで厳しく，独自のカリキュラムを持つ。M.B.A. は入学許可や指導，財務はプログラムが担うが，Ph.D. はデパートメントがやる。（中略）M.B.A. プログラムはスタッフと予算を持った独立の部門だ。（中略）Ph.D. プログラムはそれぞれのデパートメントの一部であり，独自の予算を持たない。（中略）Ph.D. については，プログラムよりもデパートメントが予算の管理も学生の募集と選抜も行う。（中略）デパートメントはディシプリンに応じた括りであり，六つのデパートメントがあり，教員はここに属し，人事を行い，財務処理をするとともに運営のための最小単位である」（ペンシルバニア州立・ビジネス）。

ただし，Ph.D. がデパートメント中心の運営と言っても，教員の運営では，デパートメントとともにスクールの役割が大きい。M.B.A. がスクール全体の主要学位プログラムであって，言わば法律スクールの J.D. のような位置にあり，デパートメントがあると言っても文理学のように独立性が強いわけではない[23]。財務においても，スクールの主な収入が研究助成金ではなく M.B.A. プログラムの授業料収入なので，スクールのコントロールが強い。こうした意味では，M.B.A. はスクールが運営し，Ph.D. や M.S. はデパートメントとスクールが運営する，と言うべきであろう。

・プログラム別運営へのシフト

こうした傾向から，スクールが主導しつつプログラム別の運営，という形態もある。オハイオ州立大学では，デパートメントの役割は教員の能力開発に限定され，スクール主導のプログラム別の運営に強くシフトしている。「デパートメント主任は，ここでは教員の開発に責任を有する。デパートメント主任は教員を雇用し，教員の業績を評価し，生産性を強調して研究が重要であることを認識させる。教員開発を支援する，それが彼らの仕事だ。プログラム主任は，学士プログラム，Ph.D. プログラムなど個々のプログラムにとっては，実際には生産ラインの管理者である。プログラム主任は予算を与えられ，教員を雇用し，いやそれはなくて，実際にはデパートメント主任が教員を雇用するのだが，教員はプログラム主任によって必要とされなければ用はない。（中略）プログラムが重要な財務の単位であり，活動基準原価計算システム（activity-based cost accounting system）を採用し，各プログラムが独立して収益と損失を出

し，財務運営の独立した単位となっている」(オハイオ州立・ビジネス)。このプログラムごとの財務運営とは，プログラムごとに「予算は分かれている。学士プログラム・オフィス，M.B.A. オフィス，会計学修士オフィスなどがあり」(オハイオ州立・ビジネス)というように，学士や M.B.A. プログラムであれば，それが一つの単位で，他の M.S. プログラムや Ph.D. プログラムについては領域(人材

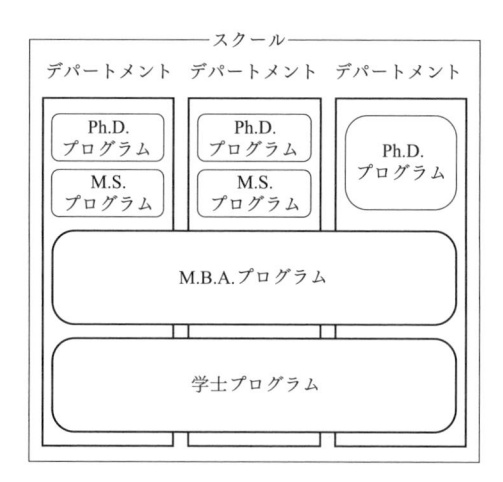

図 7-6 ビジネス・スクール (1)：デパートメントあり

管理，会計学，ロジスティックなど)別プログラムのそれぞれが単位となっている。それらがデパートメントを経ずにディーンに直結する，というイメージである。デパートメントの役割は限定的で，プログラム(一部は領域に分かれたプログラム)の役割が強くなっている。

③大学院プログラムの運営(デパートメントがない場合)

こうした傾向(スクール主導のプログラム別運営)をさらに強めたのが，デパートメントがない場合だと考えるとわかりやすい。デパートメントがない場合，スクール主導のプログラム別運営の傾向がさらにより強くなる。ただし小規模になってスクール主導がさらに強くなる。

M.B.A. については，デパートメントがあってもなくてもスクールによる運営であるが，Ph.D. プログラムについても，デパートメントがない場合は，いくつかの領域区分がデパートメントの代わりをして，多少カリキュラムの運営に関わることもあるが，教員や財務の運営をみると，Ph.D. は少数派であるがゆえに，スクールでまとめて運営される傾向がある。

例えば，カーネギーメロン大学では，「ディーンズ・オフィスが予算と教員

と修了要件に対して責任を有し，プログラム長がカリキュラムに責任を有す」（カーネギーメロン・ビジネス）。スクール・レベルでプログラムが運営される。

コーネル大学のビジネス・スクールでも，デパートメントを置かないが，ディシプリン（discipline）という領域区分を設けている。会計学，情報通信，経済学，企業家精神，ファイナンス，グローバル・ビジネス，経営と組織，マーケティング，業務管理，テクノロジーといった領域である。しかし，「教員は，学務担当の副ディーンとディーンに直接管理され，デパートメントを経ない。スクール内で予算が配分される層の組織もない」（コーネル・ビジネス）。

スタンフォードでも，「ディシプリン・グループ」という組織があるが，教員や財務だけでなくカリキュラムもスクール・レベルで決まる[24]。

MITでも，ディシプリンが置かれ，「デパートメントのようなもの」（MIT・ビジネス）だが，その垣根はデパートメントよりも遥かに低く，教員を分けるための学問領域に過ぎず，管理運営上の実体ではない[25]。ではディシプリンではなくプログラムが運営の中心かと言えば，そうではなく，確かにプログラムごとにいくらかの予算はあるが，異なる複数のプログラムを一体で運営しており，カリキュラムはもちろん，教員や財務の運営もスクール・レベルで集権的に運営し，最終的にはディーンが決定する[26]。

パデュー大学でも，デパートメントの代わりに「機能的エリア（area）」と呼ばれる区分があるが，エリアは教員の配置の調整に関わる程度で（つまり教員の管理はスクールが行う），エリアレベルで決めることはない[27]。他方で，M.B.A.プログラム，Ph.D.プログラム，（領域を分けていない）M.S.プログラム，学士プログラムのそれぞれが，運営上の単位になっており，ディレクターとスタッフもいるが[28]，財務の運営はスクール・レベルで行われ，人件費をはじめ

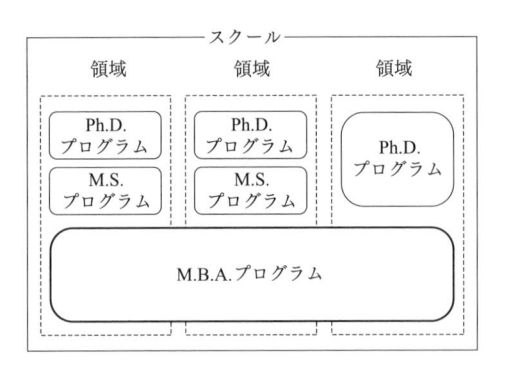

図7-7 ビジネス・スクール（2）：デパートメントなし

財務はディーンズ・オフィスで管理される[29]。

　こうして，デパートメントがない場合は，ディシプリンやエリアなどの領域区分がその代わりをするが，その役割は小さくプログラムの役割が大きい。しかし，スクールが小規模なため，むしろスクール・レベルでの直接的な運営となる。

　④まとめ

　M.B.A. プログラムはひとまとまりのプログラムであって，カリキュラムの運営，教員や財務の運営は，スクール中心になされる。法律のスクールの J.D. と同様である。しかし，法律と違ってビジネス・スクールではデパートメントを有するスクールが少なくない。特にそれは研究学位（Ph.D.）プログラムや修士 M.S. プログラムの運営と関わり，デパートメントがある場合は，それらはデパートメント中心に運営される。専門職学位（M.B.A.）はスクールが，研究学位（Ph.D.）はデパートメントが中心となって運営する点で，医学スクールの M.D. と Ph.D. の違いに似ている。

　ただし，医学と違って，ビジネス・スクールではあくまでも専門職学位 M.B.A. の位置が大きく，教員は M.B.A. 中心に採用され，収入も M.B.A. の授業料収入が大きく，デパートメントよりもスクールの役割が大きい。デパートメントがあっても，スクール主導のプログラム別運営という例もある。

　デパートメントがない場合は，さらにそれが顕著である。M.B.A. がスクール・レベルで運営されることは言うまでもないが，Ph.D. や M.S.（修士は専門職学位）についても，デパートメントの代わりに領域区分（ディシプリンやエリア）が置かれ，それらによる運営も加味されるものの，それらの領域区分の独立性は低く，スクールの関与が大きい。プログラムごとの運営の度合いは増えるが，プログラムも領域別ではなくスクール・レベルのプログラム運営であり，結果的にスクールの運営に近い。

6) 教育スクール（エデュケーショナル・スクール）

提供される学位プログラムは，研究学位では Ph.D. プログラム，専門職学位では D.Ed. または Ed.D., M.Ed. または Ed.M. などのプログラムである。M.A., M.S. は，若干の Ph.D. 途上の研究学位の場合もあるが，多くはカウンセラー教育，管理者養成，学校心理学，人材開発などの修士号であって，専門職学位に位置づけられる。なお，学士プログラムを有する場合が多いが（特に州立大学），主に初等教育，中等教育の教師養成プログラムである。

①スクールの内部組織

デパートメント制を採用しているスクール（ウィスコンシン大学，インディアナ大学，ペンシルバニア州立大学）と，デパートメントがないスクール（ミシガン大学，ハーバード大学，カリフォルニア大学バークレー）とがある。後者については，ハーバードもカリフォルニア大学バークレーも学士プログラムがなく，ミシガンの学士プログラムも比較的小規模であることから，デパートメントの存在はスクールの規模によるところが大きいようだ。だが，デパートメントがないのはそれだけの理由ではない。

ミシガン大学の教育スクールでは，教育スクールは本来学際的な教育を行うがゆえにディシプリンに分かれたデパートメントが適さない，という認識がある。「規模にもよるが，専門分野を横断したつながりへの関与もある。学際的だということだ。われわれは，似た関心を持つ教員が学生と共に協働し，スクール全体を横断して仕事ができるように，プログラムの構成員に対して異なるアイデンティティでバランスを取っている」（ミシガン・教育）。また，ハーバードの教育スクールは「スクールは投票を行い，3年前にデパートメントなしで運営することを決定した」（ハーバード・教育）が，それは，ハーバードの教育のスクールは小規模であると同時に，専門職学位である修士を中心とするスクールであり，ディシプリンに傾斜した博士プログラムよりも，専門職の修士プログラムを中心にした運営を優先したからであった[30]。

なお，フルタイムの教員数は，デパートメントがある場合，ウィスコンシン

大学で144名（デパートメント当たり平均16名），インディアナ大学で81名（デパートメント当たり平均16名），ペンシルバニア州立大学で100名（デパートメント当たり平均20名）であり，デパートメントがない，ミシガン大学67，ハーバード54[31]，カリフォルニア大学バークレー45名（2007/8年）である。

②大学院プログラムの運営（デパートメントがある場合）
・デパートメント中心の運営

大学院学位プログラムはデパートメント中心に運営されている。博士レベルで専門職学位がなく研究学位Ph.D.に傾斜しているウィスコンシン大学の教育のスクールでは，芸術，カウンセリング心理学，カリキュラム＆教授法，ダンス，教育リーダーシップ＆政策分析，教育政策論，教育心理学，運動生理学（作業療法を含む），リハビリ心理学＆特殊教育，の9デパートメントからなる。「教員はデパートメントに帰属し，デパートメントが教員を採用し管理する。（中略）デパートメントが予算を持ち，財務の単位であり，意思決定を行う」が，「プログラムはカリキュラム，デパートメントは管理運営という分担ではなく，デパートメントは管理運営だけでなくカリキュラムにも責任を有する」（ウィスコンシン・教育）。同スクールでは，大学院の学位プログラムは，教育専門職修士（MSPE：Master of Science for Professional Educators）プログラムと，博士研究プログラム（Doctoral Research Program）の2種類だが，前者は教育心理学デパートメントのプログラムであるし，後者は領域別プログラムなので，ともにデパートメントで運営される。

ただし，学士プログラムについては，初等教育，中等教育の教員資格プログラム（Teacher Licensing Programs）と，一般的な学士のメジャー（Majors）とがあり，メジャーの方はデパートメントに対応した領域別プログラムだが，教員資格プログラムは「デパートメントを横断する」「デパートメントの内部にはない」プログラムである。それは一部であり，つまり「プログラムはデパートメントを横断するものを除けば，デパートメントのサブユニットだ。特に大学院プログラムはサブユニットだ。しかし，それ自体の予算もなく，デパートメントが予算を持ち，全体として意思決定を行う」（ウィスコンシン・教育）。こ

うして，文理学や工学のように，「ほとんどの場合，デパートメントは学士プログラムと大学院プログラムを有する」「デパートメント内部にプログラムがある」（ウィスコンシン・教育）という状況となる。

・細分化するプログラムと領域別プログラム運営への傾斜

　教育スクールの場合，文理学カレッジと違って，デパートメントはディシプリンに必ずしも対応しない[32]。このため，デパートメント内部はさらに領域が細分化される傾向があり，デパートメントが領域別のプログラムを内包する，という形状が教育のスクールでは発生しやすい。これは工学のスクールに似ている。先のデパートメント内部のサブユニットとしてのプログラムとは，（学士プログラム，修士プログラム，博士のプログラム，ではなく）細分化した領域別プログラムのことを指す。教員も学生もデパートメント以上にこの下位領域への所属意識が強い。

　表7-3は，インディアナ大学の教育スクールのデパートメントとその内部の領域別プログラム（major あるいは subject area と表現されている）の一覧である[33]。Ph.D. や Ed.D.，専門職修士，などが各デパートメントさらにはその内部の領域別プログラムごとに区別されている（Ed.S. は，Educational Specialist degree で，修士と博士の間のレベルの専門職学位）。このスクールでは，教員人事はデパートメント・レベルで行われるが，教員はデパートメント内部の細分化されたプログラムに所属している[34]。

　さらにペンシルバニア州立大学では，デパートメントがありながら，領域に細分化したプログラムが運営上重要な役割を果たす[35]。「五つのデパートメントがある。しかし，これらのデパートメントは学位を授与しない。これらのデパートメントは授業を提供しない。デパートメントの中にプログラムがあり，学士プログラムも大学院プログラムもあるが，例えば教育政策研究デパートメントを取り上げると，教育リーダーシップ・プログラム，教育理論＆政策プログラム，高等教育プログラム，大学生問題プログラムがあり，教員を有する。（中略）大学生問題プログラムの教員がカリキュラムと入学要件を設定し，（中略）プログラムの教員が授業を提供する。（中略）高等教育プログラムは，大学院レベルのみの学位，M.S., M.Ed., Ph.D., D.Ed. を授与し，プログラムの

表7-3 インディアナ大学教育スクールの大学院学位

カウンセリング&教育心理学デパートメント				
カウンセリング&カウンセラー教育	M.S.	Ed.S.	Ed.D.	Ph.D.
カウンセリング心理学				Ph.D.
教育心理学	M.S.			Ph.D.
学校心理学		Ed.S.		Ph.D.
カリキュラム&インストラクション・デパートメント				
芸術教育	M.S.		Ed.D.	Ph.D.
カリキュラム論			Ed.D.	Ph.D.
初等教育	M.S.		Ed.D.	Ph.D.
数学教育	M.S.	Ed.S.	Ed.D.	Ph.D.
科学教育	M.S.		Ed.D.	Ph.D.
中等教育	M.S.	Ed.S.	Ed.D.	Ph.D.
社会科教育	M.S.			Ph.D.
特殊教育	M.S.	Ed.S.	Ed.D.	Ph.D.
教育リーダーシップ&政策研究デパートメント				
高等教育	M.S.		Ed.D.	Ph.D.
学生管理	M.S.			
教育リーダーシップ	M.S.	Ed.S.	Ed.D.	Ph.D.
教育史&教育哲学	M.S.			
教育史				Ph.D.
教育哲学				Ph.D.
教育政策論				Ph.D.
国際比較教育	M.S.			Ph.D.
教授システム工学デパートメント	M.S.	Ed.S.		Ph.D.
言語教育デパートメント	M.S.	Ed.S.	Ed.D.	Ph.D.

　教員が学位の要件を設定し，入学者を決め，資格認定試験のような試験のプロセスを管理する。（中略）リベラル・アーツ・カレッジでは，歴史学デパートメントが学位を授与し，デパートメントの下位には〔領域で〕分割されたプログラムはない。（中略）しかし，教育のカレッジはそうではない。プログラムが学位を授与し，デパートメントは学位も授業も提供しない。デパートメントは予算のユニットだ。運営ユニットの一部だ」（ペンシルバニア州立・教育）。

　このように教育スクールでは，スクールによっては，大学院の修士レベルで教員養成プログラムを有する場合もあるが，研究大学での主な大学院学位プログラムは，領域別のプログラムであり，デパートメントの内部に存在し，デ

パートメントのサブユニットになっている。

・教員と財務

　教員や財務の運営は，上でウィスコンシン大学の例でみたように，デパートメントが中心に行うが，ペンシルバニア州立大学では，採用の際はデパートメントの推薦を受けてディーンが決定し，デパートメントとプログラムに割り当てられ，いったん採用されればデパートメントが管理する。教員給与は大学からカレッジに配分された資金がデパートメントに配分され，「給与はデパートメントの予算の一部をなす」（ペンシルバニア州立・教育）。財務運営はデパートメントが担っている。ただし，インディアナ大学では，前述したように人事はデパートメントが担い，財務はスクールが中心となる。「すべての財務上の問題は教育のスクール・レベルで処理されている。デパートメントは，授業を教えるのは誰かを決定し，もし充分な学生がいなければ授業を提供しない。しかし，財務に関する決定はすべてスクールでなされる」（インディアナ・教育）。

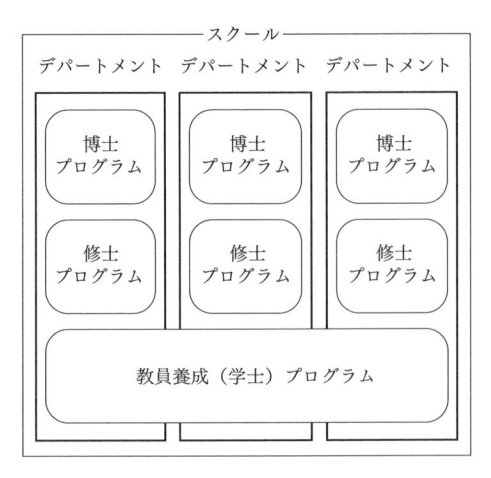

図7-8　教育スクール（1）：デパートメントあり

・研究学位と変わらない専門職学位の運営

　以上は特に研究学位と断っていないが，教育スクールでは，プログラムの運営上で研究学位と専門職学位の違いはあまりない。専門職修士（M.A., M.S.）もデパートメント中心に運営され，さらに Ed.D. については，インディアナ大学の教育スクールの副ディーンによる説明が示唆的である。「Ph.D. が Ed.D. よりも良い学位だとみられている領域もあり，他の領域では同等に見なされている。教育スクールには，Ed.D. を持つ教員よりも Ph.D. を持つ教員が多いが，Ed.D. を有する教員はおり，学生にその教員の違いを尋ねても答えられないだろう，それはほとんどのプログラムで違いがないからだ。（中略）教員は

同じで，授業もほとんど共通している。Ed.D. プログラムがある領域はほとんど Ph.D. プログラムを有する。財務上は分かれておらず，それは Ph.D. も Ed.D. もすべての修士号，M.S. も同じことであり，どの学位についても責任を有する人間は共通である」（インディアナ・教育）。

　③**大学院プログラムの運営**（デパートメントがない場合）
　領域別のプログラムが運営に関わる傾向は，デパートメントがないスクールでは顕著である。しかし，小規模なため，運営上スクールがより重要な役割を果たす傾向があり，デパートメントのないビジネス・スクールと似ている。
　例えばミシガン大学の教育スクールでは，内部組織の最小単位として，「高等教育＆中等後教育研究（センター）」「教育学・心理学連合プログラム」「教育研究」「英語・教育共同プログラム」「教師教育」の五つの領域別プログラムがデパートメントの代わりをする[36]。5 プログラムは，「多少デパートメントに似ているが，デパートメント長のような管理者はいない。教員の中にプログラム・リーダーというような人はいる」。このプログラムがカリキュラムに責任を有し，プログラムには予算もある。しかし，その「予算は教育プログラムに関わる経費の予算だけで，研究の基盤やプログラムに直接に関わらない予算は含まれない。スクールは多くの研究資金を持つが，プログラムとはリンクしない」し，教員の給与もディーンが決定し，「教員の採用はスクール・レベルで行う」。このように領域別プログラムはカリキュラム運営で機能するが，領域の垣根は低く，プログラム長もいないので，教員も財務もスクールの関与が強い。
　以上は主に Ph.D. についてだが，専門職修士プログラムも，Ph.D. と同様領域別プログラムに分かれて運営される。「それぞれのプログラム〔領域別プログラムのこと〕は Ph.D. と修士号を有し，大学院だけのプログラムもあるが，学士教育は持たない」（ミシガン・教育）。学士プログラムは領域とは関係なく，初等学校教員プログラムと中等学校教員プログラムの 2 プログラムで，それぞれがスクール全体に関わるひとかたまりのプログラムであり，スクールが運営する。

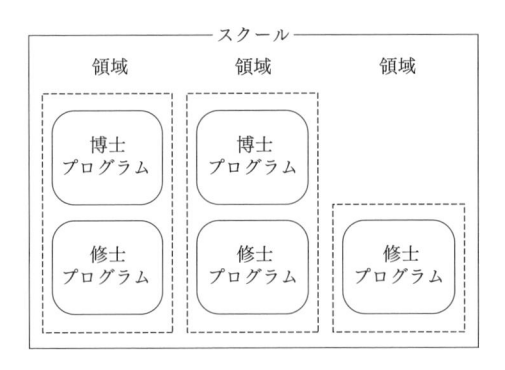

図7-9 教育スクール（2）：デパートメントなし

　カリフォルニア大学バークレーの教育も教員は4, 50名で小規模で，デパートメントがなく（1デパートメントと表現される），その中に三つのエリア（area）があり，そこに教員は属する[37]。三つのエリアの内部にはそれぞれ8, 3, 5の計16ものプログラムが置かれ，そのなかの一つのプログラムはさらに四つのコンセントレーション（concentration）から構成され，それぞれのプログラムやコンセントレーションが M.A., Ph.D., Ed.D. を提供する。規模の割に細分化しているが，三つのエリアに，コア・カリキュラムがあり，カリキュラムの運営単位となっており，教員も所属するが，予算や人事はスクール・レベルで管理されている。

　ハーバード大学の教育スクールでも同様である。Ph.D. はなく[38]，「Ed.D. と，1年制の修士 Ed.M. がある。Ed.M. プログラムにはおよそ 650 の学生がおり，9ヶ月在学する。Ed.D. はその半分程度だ。Ed.M. プログラムは 13 のコンセントレーションを持つ。学生も 13 に細分化される。13 の〔領域別〕プログラムと言ってもよい。Ed.D. は，6 コンセントレーションを有する」（ハーバード・教育）[39]。これも領域による区分で，一見するとデパートメントに近いが，「カリキュラムと授業科目についてはこのディーンズ・オフィスが責任を有する」（ハーバード・教育）という点で集中的な運営である。また，修士と博士のプログラムは，「組織的には，入学許可や財務上では分離されているが，博士のコース・ワークについては，修士の科目と，全部ではないが多くの部分で共通になっている」（ハーバード・教育）。個々のコンセントレーションを超えた運営がなされる。財務についてもスクールが集中的に管理し[40]，修士も博士も「カリキュラムと授業に関してはこのオフィス（Degree Programs Office）が運営する。スクールでの集中的な運営だ」（ハーバード・教育）。

以上のようにデパートメントがない場合，スクール中心に運営される。

④まとめ

教育スクールはプログラムで構成され，デパートメントがある場合とない場合がある。学位プログラムはひとまとまりではなく，多くは領域に分かれたプログラム（学士の教員養成プログラムは除く）であり，その結果，研究学位も専門職学位も運営にあまり違いがない。

デパートメントがある場合は，カリキュラムの運営，教員や財務の運営はデパートメント中心だが，デパートメントの独立性は高くない。それは，工学や医学のように研究助成金に依存しないことによるかもしれないが，教育のスクールではディシプリンが曖昧だということもあるだろう（学士プログラムの存在も影響しているだろう）。もともと学際的な性格のためか，また研究者養成と専門職養成も近く，そのため厳格にディシプリン・ベースというわけでもないため，デパートメントによる運営といっても，文理学や工学のスクールほどにはデパートメント中心ではない。そしてスクールの関与が強くなると同時に，デパートメントよりも領域別プログラムの位置が重要になってくる。

さらにデパートメントがない場合は，領域別プログラムがデパートメントの代わりをすることになるが，小規模なためスクールが運営の主体となっている。

3 大学院プログラム運営のパターンとその規定要因

1）スクール別にみた大学院プログラム運営のパターン（まとめ）

大学院プログラム運営の中心となる組織について，インタビューで得た結果をまとめたのが表7-4である。これまでの検討をまとめると以下のようになろう。

まず，法律スクールにおいては，主要な専門職学位 J.D. プログラムはひと

表7-4 スクール別にみた大学院プログラム運営

	大　学	デパートメント	主要な研究学位 / 主要な専門職学位	運営の中心となる組織
法律	インディアナ大学ブルーミントン	—	S.J.D., Ph.D. / J.D., LLM	スクール
	ノースウェスタン大学	—	S.J.D., Ph.D. / J.D., LLM	スクール
	ハーバード大学	—	S.J.D. / J.D., LLM	スクール
ビジネス	コーネル大学	—	Ph.D. / M.B.A.	スクール
	カーネギーメロン大学	—	Ph.D. / M.B.A., M.S.	スクール
	パデュー大学	—	Ph.D. / M.B.A., M.S.	スクール
	マサチューセッツ工科大学	—	Ph.D. / M.B.A., S.M.	スクール
	スタンフォード大学	—	Ph.D. / M.B.A., M.S.	スクール
	ペンシルバニア州立大学ユニバーシティ・パーク	有	Ph.D. / M.B.A., M.S.	Ph.D., M.S. はデパートメント（＋スクール） M.B.A. はスクール
	ミシガン州立大学	有	Ph.D. / M.B.A., M.S.	Ph.D., M.S. はデパートメント（＋スクール） M.B.A. はスクール
	オハイオ州立大学	有	Ph.D. / M.B.A., M.S.	Ph.D., M.S. はスクール＋プログラム M.B.A. はスクール
	ペンシルバニア大学	有	Ph.D. / M.B.A.	Ph.D. はデパートメント（＋スクール） M.B.A. はスクール
	ワシントン大学シアトル	有	Ph.D. / M.B.A., M.S.	Ph.D., M.S. はデパートメント（＋スクール） M.B.A. はスクール
工学	カーネギーメロン大学	有	Ph.D. / M.E., M.S.	デパートメント
	イリノイ大学アーバナ・シャンペーン	有	Ph.D. / M.S.	デパートメント
	ウィスコンシン大学マジソン	有	Ph.D. / M.E., M.S.	デパートメント
	オハイオ州立大学	有	Ph.D. / M.E.	デパートメント
	プリンストン大学	有	Ph.D. / M.E.	デパートメント（一部プログラム）
	ジョンズ・ホプキンズ大学	有	Ph.D. / M.S.	デパートメント
医学	ウィスコンシン大学マジソン	有	Ph.D. / M.D., Masters	Ph.D., 修士はデパートメント M.D. はスクール
	イエール大学	有	Ph.D. / M.D., Masters	Ph.D., 修士はデパートメント M.D. はスクール
	ボストン大学	有	Ph.D. / M.D., Masters	Ph.D., 修士はデパートメント M.D. はスクール
	アイオワ大学	有	Ph.D. / M.D., Masters	Ph.D., 修士はデパートメント M.D. はスクール
	ピッツバーグ大学	有	Ph.D. / M.D., Masters	Ph.D., 修士はデパートメント M.D. はスクール

（つづく）

	大 学	デパートメント	主要な研究学位 / 主要な専門職学位	運営の中心となる組織
教育	ウィスコンシン大学	有	Ph.D. / M.S.	デパートメント
教育	インディアナ大学ブルーミントン	有	Ph.D. / Ed.D., Ed.S., M.S.	デパートメント（＋領域別プログラム）
教育	ペンシルバニア州立大学ユニバーシティ・パーク	有	Ph.D. / D.Ed., M.Ed. M.S.	（デパートメント＋）領域別プログラム
教育	ミシガン大学アナーバー	—	Ph.D. / M.A.	スクール（＋領域別プログラム）
教育	ハーバード大学	—	Ed.D. / Ed.D., Ed.M.	スクール（＋領域別プログラム）
教育	カリフォルニア大学バークレー	—	Ph.D. / Ed.D., M.A.	スクール＋エリア（＋領域別プログラム）
文理学	コーネル大学	有	Ph.D. / (M.P.S.)	デパートメント
文理学	プリンストン大学	有	Ph.D. / —	デパートメント
文理学	ワシントン大学シアトル	有	Ph.D. / (M.S.)	デパートメント

まとまりのプログラムである。法律スクールにはデパートメントはなく，J.D. プログラムはスクール中心に運営される（カリキュラム，教員，財務すべて）。J. D. よりも小規模な専門職学位 LL.M. プログラム，研究学位 Ph.D. あるいは S. J.D. プログラムは領域別のプログラムだが，小規模なためスクールでまとめて運営される（カリキュラム，教員，財務すべて）。

次に，文理学カレッジにおいては，主要な学位である研究学位 Ph.D. プログラム，M.A. プログラム，M.S. プログラムは，領域に分かれたプログラムである。なおかつ文理学のスクールにはデパートメントがあり，それゆえに個々のデパートメントで別々に運営される（カリキュラム，教員，財務すべて）。学位プログラムはデパートメントで分断される。

工学スクールにおいては，研究学位として Ph.D. が授与され，広義の専門職学位として M.S. が授与されるが，ともに領域に分かれた学位プログラムである。工学スクールはデパートメントで構成され，そのためデパートメントを中心に運営される（カリキュラム，教員，財務すべて）。なお，学士プログラムも，領域に分かれたプログラムであり，デパートメントが運営の中心となる。

医学スクールにおいては，研究学位である Ph.D., 専門職学位である M.D.,

および広義の専門職学位と位置づけられる M.S. があるが，Ph.D. プログラム，M.S. プログラムは領域別のプログラムであり，M.D. プログラムはひとまとまりのプログラムである。医学スクールにはデパートメントがあり，Ph.D.，M.S. プログラムはデパートメント中心に運営されるが（カリキュラム，教員，財務すべて），M.D. プログラムはスクールが運営する（主にカリキュラム，財務）。

ビジネス・スクールでは，主たる学位として専門職学位の M.B.A，それより規模は小さいが研究学位として Ph.D.，そして M.B.A. 以外に M.S. プログラムが専門職学位として授与されるが，M.B.A. はひとまとまりの学位プログラムであるのに対して，Ph.D. や M.S. は領域別の学位プログラムである。ビジネス・スクールはデパートメントがある場合とない場合があり，M.B.A. プログラムはデパートメントの有無にかかわらず，スクールで運営されるのに対して（カリキュラム，教員，財務すべて），Ph.D. や M.S. はデパートメントがある場合は，デパートメントが運営する（主にカリキュラム，教員）。ただしデパートメントの独立性は，文理学や工学や医学より低い。他方でデパートメントがない場合は，プログラムの内部が領域に分割され，運営に関わる（主にカリキュラム，教員）。ただし，小規模なため運営にはスクールが関わることが多い（特に教員や財務）。

教育スクールにおいては，研究学位 Ph.D.，専門職学位として Ed.D. や修士号（M.A., M.S., M.Ed.）が授与されるが，どの学位プログラムも領域に分かれている。ビジネス・スクールと似て，デパートメントがある場合とない場合があるが，M.B.A. のようなひとまとまりの大学院学位プログラムがない（学士プログラムはある）。デパートメントがある場合，Ph.D. をはじめとするすべての大学院プログラムはデパートメント別に運営される（カリキュラム，教員，財務すべて）。デパートメントがある場合でも，もともと教育学は学際的でディシプリンが曖昧なためか，デパートメントが必ずしもディシプリンに対応せず，むしろ領域別のプログラムがデパートメントに近くなっている。デパートメントがない場合は，さらに領域別プログラムが運営上の役割を増すが，他方で小規模であるため，領域別プログラムではなくスクールによる運営にシフトしている（特に教員，財務について）。

このように法律，文理学，工学のスクールは比較的単純であるが，医学，ビジネス，教育のスクールは，異質なプログラムが同程度に並存し，デパートメントの有無の違いがあり，ディシプリンとデパートメントとの関係が曖昧であるなど，より複雑である。

2）プログラム構造とスクールの組織構成

以上の整理から，大学院プログラム運営にとって，プログラムそのものの構造や，デパートメントや領域などのスクール内部の組織構成が重要であることが示唆される。すなわち，第一に，学位プログラムには，「ひとまとまりの学位プログラム」と「専門分野や領域で分割される学位プログラム」の大きく2種類が存在する。ひとまとまりのプログラム（ひとかたまりのプログラム，まとまったプログラム）とは，法律スクールのJ.D.，医学スクールのM.D.，ビジネス・スクールのM.B.A.などの学位プログラムのことで，それ以上には分割されない学位プログラムである。スクールにとっては，スクール全体の学位プログラムであり，「スクール学位」「スクール学位プログラム」と言える（カレッジ学位，という表現もあった）。これに対して，多くのスクールのPh.D., M.A., M.S.などの学位プログラムは，専門分野や領域に分かれた学位プログラムである。これらは例えば，Ph.D. in Physics, Ph.D. in Social Sciences, Ph.D. in Curriculum and Instruction, M.S. in Computer Science, M.S. in Accountingなどのように表現される。J.D., M.D., M.B.A.にはこうした領域名はつかない。

最初の大学院教育の志向性の観点からすれば，ひとかたまりのプログラムは統合志向のプログラム（統合型プログラム），領域別プログラムは分化志向のプログラム（分化型プログラム）と言えよう。つまり，大学院教育の志向性の違いが，ひとまとまりか領域別かというプログラムの構造に反映している。

第二に，ひとまとまりのプログラムと領域別のプログラムというプログラムの構造の違いは，スクール内部の組織構成に少なからぬ影響を与えている。Ph.D.プログラムのように専門分野や領域に分かれたプログラムにはデパートメント制が適していることは言うまでもないだろう。他方で，デパートメント

を採用しないスクールがあるのはなぜか。その理由の一つは比較的スクールの規模が小さいことである。デパートメントは組織をディシプリンで分割したものであるが，スクールによっては規模が小さいので分割する必要がない。コーネル大学のビジネス・スクールは小規模なスクールであり，ディーンと個々の教員の間に余計な組織があるのは運営上非効率なのでデパートメントはない，というし，ペンシルバニア州立大学の教育のスクールでは，デパートメントによってスクールのなかが過度に細分化されたことへの反省から数年前にデパートメントを再編成した。

　しかし，ハーバード大学の法律スクールは決して小規模ではないのにデパートメントはないし，ビジネス・スクールでも同規模なのにデパートメントのあるスクールとないスクールがある。小規模な医学スクールでもデパートメント制をとっている。従ってデパートメントの有無の要因は規模のみではない。

　どういうことかと言えば，法律スクールでは主要な学位プログラムであるJ.D. プログラムが教育上まとまったプログラムであり，それを細分化させるようなデパートメントは適当ではないとされる。ビジネス・スクールにデパートメントがないスクールが比較的多いのは，J.D. と同じように，スクールの主要な学位であるM.B.A. プログラムがやはりひとまとまりのプログラムであって，細分化されるものではないという背景もあるだろう。「もし専門職プログラムの方向への親和性が強まれば，デパートメント制をとらない状況へとより近づくものと考えられる。もしPh.D. や研究のようにディシプリンの方向への親和性が強まれば，まあ経済学者はファイナンスの教員は研究などしていないと考えており，そこにはかなりの傲慢さがあるのだが。もしディシプリンへの親和性が強まれば，プログラムの方向には行かない。ディシプリンへの親和性が強まればデパートメントとなる傾向があり，その親和性が強くなければ構造的にはデパートメント制をとらないだろう」（パデュー・ビジネス）。

　ハーバード大学の教育のスクールでは，数年前にデパートメント制を廃止したが，それは主要な学位であるEd.M.（教育修士）にプログラムとしてのまとまりを持たせるために，デパートメントは不適切と考えられたからであった。先のミシガン大学の教育のスクールの例や，パデュー大学のビジネス・スクー

ルでデパートメントがないことの理由には学際性の重要性が挙げられていたが，分化をもたらすディシプリン依存のデパートメントへの批判もある。

3) 大学院プログラム運営のパターンとその規定要因

　先の，大学院プログラム運営についてのスクール別整理は，かなり複雑にみえる。しかし，スクールの壁を取り払うと，大きく四つのパターンがあることがわかる（表7-5）。すなわち，デパートメントがある場合，統合型プログラムはスクールで運営され，分化型プログラムはデパートメント中心に運営される。デパートメントがない場合，統合型プログラムはスクール中心に運営され，分化型プログラムは領域別の運営とスクールによる運営の傾向が増す。

　さらにこれは，大学院プログラム運営のより基本的なタイプとして，結局①「スクールによる運営」，②「デパートメントによる運営」，③「領域別プログラムによる運営」の三つのタイプがあることを示している。このほか，④「ひとまとまりのプログラムによる運営」もあるが，これはプログラムがスクール・レベルで運営されるので，①「スクールによる運営」と重なる。

　実際の運営は，これらのタイプがミックスされている。特に分化型プログラムについては，上述したように，デパートメントがあるときは「デパートメントによる運営」となるが，ビジネスや教育のスクールではデパートメントがあっても「スクールによる運営」や「領域別プログラムによる運営」がそれを補い，他方でデパートメントがないときは小規模な場合なので「スクールによ

表7-5　大学院プログラムの運営パターン

		組織構成	
		デパートメントあり	デパートメントなし
プログラム構造	ひとまとまりのプログラム（統合型プログラム）	スクール中心 （M.D., M.B.A.）	スクール中心 （J.D. 等の法律学位, M.B.A.）
	領域別のプログラム（分化型プログラム）	デパートメント中心 （Ph.D., M.A., M.S.）	スクール＋領域別プログラム （ビジネスの Ph.D., M.A., M.S.） （教育の Ph.D., Ed.D., M.A., M.S.）

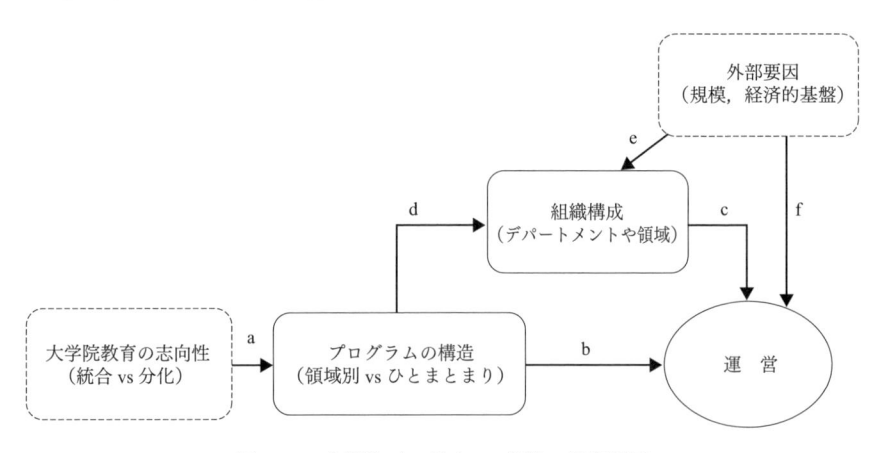

図 7-10　大学院プログラムの運営の規定要因

る運営」が強くなるが,「領域別プログラムによる運営」がそれを補う,という具合に複数の基本タイプが組み合わさる。

　こうした大学院プログラムの運営パターンの規定要因については,これまでの検討を踏まえて以下のように整理できるのではないだろうか（図 7-10）。

　「運営のパターン」,つまりデパートメントによる運営やスクールによる運営など,運営の仕方の違いは,そのプログラムがひとまとまりか領域別か（「プログラムの構造」）によるところが大きい（図 7-10 の矢印 b）。それは Ph.D. プログラムと J.D., M.D., M.B.A. プログラムを比較すればわかる。その「プログラムの構造」は,大学院教育が統合志向か分化志向か（「大学院教育の志向性」）による（図 7-10 の矢印 a）。他方で,「運営のパターン」は,デパートメントの有無や領域などスクール内の「組織構成」にも規定されるが（矢印 c）,「組織構成」そのものもまた,主要な学位プログラムがひとまとまりなのか領域別なのか（「プログラムの構造」）に規定される（矢印 d）。もちろん,「運営のパターン」や,デパートメントの有無など「組織構成」に対しては,スクールの規模や大学院教育の財源の違い（「外部要因」）も影響するだろう（矢印 e, f）。しかし,外部要因だけでなく内部要因によるところがあるとすれば,その核には「プログラムの構造」の違いがあると考えられる。

4 大学院プログラム運営における研究学位と専門職学位との違い

前節では，研究学位と専門職学位の違いについては強く意識せずに整理を行ったが，本書の基本的な関心，つまり研究者養成と専門職養成で大学院教育に運営上どのような違いがあるのか，という問いに立ち戻り，その観点から本章の検討をまとめると以下のようになる。

第一に，文理学，工学，医学などの Ph.D. つまり研究学位プログラムはデパートメント（分割された組織）を中心にばらばらに運営される傾向があるのに対して，法律の J.D., 医学の M.D., ビジネスの M.B.A. といった典型的な専門職学位プログラムは（デパートメントがある場合を含めて）スクールでまとめて運営される。従って研究学位プログラムは分化した組織で分散的に運営され，専門職学位プログラムは分化しない組織で集中的に運営される，という当初の仮説はある程度妥当であるといえよう。図 7-11 に研究学位か専門職学位か，そして集中的な運営か分散的な運営か，の違いで大学院プログラムを配置した。楕円で囲んだ部分が仮説の妥当する範囲（第 I 象限，第 III 象限）である。

このような研究学位と専門職学位の違いを理解するには，研究学位プログラムはデパートメントで分断されるのに対して，専門職学位プログラムはプログラムでまとまる，と捉えるとわかり易いかもしれない。これは学位プログラムの構造の違いに起因するもので，研究学位と専門職学位とで組織に求めるものが違うと解釈できる。つまり，専門職学位では端的に言って職業資格獲得という明確な目標に沿ってカリキュラムが構成されるため，カリキュラムが最も大事であり，そのカリキュラムの維持のための組織として「プログラム」が必要とされるのに対して，研究学位では細分化されたディシプリンのほうが大事であって，ディシプリン（とその責任者である教員）の維持のための組織として「デパートメント」が必要とされる。プログラムは教育需要に直結した組織であり，デパートメントは学問の需要に直結した組織であり，向かう方向が違う。このように求められる組織の違いが組織構成の違いをもたらし，運営の仕

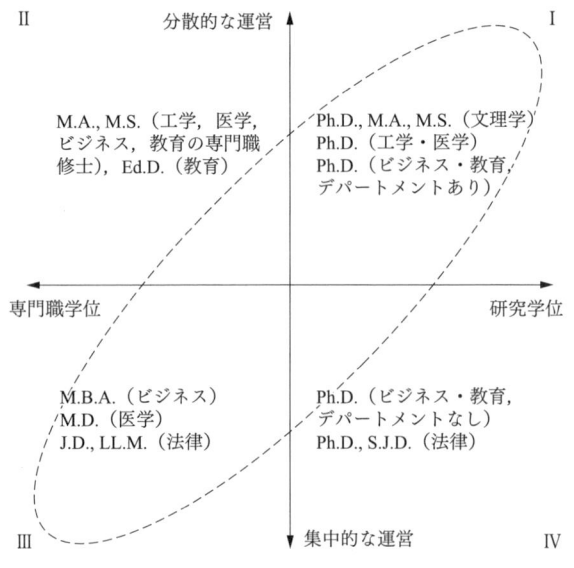

```
              II          分散的な運営           I

                    M.A., M.S.（工学，医学，    Ph.D., M.A., M.S.（文理学）
                    ビジネス，教育の専門職    Ph.D.（工学・医学）
                    修士），Ed.D.（教育）      Ph.D.（ビジネス・教育，
                                              デパートメントあり）

   専門職学位                                                    研究学位

                    M.B.A.（ビジネス）         Ph.D.（ビジネス・教育，
                    M.D.（医学）              デパートメントなし）
                    J.D., LL.M.（法律）       Ph.D., S.J.D.（法律）

              III         集中的な運営           IV
```

図 7-11 学位の種類と大学院プログラム運営

方の違いに現れているという側面があるだろう。

　だが，第二に，この仮説が当てはまらない場合がある。即ち，同じ専門職学位プログラムでも，J.D., M.B.A., M.D. などと違って，工学，医学，ビジネス，教育のスクールにおける広義の専門職学位である修士号や Ed.D. はデパートメント（やそれに近い組織）を中心に分散的に運営がなされる傾向がある（第 II 象限）。これは専門職教育の多様性を示す意味で興味深い。典型的な専門職学位の場合，社会の中で強い自律性を持つ専門職集団がアクレディテーションなどを通じて教育プログラムを外部から拘束する。特定の専門職に就くための最低限必要な専門職学位であるがゆえに，その資格獲得のため教育内容は標準化され，学生は同じ内容を勉強する。そのような統合志向に傾斜したプログラムはスクール・レベルでまとめて運営するのが適当だろう。しかし同じ専門職学位でも，広義の専門職学位としての修士号，Ed.D. などは強い専門職団体によるコントロールもないことが多く，教育の内容も内部の教員に任され，ディシプリンの意向が反映されやすく，統合志向が弱い。その結果，領域別に

分散的に営まれる，と考えられる。あるいは，小規模な領域に分かれたプログラムが労働市場で求められる能力の範囲にちょうど良い規模であるという側面もあるかもしれない。いずれにしても専門職の自律性の強さで言えば，前者は強い専門職で後者は弱い専門職と言えようが，量的に多数を占めるのは後者（特に専門職修士）であり，今後さらに重要性が増すであろう。

　さらに第三に，これも仮説が当てはまらない場合だが，法律スクール，ビジネスと教育の一部のスクールでの研究学位は小規模であるがゆえにスクールでまとめて運営される（第Ⅳ象限）。このことは大学院プログラムの運営の仕方の違いに「規模」の要因が働いていることを示している。規模については，小規模な場合だけでなく，大規模であれば分散的に運営されやすいという側面もあろう。ただし規模が重要だとしても，医学のスクールにおける M.D. と Ph.D. の運営の違いはそれだけでは説明できないし，法律の J.D. プログラムもハーバード大学などは学生が 1,800 人もいるが集中的に運営されている。規模も重要だが大学院教育の志向性が重要であると考えられる。とはいえ，どの程度教育の志向性が効いて，どの程度規模が効くのかはまだ明確な答えが出ていないので，さらなる検討が必要である。

　加えて第四に，本章ではあまり検討できなかったが，学位プログラムの運営上，財務は重要な位置を占めるようで，例えば，文理学，工学，医学の Ph.D. プログラムへの支出の相当部分は大学院生への経済的支援だが，その大部分が研究助成金に依存するため，研究助成を受け入れ，財務処理を行うデパートメントが，運営上大きな力を持つことになる。それが大学院プログラムの志向性以上に，デパートメント中心の分散的な運営の要因となっている可能性はある。大学院プログラムの財務基盤については第 9 章で詳しく検討する。

　以上のように，あらためて研究学位プログラムか専門職学位プログラムかで，大学院プログラムの運営の違いを整理すると，表面的には「研究学位か専門職学位か」という違いが運営の違いと関わるようにみえるが，むしろ前節で述べたように学位プログラムの構造（領域別プログラムか，ひとまとまりのプログラムか），さらに言えば大学院教育の志向性（分化志向か統合志向か）がより重要な要因であると思われる。専門職学位でも領域別プログラム，というケー

スが修士号を中心に多くあることは，「研究学位か専門職学位か」という違いと，「分化志向か統合志向か」の違いに，ズレがあることを示しており，運営の仕方の違いを規定するのは後者の方であると考えられる。また，研究学位で領域別プログラムのはずなのにスクールが集中的に運営するという場合があるように，スクールの規模などその他の外部要因が運営には影響を与えていると考えられる。本章の分析は限られた数の大学に基づく分析で未だ仮説的な知見に留まるものであり，大学院プログラムの運営の多様性が，内部要因的な大学院教育の志向性，そして外部要因的な規模や経済的基盤によってどのように規定されるのか，今後さらに他地域や多くの大学の事例を通じて検討する必要がある。

補論　スクールにおける多様性への組織的対応
――マトリクス組織――

　以上，大学院プログラムの運営のパターン，研究者養成と専門職養成との違いなどを検討してきたが，異質なプログラムがどのようにスクール内部で調整され運営されているのか，についてはまだ十分検討していない。そこでここでは，学位プログラムの多様性を維持するメカニズムについて検討する。着目すべきは「マトリクス組織」である。

1) マトリクス組織

　オハイオ州立大学のビジネス・スクールのディーンによれば，同スクールには五つのデパートメントがあり，「M.B.A. プログラム，学士プログラム，Ph. D. プログラム，その他のプログラムは生産ラインであり，プログラム長は予算を与えられ，生産ラインを管理する。(中略) 教員はひとつのデパートメントに所属し，異なる複数の生産ラインに割り当てられる」(オハイオ州立・ビジネス)。複数の生産ラインであるプログラムと複数のデパートメントがクロスし，マトリクス(格子構造)を形成している。

　マトリクス組織とは，経営学や組織論の概念であるが，複数の組織区分をクロスさせた複合的組織である[1]。企業組織であれば，例えば，製造部門，開発部門，企画部門，営業部門などの「機能別部門組織(あるいは職能部門制組織)」と，パソコン事業部，テレビ事業部，オーディオ事業部などの「事業部制組織」があるとされるが，その二つの組織区分をクロスさせたものである。単一事業であれば機能別部門組織の組織区分だけがあれば済むが，事業の多角化が進むと，事業部制組織の重要性が増す。機能別部門組織による組織構成は

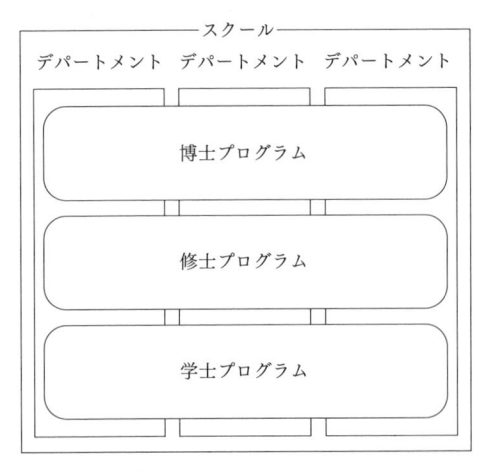

図補-1 スクールのマトリクス

権限が集権的で効率的ではあるが，個々のプロダクツに応じた多様性に対応しにくいので，事業部別組織のような分権的な組織が求められる。しかし，事業部別組織は，タコツボ化やセクショナリズムを招く可能性があり，また資源やスタッフの重複などの非効率的な部分もある。こうした問題を解決するのがマトリクス組織である。ただし，マトリクス組織も指揮系統が複数化して混乱や管理的なコストを増やすなどの問題もある。

　大学の場合，専門的知識，専門分野を基礎にしているために，本質的に多角事業体なので，もともと事業部制組織で構成される傾向が強く，権限もきわめて分散している。それが過度に進み過ぎると，例えば日本の大学での学部自治や講座制のセクショナリズムへの批判などが起こることになる。アメリカの大学も事業部制組織による構成を基本とする。大学内でカレッジ，スクール，センター・研究所などは事業部制組織である。さらにカレッジやスクールの内部も，事業部制組織であるデパートメントから構成される。ただし，生産物＝学位とすれば学位プログラムのほうが事業部制組織と言うべきかもしれない。

　ここではマトリクスを学位プログラムとデパートメントのクロスと言いたいのだが，実は両方とも事業部制組織の側面が強い。ともに専門分野別，領域別に分割され，実際に領域（area）はプログラム内の区分でもあるしデパートメント内の区分で使われることもある。デパートメントがない場合，領域別プログラムがデパートメントのような役割を果たすこともあり，必ずしも違いがはっきりしない。

　しかし，プログラムとデパートメントには相対的には違いがあり，少なくともカリキュラムを重視する組織と，ディシプリンを重視し教員が所属する組

織,という違いはある。マトリクス組織は,必ずしも機能別部門組織と事業部制組織をクロスさせる必要はない。ここでは,「カリキュラム単位である学位プログラム」と「教員組織であるデパートメント」をクロスさせることでマトリクス組織と考えることにする[2]。そして,デパートメントがない場合は,領域(ディシプリン,コンセントレーション)などを教員組織と考えてもよい。それでも,プリンストン大学のように,特定の領域の教育プログラムについては,教員がデパートメントではなくプログラムに所属する,という例もあるが,例外は常にある。なお,デパートメントが単なる教員組織ではないことは,これまで述べてきたとおりで,その点は重要であることを前提として,ここではあえて教員組織の側面を強調する。

2) 一体型教員組織と独立型教員組織

かくてマトリクスは,学位プログラムと教員組織とのマトリクスと考える。重要なのは「学位プログラムとは別に教員組織がある」という点で,これを理解するには,教員がどのように必要とされ,教員集団が形成されるのかを考えてみればよい。教育プログラムにはカリキュラムがあり,授業科目のリストがある。そこでは,教員は特定の科目を担当する人として必要とされ,教員は授業科目に貼りつく。プログラムと教員集団が一体化している場合である(一体型教員組織)。ふつうに考えれば,スクール内で複数の教育プログラムがあれば,プログラムごとに教員集団が置かれ,プログラムが異なれば教員集団も異なる。

他方で「学位プログラムと別に教員組織がある」とは,教員集団がプログラムとは別の論理で組織される場合で(独立型教員組織),この場合,教員集団は漠然と集められるのではなく,一定の基準で集められるだろう。例えばそれがディシプリン・専門分野である。それぞれに確固たるディシプリンが存在し,そのディシプリンを奉じる資格のある教員が求められる。そうした専門分野ごとに分割された教員集団の典型がデパートメントである。

独立型教員組織の場合,図補-2 で言えば,A デパートメントに所属する教

```
┌──────── スクール ────────┐         ┌──────────── スクール ────────────┐
                                      Aデパートメント Bデパートメント Cデパートメント
│  ┌──── αプログラム ────┐  │         │  ┌──────── αプログラム ────────┐  │
│  │      教員組織        │  │         │  │                              │  │
│  └──────────────────────┘  │         │  └──────────────────────────────┘  │
│  ┌──── βプログラム ────┐  │         │  ┌──────── βプログラム ────────┐  │
│  │      教員組織        │  │         │  │                              │  │
│  └──────────────────────┘  │         │  └──────────────────────────────┘  │
│  ┌──── γプログラム ────┐  │         │  ┌──────── γプログラム ────────┐  │
│  │      教員組織        │  │         │  │                              │  │
│  └──────────────────────┘  │         │  └──────────────────────────────┘  │
└────────────────────────────┘         └────────────────────────────────────┘
        （一体型教員組織）                        （独立型教員組織）
```

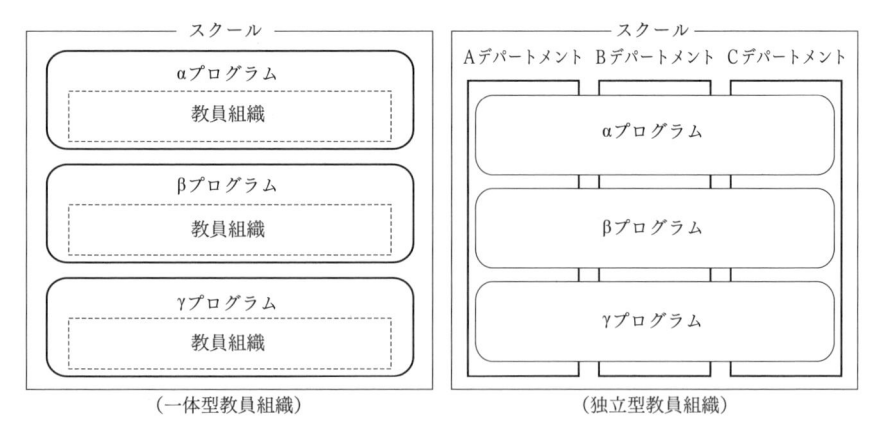

図補-2　教育プログラムと教員集団

員は，αプログラムとβプログラムとγプログラムに関わり（授業を開講し学生を指導する），Bデパートメントのある教員も，α，β，γのプログラムに関わる。つまり教員と教員組織（デパートメント）は複数のプログラムに関与する。これをプログラムの側からみれば，例えばαプログラムには複数の教員組織が関わる。こうしてマトリクスが形成される。

　なお，1スクールに1プログラムしかない場合，当然教員集団は一つでよく，この場合一体型教員組織と独立型教員組織の区別がなくなる。だが，学位プログラムが複数になれば教員組織はそれに応じて分裂するか（一体型教員組織），あるいはプログラムに対する独立性を増す（独立型教員組織）。独立した教員組織がさらに複数に分裂すればマトリクスが形成されるだろう。

3）大学院プログラムの多様性への対応

　先の検討でみたように，文理学，工学，ビジネス，教育，医学のスクールでは，デパートメントがあり，マトリクスが形成されている。

　デパートメント制を採用しないスクールの場合，法律のスクールでは，教員はひとまとまりの教員組織を構成し，複数の学位プログラムがあるとは言え，

J.D. 以外は小規模なので J.D. に付随したプログラムという位置にあるので，実質的には1プログラム1教員集団に近く，マトリクスが実質的に形成されていない。

しかし，デパートメントがない場合でも，ビジネスや教育のスクールでは，ディシプリンやエリア，コンセントレーションといった擬似的デパートメントと言うべき領域区分に教員が属し，学士プログラム，修士プログラム，博士プログラムなど複数のプログラムに関わり，マトリクスを構成している。

もし主に専門職学位だけなら，J.D. のようにひとまとまりのプログラムがあって，教員はそのカリキュラムに貼りつけばよく，そこから独立した教員組織を作るまでもない（J.D. 学生が大多数を占める法律スクールは実質的にこれに近い）。他方でもし主に研究学位だけならば，Ph.D. プログラムはデパートメントに分断され，各デパートメントがあればそれで済む（文理学や工学はこれに近い）。しかし専門職学位と研究学位の両方がある場合，それぞれで全く異なる教員を雇わない限りは，教員組織が複数プログラムとクロスせざるを得ない。かくて，マトリクスを形成することで，研究学位と専門職学位という異なる学位プログラムを提供できる。

実はこの考え方は，大学院と学士との関係において既に指摘されている。デパートメントが学士プログラムと大学院プログラムとの併存を可能にするというのである[3]。本論の検討でも，文理学，工学，ビジネス，教育のスクールの例では，大学院プログラムと学士プログラムという異なる学位プログラムを同じ教員組織が担っていることがわかる。いずれにしても，学位プログラムから教員組織を独立させることで，多様な学位プログラムを運営できるような仕組みになっている。

4) マトリクスの多様性

このようにマトリクスは，法律のスクールを除いて全体的に機能しているようだが，法律のスクール以外でも現実のプログラムと教員組織との関係は多様である。

例えば，文理学や工学のスクールのように，あまりにもデパートメントの役割が大きすぎて，学位プログラムがデパートメントで分断され，その内部のカテゴリーにすぎず，デパートメント内部に学位プログラムがあるという格好になり（文理学カレッジの学士プログラムは，特に前半部分は比較的デパートメントに分断されてはない），あるデパートメントの博士プログラムと他のデパートメントの博士プログラムに実質的に関わりがないような状況もある。デパートメントが単なる教員組織ではなく，教育の実施から運営までさまざまな機能を持ちすぎるとそうなるであろう。このような場合，デパートメントはいわばスクール内部の独立したミニ・スクールとも言うべきもので，スクールはデパートメント中心の事業部制組織構成に近くなり，マトリクスがあまり機能しない。それが，しばしば，これまでデパートメントに対する批判（セクショナリズム批判など）の原因にもなってきた。

これに対して，医学やビジネスのスクールでは，M.D. プログラム，M.B.A. プログラムはデパートメントを超える，スクール（カレッジ）・プログラムである。これらがあるために，スクールは単なる事業部制組織ではなく，クロスが生じており，文字通りマトリクス組織と言うにふさわしい。教育のスクールでも学士の教師資格プログラムがデパートメントを超えるプログラムなのでマトリクスを形成している。

もし Ph.D. プログラムのように領域別のプログラムだけであれば，文理学や工学のスクールのように，マトリクスも限定的なものであろうし，もし M.D. プログラムだけ，あるいはもし M.B.A. プログラムだけであれば，ほとんど J.D. プログラムに特化している法律スクールのようにマトリクスはあまり必要

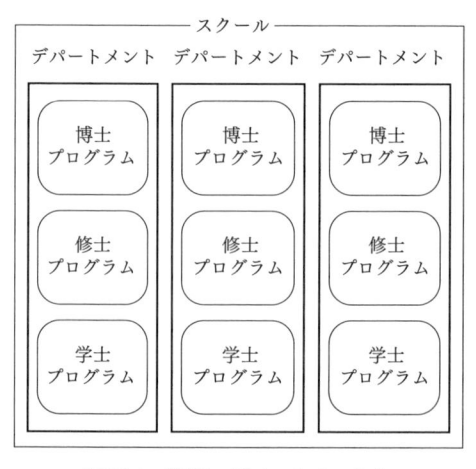

図補-3 過度のデパートメント化

ない。従って十分なマトリクス（フル・マトリクス Full-Matrix）が生じるのは，複数の学位プログラムと複数の教員組織があって，なおかつ領域別プログラムだけではなくひとまとまりのプログラムがあることが必要となる。

　以上のように，学位プログラムから独立した教員組織の存在によって，マトリクス組織が学位プログラムの多様性を維持していると同時に，実はマトリクスそのものもスクールによって異なり多様である。

第 IV 部

研究大学の大学院の経済的基盤

　第 IV 部では，大学院教育の経済的基盤を明らかにする。以下ではまず，大学院教育の財源と資金の流れを追うことで，大学院教育の経済的基盤を分析する上でどこに着目すべきかを探る（第 8 章）。それに基づいて，スクールに目を向け，多様な大学院プログラムの経済的基盤を整理し，特にその研究学位プログラムと専門職学位プログラムの経済的基盤の違いを明らかにする（第 9 章）。次に，その検討で出てきた大学院教育の構造的特徴を改めて整理し（第 10 章），さらに多様な大学院プログラムをスクールがどう維持しているのか，という観点から，スクールの大学院経営のパターンを検討する（第 11 章）。これらの検討を通じて，大学院教育がどのように動かされているのかを明らかにする。

　なお，本文中の数値（金額，人数，比率など）は特に説明がない場合は，調査時点の数値である。

第8章　大学院教育の財源と資金の流れ
――スクールの重要性――

　大学院教育はどのように経済的に維持されているのか，その全体像は摑みにくい。そこで本章では，大学院教育の財源と資金の流れをみることで，大学院教育の経済的基盤を理解するにはどこに着目すべきかを探る。

　以下ではまず，大学院教育の経済的基盤の把握がなぜ難しいのかを考え，大学院教育の財源の多くが大学院固有のものではないことを示す（第1節）。そうなると大学のあらゆる資金に目を向ける必要が出てくる。そこで大学内部で資金がどのようにフローしているのかを概観する（第2節）。さらに，本書ではとくに研究大学を対象とするので，その特徴としてスクールの財務上の自律性を把握し（第3節），これらを踏まえて，大学院教育の経済的基盤を捉えるためには，スクールに着目すべきであることを指摘する（第4節）。

1　大学院教育の経済的基盤の把握の難しさ

1）大学の諸活動の不可分性

　大学院教育の財源を把握するのは容易ではない（阿曽沼 2004）。それは大学院の活動に費やされる費用（cost）の実態が摑みがたいからである。大学院に限定してどの程度支出が行われているのか，費用や支出を示すデータも見かけない。ただ単にデータが公表されていないとか，そのための調査が行われていない，というだけではなく，大学院教育の費用には本質的に捉えがたい側面がある。

まず，学士教育の費用と大学院教育の費用を分けることが難しい。大学は学士教育と大学院教育を一体のものとして財務運営している場合が多く，例えば，教員の人件費が学士教育のために費やされたのか大学院教育のために費やされたのかを分けることは難しい。

さらに，研究のための費用と大学院教育のための費用を区別することも難しい。教育と研究が分けがたいことは大学の費用全体に言えることだが，学士教育以上に大学院は，教育と研究とが密接に関わるためいっそう難しい。むしろ，研究と教育の密接な関係は大学院に集約されている。例えば，たしかに大学院教育固有の費用も研究固有の費用も部分的にはあり得るが，大学院生は教育を受ける立場であると同時に研究室の研究活動を支えており，大学院教育と研究はしばしば同じ経済的基盤で成り立っている。

このように大学の諸活動は不可分であり，結合生産（joint production）が行われている。この大学院教育の費用の把握の難しさは，その財源（resource）の把握の難しさにつながる。大学院教育への支出，あるいは費用が明確にわかれば，それに必要な財源を確保すればよい。つまり特定の支出の目的（使途）と，特定の収入（revenue, income）を直接にリンクさせればよい。だが現実には，大学院教育の費用がわからないため，そのリンクが明確ではなく，それに応じた固有の財源を求めることが難しい。使途（支出目的）と財源が乖離せざるを得ない。

2）大学院教育の財源の把握の難しさ

いくつか大学院教育のための資金（fund）の財源を挙げると——ただし，ここでは土地や施設などの資本的経費（capital expense）ではなく，運営費（operating expense）の財源のみについてであるが——まずは学生が納付する授業料である。当然大学院学生が納付する授業料の収入は大学院教育の資金の財源となると言えるかもしれないが，上に述べたように，学士教育と大学院教育の費用を明確に分けることができないので，それに応じた授業料が設定されているわけではない。現実に，Ph.D. プログラムの授業料は学士プログラムの授業料

と同じ額であることが多い。また実際に授業料収入が支出される場合も，学士教育か大学院教育かで使途が分けられているわけではない。こうした場合，学士学生が納付する授業料の収入が大学院教育のための資金の財源となることもあり得る。

　大学院教育のための資金の財源としては，政府の補助金（state appropriation）もある。州立大学の場合，州政府は主に，州内の高等教育機関（州立大学）に対して機関補助を行い，機関補助は学内ではふつう，上記の授業料収入とともに経常的な運営費のための一般資金（general funds）の一部となる。ディーンへのインタビューでも，州補助金のなかに特定の大学院プログラムへの直接の支援をする資金は特にないという。州補助金では学士教育の資金と大学院教育の資金が分かれているわけではないし，大学内部での資金の配分は大学に任されており，支出面で学士教育と大学院教育との区別もふつうなされていない。

　ただし，法律や医学のスクールでは，学士プログラムがないので，授業料収入や州補助金は，学士教育ではなく主に大学院教育の財源となる。

　他方で，連邦政府は，機関補助ではなく，大学の個別の研究者やプロジェクトに対する研究助成を行い，また個々の学生に対して経済的支援（給付，ローン）を行う。研究助成金は，大学院教育（研究者養成）の財源ともなっているが，目的は研究活動への助成である。個々の学生に対する政府の経済的支援は，相手が大学院生であれば，大学院教育固有の財源ということはできるであろうが，後述するように RA シップのような研究助成金による経済支援以外は，主に連邦政府ローンである。

表 8-1　大学院教育の財源

政府	連邦政府（研究助成，学生への経済支援）
	州政府（機関補助）
授業料収入	学士学生からの授業料
	大学院学生からの授業料
民間（慈善事業団体）研究助成	
企業からの研究助成	
基金の運用収入・寄付金	
事業収入	

このほか大学には，民間の助成団体や企業からの資金，寄付金，基本財産の運用収入，事業収入などがあり，これらの中には特定の大学院プログラムの資金となるものもあるが，そうでないものも多い（表8-1）。

このように大学院教育の財源と思われるもののかなりの部分が，大学一般の財源と分かれているわけではなく，直接に大学院教育に限定したものではない。このため財源と支出目的（使途）がリンクせず，その結果，例えば学士教育から大学院教育に対して「内部補助（cross subsidization）」が生じている（James 1986 ; クラーク訳書 2002, 263-6 頁）と言われる。

2　資金のフロー

このように大学院教育の経済的基盤を把握するのは容易ではない。問題は，以上に述べたようなさまざまな財源からどのように大学院教育に資金が充当されているのか，ということになろう。それを検討するためには，さまざまな資金の流れを整理する必要がある。とくに前章までの検討でみたように，大学院教育の運営主体は個々のスクールであることから，経済的側面でもスクールが重要な位置を占めることが予想される。したがってここでは，さまざまな財源の資金がどのようにしてスクールに入ってくるのかを中心に資金の流れを整理する。

まず学生の授業料収入は，形式的には大学に納められ，スクールに再配分されるが，実質的にスクールに直接に入る場合もある。その場合，すべての授業料収入がスクールに入ることもあれば，スクールの裁量で追加できる一定部分（標準授業料に上乗せされるプレミアム部分，追加授業料）のみがスクールに自動的に入る場合もあり，また，学士学生の授業料は大学に納付されるが，大学院の授業料のみはスクールに直接入るという場合もある。授業料が直接スクールに入らない場合，授業料収入と，州立大学であれば州政府からの補助金[1]はともに一般大学資金（GUF : General University Funds）として大学中央の管理する資金となり，過去の経緯や，スクールの学生数やスクールの学生が受講する授

業の時間の総計などに基づいてスクールに配分される。

　授業料収入と州補助金はスクールに配分されるが，後述するように，スクールの側には授業料収入（も州補助金）も本来自分たちの収入であるという意識が強く，そう考えると，大学に対しては税金（tax）としてオーバーヘッド（overhead）や賦課（assessment）を納める，ということになる。大学中央の共通経費や大学が提供するサービスの費用はそこから支出される[2]。なお，スクールの施設や設備のメンテナンスはスクールが責任を有するが，土地は大学のもので，建物は大学と共同出資（スクールは寄付金で資金を確保）で新設され，あるいは大学から提供されることが多い。

　さらに研究大学では研究助成金の収入が大きいが，研究助成金は大部分が連邦政府のものであり，「直接経費（Direct Cost）」と「間接経費（Indirect Cost）」がある。形式的には直接経費も間接経費も大学に入るが，実質的には直接経費はスクールに，間接経費は大学に入る。さらに言えば，直接経費は研究者個人に配分され，大学だけでなくスクール（やデパートメント）も手が出せない。他方で，間接経費は，連邦政府などからの研究助成金の，直接経費の例えば50％に相当する額が追加されて大学に来るもので，「施設および管理経費（FAC：Facilities and Administrative Cost）」とも呼ばれる。大学内では一般大学資金に入り運営費となるが，その一部がスクールへ配分される。間接経費は一般資金になるので，スクールやデパートメント運営に重要な役割を果たす。

　また，基本財産（寄付財産 endowment）収入と寄付金収入については，寄付金は毎年の寄付金であるのに対して基本財産は形式的には大学で一つの基金（foundation）である。基本財産の運用（投資）はすべて大学中央が行う。しかし，基本財産は実質的には全学の部分と各スクールの部分に分かれている（earmarked）。全学の部分の投資収入は全学の一般資金となり，各スクールの部分の投資収入は各スクールの収入となる[3]。スクールの基本財産の規模に応じて，大学が投資し獲得した利益の一部を大学から得，また自分の基本財産を増やすために寄付金募集活動を行う。そのためのスタッフも全学と各スクールにいる。事業収入はスクールに入り，このためスクール独自の収入とされる。

　このほか医学スクールがある場合，詳しくは次章で述べるが，病院収入は大

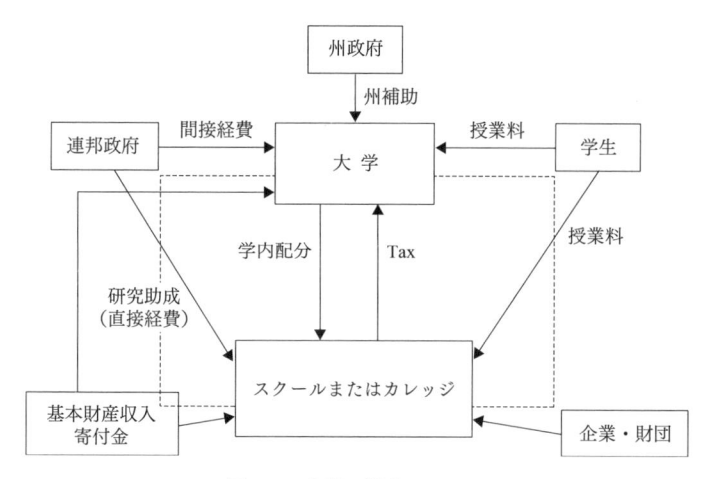

図 8-1　大学の資金のフロー

注）図は州立大学であり，州政府及び州補助金を外せば，私立大学となる。
　　また，研究助成金など実質的に直接にスクールに入るものは，形式的に大学を通すものであっても，図ではスクールへのフローを示した。

学を通さずスクールに入る。

　以上を示したのが図 8-1 である。図は州立大学を示すが，「州政府」「州補助金」を外せば私立大学となる。なお，ここでは大学とスクールへの資金の流れを中心にみたので，学生への経済的支援の流れは描いていないが，学生に対しては，給付やローンなどの経済的支援が，政府や民間組織（慈善団体）から支払われることもあるし，大学が基本財産収入や，授業料収入や州補助金などからなる一般資金を財源に支援を提供することもあり，またスクールがスクールの基本財産収入や一般資金を財源に経済的支援を提供する場合もある。

　このように資金の流れをみると，授業料収入と州立大学であれば州の補助金の相当の部分が各スクールに配分され，研究助成金も直接経費はすべて，また間接経費の一部はスクールに配分され，基本財産収入もスクールが有する部分はスクールに配分される。この結果資金の多くがスクールにある。

3　スクールの財務運営の自律性

　以上は資金の流れをかなり一般化して見たものであるが，どのような主体が資源配分や支出に関わるのかが重要である。その点で，とりわけ研究大学においては，個々のスクールの自律性が高いことが重要であると考えられる。そこで以下では，研究大学に多い予算管理方式について，具体的な運営についてもインタビューを踏まえて概説し，また，スクールの支出で主要部分を占める教員給与について，その決め方をみることで，スクールの財務上の自律性を示す。

1）責任センター方式予算管理

①研究大学を中心に採用されている責任センター方式

　日本ではアメリカの大学は大学中央の権限が強いと誤解されているところがあるが，研究大学では財務上分権的な運営方法が採用されている。ハーバード大学について，古くから個々のスクールの財務運営の自律性が高いことがしばしば 'Every Tub Stands on its Own Bottom.'（すべての桶はそれ自身の底があるから立っている→独立採算である）と表現されてきたが，およそ30年前から「責任センター方式管理（RCM：Responsibility Center Management）または責任センター方式予算（RCB：Responsibility Center Budget）」と呼ばれる財務運営システムが採用されるようになった。「ハーバードの Each Tub on its Own Bottom に始まり，ペンシルバニア大学の Responsibility Center Management，南カリフォルニア大学の Revenue Center Management，インディアナ大学の Responsibility Center Budgeting へと時と共に変化し，高等教育におけるフォーマルな分権的経営システムの設計と実施の豊かな歴史が進展した」（Strauss and Curry 2002, p. vi）。

　詳しくは Whalen（1991）や Strauss and Curry（2002）などを参照いただくとして，責任センター方式管理の先駆者であるペンシルバニア大学のプロボス

ト,インディアナ大学の学長を歴任した Thomas Ehrlich によれば,RCM には端的に本質的な三つの原理がある。「①個々のスクールおよびその他の教育研究単位に帰せられるべき費用のすべてが教育研究単位に割り当てられ,収入のすべてがその単位に譲渡されるべきである。②明確に設定された優先順位を進めるために,個々の教育研究単位が収入を増やし費用を削減するような,適切なインセンティブが存在するべきである。③図書館や学生カウンセリングなどの教育研究以外の単位のすべての費用が,教育研究単位に配分されるべきである」(Strauss and Curry(2002)の序文)。本書の調査対象では,ハーバード大学,ペンシルバニア大学,インディアナ大学,ノースウェスタン大学,ペンシルバニア州立大学,ミシガン州立大学,ボストン大学,ピッツバーグ大学,イリノイ大学,ジョンズ・ホプキンズ大学などで採用されている。

②いくつかの例

例えば,ペンシルバニア大学では,「大学は全学共通の会計システムを採用しているが,経営は分権化されている。大学は各スクールが,追加的な努力から利益(profit)を得ることで収入(revenues)を最大化するインセンティブを作っている。もしスクールがより多くの学生を教えれば,より多くの資源(resources)を自分のものとして得る。ウォートン〔ビジネス・スクール〕の場合,デパートメントに対してこれと同じようなインセンティブを採用している。デパートメントがより多くの学生を教えれば,デパートメントが生み出す追加的な財源の大部分を自分のものとして得ることができる」(ペンシルバニア・ビジネス)。

責任センター方式管理では授業料を直接的にスクールの収入にできる。そして大学に対しては独立した経営体として税金を納める,という感覚である[4]。

例えばジョンズ・ホプキンズ大学では,「大学は責任センター方式予算を採用している。(中略)ジョンズ・ホプキンズは非常に分権化されている。すべてのスクールが,授業料すべてを受け取り,中央の大学に税金を支払う。(中略)大学の一般資金はない。われわれはすべての収入を手に入れる。税金は15%弱だ。(中略)授業料収入,研究収入,基本財産収入,そのすべてがス

クールに入り，われわれは自分たちの費用のすべてに対して責任を有する。一般大学資金はない」（ジョンズ・ホプキンズ・工学）。一般大学資金は大学の裁量で学内配分されるものだが，ジョンズ・ホプキンズでは大学の裁量と関係なくすべて自動的に各スクールに資金が配分されるため，一般大学資金がない，と表現されている（ただし，各スクールに配分されるものも含めてふつう一般資金と呼ばれる）。つまり大学の裁量が限られていることを示す。

　コーネル大学では，「われわれは自分たちの授業料すべてを得て，われわれの費用すべてに責任がある。それには，われわれのために大学が負担してくれる費用をコーネル大学に返還あるいは支払うものが含まれる。われわれはそれをコーネル大学への支払い（payment to Cornell），オーバーヘッド（overhead charge），管理費課金（administrative charge）と呼び，それはわれわれがメイン・キャンパスの一部であることを認識させ，このキャンパスに位置することに関わる費用のいくらかを負担する。（中略）われわれはプロフィット・センターだ。だからわれわれ自身の基本財産を有する。だからこそ収入のすべてをわれわれが得て支出をわれわれが行う。（中略）このような運営をしないカレッジもある。資金は大学内で集中的に集められ，そのあとで配分される。いくつかの違った方法がとられている。（中略）競争相手のトップ・スクールのほとんどすべてが比較的自律性があるか，あるいは独立している。それらはプロフィット・センターである場合もあるし，レベニュー・センターである場合もあるが[5]，自律性が高く，授業料を自らのものとして得ることができ，費用に責任を有する。このことはプロボストの承認なく教員を雇用する決定ができることを意味する。教員への投資，技術への投資，施設への投資などの決定をすることもできる。こうした意思決定を誰かに尋ねることなく行うことができる」（コーネル・ビジネス）。

　以上のジョンズ・ホプキンズもコーネルも私立大学であるが，州立大学でも，インディアナ大学では「授業料収入は直接に各カレッジに行く。（中略）スクールは州補助金の配分から大学に税金を支払う」（インディアナ・法律）。また，オハイオ州立大学では，「われわれは州立大学だが，とても私立大学のような運営をしている。アメリカでは 'tub on its own bottom' という言葉があ

る。ビジネス・カレッジは自らの収入のすべてを生む責任があり，自らの支出のすべてに責任を有し，大学に対してはプロボスト・オフィスが設定する税金（tax）を支払う。税金は，大学の中央のための財源を生むのに使われ，自分自身で運営ができないカレッジに再配分される。（中略）このスクールでは，授業料はすべてスクールが獲得し，われわれが生み出す私的な資金のすべてをスクールが得る。（中略）すべての外部資金，すべてのエグゼクティブ教育の収入はすべてわれわれが得る。税金がスクールに適用され，それは大体26％から27％だ。（中略）学士プログラムを有する場合でも，学生数に応じてカレッジが生み出す収入がカレッジに戻される[6]。実際には学生のとる授業時間数に基づく。（中略）非常に自律的だ。会計年度の終わりにプロボスト・オフィスは私のカレッジの財務をチェックする。もし私が赤字を出していれば，彼らは私のところに来て，1，2年のうちに赤字を解消するどのような計画があるのかを問う。彼らの仕事は，カレッジとしての全体的なパフォーマンスと同様に財務状況のパフォーマンス全体を監視することだが，困った時に資金を提供してくれることではない」（オハイオ州立・ビジネス）。

2）研究総合大学のスクールの自律性

　責任センター方式管理は学内のすべてのスクールやカレッジに適用される場合（例えばペンシルバニア大学）もあれば，コーネル大学やノースウェスタン大学のように，一部のカレッジやスクールのみに適用される場合もある。法律や医学のスクールは学士プログラムがないため他のスクールとの関係が少なく，責任センターになりやすいし，財務運営上の自律性も高いが，他方で文理学カレッジのように学士プログラムがあると他のスクールとの関わりも増え，法律や医学ほど純粋な責任センターにはなりにくい[7]。
　また，責任センター方式管理をとらない大学でも，例えばウィスコンシン大学やワシントン大学では責任センター方式を採用していないが，スクールの自律性が低い，というわけではない（次章以降の財務運営を見ていただきたい）。研究大学では，授業料は大学の収入ではなく本来スクールの収入であるという

意識が強いようであり，大学中央の裁量で各スクールに配分されるものが勝手に決められるわけではなく，過去の経緯や学生数などに基づいて一般資金が個別スクールに配分され，大学中央の裁量は，おもに個々のカレッジやスクールに配分された残りの資金に限定される。一見すると，せいぜい税金ではなく予め中央経費を取られているという程度の違いであるようにも見受けられる。これは，責任センター方式があるからスクールの自律性が高い，というよりも逆に，研究大学ではスクールの自律性が高いので，しばしば責任センター方式が導入できている，という側面が強いからではないだろうか。

ただし調査した研究大学でも，プリンストン大学のように，例外的に大学の中央が強い大学もある。だが，プリンストン大学は特殊であり，プロフェッショナル・スクールが少なく，文理学系のデパートメントも大学中央に直接に管理される。「意思決定の多くは集権化されている。工学スクールのディーンはいる。しかし，州立大学にいるような強力な工学ディーンではない。独立した管理者ではないし，独立したユニットではない。文理学のディーンもいない」(プリンストン・GS)。ただし，そのかわりデパートメントの自律性は高い。

このように文理学カレッジではない，学士プログラムがないスクールが多くあればあるほど，大学内部は分権的になるということだろうか。

いずれにしても授業料に大きく依存する法律やビジネスのスクールは，それを自らの収入にできるため，独立採算的色彩を強め，また後述するように，医学や工学のスクールでは膨大な連邦研究助成金を獲得し，全収入に占める研究関連収入の比率が高いため，大学への依存度は低い。さらに，州立大学でも州補助金の大幅な削減は，州補助金に対する授業料収入や外部資金の比率を高め，スクールの大学に対する経済的な依存度を下げることとなり，大学側もむしろ個々のスクールが自ら収入を拡大することを望んでおり，その結果スクールの財務上の自律性が高い。

3) 教員給与の決定

スクールの自律性の高さを具体的にみるために，支出の最大部分を占める教

員給与の設定の仕方をみてみよう。

ふつう教員給与の水準や給与設定のガイドラインがあり，給与水準についてはプロボストや大学の執行部さらには理事会の承認が必要とされるが，個々の教員の給与は，スクールの有する資金をもとに，大学ではなくスクールで（ディーンによって）決められている。日本とは大きく異なるところであろう。

特徴としては，第一に，実際に大学側がコントロールしようとするのは，おもに平均給与の増加分に関する部分であり，平均給与そのものは後述するようにすでに専門分野で大きな開きがある。さらには平均給与の増加率で大学とスクールは交渉をするが，実際の給与決定では，教員個人で給与の増加額は全く異なる。これは州立でも私立でも，法律，文理学，工学，医学，ビジネス，教育のどのスクールでも同様である。

例えば，「大学は毎年，スクールは教員に対し平均3％の給与増を提供することができると言う。大学が言うのは，私のスクールの教員全体の給与増であり，その給与増全体のプールが3％である。もちろん私〔ディーン〕は，個々の教員にそれを配分するが，その配分額には（教員ごとに）非常に大きな差がある。しかし，プールの全体が3％内に収まる限りは，私はそれを適当と思えばどのようにでも配分できる」（ノースウェスタン・法律）[8]。「教員の提案に基づいて，大学の管理組織である理事会が，大学に対して，今年の教員の増額は，教員給与全体の3％まではよい，と告げる。そして各カレッジは平均で3％は増加できると大学から告げられ，6％増加を得るものもいれば，増額されないものもいる」（アイオワ・医学）。「教員給与の水準はスクールが決められるが，大学の承認が必要だ。大学にはガイドラインがある。ただそのガイドラインが言うのは，今年は2％賃上げすることができる，というもので，スクール内部の配分はディーンが決定する」（ボストン・医学）。なお，増加率の上限だけでなく下限をスクールに課すこともあるようだ[9]。

個々の教員給与の決定の裁量については，増額率が違うどころか，「教員数は自由に決めることができる。多くの准教授を安い給与で雇用することもできるし，高額の給与で少数の正教授を雇用することもできる」（ウィスコンシン・工学）というほどに裁量がある。ただし，スクールに十分な資金がなければ増

額が少ないこともある。「給与は、スクールで大きく異なり、給与の増加率もスクールによって異なる。例えば、今年は工学カレッジの財源の純粋な増加が少ないので、他のカレッジよりも教員に支払う給与の増加は小さい。文字通り資金がなかったのである」（オハイオ州立・工学）。

そして第二に、上述したように教員水準は学内でもスクールによって大きく異なり、「ふつう工学の教員の給与をみればわかるが、人文学の教員や英語の教員の給与と比べれば多い。大学内で専門分野に応じて大きな額の違いがある」（オハイオ州立・工学）。こうした専門分野による給与水準の違いは大学や理事会による承認が必要となるが、大学側はスクールの要求を認めざるを得ないのがふつうで、実質的には市場による。「教員の給与は市場が決める」（ノースウェスタン・法律）。法律やビジネスの教員の給与は他と比べても高額であるが、とくにビジネスは「ここ 25 年で大幅に増額されており、文理学よりも高く、おそらく大学のどこよりも高額になって」（ワシントン・ビジネス）おり、増額分も大学との交渉で高めに設定されるようだ[10]。「教員の給与は、市場と生産性に基づいてスクール、ディーンが決める。大学のガイドラインや基準はない」（ジョンズ・ホプキンス・工学）。「ビジネス・スクールの教員給与は高い。それはすべてマーケットで決まる」（パデュー・ビジネス）。「給与はスクールが決定できる。大学中央と交渉する必要もない。給与の総額のある程度の額について相談するだけだ。個々の教員給与は市場の価値に基づいて、他のビジネス・スクールと比較しながら決定する」（ワシントン・ビジネス）。「カレッジが全面的に給与を決定できる。アクレディテーション団体の大学系ビジネス・スクール振興協会（AACSB）を通じて市場の給与額を使う」（コーネル・ビジネス）。「労働市場が給与を決定づける。教員によって給与は大きく異なるが、それは何を教えているかによる」（ペンシルバニア・ビジネス）。ビジネスの分野は下位分野で給与が違う[11]。

第三に、同じスクールのなかでの給与の違いについては教員の生産性などが基準とされる。「ディーンが個々の教員と交渉して給与を決定できる。教員間の違いは極めて大きい。年功による標準給与はない。われわれには AACSB からの、領域の違いについての膨大なデータがあり、それに個々の教員の生産性

による違いが加わる」(ワシントン・ビジネス)。ただし生産性だけではない[12]。「個々の給与の決定は,臨床の仕事でどの程度の収入を生めるのか,どの程度ティーチングがあるのか,どのくらい研究助成金を得るのかといったことに基づいて,デパートメントごとに異なる方針がある。生産性と年功だ。教授は准教授(associate professor)よりも,准教授は助教授(assistant professor)よりも給与は多い。だが基本給は大学の外の医師の給与にも連動する」(アイオワ・医学)。これはスクールや専門分野で違いがあるようだ。

第四に,給与決定はスクールどころか,医学や工学のスクールでは,デパートメントが実質的に決める場合もある。上のアイオワ大学の医学スクールでも,デパートメントごとに給与ポリシーがあり,デパートメントの経営的な自律性が極めて高い[13]ことを反映しているが,これは次章でも議論する。また,工学スクールでも,「大学がガイドラインを決め,カレッジが給与増額の平均のレベルを決め,その後デパートメント長がデパートメントのメンバーに対して,だれがどのくらい支払われるかを決める」(オハイオ州立・工学)。個々の教員の給与決定は,ディーンだけでなくデパートメント長の権限が強く,しばしばデパートメント長の案をディーンが調整し,承認する[14]。

以上は支出に関するスクールの自律性の高さを示すものである。

4 スクールに集まる大学院教育の資金

前節までにみてきたのは,第一に,大学院教育の財源を把握するのは容易ではなく,さまざまな資金の中に大学院教育のための資金が含まれているということであり,第二に,資金のフローをみると,とくに研究大学ではスクールの財務運営上の自律性が高いことである。そして,前章までの議論では,大学院教育の運営の主体はスクールであることが示された。したがって研究大学の大学院教育の経済的基盤については,スクールを中心にみる必要があると思われる。

それを理解するために大学院教育の資金の流れを図式化した(図8-2)。私

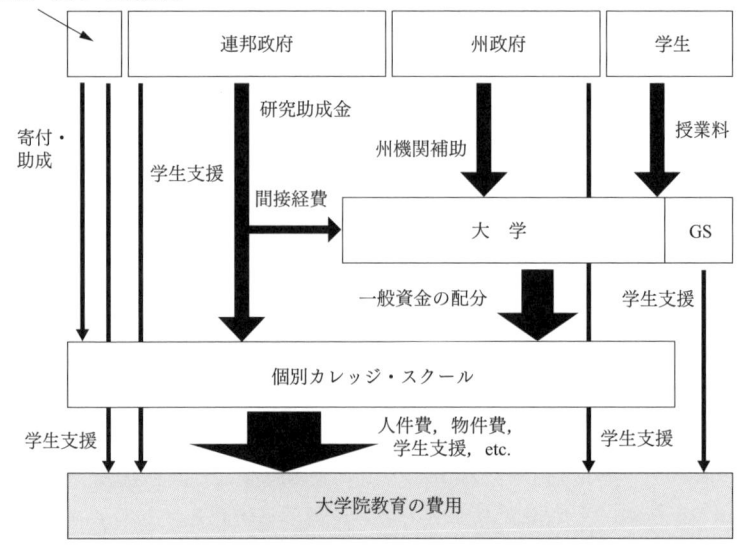

図 8-2　大学院教育の資金のフロー
注）この図は州立大学を示す。私立大学では「州政府」の部分も「学生」となる。

立大学では「州補助金」を「学生」に含めて考えれば良い。先述したように大学院教育の資金となるのは，結局連邦政府や州政府からの補助金，学生の支払う授業料，そのほか企業・個人・民間財団などからの助成や寄付（図の最上層），それにこの図には示していないが基本財産収入や事業収入である。

　これらの資金のうち，「大学に入る資金」と，直接に「スクールに入る資金」の大きく二つがあり，そのほか学生個人に向かう資金（フェローシップなど）がある。直接に「スクールに入る資金」は，主に連邦研究助成金や企業・個人・民間財団などからの助成や寄付，基本財産収入や事業収入である。これに対して，「大学に入る資金」は，主に学生からの授業料（と州立大学であれば州補助）であり，この「大学に入る資金」は，実はその大部分が一般大学資金としてスクールに配分される。つまりいずれにしても，資金の多くはスクールに集まり，それをどのように大学院教育に充当するのかもスクールで決まる。

　では，大学（中央）は大学院教育に経済的にはどのように貢献しているの

か。

　まず間接的には，大学はスクールへの一般資金の配分を通じて大学院教育を支える。配分される一般資金については，詳しくは次章で検討するが，教職員の人件費，学位プログラムの運営費である。それだけでなく「アシスタントシップは，カレッジへの一般資金の配分に含まれる」（ペンシルバニア州立・ビジネス）。つまり TA シップ（Teaching Assistantship）[15] のための資金である。

　この間接的なサポート以外では，大学が特定の大学院プログラムに充当するような予算はふつうない。「大学院プログラムに資金提供するための大学のプログラムは特にない。すべてはカレッジが責任を持つ」（カーネギーメロン・ビジネス）。しかし，大学中央が大学院教育に対して直接的な経済的サポートをしないわけではない。その部分はグラジュエト・スクールの運営のための予算と，大学院生に提供されるフェローシップなどの予算である。これらの学生への経済支援はグラジュエト・スクールを通じてなされ，つまり，個別スクールへの一般資金の配分以外には，大学が行う大学院教育への経済的サポートは主にグラジュエト・スクールの予算に集約されている。

　だがグラジュエト・スクールの運営費は，ふつう固有の教員がいないので教員人件費はなく，その支出の多くはフェローシップなどである（残りは事務スタッフの給与など）。このためスクールの運営費は大きくなく，一般のスクールの数分の 1 である[16]。

　グラジュエト・スクールによるフェローシップについては，例えば，パデュー大学の「グラジュエト・スクールでは，300 のフェローシップを有し，カレッジやプログラムにそれを提供し，彼らはそれをパデューに最良の学生が来るように学生のために使う。われわれはそうしたサポートの財源の一つを提供する。（中略）その財源は基本財産の投資収入だ」（パデュー・GS）。一般にグラジュエト・スクールが提供するフェローシップは基本財産収入（や一般資金）を財源とする。しかし，これらのフェローシップは限られた学生に対する非常に選抜的な経済支援であり，多くの大学院生が受ける経済的支援は，次章でもみるように TA シップや RA シップである。そして TA シップ[17]や RA シップ[18] は個別スクールが提供する。「アシスタントシップの資金は，グラ

ジュエト・カレッジからは来ない。TA と RA は基本的には，彼らが雇用されるユニットの被雇用者となる。もし私が英語デパートメントにいて，初年度学生向けの作文の授業を教えるとすると，私のアシスタントシップのための予算は英語デパートメントから来る。もし物理学デパートメントにいて，研究プロジェクトで働いているとすると，私のスタイペンド（生活費等手当）は全米科学基金（NSF）から来るだろう。私は指導教員が獲得した大きな資金をもとに働く。（中略）デパートメントが TA と RA に対し責任を有する。その資金はグラジュエト・カレッジから来ない。デパートメントは同時に多くのフェローシップも持ち，それをわれわれ〔グラジュエト・カレッジ〕は把握できない」（イリノイ・GS）。

　資金規模も人数も TA シップや RA シップのほうが多い。パデュー大学では，グラジュエト・スクールのディーンによれば，グラジュエト・スクールのフェローシップの資金は $7.5M（7.5M は 750 万を示す，2005/6 年の数値，以下同様）であるが[19]，全学の TA シップと RA シップの資金はそれぞれ $35M と $35M（合計おおよそ $70M）で，フェローシップの 10 倍に相当する。ワシントン大学のグラジュエト・スクールでも，大学院生への経済支援は合計 $3M（授業料免除が半分を占める）にすぎないが，全学の TA シップ，RA シップの支出はおよそ $70M にもなる。後述するように主に TA シップは一般資金，RA シップは研究助成金を財源とするが，グラジュエト・スクールのフェローシップは，大学院生への経済的支援の中では一部を占めるにすぎない[20]。フェローシップやスカラーシップも，グラジュエト・スクールではなく，個別スクールが自らの基本財産収入を財源として提供するものも多い。ただし，後述するように法律のスクールのように RA シップや TA シップが得られないスクールにとっては，小規模な研究学位プログラムを運営する上でグラジュエト・スクールからの学生支援の意義は小さくはない。

　このように，研究大学では大学院教育に対する経済的サポートの中心はスクールにあり，大学院教育の経済的基盤を知るにはスクールを軸にみる必要がある。

第9章　大学院プログラムの経済的基盤

　前章で大学院教育の経済的基盤を理解するにはスクールを中心にみる必要があることを指摘したが，本章では，スクールにおける多様な大学院プログラムの経済的基盤のパターンを明らかにする。とは言え，すでに述べたように，多様な大学院教育の経済的基盤を知りたい，というような関心から参考になる研究は見当たらない。そこで本章以降の章でも，ディーンたちに対するインタビューをもとに検討する。以下ではまず，多様な大学院プログラムの経済的基盤を分析するための視点や枠組みを設定し（第1節），スクールの財源内訳の大まかな特徴をみたうえで（第2節），六つの専門分野のスクールごとに大学院プログラムの財務を検討し（第3節），大学院プログラムの経済的基盤の多様性を明らかにする。

1　大学院教育の経済的基盤を分析する枠組み

1）スクールと大学院プログラムへの着目

　さまざまな財源からの資金がどのように大学院教育に充当されているのか，を知るには，M.B.A. プログラムなどの個々の大学院プログラムの収入と支出を分析すれば済むと考えるかもしれないが，実はそれほど単純ではない。大学院プログラムは財務運営上の単位には必ずしもなっていないからである。
　上述したように大学の一般的な収入は，授業料収入，州立であれば州補助金，研究助成金，基本財産収入と寄付金，事業収入などからなる。大学院教育の財源もこれらになるが，これらの収入すべてが直接に大学院プログラムに入

るわけではない。プログラムを運営するカレッジやスクールが介在する。

スクールは、大学院だけでなく学士教育や研究活動も支え、大学院教育では研究学位や専門職学位など複数のプログラムを持つが、ふつう学位プログラム別に財務運営がなされているわけではなく、プログラムの収入と支出は明確にされていない。例えば人件費はプログラム別になっていない。分野によってはデパートメントが重要な場合もあり、デパートメントやスクールが財務上の重要な単位であることが多い。したがってプログラム単位で収支を理解することは難しく、実際にそのレベルでの収支のデータは得られない[1]。

2) 大学院の財務運営を理解するための視点

このためプログラムの財務の把握は、プログラムそのものの収支データではなく、スクールの財務の検討を通じて、スクールへのインタビューなどから間接的に把握するにとどまらざるを得ない。スクールは多くの研究大学で財務運営上重要な単位である。スクールがどのような財源からの収入をどのプログラムに充当するのか、ということが重要となる。

ただし、スクールの収支データについても全国データはなく、個々のスクールに尋ねるしかない。しかも十分にスクール別の財務運営になっていない場合もあり、公表していない場合も多いので、入手が容易なわけではない。財務データの公開は大学レベルでは進んでいるが、スクール・レベルでは遅く、本書の調査でも、詳しいデータの取り扱いに慎重を求めるスクールもあった。その限界を踏まえて、ここではスクールを軸に財務をみる。

3) 多様な大学院プログラムの経済的基盤を捉える枠組み

大学院プログラムの経済的基盤の捉え方には様々あるであろうが、主に三つの考え方が想定される。財源で考えれば、大きくは政府資金か民間資金かの違いだろうが、それだけでは捉えきれない部分がある。

第一に、教育の利益は個人に帰着するので、個人の利益のために個人が費用

表 9-1　経済的基盤からみた大学院プログラムの3タイプ

	自給型	組織依存型	研究依存型
財　源	院生授業料	一般資金*	研究助成金
配分方法	市場	内部補助・組織	市場
目　的	専門職養成	組織維持	研究者養成

＊研究助成金，当該の大学院プログラムの授業料収入を含まない。

を負担すべきだという考え方であり，特に大学院レベルでは専門職養成によく当てはまるだろう。その財源となるのは，教育サービスの対価として支払われる，大学院生からの授業料（「院生授業料」）であり，授業料は教育機会の需給関係の中で市場競争的に資源配分がなされる。

　第二に，大学院教育を研究訓練と考えると，研究活動の資金で支えるべきだという考え方もある。この場合財源は政府あるいは民間（企業，民間助成財団など）からの「研究助成金」となるが，それは研究資金市場（大部分は連邦資金なので「擬似市場」）から教員個人が調達し，それが教員の担うプログラムに貢献する。研究助成金は研究者のピアレビューに基づいて，あるいはスポンサーの投資目的に応じて市場競争的に配分される。

　他方で第三に，院生授業料や研究助成金だけでは大学院教育の提供は不十分なので，スクールの資金で支えるべきだという考え方もある。その財源は，授業料，州補助金，基本財産収入などからなるスクールの「一般資金」である。ふつう一般資金には当該の大学院プログラムの授業料収入も含まれるが，ここではそれを除いたものである。大学院プログラムが直接それ自体の収入では採算が合わなくても，それ以外の収入からの資金が充当され（内部補助），従って市場によって配分されるのではなくスクールによって組織的に配分される。そこにはスクールの組織維持のための何らかの経営的判断があると考えられる。

　このように経済的基盤からみれば，大学院プログラムには，院生授業料で成り立つ「自給型」，研究助成金に依存する「研究依存型」，スクール（組織）の一般資金に依存する「組織依存型」の大きく三つのタイプが想定される。なお，スクールに対するプログラムの財務上の自律性という観点からすれば，

「自給型」は自律性が高く,「研究依存型」も資金を市場競争的に獲得するので自律性は高く,他方で「組織依存型」はスクールに依存するので自律性は低いと言えよう。

なお,これら3タイプは理念型と考えるべきもので,実際のプログラムが同時に三つの要素を有する場合があり得ることは言うまでもない。そもそも財源を明確に分けることができないことが大学院教育の経済的基盤の大きな特徴であり,それでもあえて経済的基盤を捉えるために設定したものである。

以下では,各スクールで提供される複数の大学院プログラムについて,自給型,研究依存型,組織依存型のどれに相当するのかを検討する。

2 スクールの財源内訳の大まかな特徴

スクールの財源の内訳をみたのが図9-1である。データはインタビューの際に口頭で説明いただいたものや,参考のためにいただいた財務資料によるものを,スクールの紹介冊子やウェブサイトから得た数値で補ったもので,主に2005/6年の数値である(一部2007/8, 2008/9年の数値もある)。

「学士有」は学士プログラムを有することを示し,「学士無」は学士プログラムがないことを示す。また,「授業料含」は,「大学からの配分」と「授業料収入」が未分離の場合で,「大学からの配分」のなかに「授業料収入」が含まれている。州立大学で,州補助金と授業料収入が大学中央で一般大学資金となって管理され,各スクールに配分されるためということもあろうが,得られたデータが区分されていないというだけの場合もあろう。図の折れ線は,その左側部分が大学からの配分(と授業料収入)であり,右側にある研究助成金その他の占める部分との対比のために付けたものである。なお,A～Lは,A大学,B大学……L大学というように大学を示す。大学名やスクール名を出さない条件で詳しい財務資料をいただいた場合がごく一部にあるためである。

この財源内訳から,「大学からの配分」に「授業料収入」を含めて考えれば(それが一般資金の主要部分を成す),私立大学と州立大学との違い以上に,ス

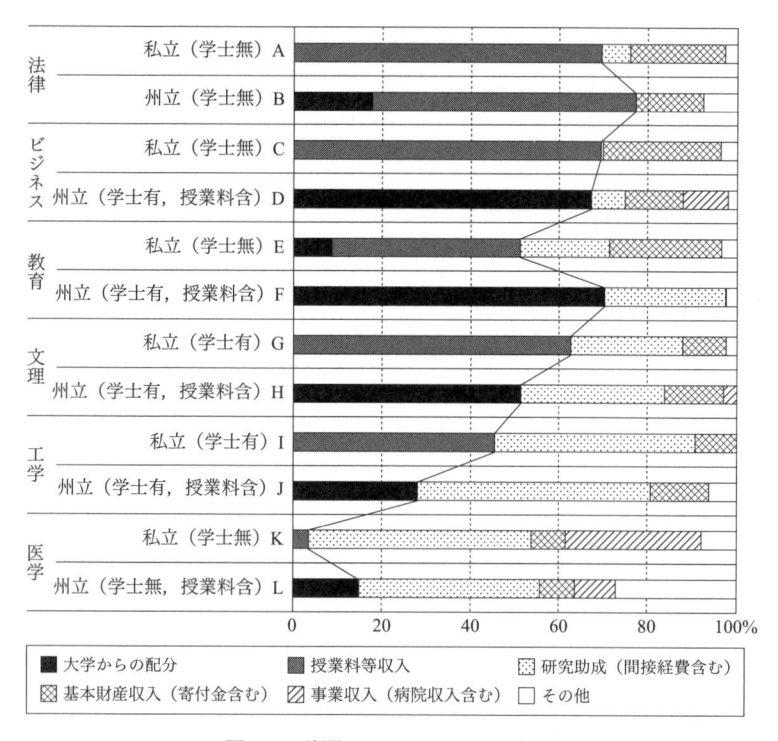

図9-1 訪問したスクールの財源内訳

凡例:
- 大学からの配分
- 授業料等収入
- 研究助成（間接経費含む）
- 基本財産収入（寄付金含む）
- 事業収入（病院収入含む）
- その他

分類:
- 法律: 私立（学士無）A、州立（学士無）B
- ビジネス: 私立（学士無）C、州立（学士有, 授業料含）D
- 教育: 私立（学士無）E、州立（学士有, 授業料含）F
- 文理: 私立（学士有）G、州立（学士有, 授業料含）H
- 工学: 私立（学士有）I、州立（学士有, 授業料含）J
- 医学: 私立（学士無）K、州立（学士無, 授業料含）L

クールの専門分野の違いが大きいことがわかる。それは州立大学の州補助金と授業料収入が私立大学の授業料収入に相当し（その分私立の授業料が高額になる），それ以外の構造が似ているからであろう。

それを踏まえた上でスクールの特徴を言えば，法律とビジネスのスクールは授業料（と州補助金）への依存が高く，教育，文理学のスクールも同様の傾向がある。これに対して，工学，医学のスクールは研究助成金（受託研究を含む，以下同様）への依存が高い。教育，文理学のスクールも法律やビジネスと比べれば，研究助成金への依存度が高い。そのかわりに，法律，ビジネスのスクールでは，基本財産収入や寄付金収入の比率が比較的高い。

こうした法律，ビジネス，教育，文理学，工学，医学の違いは州立大学か私立大学かの違いより大きい。これらの財源内訳は，あくまでもいくつかの大学

の事例を組み合わせたものだが,研究大学のスクールの分野の違いについてよく表していると思われる。この点は,唯一,学内の個々のスクールすべてについて収支データが入手できたペンシルバニア大学のスクール別財源内訳にもみて取れる[2]。このように少なくとも研究大学では,授業料に大きく依存するスクールがある一方で,研究助成金に大きく依存するスクールがあるという具合に,スクールの財源内訳は専門分野ごとに特徴がある。

　他方で,支出内訳については,大学やスクールによる項目の違いが多かったり,十分なデータが得られず,大学院経費の比較が難しいので,支出項目そのものについて詳しく検討することはしない。ただ,財源内訳ほどには専門分野による違いはみられない。どの専門分野(スクール)でも,教員給与などの人件費が支出の過半を占めている点は共通しており,しかし,学生支援などでは違いがあるようだ[3]。

　以下の分析はこれらの財源内訳を参考にしつつ,インタビューによる知見をベースに分野(スクール)の違いを検討する。

3　スクール別にみた大学院プログラムの経済的基盤

1)　法律スクール

　学士プログラムがなく,大学院プログラムのみであり,大学院プログラムの中では J.D. プログラムが大部分を占め,修士 LL.M.,研究学位の S.J.D. や Ph.D.(J.D./Ph.D.)は相対的に小規模である。

①スクールの収入

　法律スクールは比較的授業料収入の占める割合が大きい。例えば私立のノースウェスタン大学の法律スクールでは収入全体の約7割を占め(2005/6年の数値,以下同様。これ以外の場合のみ年度を記す),ペンシルバニア大学の法律スクールで6割以上を占める。州立のインディアナ大学の法律スクールでも6割

程度であり，私立大学か州立大学かに関わらず授業料収入の占める割合が高い。

　さらには法律スクールでは学士プログラムがなく，先に述べたように J.D. プログラムの位置が大きく，法律スクールの学生全体に対する J.D. 学生の比率は，ノースウェスタンで 83%，インディアナで 85%，ハーバードで 88% であり，このためスクールの授業料収入は主に J.D. の授業料収入である。J.D. 学生が支払う授業料も高額であり，ノースウェスタン大学では $38,000 以上であるが，インディアナ大学でも，州立ではあるが他の分野のスクールよりは高額で，$28,000 以上する。

　もちろん州立大学では私立と違って州補助金があり，その分授業料が低額になっている。しかし，例えばインディアナ大学の法律スクールでも「〔スクールの収入の〕およそ 17% が州から来る」（インディアナ・法律）が，支出面では大学への税金である賦課（assessment）が課されるので，州補助金の多くは税金として支払われ[4]，それもあって「州補助の役割は大きくない」（インディアナ・法律）。

　この授業料収入のほかには，法律スクールでは基本財産収入や寄付金収入も無視できない。州立大学ではそれらは一般に小さいが，インディアナ大学の法律スクールでは収入の 15% を占める。ディーンによれば，州立大学にもかかわらず，ディーンの重要な仕事は資金集めだという。私立のノースウェスタンの法律スクールでは，収入の 14, 13% は基本財産，4～5% は毎年の寄付金による。「これはトップランクの法律スクールでは典型的である」が，「イエールやハーバードの法律スクールは大きな基本財産を有するのでこれらの比率はもっと大きい。他方で，大きな基本財産を持たない多くの法律スクールがあり，そういうところではその比率は小さく，収入の大部分が授業料収入である」（ノースウェスタン・法律）。

　このほか，研究助成金収入は，法律スクールでは一般にごくわずかである。

②大学院プログラムへの支出
・J.D. プログラム

法律スクールは大学院のみなので，教員人件費を含め，全ての費用は大学院の費用である。大学院プログラムで大部分を占めるのは J.D. プログラムなので，資金の大部分は J.D. プログラムに対して支出されており，なおかつ，先にみたようにスクールの収入の大部分は J.D. 学生の納入する授業料である（基本財産収入も J.D. 取得者の寄付が多くを占めると考えると J.D. プログラムの収入と言える）。従って，J.D. プログラムの収入が J.D. プログラムに支出されるというのが，スクールの大学院プログラムの経済的基盤の骨格部分である。とくに支出で最も大きいのが人件費であり，主に J.D. プログラムを担当する教員に対する高額の報酬であり，また後述するように学生への支援は小さいので，J.D. プログラムの高額の授業料による収入が，おもに担当教員の給与からなる J.D. プログラムの費用をそのまま支える。こうした意味で「(スクールの支出と収入の関係は) 法律スクールやビジネス・スクールでは，とてもシンプルだ」（ノースウェスタン・法律）。

　学生への経済的支援は，私立のノースウェスタン大学も州立のインディアナ大学も支出の1割程度を占めるに過ぎない。「J.D. 学生にもスカラーシップ（給付奨学金）があるが，それはスクールへの寄付金で賄う」（インディアナ・法律）もので，額は多くない。ノースウェスタンでは，J.D. 学生に対しては，「授業料免除ではなく，スカラーシップの形で経済的支援を行う。(中略) 例えば，ここでは $38,000 の授業料を支払わねばならないが，われわれは学生が実際に支払う額を減らすために $5,000 を提供する。しかし，学生への経済的支援は，スクールの支出の 10％程度，支援を受けるのは J.D. 学生の 15-17％」に過ぎない（ノースウェスタン・法律）。概して J.D. 学生への経済的支援は少なく，学生はローンなどで授業料や生活費を支払う。「卒業生は将来，多くの金を得ることができる，それゆえ授業料の大きな割引はないと考えている。(中略) われわれのスクールの学生に対する経済的支援の大部分はローンの形態での支援だ」（ノースウェスタン・法律）。

・その他の学位プログラム

　これに対して，人数が数名でごくわずかだが（ノースウェスタンでは 5，6 名，なお，J.D. は約 770 名），Ph.D. 学生に対しては，授業料と生活費等をフルにサ

ポートしている。「J.D./Ph.D. 学生に対しては，すべての教育費用を負担する。J.D./Ph.D. 学生にはグラジュエト・スクールが経済的に支援してくれる」（ノースウェスタン・法律）。法律スクールでは「学士学生がいないので，TA シップ（Teaching Assistantship）はない」し，研究助成金がわずかなので，「RA シップ（Research Assistantship）は少なく，スカラーシップが大部分である」（ノースウェスタン・法律）。

なお，S.J.D. 学生も経済的支援を受ける。S.J.D. 学生はふつう数名で（ハーバードは 60 人近くいるが，これは例外的な人数で，多くは留学生である），「われわれはスカラーシップを与える。あるいは彼らは教員のために RA として働いたり，カレッジや文理学ファカルティでティーチング・フェローとしてティーチングをする（Teaching Fellowship）」（ハーバード・法律）[5]。また LL.M. 学生は大部分留学生で，米国内の補助金や低金利のローンが使えないので，基本財産の多い法律スクールはスカラーシップなどを支給している[6]が，Ph.D. のような手厚い支援ではない。

③まとめ

スクールに学士プログラムがなく，大部分は J.D. プログラムであり，その J.D. 学生への経済的支援は少ないので，スクールの収入の大部分を占める J.D. の授業料収入が，そのままスクールの主要プログラムである J.D. プログラムに充当され，収入と支出の関係が比較的単純である。私立大学だとそれがより顕著で，州立大学においても，州補助が比較的小さいので，J.D. 授業料収入が主な収入となり，それが J.D. プログラムの費用に支出される。

他方で，研究学位の Ph.D. や S.J.D. は，小規模プログラムではあるが，授業料免除やスタイペンド（生活費等手当）を受け（学士プログラムがないので TA ではなく，研究助成金がほとんどないので RA でもない），J.D. の授業料収入や基本財産収入に依存する。

このように，専門職学位の J.D. プログラムは「自給型」であり，他方で小規模で付随的な位置にとどまっている研究学位プログラムは「組織依存型」である。

2) 文理学カレッジ

大規模な学士プログラムを有し，大学院では，ごく一部の専門職修士（M.S.）があるが，ほとんど研究学位（Ph.D.）プログラムである。

①スクールの収入

文理学カレッジでは，法律スクールやビジネス・スクールと同様に，授業料収入が大きく，もっとも重要な財源である。私立のペンシルバニア大学では授業料収入が5割強を占め，州立のワシントン大学でも，授業料収入と州補助金（まとめて「大学からの配分」）で5割を占める（2008/9年数値）。その内訳はわからないが，大学全体でも州補助金収入は全収入の1割程度に過ぎない上に，ディーンによれば州補助金は大幅なカットがなされ，授業料収入の比率が高い。

その授業料収入の大部分は学士学生の納める授業料であるところが法律スクールと異なる。文理学カレッジは大きな学士プログラムを擁する。例えば，ペンシルバニア大学の文理学スクールでは，大学院生2,700人程度（Ph.D. 学生は1,500人程度）に対して，学士学生6,400人以上，ワシントン大学では大学院生2,600人に対して学士学生は約20,000人（2008/9年）もいる。小規模なプリンストン大学でも大学院生約1,300人（ほとんどがPh.D. 学生）に対して学士学生は4,200人以上いる。これらの学士学生に対して，大学院生からの授業料収入については，修士で終える学生は少なく，授業料収入は期待できないし，先述した専門職修士プログラムはまだ少数派なので，大部分はPh.D. 学生からの授業料であるが，後述するようにPh.D. 学生はふつう授業料を免除されるか，補助を受けるので，実質的に学生からの収入とはならない。

授業料収入の次に大きな財源は，研究助成金と受託研究であり，ペンシルバニア大学の文理学スクールでは収入の3割弱を占め，ワシントン大学の文理学カレッジでもやはり連邦研究助成金（およそ $100M）がカレッジの総収入（およそ $281M）の3割を占める（同大学では，全学の総収入に占める研究助成金の割合も3割である）。研究助成金に付随する間接経費は大学の収入となるが，その

一部(ワシントン大学では間接経費の25%)がスクールに配分され,例えばペンシルバニア大学の文理学スクールでは総収入の5%,ワシントン大学の文理学カレッジでは3%程度を占める。

研究助成金に次いで多いのが基本財産収入や寄付金収入であり,カレッジやスクールの総収入に占める比率は,ペンシルバニア大学で9%,ワシントン大学で13%になる[7]。

②大学院プログラムへの支出

文理学カレッジでも支出では教員人件費が最も大きく,ペンシルバニア大学の文理学スクールで総支出の45%を占め,ワシントン大学の文理学カレッジでは66%(2008/9年)を占める。その66%には研究助成金で雇用される研究教員や非常勤講師は含まれていないが,文理学ではもともとこの種の教員の比率は低い。「医学スクールでは,多くの研究教員を有しているが,われわれはごくわずかの研究教員しかいない。教員規模は教育というミッションにより強く基づいている」(ワシントン大学・文理学)。つまり,文理学カレッジでは教育活動に基づく人員配置がなされている。ほとんどの教員は州補助金による教員(state faculty)とされ,「私の資金は教育の義務を伴う。例えば心理学で雇用されたとすると,1年に四つの授業を教える責任を持つ」(ワシントン大学・文理学)。その結果,州政府補助金と主に学士プログラムの授業料収入からなる一般大学資金を給与の財源とする一般教員が90%を占める。その教員が大学院教育を担い,大学院教育の費用の多くが教員人件費であるとすると,学士プログラムの存在が大学院教育を支えている。

・Ph.D. プログラム

文理学の大学院教育(Ph.D. プログラム)の費用で大きいのが大学院生への支援である。ふつう Ph.D. 学生は授業料やスタイペンドの補助を受ける(Hamel et al., 2002, p.7)。

ワシントン大学の文理学カレッジでは「大学院生のほとんどはスタイペンドを受ける。(中略)1か月におよそ $1,200～1,400 である。(中略)資金に二つの主要な財源があり,科学では学生の多くは入学すると RA シップを受け,そ

れは研究助成から補助を受ける。他方で科学以外のデパートメントでは，ほとんどすべての学生はTAシップを受ける。TAシップでは，学生は教授と一緒に授業でティーチングをすることに従事するよう期待され，仕事の負担は1週間に24時間であり，TAシップを得ると，授業料が免除となり，授業料を支払わなくていい。学生のほとんどは補助を受け，それは法律スクールや薬学のスクールのようなプロフェッショナル・スクールとは異なる。それらのスクールではほとんど学生は授業料を支払う。(中略) たまにデパートメントが寄付金をもらってフェローシップを持てることがあるが，しかしわれわれのほとんどすべての資金援助はTAシップかRAシップである。(中略) スカラーシップは非常に少ない」(ワシントン大学・文理学)。

　RAシップやTAシップやフェローシップは，授業料が免除される場合と授業料が補助される場合があり，ワシントン大学の上記の1ヶ月 \$1,200〜1,400 は，授業料免除の上に支給されるものである。プリンストン大学では，すべての大学院生が経済支援を受けるべきであるという方針があり，とくに「Ph.D. 学生はフル・サポートしない限りは入学を許可しないことになって」(プリンストン・GS)いて，ほとんどすべての Ph.D. 学生に一人当たり年間 \$50,000 の費用を提供しているが，授業料免除はなく，授業料補助 (\$33,000) を含んだ額である。

　経済支援の財源については，RAシップの財源は教員の獲得する研究助成金であり，TAシップの財源は学士プログラムの学生の納める授業料収入と州の補助金からなる一般資金である[8]。「RAシップは研究助成金に基づき，TAシップはティーチングのミッションに基づく」(ワシントン・文理学)。ワシントン大学のように州立大学では，大学院生への支援は，主にRAシップかTAシップ (授業料免除を伴う) である。それは基本財産収入や寄付金収入が多くないためだが，基本財産収入が多くあればフェローシップを提供できる。例えばプリンストン大学では，すでに述べたように Ph.D. 学生に \$50,000 提供し，大学院生への経済支援は総額 \$100M にも及ぶが，その財源の半分は基本財産収入 (フェローシップ) であり，財源の35％が研究助成金 (RAシップ)，15％が授業料収入 (TAシップ) である[9]。また，研究助成金を獲得しやすい工学や

自然科学系でも，「ここでは大学院生の最初の1年のためにフェローシップを提供し，その後デパートメントで研究資金やティーチングの資金で支援されるものと考えられている」(プリンストン・GS)。だがこれは例外的である。

大学院生への経済的支援は，学士学生と比べてはるかに手厚いが[10]，それでも専門分野で違いがある。「人文学では研究助成金を得る場はない。(中略) 社会科学においても結構な数の助成金を得るが，それらは研究助成金であり，そのほとんどは大学院生ではなく教員をサポートする」(プリンストン・GS)。つまり，人文学や社会科学では，研究助成金が少ないので，RA シップは難しく，これらの分野では基本財産収入などからのフェローシップに頼るか，それが難しい多くの大学では，TA シップが重要な役割を果たす。その意味で学士プログラムが大学院教育を支える。さらに TA シップの機会を得ることができなければ，大学によっては，例えば歴史学などの Ph.D. 学生で，自ら学費や生活費を払っている学生もいる (クラーク訳書 1999，369-70 頁)。

・修士プログラム

文理学カレッジでは，Ph.D. プログラム以外に，一部のカレッジでは近年では修士どまりの学位を授与する専門職修士号プログラムがあるが，学生に対する経済支援はほとんどなく (職に就いている者が多く，学費は企業や本人が支払う)，収益性が高いので，例えばワシントン大学では独立採算プログラム (fee-based または self-sustaining programs) と呼ぶが，まだ小規模にとどまっている。

③まとめ

以上より，文理学カレッジの大学院プログラム (主に研究学位 Ph.D. プログラム) の費用は，教員給与を含めてその多くが学士プログラム授業料収入 (と州補助金) に依存するので学士教育に支えられている。さらに大学院生への経済的支援が大きく，主に連邦政府の研究助成金を財源とする RA シップ，主に学士プログラムの授業料収入を財源とする TA シップが主要な支援である。基本財産収入や寄付金が多ければ，フェローシップという形で大学院生への支援を行うことができるが，それは一部の大学やスクールに限られる。

最初の枠組みで言えば，一部の専門職修士を除くと，ほぼ Ph.D. プログラム

であり，自然科学系では，研究助成金と，一般資金（学士プログラムの授業料収入，州立大学であれば州補助金）のスクールへの配分とに依存するという意味で「研究依存型」と「組織依存型」の要素が濃く，他方で，人文系や社会系では学士プログラムの授業料に加え，TA（や基本財産収入によるフェローシップなど）に依存するので「組織依存型」が優勢である。

3）工学スクール

文理学と同様学士プログラムを有し，大学院プログラムでは，近年専門職修士プログラムが拡大しているが，Ph.D. プログラムが最も重視されている。

①スクールの収入

工学スクールで，法律スクールやビジネス・スクールと異なるのは，研究助成金と受託研究（grants&contracts）など研究関連収入の比率の高さである。全米科学基金（NSF），アメリカ海軍（U.S. Navy），航空宇宙局（NASA：National Aeronautics and Space Administration）などからの研究助成金や受託研究である。例えばイリノイ大学のスクールの研究助成金約 $140M（2005 年の数値）は総収入のおよそ $250M の 56％程度である[11]。ウィスコンシン大学でも，研究助成金は連邦政府からのものだけで収入の約 $171M のうち 50％を占める。私立のカーネギーメロン大学の工学スクールに至っては，「ほとんどの資金は外部から来る。スクールの資金は年に $100M だが，$70M は外部から来る。研究助成金だ」（カーネギーメロン・工学）。

間接経費は研究助成金収入が大きいので多額であり，運営費の重要な財源とされる。これは医学スクールのところでも述べるが，直接経費は教員のものであってディーンは使えず，間接経費こそがスクールの運営費として使えるからである。スクールへの配分の割合はまちまちで，ジョンズ・ホプキンスの工学スクールでは間接経費の 8 割以上がスクールに，オハイオ州立大学では半分程度，イリノイ大学では 3 割程度だが[12]，「間接経費によって大学院教育は採算がとれる事業になる」（イリノイ・工学）と言われるほどである。ウィスコンシ

ン大学では9割は大学中央がとるが，その代わり光熱費など維持費は大学が支払う[13]。

　研究関連収入に次いで多いのが授業料収入で，州立のイリノイ大学では授業料収入を含む「大学からの配分」が収入の28%を占める。ウィスコンシン大学では大学からの配分が約30%（州補助金が15%，授業料収入が15%）を占め[14]，私学のジョンズ・ホプキンズ大学でも授業料収入は総収入の45%を占める。

　授業料収入は，大きな学士プログラムを持つところでは，学士学生からの収入が大きな位置を占める[15]。例えばイリノイ大学では大学院生約2,350人に対して約5,100人の学士学生がいる。これに対して，大学院では，Ph.D.プログラムの授業料は，文理学カレッジと同様に学生は自分ではほとんど支払わない。むしろ，すでに述べたように専門職修士プログラムが増加しており，後述するようにそこからの収入の重要性が増えている。

　このほか基本財産収入と寄付金収入もスクールによっては重要な収入源である。ジョンズ・ホプキンズ大学の工学スクールで9%，イリノイ大学の工学スクールで13%を占める。

②大学院プログラムへの支出

　「学士プログラムは大学院プログラムと別に運営しているわけではない。それらはともに同じデパートメントで運営されている」（ジョンズ・ホプキンズ・工学）ので，学士プログラムと大学院プログラムの財務を分けることはできない。特に人件費はそうだ。

　アメリカの研究大学で人件費はしばしば研究助成金から出されているイメージがあるかもしれないが，教員給与（基本給）は，研究助成金ではなく授業料収入と州立大学であれば州補助金から充当する。「教員給与は州からの補助金と授業料収入を財源とする。他の財源も給与に払えるが，われわれはそれをしない。われわれは全員の給与を州と授業料から出す。他の財源は安定しないからだ」（イリノイ・工学）[16]。また，ウィスコンシン大学の工学スクールでも，教員の基本的な給与は州の補助金と授業料を財源とし，「もし夏に教員がフル

タイムで研究に取り組みたいとしたら、自分で研究費から給与を出すことができる[17]。しかし、基本給については研究助成金からそれを増やすことはできない」（ウィスコンシン・工学）。私立のカーネギーメロン大学でも、教員の人件費はスクールの収入の3割を占める大学からの配分（主に授業料収入である）から出すようにしており、財源の7割を占める研究助成金のほうは「研究スタッフ、大学院学生の授業料と給与、教員の夏の給与、研究設備、維持費、消耗品に費やされる」（カーネギーメロン・工学）。このように教員給与は授業料と、州立であれば州補助金を主な財源とし、それは学士プログラムによるところが多い。「教員の給与は研究と大学院教育に寄与している。（中略）学士プログラムは大学院教育にとって重要だ」（ジョンズ・ホプキンズ・工学）。

・Ph.D. プログラム

工学スクールの特徴は、大学院生への援助の大きさである。「Ph.D. のほとんどがアシスタントシップを得ることができる」（イリノイ・工学）。大規模なPh.D. 学生を抱え、そのほぼ全員に授業料補助（や免除）とスタイペンドを支給している。これを可能にしているのが研究助成金である。「大学院教育を支えているのは、第一に学士学生の授業料と州の資金である。それは教員給与を支払い、スタッフの給与を支払う。授業料収入と州の資金で約$70Mにもなる。だが、研究収入はその2倍だ。つまり$140Mである。連邦政府の研究助成金、企業からの研究助成金、寄付金である。そして間接経費である」（イリノイ・工学）。この研究助成金が、工学スクールの大学院生への経済的支援で最も重要なRAシップの財源となる。「Ph.D. プログラムは第一に、教員によって獲得された外部の研究助成や委託研究を通じて資金提供を受ける。Ph.D. 学生はふつう教員と一緒に研究を行う大学院生アシスタントになり、フェローシップを得るものもいれば、政府のフェローシップを得るものもいるが、多くは教員の研究助成金によるもので、外部の財源から選抜を経て配分されたものである」（ジョンズ・ホプキンズ・工学）[18]。このように「Ph.D. はほとんど研究助成金が支えている」（イリノイ・工学）という認識が強い。

例えば、イリノイ大学の工学スクールでは、「研究助成金で大学院生を持つとすると、RAとして$20,000支払う必要がある。私は彼の付加給付〔fringe benefit, 健康保険など〕も支払わねばならない。さらに給費の39％に相当する額（$7,800）を授業料として支払う必要がある。付加給付は53％で，$11,000なので，私は$38,800を支払う必要がある」[19]。この工学スクールでは，「2,500名の大学院生がおり，2,000名ものRAがいる。研究関連予算は$140Mにもなる。だが，それはカレッジの予算ではなく，デパートメントの予算である。（中略）RAの予算は恐らく$70Mになる。ただし，これは付加給付を含む。学生に直接行くのは$40Mであり，$30Mのうちの残りは付加給付その他すべてのことに費やされる」（イリノイ・工学）。この$70MというRA関連予算は，研究助成金の半分を占めると同時にスクールの総支出の28％を占める。このRAの数や誰を雇うかは，研究助成を受ける教員個人が決めることができる。

　大学院生への経済支援でRAシップに次ぐのはTAシップである[20]。文理学カレッジと同様，大規模な学士学生の授業料収入がTAの費用を賄っている[21]。イリノイ大学の工学のスクールでは，「TAは1年に$18,000～$19,000をもらう。（中略）TAへの支出は，おそらく$5～6M」（イリノイ・工学）であり，RAシップとTAシップを合わせると，スクールの総支出の3割に相当し，これは教職員の人件費に匹敵する額であり，学生支援の規模の大きさが想像される[22]。なお，TAの数はデパートメントによって決められる。「デパートメントが予算を持ち，デパートメントは，教員給与に予算の100％を使うことができ，60％を教員に，40％をTAに使うこともできる。その比率は好きなように決められる」（イリノイ・工学）。その意味ではスクールよりも下位のデパートメントや教員レベルでPh.D.プログラムの規模などが規定される。

・修士プログラム

　他方で，前述した専門職修士プログラムは，Ph.D.プログラムへの途上にある従来の修士号と違って，主に企業に在職しながらパートタイムで学ぶ修士プログラムであり，学生は自分で授業料を払い（企業が支払う），一般のPh.D.の学生に対するような学生支援はない。論文指導が不要など，スクールにとっては大きな負担にはならない。例えばジョンズ・ホプキンス大学の工学スクールでは，コンピュータ科学，電気工学，システム工学，技術管理などの領域で，「工学＆応用科学専門職プログラム（EPP）」を提供し，一般の大学院生が650

人弱で学士学生が 1,300 人弱だが，そこには 2,100 人以上の学生がいる。学生への経済支援も Ph.D. とは区別されており，「パートタイムの修士にはスカラーシップはない」ので「工学＆応用科学専門職プログラムはわれわれにとって重要な財源だ」（ジョンズ・ホプキンズ・工学）[23]。また，カーネギーメロン大学の工学スクールでは，生物医学工学，化学工学，土木・環境工学，電気・計算機工学，工学＆公共政策，情報ネットワーキング，材料科学工学，機械工学の八つのデパートメントがあり，それぞれに Ph.D., M.S., B.S. のプログラムがあるが，例えば情報ネットワーキングは修士プログラムに特化している。こうした修士プログラム「の費用は学生自身が支払うか，あるいは企業が支払う」もので，学生への経済支援はないため，収益性が高く，「修士学生からの収入は重要で，Ph.D. のための資金に貢献している」（カーネギーメロン・工学）。ディーンによれば，「修士号プログラムは商売（business）でやっている」という。

③まとめ

　工学スクールでは，文理学カレッジと同様に，学士プログラムを有し，その授業料収入（と州立大学であれば州補助金）が教員給与の主たる財源となり，大学院教育を支えているので，「組織依存型」の要素がある。ただし，学士プログラムよりも，近年増えている専門職修士プログラム（それ自体は「自給型」に近いと言えよう）の収入が Ph.D. を支える大学もあるようだ。学士プログラムにせよ修士プログラムにせよ，教員給与が一般資金に依存する以上，「組織依存型」の部分がある。

　しかし，工学スクールは文理学カレッジよりも研究助成金に依存する傾向がはるかに強い。そのため，学生支援は学士プログラムの授業料収入を財源とする TA シップよりも研究助成金を財源とする RA シップが圧倒的に優勢となる。基本財産収入や寄付金収入によるフェローシップもあるが，研究助成金の陰に隠れている。こうした意味で文理学カレッジと同様「組織依存型」と「研究依存型」の要素があるが「研究依存型」が強い。そして，研究助成金への依存のため，また，先にみたように TA シップもデパートメントで決められるの

で，スクール以上にデパートメント・レベルでの財務運営が基本となる。

4）医学スクール

学士プログラムがなく，大学院の主要学位として，専門職学位 M.D., 研究学位 Ph.D. を提供する。多くの研究大学で M.D./Ph.D. を提供するが，これはごく一部の優秀な学生を対象とする。また，修士プログラム（専門職）もある。

①スクールの収入

工学スクールと同様，連邦政府（特に国立衛生研究所）からの研究助成金の比率が高い。医学スクールの総収入に占める研究助成金（間接経費のスクールへの再配分を含む）の割合は，ウィスコンシン大学のスクールで4割以上，イエール大学のスクールで5割，ペンシルバニア大学のスクールに至っては7割以上も占める。なおイエールのスクールの研究助成金の受け入れ額は約$380M（2005年当時の為替1ドル＝120円とすると約460億円）にもなる。

研究助成金の間接経費は，一部がスクールやデパートメントに戻される場合もあるし，全額が医学スクールに配分される場合もある[24]など多様である[25]。直接経費は教員個人によって使われるので，スクールやデパートメントが動かせる資金にはならないのに対して，間接経費はスクールやデパートメントの運営に欠かせない資金となっている。例えば，ボストン大学の医学スクールでは，大学院医科学部門（主に Ph.D. プログラムを担当する基礎科学デパートメントが集まった部門，医学キャンパスのグラジュエト・スクール，と言われる）に限定したものだが，収入は直接経費$80M，間接経費$45M，授業料収入$14M，寄付$5M であり，直接経費は教員個人が使うので，この部門の運営費の主な財源は授業料収入ではなく間接経費である[26]。

研究助成金に次いで大きいのが，診療収入で，スクールによってはそれが大きな比率を占める場合がある。イエール大学のスクールでは収入の3割も占める。ウィスコンシン大学のスクールでは収入に占める比率は1割程度だが，

「その他」に実質的な診療収入が含まれているので[27]、実際には診療収入の比率はイエール大学のスクールと大きく変わらないようだ。

なお、大学病院には大学に附属する病院の場合と、都市部では市中病院が大学と提携する場合とがある。大学附属病院の場合も医学スクールとは独立した法人であり、財務は大学とは別である。大学病院は大学に診療報酬や給与として資金を提供するもので、大学から病院への資金提供（例えば研修の場の提供に対する対価）はない[28]。「臨床実践による収入の多くはディーンを経由する。その一部はディーンの資金となり、医学スクールのために使う」（ボストン・医学）。しかし、診療収入はその大部分が特定のデパートメント（臨床デパートメント）に入り、デパートメントの運営費にはなるが、スクールの財源になるのはその一部に過ぎない[29]。

これらの収入に対して、授業料収入の占める割合は他のスクールと比べて高くない。州立のウィスコンシン大学では、授業料収入と州補助金を併せて2割に満たないし、私立大学に至ってはイエール大学で4%、ペンシルバニア大学で6%を占めるに過ぎない。スクール全体からすれば授業料に対する依存は少なく、州立大学でも州への依存は小さい。

基本財産収入や寄付金についても、その収入は絶対額としては他の分野のスクールと比べて小さいわけではないが、研究助成金収入があまりに大きいので相対的に比率が小さい。

②大学院プログラムへの支出

支出面で教員人件費は大きな位置を占め、私立のイエール大学でも州立のウィスコンシン大学でも支出の6割、私立のペンシルバニア大学でも5割を越える。学士プログラムはないので、すべては大学院教育と研究活動への支出となる。

ただし、医学スクールの教員人件費は、他の分野のスクールと違って、その相当部分が研究助成金（直接経費）や診療費から出ている場合がある。とくに私立の医学スクールでは、9か月分の基本給を含めたすべての給与を研究助成金から得ている教員も相当いる。これは基礎科学でも臨床科学でもそうであ

り，さらに臨床科学デパートメントの教員は診療収入から給与の相当部分を得ている[30]。医学スクールでも州立大学では「教員給与は，その75％は大学が支払い，25％は研究助成金から来る。（中略）それ〔100％研究助成金で給与を支払われる教員がいること〕は普通ではない。給与はふつう授業料と州補助金を財源とする」（ウィスコンシン・医学）。

しかし私立のボストン大学の医学スクールでは，「例えば，生化学デパートメントにおいては給与の予算があり，$3.5Mだ。医学スクールが$1Mを配分してくれるが，研究助成金が$2.5Mの財源となる。つまり，医学スクールが負担してくれるのは給与の1/3だ。それはとても少ない。われわれは医学スクールからあまり補助をうけていない。（中略）われわれは多くの資金を獲得しているので，非常に良い教員だ。われわれを雇用するのに多くのお金は要らないが，それはわれわれが自分の給与を支払っているからだ。そのため，もし助成金が急減したり，助成金がなくなれば，それは大変困ったことになる。このことはおそらくほとんどの医学スクールでも同じく正しい。州立の医学スクールを除いては。忘れてはいけない，ボストン大学は私学であり，州の補助を受けていない。マサチューセッツ州立大学であればすべての給与の面倒を見てくれる」（ボストン・医学）。

また，イエール大学の医学スクールでも，「教員給与は研究助成金で支払われる。私〔副ディーン〕は自分の給与を自分で支払っており，スクールは私の給与を支払わない。それは嫌なものだ。これは良くない。私は好きではない。大学のメイン・キャンパスでは，各スクールが教員の給与のほとんどを支払う。給与の9か月分を支払う。3か月分は研究助成金から支払う。医学スクールでは，ふつう教員給与の80〜100％を研究助成金から支払う[31]。授業料収入は教員給与にはならない[32]。事務職員の給与にはなる」。間接経費については「研究助成金からの間接経費はデパートメントに行く。事務スタッフの給与になり，それはデパートメントが支払う」（イエール・医学）。

こうした給与の特徴は，教員の業務とも関わる。ボストン大学の医学の副ディーンによれば，「〔教員人件費にとって〕研究助成金がきわめて重要だ。教えるだけの教員はほとんどいない。教員は1年に最低20時間の授業をするこ

とで契約している。多くはない，それはわれわれがほとんど研究教員（research faculty）だからだ」（ボストン・医学）。イエールでも，「一般に医学スクールの人々は教師であることで給与を支払われてはいない。（中略）M.D. 授業料収入のいくらかは教員給与をサポートすることもあるかもしれない。医学スクールには，ほとんどフルタイムで M.D. 学生を教え，研究ラボを持たない教員がいくらかいる。そうした教員はスクールが給与を支払う。解剖学とか，生物組織学とかである。（中略）教育だけ行う教員はごくわずかである。医学スクールの教員の大部分は，基礎研究助成金にせよ臨床研究助成金にせよ，何らかの種類の研究助成金を持つ。彼らは医学スクールのプログラムでいくらかの時間を教育に費やすが，給与の大部分は何らかの研究助成金から来ている」（イエール・医学）。

　これは M.D. 教育つまり医師養成とは離れた役割を医学スクールが有しているからであり，それは研究大学で顕著のようだ。「イエールのような大学では，医学スクールは，M.D. 訓練だけやっているわけではない。M.D. 訓練と研究をやっている。（中略）イエールには，もし M.D. プログラムが消えても，それに気づかない教員が多くいる。それは極端すぎるかもしれないが，彼らは気づかないだろう。というのも彼らの生活は M.D. 学生によって影響を受けないからだ。M.D. 学生との接触もないし，彼らの予算は M.D. プログラムからは来ていない。（中略）多くの主要大学の医学スクールでは，研究しかしない，教育をしない，M.D. プログラムとは全く関わらない教員がいる」（イエール・医学）[33]。

・M.D. プログラム

　では M.D. 教育の財源は何か。州立大学では，「M.D. プログラムの財源は授業料である。授業料と州の補助金だが，州の補助金は小さく，主な財源は授業料だ」（アイオワ・医学）。「医学スクールの授業料は年に $30,000, $40,000 である。M.D. プログラムの収入は，学生の支払う授業料から来る[34]」（ウィスコンシン・医学）。私立大学でも「M.D. 教育の費用は，大部分授業料で支払われる」（イエール・医学）。前述したように授業料収入の比率が低いので，それで賄えるのかという疑問がわくが，教員の活動の中で M.D. 教育に費やされる資

源はごく一部なので，スクール全体の活動の中では M.D. 教育の費用はごく一部に過ぎない[35]。とは言え，私立大学では州の補助金がないだけ授業料に依存する（ただし授業料は州立大学でも私立大学ほどではないが充分に高額である）。

いずれにしても M.D. プログラムは，「M.D. 学生が持ちこむ資金だけでは不十分だ。研究助成金や間接経費をみるべきだ。スクールを運営するのにオーバーヘッドはきわめて重要である」（ボストン・医学）。ただし，研究助成金の直接経費が M.D. 教育の財源になるということではない。「研究助成金は，国立衛生研究所（NIH）から大きな額を獲得するが，医科学者訓練プログラム（M.D./Ph.D. プログラム）のほかには，M.D. には貢献しない。M.D. 学生はふつう研究をしない。M.D. 学生はふつう，顕微鏡，遠心分離機，質量スペクトル分析機などをあまり使わない。彼らのほとんどは，授業を取り，患者と関わる。少し研究をすることはあるが，あまりしない」（イェール・医学）。研究助成金の間接経費の一部が，スクールやデパートメントの事務経費や事務スタッフの給与（教員給与の補塡にも）などを支えており，間接的に M.D. プログラムを支える。

診療収入については，それが M.D. プログラムの直接の財源になっているというのではなく，その一部がスクールやデパートメントの運営費として役立っている。その大部分を占める，教員の診療行為に対する報酬は，労働に対する対価であって M.D. 教育の資源になっているわけではない。とは言え，診療収入で教員をデパートメントに在籍させることができるわけで，M.D. 教育への関与がそうした教員の活動のごく一部にしか過ぎないとしても，それがなければスクールやデパートメントが成り立たないので，重要な財源ではある。

M.D. 学生への経済的支援については，後述する Ph.D. とは明らかに違う。「M.D. 学生は，アシスタントシップを得ない。M.D. 学生は自分で支払う。Ph.D. 学生に対しては，研究助成金がサポートする」（ウィスコンシン・医学）。「M.D. 学生は自分で授業料を支払う。経済的な支援を受けることもあるが，多くはない。今払うか，あるいは後で払う」（イェール・医学）。つまりローンである。

以上のように，一見複雑に見えるが，M.D. プログラムの主要財源である授

業料収入は学生自身が支払っているという点で，比較的わかりやすい。ただしそれで不足の部分を州補助金，間接経費，間接的に研究助成金，診療収入が補う。

・Ph.D. プログラム

他方で Ph.D. プログラムの財源は，授業料収入（と州立大学であれば州補助金），研究助成金である[36]。ただし，「授業料収入といっても Ph.D. 学生は払わない」（ボストン・医学）ので[37]，研究助成金で支払っている。

州補助金も Ph.D. プログラムをあまり支援しない。「州は大学院プログラム（研究学位）のために直接的な財政的補助をするわけではない」（ピッツバーグ・医学）。もちろん州立大学の教員の給与の一部（多くは M.D. 学生の授業料収入による）は州補助金を財源とするが，それはおもに M.D. 教育を担うことに対する給与である。その意味では M.D. プログラムが Ph.D. プログラムを助けていることにはなろう。私立大学では州補助金もないので，授業料収入（多くは M.D. 学生の授業料）と研究助成金が財源となる。

Ph.D. 学生への経済的支援として，州立のアイオワ大学では「第一に国立衛生研究所（NIH）が博士前トレーニング・グラント（訓練給付）を出し，生物医科学の Ph.D. 学生に給与を与える。第二に，学生は Ph.D. 訓練の講義的な部分，コース・ワークを終えて，ラボでの徒弟的な研究訓練に進み，これは Ph.D. 訓練の最も長期の部分であり，しばしば指導教員によって，教員の研究助成金によって支援を受ける。授業料，これは小さな額にしかならない。（中略）〔第三に〕大学からの資金である。大学は大学院生のために資金を出してくれるが，それは大学が受ける，いわゆる間接経費である」（アイオワ・医学）[38]。なお博士前トレーニング・グラント[39]は医学などに固有のものである。

また，学生支援として，学士プログラムがないため，医学スクールでは TA シップはほとんどない[40]。「研究助成金が TA シップの財源となることはない。TA は大学〔一般資金〕によって支援される」が，「大学が〔一般資金から〕RA シップの資金を出すことはほとんどなく，大学は寄付や基本財産収入からスカラーシップを提供するがそれもごくわずかである」（ウィスコンシン・医学）。

診療収入については，Ph.D. を主に担当するのが臨床科学デパートメントで

はなく基礎科学デパートメントであるため、「診療収入は、Ph.D. プログラムには貢献しない」し、「Ph.D. 学生は病院とは関係ない」（イエール・医学）。

・修士プログラム

修士プログラムは授業料収入を財源とし、修士学生への支援は少ない。「修士学生のすべてが授業料を自分で支払っている」「授業料収入といっても Ph.D. 学生は払わない。そのほとんどは修士号の収入だ[41]。修士プログラムの授業料が Ph.D. を支え」（ボストン・医学），特に基礎科学デパートメントの重要な収入になる。それは基礎科学デパートメントで臨床収入が得られないからだ。例えば，ボストン大学のスクールでは，Ph.D. 学生は 350 人程度で，修士の学生は 400 名もいる。「修士の学生には多くのいい仕事がある。医療健康カウンセリング，法医学，犯罪医学，栄養学，生化学などの修士号がある。ラボの技師になるには医学研究のための修士を得ればいい。あらゆる種類の修士号がある。（中略）それらは収入を生み，その一部はディーンに行き，医学スクールの他の部分を支援し，一部は実際に教育をしている教員に戻される。基礎科学の教員は患者を診ることはできないが，教えることはできる」（ボストン・医学）[42]。

③まとめ

医学スクールでは，工学スクール以上に，収入での研究助成金の比率が高く，また診療収入がある。そして，教員給与に関して，大きな特徴があり，私学の医学スクールではかなりの部分が研究助成金（と診療収入）でカバーされる。これは州立大学と異なり，私立大学でも医学スクール以外とは異なる。

経済的基盤という点では，M.D. プログラムは M.D. 授業料（と州立大学であれば州補助金）が財源の中心であり，「自給型」と言えそうだが，M.D. 教育は授業料（と州立大学であれば州補助金）ではそのフルコストをカバーできず，足りない部分を診療収入や研究助成金の間接経費などが間接的に補う。その意味では，「自給型」＋「組織依存型」である。研究大学では M.D. プログラムは，医学スクールのごく一部の事業に過ぎず，M.D. への関与も教員にとっては一部であり，財務的にもごく一部を占めるに過ぎない。

他方で，Ph.D. プログラムは「研究依存型」と言えるだろう。州立大学でその教員給与が州補助や授業料をも財源としていることを考えれば，「研究依存型」＋「組織依存型」とも言えるが，財源をみれば大きく研究助成金に依存していることがわかる。とりわけ私立大学の Ph.D. プログラムは，教員給与の相当部分が研究助成金から出ており，最も強い意味での「研究依存型」と言えよう。

修士プログラムは「自給型」で収益性が高く，Ph.D. を支援する場合もある。

5) ビジネス・スクール

学士プログラムがある場合とない場合があり，州立大学では学士プログラムを有する場合が多い。代表的な学位は M.B.A. だが，エグゼクティブ，会計学やファイナンス（金融・財務）などの修士（M.S.），Ph.D. などの学位プログラムがある。

①スクールの収入

ビジネス・スクールの収入の特徴は，法律スクールと同様に授業料収入が大きいことであり，スクールの収入の 5～7 割を占める[43]。

学士プログラムを有するスクールでは，授業料収入は学士プログラムに大きく依存している。パデュー大学のスクールは 600 人弱の修士学生に対して，学士学生 2,500 人以上を擁し，また，ワシントン大学のスクールでは，フルタイム M.B.A. に約 200 人，パートタイム（夜間）M.B.A. に 200 人，エグゼクティブ M.B.A. に 170 人，税金修士（Masters of Tax）と監査修士（Master of Audit）にそれぞれ約 40 人，技術経営 M.B.A. 170 人などで修士の学生だけで 850 人程度いるが（Ph.D. に 80～100 人），学士プログラムには約 1,800 人もいる（2008/9 年）。オハイオ州立大学では，M.B.A. を含めた修士学生が 420 人弱で学士プログラム約 4,600 人，ペンシルバニア州立大学に至っては M.B.A. 約 200 人（Ph.D. 約 80 人）で学士プログラムには約 4,700 人の学生が在学する。州立大学で

は特に，近年州補助金の減額が著しいので，学士プログラムの授業料収入はビジネス・スクールの重要な収入源となっている。私立大学でもペンシルバニア大学のビジネス・スクールは比較的大きな学士プログラムを持ち，修士学生約2,070人程度に対して，学士学生は1,800人弱いる。

　学士プログラムを持たないビジネス・スクールでは，もっぱらM.B.A.プログラムなどの大学院プログラムの授業料収入が財源となる。大学院プログラムのなかでもPh.D.プログラムの学生数は一般的に数十名から100名で小規模であり授業料などは免除する場合が多いので，授業料収入の面では無視できる。つまり収入の面では主に修士プログラムに依存する。コーネル大学のビジネス・スクール（M.B.A授業料は$36,000以上）では学生数770人弱は三十数名のPh.D.を除くとM.B.A.などの修士学生であり，スタンフォードのビジネス・スクール（授業料$50,000, 2007/8年）でも，M.B.A.学生が約750人に対して，学士プログラムがない（Ph.D.は約100人，2007/8年）。これらに似たスクールとして，学士プログラムの小さいスクールもあり，例えばMITではM.B.A.など修士学生は約840人に対して（Ph.D.約120人），学士学生は240名程度で少なく，カーネギーメロン大学ではM.B.A.約800人（Ph.D.約100人）で学士学生440人弱である。

　ビジネス・スクールでは大きな基本財産を有する場合も多く[44]，基本財産収入や寄付金はスクールの重要な財源となっていることが多い。ビジネス・スクールの収入に対するこれらの収入の割合は，オハイオ州立大学では30％，ペンシルバニア大学で18％，スタンフォード大学に至っては5割（2007/8年）を占める。

　研究助成金については，法律スクールと同じく一般にビジネス・スクールでは大きな収入にはなっていない[45]。

②大学院プログラムへの支出

　ビジネス・スクールの支出面での特徴は，教員人件費の比率が大きいことである。「スクールの経費の80％が人件費であり，スクールの経費の65％か70％は教員給与である」（パデュー・ビジネス）。「われわれのスクールの総支出

は $44M だが，支出のほとんどは人件費だ」（コーネル・ビジネス）。他のスクールでも支出の 5〜6 割程度を占めるようだ。問題はこうした人件費を含めた支出に対して，どのような資金が充当されるかだが，学士プログラムの有無で違いがある。

・学士プログラムがある場合

教員人件費は，やはり M.B.A. プログラムの授業料が財源となっているとは言えようが，学士プログラムがある場合はそれにも依存する。とくに州立大学では M.B.A. と言えども私学ほど高額の授業料ではないので，大規模な学士プログラムがそれを補填しているようだ。

大学院生への経済支援では，M.B.A. 学生への支援は少なく，Ph.D. 学生への支援が大きい。「M.B.A. 学生にも，ニード・ベース〔所得に応じて決まる〕のスカラーシップを提供する。基本財産収入からスカラーシップを出す。しかし多くの M.B.A. 学生は私的な資金を得ようとし，銀行から資金を得ようとする。すでに自分で資金を持っている学生もおり，彼らは仕事をし，貯金をしている。M.B.A. 学生と学士学生は自分で支払うが，多くの学生は経済的支援，ローン，スカラーシップその他を使う」（ワシントン・ビジネス）[46]。

他方で Ph.D. 学生に対しては，「ビジネス・スクールでは，Ph.D. 学生はその 99％ が全面的に経済的援助を受ける。全面的というのは，授業料，スタイペンド（生活費等手当），いくらかの研究費である。Ph.D. 学生のほとんどすべては自分で支払う必要はないと考えている。もし，フェローシップ，RA シップ，TA シップがなければ，プログラムを持つことはできない。（中略）州の補助金や授業料は一般資金となり，一般資金は各ユニットに配分され，TA シップや RA シップに支出する。フェローシップはすべて私的な収入からだ。基本財産収入だ。（中略）Ph.D. 学生の費用は潜在的に $30,000 だ。Ph.D. 学生に対しては 4 年間の支援を保証する」（ワシントン・ビジネス）[47]。MIT でも「博士の学生はフルに経済的サポートを受けるのが典型的であり，自分では支払わない。（中略）文理学では Ph.D. 学生は RA や TA として支援を受ける。プロフェッショナル・スクールでは Ph.D. 学生はほとんどスカラーシップで支援される」（MIT・ビジネス）。

このように見ると，Ph.D. プログラムの損失を M.B.A. の収益が埋める，と思われるかもしれないが，そうでもないようだ。ペンシルバニア州立大学の M.B.A. ディレクターによると，小規模な M.B.A. は利益を生まず，大規模な学士プログラムが Ph.D. を支えるという[48]。後述する学士プログラムがない場合でも，M.B.A. は必ずしも利益を生まず，基本財産収入などでそれを補っているが，その代わりを学士プログラムが担っていると言えよう。教員給与の主な財源が学士プログラムによる収入（授業料と州補助金）であるとすると，学士プログラムが大学院プログラムを支えている。

・学士プログラムがない場合

学士プログラムがないと，当然ながら主たる収入は大学院プログラムの授業料収入なので，M.B.A. プログラムの授業料収入が，教員人件費の財源となっている。教員人件費に限らず，大学院プログラムの収入が大学院経費として支出されるので，比較的単純であり，M.B.A. プログラムは法律スクールの J.D. と似ていることが予想される。すなわち，M.B.A. 学生は自分で学費を支払い，経済的支援が少ないので，M.B.A. の授業料収入が M.B.A. 教育に費やされる。小規模な Ph.D. は M.B.A. プログラムに依存する。

例えば，スタンフォードのビジネス・スクールでは，基本財産収入が大きいので M.B.A. 学生にもスカラーシップが与えられるが[49]，「M.B.A. 学生は，連邦政府によって支援された銀行を通じてローンをする」（スタンフォード・ビジネス）。これに対して，Ph.D. 学生は，「Ph.D. 学生でローンをする者はいない。すべての Ph.D. 学生は授業料と生活費手当（living allowance）を得る。（中略）学士学生はいないので Ph.D. 学生が教えることはないが，教員の TA として働いたり，RA として働く場合もある。しかし，ほとんどの資金はスカラーシップだ。（中略）Ph.D. プログラムは収入を生まない，それは費用のみ生む」（スタンフォード・ビジネス）。Ph.D. 学生への 3, 4 年のフルサポートの費用の財源は，医学や工学や文理学のような研究助成金ではなく[50]，基本財産収入などによる。

ただし，このスクールの特殊なところは，副ディーンによれば，「M.B.A. 学生の授業料収入は，スクールの収入の半分にも満たない。残りは寄付金と基本

財産収入による」ところである。ということは，M.B.A. の費用は授業料では足りないのか。これに対しては，副ディーンは，「それ〔基本財産収入〕は同窓生や卒業後の M.B.A. 学生から得るものであり，つまり M.B.A. 学生はここにいるときに半分を支払い，ここを去った後で半分を支払う」（スタンフォード・ビジネス）という。寄付金は主に卒業生によるものであり，つまり M.B.A. プログラムは在学中と卒業後の M.B.A. 学生によって支えられている。したがって結果的に，「M.B.A. プログラムは Ph.D. に寄与している」（スタンフォード・ビジネス）。

　コーネル大学のビジネス・スクールの場合も，学生支援は同様で，M.B.A. 学生は，スカラーシップやフェローシップもあるが，主にローンで授業料 $36,000 を含む教育資金と生活費を調達し[51]，Ph.D. 学生は授業料とスタイペンド（生活費等手当）を受ける。しかし，同ディーンによると，「もし専門職教育のフルコストを学生たちに課すとしたら，授業料は恐らく年に $60,000 になるだろう。（中略）われわれは基本財産を有する。われわれは M.B.A. 以外のプログラムや活動を有しており，資金を生むためにそれらに関わり，そうした資金をわれわれが提供する M.B.A. 教育に充当する。授業料は半分しか供給しない。実際にはわれわれのスクールの総費用の半分よりも少し少ない。残りは他の財源から来る[52]」（コーネル・ビジネス）。つまり M.B.A. を運営するには，M.B.A. の授業料では足りないわけだが，これをどう考えればいいのか。上記のスタンフォードのようにも考えられるが，さらに同ディーンによると，「われわれのスクールの教員は研究に活動的な教員であり，平均して半分の時間を研究に費やす。従って教育のみについては，授業料はわれわれのプログラムの総費用に近い額になる[53]」（コーネル・ビジネス）という。研究活動を M.B.A. 教員の水準維持のための投資と考えると，M.B.A. の授業料収入の不足分を他で補っているが，M.B.A. のみみれば自給型のプログラムのようにもみえる。この点はどこまで M.B.A. プログラムのコストと考えるかによるであろう。いずれにせよ Ph.D. については，その費用の最大部分である教員給与は M.B.A. その他の専門職学位プログラムの授業料を財源とするので，「専門職学位プログラムが Ph.D. を支える」（コーネル・ビジネス）。

以上のスクールは，基本財産収入が大きいが，そえゆえに学士プログラムを有する必要がないという側面もあるだろう。

③まとめ

ビジネス・スクールの特徴は，収入面では授業料収入の比率が高く，支出面では人件費の比率が高いことである。組織としては学士プログラムがある場合と，学士プログラムがない場合の二つがあるが，学士プログラムがある場合，州立大学ではしばしばそうであるが，大学院プログラムは学士プログラムに支えられる傾向があり，M.B.A. プログラムもそうなので，「自給型」に加えて「組織依存型」の傾向がある，フルタイムの M.B.A. 以外のエグゼクティブ M.B.A. やパートタイムの M.B.A. なども利益がプラスで，他のプログラムを支援している。Ph.D. プログラムは「組織依存型」だが，M.B.A. よりも学士プログラムの授業料収入に支えられている。

学士プログラムがない場合（私立大学に多い），専門職学位 M.B.A. プログラムは M.B.A. 学生の授業料収入で支えられるので「自給型」に近い。ただし，M.B.A. の費用は M.B.A. の収入では足りず，基本財産収入などスクールの財源で補っているという側面もあり，「自給型」に加えて「組織依存型」の傾向がある。Ph.D. プログラムは，研究助成金ではなくスクールの一般資金で賄われているので「組織依存型」である。

6) 教育スクール

学士プログラムを有するスクールが多く，州の教員養成を担っているのに対し，学士プログラムを持たないスクールは，研究者養成や教育関係の行政職や管理職の養成に傾斜している。大学院プログラムとしては，修士で M.S., M.A., M.Ed.（Ed.M.），博士で Ph.D. と Ed.D. などのプログラムを提供する。

①スクールの収入

教育スクールでは，法律やビジネスのスクールほどではないが，授業料収入

（と州立大学であれば州補助金）が大きな位置を占める。ペンシルバニア州立大学の教育スクールでは大学からの配分（主に授業料収入と州補助金）が総収入の7割程度，授業料収入だけだと5割程度を占める[54]。インディアナ大学の教育スクールでも「授業料収入が最も重要だ。スクールの収入のなかで州補助金は1/3であり，授業料収入が60％を占める。それら以外は全部で10％に満たない」（インディアナ・教育）[55]。学士プログラムがない教育スクールでは，カリフォルニア大学バークレーで，授業料収入と州補助金からなる一般資金は約45％を占め（2007/8年），ハーバード大学の教育スクールでは授業料収入が43％を占める。

授業料収入のなかで，学士プログラムの果たす役割が大きい。ただし，教育スクールでは，大規模な大学院プログラムを持つスクールも少なくなく，例えばインディアナ大学のスクールは，学士学生約1,250人に対して，1,000人以上の大学院生を擁し，後述するように大学院学生で自ら授業料を支払う学生も少なくなく，大学院生からの収入もばかにならない。

学士プログラムを持たないスクールでは，当然大学院プログラムとくに修士プログラムが主な収入源となる。学士のないスクールでは，後述するように博士学生は授業料免除や補助がなされることが多いので実質収入にはならない。

なお前述したように，教育スクールは文理学とともに，授業料収入への依存が強い法律やビジネスと，研究助成金への依存が強い医学や工学との中間に位置する。

とはいえ，教育のスクールのなかでかなり多様性があって，研究助成金の比率が大きなスクールもあるし，あるいは基本財産収入や寄付金の比率が大きなスクールもある。ペンシルバニア州立大学のスクールでは，研究助成金は27％程度を占めるが，インディアナ大学のスクールでは10％を下回る。これに対して学士プログラムのないスクールでは，研究助成金の比率や，基本財産収入および寄付金の比率が高くなっている。ハーバード大学のスクールでも，カリフォルニア大学バークレーでも，授業料収入（と州補助）が4〜5割に対して，研究助成金2割強，寄付金および基本財産収入2割強を占める。

②大学院プログラムへの支出
・学士プログラムがある場合

　文理学や工学のスクールと同様，教職員の人件費などを通じて学士プログラムが大学院教育を支えている。それは授業料収入（と州立大学であれば州補助金）が主な財源となるからだ。「学士プログラムはコスト計算をすると，利益を生む。内部補助が生じている」（ミシガン・教育）。

　博士プログラムの学生への経済的支援は教育スクールでも大きい。例えば，ミシガン大学の教育のスクールでは，修士学生への経済支援も多少あるが，主に自分で学費を支払い，それに対して博士 Ph.D. の学生にはすべて，5 年支援パッケージ（five-year funding package）[56] を提供する[57]。Ph.D. 学生への支援としては，「博士の学生は一般資金を財源とするアシスタントシップ〔TA シップ〕を得るものもいれば，RA となる者もいる[58]。（中略）Ph.D. プログラムが研究助成金で支援される，という部分はいくらかあるが，それは理学カレッジでは基本的にそうだろう。しかし，教育のスクールでは，とくに初年度学生の大部分は一般資金のアシスタントシップで支援される」「さらに大学の大学院フェローシップを得る学生もいれば，われわれの基本財産収入による寄付金フェローシップを得るものも少しだけいるが，彼らは全額基本財産収入による寄付金資金で賄われる」（ミシガン・教育）。フェローシップよりも，教員の研究助成金を財源にする RA シップ，さらには学士学生の授業料収入などを財源とする TA シップの役割が大きいようだ。

　インディアナ大学の教育スクールでも，「Ph.D. 学生に対する最大の支援は TA シップと RA シップだ。TA シップはスクールが提供する。学士プログラムでは，授業の半分以上は TA が教えている。（中略）授業料免除の費用はスクールが出す。われわれは学生の代わりに授業料を支払うが，授業料収入としてそれがわれわれに戻ってくるので，授業料を無料にしているようなものだ〔大学院の授業料収入は 98％がスクールに戻ってくる〕」。ただしアシスタントシップは大学院生をサポートするばかりでなく，スクールにとっても経済的である[59]。

　以上は文理学や工学のスクールと似ているが，これらのスクールほどは研究

助成金に依存しないのが教育のスクールの特徴であり，その代わりとなる財源は授業料収入である。特に大学院プログラム自体の授業料収入も大きい。インディアナ大学の教育スクールでは，修士プログラム（約440人）は，学生への給費援助は少なく[60]，学生は自ら授業料や生活費を支払うので，大きな利益となる。「修士号を得た教師は，教育職でより多くの収入を得る，そのため仕事でより多く給与を得るために単位を取る多くの学生がいる。修士学生のほとんどが自分で支払っている[61]」（インディアナ・教育）。

しかしそれだけではない。Ph.D. の学生でも自ら支払っている学生が少なくない。インディアナ大学の教育スクールは大規模な Ph.D. プログラムを有するが（学生数約520），半数の Ph.D. 学生は TA シップや RA シップを取れず，自ら費用を支払っている[62]。それは文理学や工学のスクールとは「非常に違う。多くのフルタイムの職を持つ学生がいる。ここには工学のスクールはないが，数学，物理学，歴史学の Ph.D. 学生をみれば，彼らはフルタイムの学生だが，われわれは多くのパートタイムの学生を有する。これは教育スクールのユニークなところだ」（インディアナ・教育）。確かに博士レベルでも Ed.D. であればそうであろう。「教育長になりたいと思う人々をみると，彼らはほとんど博士プログラム，それも教育管理のプログラムに在学する。彼らはフルタイムの職を持ち，パートタイムで授業を受ける。（中略）Ed.D. の学生は，Ph.D. プログラムの学生と同様，アシスタントシップを得るものもいるが，多くはそうではない」（インディアナ・教育）。しかし，Ph.D. 学生が自ら支払っている点が教育独自の特徴であろう。「歴史学や英語学をみれば，自分で支払う Ph.D. 学生はいないので，彼らの唯一の財源は学士プログラムの授業料収入だ。われわれにとって大学院プログラムは，依然としてそこから稼ぐというわけにはいかないが，学生は無償ではなく，多くの学生が支払っている[63]」。もちろん「Ph.D. プログラムの財源のいくらかは研究助成金だ。だが，他分野のほとんどのスクールと比べてわれわれは非常に大きな大学院プログラムを有する。他分野のスクールに劣らず多くの研究助成金で支援される大学院生がいるが，そのほかに教師をしている多くの学生がいる。彼らは自分で支払い，大学内の他のスクールはこうした学生がいない。それは教育の大学院学位が非常に需要がある

(marketable) からであり，実際に自分で払うとしても，より多くの見返りがあるからだ。彼らは仕事でより多くの給与を得るだろうし，学位を得るために自分で支払う価値がある。これに対して歴史学では多くの仕事があるわけではないので，博士に行こうと思わない。歴史学で Ph.D. をとっても仕事を得るのは難しい。他方でわれわれの学生は，ほとんどの学位で，ほぼ全員が容易に仕事を見つけることができる」（インディアナ・教育）。Ph.D. がいくらか専門職学位化している。

・学士プログラムがない場合

　カリフォルニア大学バークレーの教育スクールでは，収入は授業料収入と州補助金で半分を占め，残りの半分は主に研究助成金と基本財産収入（寄付金含む）からなり，財源内訳は後述するハーバードの教育スクールと似ている（州補助がない部分を，ハーバードでは授業料収入が埋めている）。

　カリフォルニア大学バークレーの教育スクールでは，Ph.D. 学生への支援は手厚い。カリフォルニア大学では RA を GSR (graduate student researcher)，TA を GSI (graduate student instructor) という。最も多いのが GSR であり，GSI，フェローシップが続く。「バークレーは Ph.D. がメインであり，研究志向だ。教員もすべての学位に関与し，臨床教員 (clinical professor) はおらず，〔教員の種類を〕分けていない」（カリフォルニア・教育）。Ph.D. 学生は約 50 名であるのに対して，博士レベルの専門職学位である Ed.D. は約 40 名で，フルタイムの学生ではなく，職に就いている学生がほとんどで，GSI や GSR になるのは不可能であり，給与もあって支援を必要としないので，ほとんどは経済的支援を受けない。また，修士の学生が 161 人いるが，校長など学校の指導者のためのプログラムが 132 名と大半を占めるので，これも経済的支援は多くない。このような構造であるため，教員給与に着目すれば，比較的人数の多い修士プログラムや Ed.D. プログラムが Ph.D. プログラムを補助しているが，州補助金も Ph.D. を支援し，GSR を通じて研究助成金も Ph.D. を支援する。その意味では，後述するハーバードほど，修士プログラムから博士プログラムへの補助が明確ではない。

　他方で，私立大学の場合，例えばハーバードだと，州補助金がないので，主

に相対的に大きな修士号（M.Ed.）プログラムが，小規模な博士号プログラム（Ed.D.）を経済的に支えている。「修士の学生に対する経済的な支援はとても少ない。修士の学生の圧倒的多数は，授業料を払ってここに来て，1年間ここで学ぶ人たちだ。彼らは預金やローンで支払っている。（中略）修士プログラムの学生は数で大部分を占め，授業料を支払い，その授業料は代替的なので，博士プログラムとの間に明確な内部補助が生じている。修士学生が博士プログラムに支払っている。しかし，修士の学生が博士プログラムのスカラーシップの資金を提供しているわけではない。実際には博士学生のスカラーシップは博士学生の授業料や基本財産収入その他から調達しているからだ」（ハーバード・教育）。あくまでも間接的に一般資金を通じて，特に教員人件費を通じて，修士プログラムは間接的に博士プログラムを補助している。なお，博士学生への支援は，フェローシップやティーチング・フェロー（TAのこと）で，このほか研究助成金によるRAもあるが[64]，「博士学生へのフェローシップの資金とティーチング・フェローの資金はおおむね同じくらいで，それぞれ約 $1M である。研究助成金は多くはない。（中略）われわれは連邦政府の研究助成金をある程度受けているが，研究助成金の多くは財団その他から得ている」（ハーバード・教育）。

③まとめ

学士プログラムがある場合，その授業料収入（と州補助金）が Ph.D. プログラムを支えている。Ph.D. 学生は RA，TA となって支援を受けるので，研究助成金と学士プログラムが支えているのは文理学や工学のスクールと似ており，「研究依存型」と「組織依存型」の傾向がある。しかし，Ph.D. や Ed.D. の博士プログラムの学生でも，経済的支援を受けずに自ら授業料を支払う学生も少なくない点が文理学や工学のスクールとは異なる。修士プログラムが専門職学位として利益の高いプログラムとなっていることは，他のスクールでもあり得たが，教育スクールの場合博士プログラムも多少そういうところがある。従って，修士プログラムは「自給型」と言えるが，博士プログラムも Ed.D. だけでなく Ph.D. も多少「自給型」の要素を有する。その意味で博士プログラムに

は，多様な要素が混入している。

　学士プログラムがない場合，修士プログラムはそれ自体が「自給型」であると同時に，博士プログラムを支える。バークレーの Ph.D. プログラムは「研究依存型」だが，一般資金にも多く依存するので「組織依存型」の要素があり，ハーバードの Ed.D. プログラムは修士に依存する「組織依存型」の要素が強い。

4　大学院プログラムの多様性

　これまでの検討をまとめると以下のようになる。

　まず，法律スクールでは，専門職学位である J.D. プログラムは「自給型」であるのに対して，Ph.D. や S.J.D. プログラムは「組織依存型」である。

　文理学カレッジでは，Ph.D. や修士プログラムは自然科学を中心に「研究依存型」であるが，学士プログラムに支えられているという意味で「組織依存型」である。人文学や社会科学では「組織依存型」の傾向がさらに強い。なお，収益重視の「自給型」である専門職修士プログラムも出始めている。

　工学スクールでは，膨大な研究助成を基礎に「研究依存型」と言えるが，学士プログラムのサポート（授業料および州補助金）もあって，文理学ほどではないが「組織依存型」のところもある。他方で専門職修士プログラムが収益重視の「自給型」で Ph.D. を補助する。

　医学スクールでは，州立と私立でいくらか異なる。まず州立のスクールの M.D. プログラムは授業料収入を中心に診療収入や間接経費（研究助成金）にサポートされるので「自給型」に「組織依存型」が加わっており，Ph.D. プログラムは研究助成金が主要財源で州補助金によるサポートがあるので，「研究依存型」に「組織依存型」が加わっている。他方で私立のスクールでは，M.D. プログラムは授業料を中心に診療収入や間接経費にサポートされるので，「自給型」に「組織依存型」が加わっているのは州立大学と同様である。だが Ph.D. プログラムについては，研究助成金に依存するところが大きく，最も純

粋に近い「研究依存型」であると言えよう。専門職学位の色彩の濃い修士プログラムは「自給型」であり，Ph.D. プログラムを補助しているようである。

　ビジネス・スクールでは，学士プログラムの有無で異なる。学士プログラムがある場合は，M.B.A. プログラムは「自給型」に「組織依存型」が加わり，Ph.D. プログラムは学士への依存を強めた「組織依存型」である。M.B.A. 以外の修士も M.B.A. に近いが，エグゼクティブやパートタイムの M.B.A. は収益重視の「自給型」で他のプログラムを補助する。学士プログラムがないスクールでは，M.B.A. プログラムも授業料収入と基本財産収入に依存するので「自給型」に「組織依存型」が加わっているが，基本財産収入を M.B.A. の卒業生と考えれば「自給型」とも言える。これらに対して Ph.D. プログラムは損失の多い「組織依存型」である。

　教育スクールでは，学士プログラムがある場合，学士プログラムの補助があるので（学士の授業料と州補助金），大学院プログラムは「組織依存型」の要素を持つが，修士プログラムは収益重視の「自給型」の色彩が濃く，Ph.D. プログラムは「研究依存型」の要素が濃くなる。ただし，博士でも Ed.D. プログラムや部分的には Ph.D. プログラムも「研究依存」ではなく「自給型」の要素を持つ。学士プログラムを持たない場合，修士プログラムは収益重視の「自給型」であり博士プログラムを補助する。博士プログラムは，修士への依存度が高い「組織依存型」であるが，「研究依存型」の傾向の強いものもある（州立であれば州補助金によって「組織依存型」が加わる）。

　以上の検討をまとめたのが図 9-2 である。諸プログラムはこれまでの分析に基づいて配置されているので恣意的ではないが，前述したようにプログラムの財源内訳が得られないので厳密なものではなく曖昧なものである。試みとしてのマッピングと考えていただきたい。

　第一に，J.D., M.B.A.（学士プログラムがない），M.D., といった典型的な専門職学位プログラム，そして工学，医学，ビジネス，教育の多くの修士プログラムはおもに「自給型」と言えよう。ただし，完全な「自給型」は J.D. か，場合によっては M.B.A. くらいで，その他は多少なりとも「組織依存型」の要素を有する。とくに学士プログラムのある M.B.A. や Ed.D. は（「自給型」を

第 9 章　大学院プログラムの経済的基盤　333

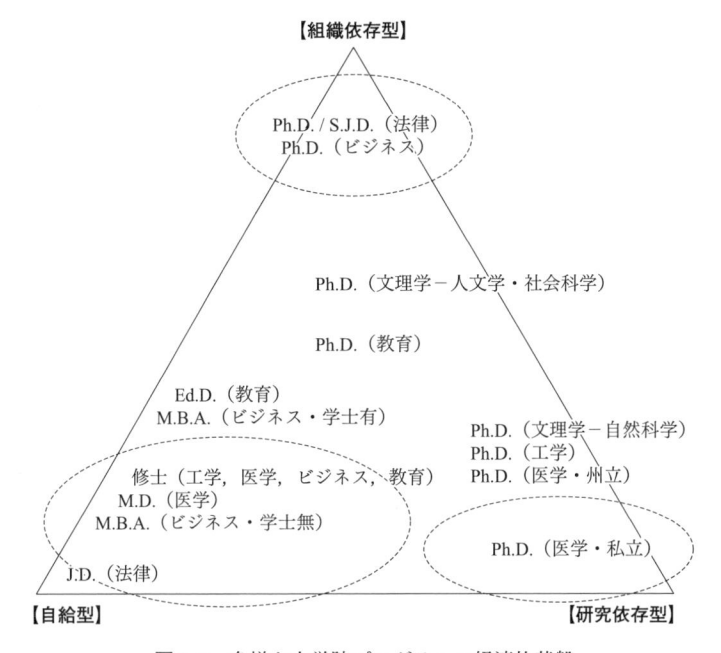

```
                    【組織依存型】

              ╱ ┌─────────────┐ ╲
             ╱  │ Ph.D./S.J.D.（法律）│ ╲
            ╱   │ Ph.D.（ビジネス）  │  ╲
           ╱    └─────────────┘   ╲
          ╱                        ╲
         ╱     Ph.D.（文理学－人文学・社会科学）  ╲
        ╱                                    ╲
       ╱          Ph.D.（教育）                 ╲
      ╱                                        ╲
     ╱   Ed.D.（教育）                            ╲
    ╱    M.B.A.（ビジネス・学士有）                   ╲
   ╱                      Ph.D.（文理学－自然科学） ╲
  ╱  ┌─────────────────┐  Ph.D.（工学）            ╲
 ╱   │ 修士（工学，医学，ビジネス，教育）│ Ph.D.（医学・州立）  ╲
╱    │ M.D.（医学）              │                      ╲
     │ M.B.A.（ビジネス・学士無）    │  ┌──────────┐
     └─────────────────┘  │ Ph.D.（医学・私立）│
     J.D.（法律）                     └──────────┘
【自給型】                                    【研究依存型】
```

図 9-2　多様な大学院プログラムの経済的基盤

ベースにしつつ）「組織依存型」の傾向がかなりある。第二に，研究学位プログラムは，医学，工学，文理学の自然科学系の Ph.D. プログラムで「研究依存型」の傾向が強い。ただし，純粋な「研究依存型」は一部の医学スクールに限られる。学士プログラムがあれば，Ph.D. は「組織依存型」の傾向があり，とくに自然科学や工学よりも人文学や社会科学の Ph.D. プログラムは「組織依存型」傾向が強い。しかし，第三に，「組織依存型」がより顕著なのは，法律，ビジネスの研究学位（Ph.D.）プログラムである（ハーバードの Ed.D. もこれに含まれる）。なお，Ph.D. プログラムには「自給型」の要素を持つプログラムもあり，当初の枠組みでは想定されなかった点である。このように純粋な 3 タイプは少なく，多くの大学院プログラムは同時に複数のタイプからなる。

　アメリカの大学院に関わる制度や仕組みは，中央集権的に企画化されたものではないため，極めて多様で整理するのが難しい。本書はあくまでもいくつかの大学を参考に整理したものに過ぎないが，大学院プログラムの経済的基盤の

多様性の一端が示された。ただし，その多様性に関しては，データの問題から位置づけが曖昧にならざるを得なかった。組織依存型の内実も整理が十分とは言えず，多くの課題が残されている。

そうした問題も踏まえた上で，本章の分析と関わって興味深いことは，近年高等教育の市場化の進展のなかで，市場メカニズムに基づく「自給型」や「研究依存型」が拡大しているのかと言えば，むしろ実は「組織依存型」が強まっていることである。授業料の値上げや売りものになる（marketable）修士プログラムの増加による収入増が顕著で，これらの収入が他の大学院プログラムの財源になっている。同時に，プロフェッショナル・スクールでも研究機能重視の傾向は強くなっており，Ph.D. 充実のためにも「組織依存型」が強まっている。こうした意味で，大学院プログラムの自律性の強化よりも，むしろスクールの経営機能の強化の方向にあると言える。その結果，プログラムの経済的基盤はより複雑化しつつある。

第10章　大学院教育の経済的基盤の特徴

前章では，大学院プログラムの経済的基盤について検討した。その検討を踏まえて，本章では，改めて大学院教育の特徴を学士教育と比べて整理し直す。本章で取り上げるのは，第一に，学生への経済的支援，第二に，研究経済と専門職経済，第三に，分権的な大学院運営，第四に，内部補助，である。

第一の特徴は，学士学生と比べて手厚い大学院生への経済支援であり，しかし，手厚いだけではなくその支援の財源と資金の流れをみることで大学院教育の固有性と多様性がみえてくる。第二の特徴は，そうした大学院教育固有の経済的基盤の背後にあるメカニズムである。これも学士教育にはないメカニズムである。第三の特徴は，学士教育と大学院教育の位置づけの違いを顕著に表すものである。第四の特徴は，しばしば指摘されてきた特徴であり，大学院教育を経済的に可能にしてきたメカニズムである。

1　大学院生への経済的支援

1) RAシップとTAシップ

大学院教育の経済的基盤における特徴の一つは学生への経済的支援である。とくに研究学位プログラムのPh.D.学生に対する経済支援が特徴的であり，その代表的なものは，RAシップとTAシップであり，これらをGAシップ（グラジュエト・アシスタントシップ）とも言う（GAは狭義にはグラジュエト・スクールで働くことを言う場合もある）。RAシップやTAシップの支援の内容は，授業料免除（補助）とスタイペンド（stipend, 生活費等手当）である。RAシッ

表 10-1　大学院生への支援とその財源

> Ph.D. 学生：授業料とスタイペンド（生活費等手当）の補助
>   RA シップ（research assistantship）：財源は研究助成金
>   TA シップ（teaching assistantship）：財源は学士教育の資金（授業料や州補助金）
>   フェローシップ等：財源は基本財産収入や寄付金収入，一般資金
>   ＊一部の Ph.D. 学生は自分で支払う
> J.D., M.D., M.B.A. 学生，専門職修士の学生：授業料を自分で支払う
>   ローン，預金
>   企業
>   ＊授業料割引，スカラーシップ等がある場合もある

プや TA シップ以外の学生支援として，フェローシップやスカラーシップ，授業料免除や授業料割引があるが，これらは必ずしも大学院生に固有のものではない。なお，前述したように，RA には GSR，TA には GSI やティーチング・フェローなど同様な制度がある。

　では，この RA シップと TA シップの財源は何か，資金はどう流れているのか。まず RA については，その財源は主に連邦政府の研究助成金（research grants）や受託研究（contracts）である[1]。RA シップは大学院生への経済支援という側面もあるが，RA は教員の研究活動を補助するために雇用されるのであり，直接的には大学院教育のための資金ではない。RA がいなければしばしば研究活動が成り立たず，大学院生が研究活動を維持している。先にみたように，1970 年ごろまでは，大学院における研究者養成のための教育訓練の給付という形で資金が出ていたが，その後削減され，研究プロジェクトの補助者として雇用される RA シップが主流になった。現在では，経済的支援の目的は研究補助に対する対価という色彩が強く，そのため RA に採用されるのは主に研究学位プログラムの Ph.D. 学生ということになる。

　他方で TA シップの財源は，カレッジやスクールの一般資金であるが，主に学士学生の納める授業料収入と州立大学であれば州補助金である。州補助金による TA シップの資金は，学士学生の教育の資金として州から配分されるものであると考えれば，TA シップの財源は学士教育による収入を財源とすると考えてよいだろう。TA シップが学士教育による収入を財源とするのは，TA が

主に学士プログラムの教育補助を行うからであり、その対価として授業料免除（補助）とスタイペンドを受ける。TAは大学院生への経済支援ではあるが、教師（instructor）であって、学士学生の教育を行い、スクールに大きく貢献している。例えばTAのおかげで教授は多くの時間を研究活動に振り向けることができる。このため、学士プログラムを有する文理学や工学のスクール、そして教育やビジネスのスクールでも、学士プログラムがあればTAを雇用することができ、教育サービスを充実することができる。だが学士プログラムのない、法律スクールでは、「学士学生を持たないので、TAがない」（ノースウェスタン・法律）し、医学スクール、一部の教育やビジネスのスクールでも、他のスクールのTAとして採用されたり、全学的な配分を利用しない限りは、基本的にはTAを雇用することはできない。なお、TAが大学院教育の補助を行う場合もあるが、一般的にはTAは学士教育のためにある。

2）メリハリの効いた学生支援——学位プログラムによる違い

　一般に給付（grant）形式の経済支援は、ニード・ベース（支払い能力に応じて支給）かメリット・ベース（成績に応じて支給）か、という違いで区分されるが、大学院教育の経済的基盤を知るには、そういう基準よりも、TAシップやRAシップの財源やそれがどのような目的で支給されるかがより重要な意味を持つ。端的に言って、RAシップやTAシップはPh.D.つまり研究学位プログラムの学生に対して支給されるが、専門職学位プログラムの学生に対しては相対的にこうした支援が少ない。

　専門職学位プログラムには、J.D., M.D., M.B.A.のように典型的な狭義の専門職学位プログラムと、専門職修士としばしば言われる修士号（M.S.やM.A.）に多い広義の専門職学位プログラムがあるとすると、前者の専門職学位の学生はRAシップやTAシップを受けることはふつうない。法律、医学、ビジネス・スクールでは、専門職学位の学生については前章でみたように、授業料免除やスタイペンドのような直接的な経済支援は少なく、ローンを提供し、学生は自分で学費を支払っている。例えば、表10-2にワシントン大学の大学院

表 10-2 ワシントン大学の学生支援の内訳 (2008/9)

	TA	SA	RA	Trainees	Fellows	計
文理学(芸術)	91	21	6	1	57	176
文理学(人文学)	270	13	27	1	38	349
文理学(自然科学)	366	12	481	31	115	1,005
文理学(社会科学)	302	29	102	1	92	526
ビジネス・スクール	82	2	5	0	5	94
教育カレッジ	61	12	82	37	5	197
工学カレッジ	182	4	489	7	104	786
法律スクール	3	2	2	0	1	8
医学スクール	3	0	258	156	9	426
計	1,360	95	1,452	234	426	3,567

注) SA は Student Assistant, Fellows はフェローシップ, Trainees は訓練給付学生である。
出典) Graduate Student Financial Support Summary, Autumn 2008 より作成 (http://www.grad.washington.edu/about/statistics/support/support2008.pdf, 2013 年 3 月 30 日アクセス)。

生への経済的支援の人数をスクール別・支援形態別に示した。研究学位と専門職学位に分かれた数字がないため，医学やビジネスのスクールではわかりにくいが，専門職学位に傾斜した法律スクールでは，TA シップ，RA シップがほとんどないことがわかる。

また広義の専門職学位プログラムである修士プログラムの学生は，特に工学や教育のスクールでは，職を持つ場合が多く（パートタイム学生），時間的にRAやTAをする余裕がなく，また収入があるため費用負担が可能であるということもあって，ふつう経済的支援を受けない。教育スクールのEd.D. もまた現職が多く，経済的支援は受けない場合が多い（ハーバードのEd.D. は特別で研究学位としての機能を有しPh.D. と同様な側面がある）。

また，研究大学ではPh.D. 学生は大部分が経済的支援を受けるが，専門分野で内容が異なる。文理学スクールの自然科学の教員や，工学，医学のスクールの教員は大規模な研究助成金を獲得できるので，研究助成金を財源とするRAシップが最も多い経済的支援である（表10-2参照）。しかし，文理学の人文学や社会科学の学生の場合，研究大学でも教員が研究助成金を獲得できない場合もある。そういう場合はTAシップやフェローシップが支援の手段となる（表10-2参照）。法律やビジネスのスクールでも研究助成金はほとんどないので，

RA シップは一般的ではない（表 10-2 参照）。なお，教育スクールでは，Ph.D. がいくらか専門職学位のような役割を果たしており，経済支援を受けない Ph. D. 学生も少なくない。

このように学生支援といっても，学位の違い，スクールの違い，専門分野の違いで，RA シップか，TA シップか，ローンかなど支援のタイプが異なる。それは，それぞれの経済支援には固有の財源があり，その違いにはそれなりの理由があって，異なるメカニズムが存在するからである。その点が学士教育への経済支援と異なるところである。

3）経済支援の財源の明確さと大学院運営

経済支援の財源や目的がはっきりしていることは，大学院運営と密接に関わる。例えば，RA シップは研究助成金を財源とするので，研究助成金を獲得した教員に Ph.D. 学生が集まることとなる。教員が研究助成金を得ることができれば，RA を増やし，大学院生を増やすことができる。その結果，日本では起こり得ないようなことだが，研究助成金が獲得できなければ Ph.D. 学生を得ることができない，という状況が生じる。工学スクールでは，「Ph.D. 学生の数は，大部分研究助成金で決まる。大学院生に授業料フェローシップ，研究給費，健康保険を提供することができれば，そのときだけ大学院生を持てるが，それは教員の研究資源に依存する」（ジョンズ・ホプキンス・工学）。医学スクールでも「Ph.D. プログラムの財源は研究助成金に依存するため，M.D. の学生数と違って，Ph.D. の学生数は研究助成金で決まる。（中略）Ph.D. 学生の数はわれわれが決めることができる。だが，それは資金による。資金が増えれば学生を増やすことができる」（イエール・医学）。かくて，Ph.D. プログラムの規模は研究助成金によって左右され，研究資金市場に大きく規定される。

TA シップについても，財源が学士教育による収入であるということは，大規模な学士プログラムを有するスクールは TA を多く雇用することができ，大学院教育のために TA シップを活用することができる。つまり，RA シップも TA シップもスクールの置かれた環境に依存する（法律や医学のスクールで TA

がほとんどいないことは表 10-2 のとおりである)。

　以上は，スクールの大学院運営上，RA シップや TA シップが重要な要素として扱われていることを示すが，しばしば RA シップも TA シップも，むしろデパートメントで決められることが多く，研究学位がデパートメントを中心に運営される要因ともなっている。RA シップについては，それを左右するのは教員だが，管理するのはデパートメントであることが多い。また，TA シップについても，「学士の学生がいないデパートメントは，ふつう TA を受けることができない。(中略) デパートメントが多くの学士学生を持てば TA を増やせる。それは TA シップが学士の学生を教えることだからだ」(ワシントン・文理学) というように，しばしばデパートメントで決まる。すなわち，研究助成金の多い教員を有し，多くの学士学生を抱えるデパートメントは，RA シップと TA シップを活用して，研究学位プログラムを運営できる。

　なお，フェローシップやスカラーシップは，スクールの基本財産収入や寄付金収入を財源とする場合が多く，基本財産収入が大きいスクールは大きなアドバンテージがあり，やはり大学院教育を充実させることができる。ただし，多くは，この財源に頼ることは難しく，RA シップや TA シップが主たる経済支援になる。こうした経済基盤がスクールによって異なり，研究助成金や学士プログラムのない法律やビジネスのスクールは，基本財産収入に頼らざるを得ないが，逆に言えば，十分な基本財産収入があると，研究助成金や学士プログラムへの依存度が低くなる (例えば学士プログラムがなくても運営できる)。

2　研究経済と専門職経済

　以上のように，学生への経済的支援において研究学位プログラムと専門職学位プログラムで明確な違いがある。また，前章で大学院プログラムの経済的基盤のモデルとして，「研究依存型」と「自給型」を挙げたが，これらの背後には異なる理念やメカニズムがあると考えられる。すなわち，これまでの検討を踏まえると，以下のような「研究経済」と「専門職経済」とが想定できる。

1）研究経済

「研究経済（research economy）」とは，連邦政府の膨大な科学研究費予算による研究助成金のフローが，大学の研究活動や大学院教育を駆動するメカニズムである。当然ながら，社会の側に大学の研究機能と研究者養成が重要であるとの考え方があることが前提で，それがベースになって資金が出ている。その膨大な資金（間接経費も大学院を運営する上で重要な役割を果たす）を背景に，研究大学のカレッジやスクールは優秀な学生の獲得と優秀な研究者の養成，研究成果の増加を目指して競争する。Ph.D. プログラムが典型的だが，大学院生は学位取得後も，M.B.A., J.D., M.D. などの学位取得者と違って相対的には高額な給与を得ることは難しく，また在学中の機会費用も大きく，まともに学費を支払えば大きな借金を抱えることになるため，何らかの経済的支援がなければ学生が集まらない。これに対して政府も大学も，公共性の高い研究に従事する者に対しては，学費や生活費など公に手厚く保証する必要があるという考え方があるようで，大学院生は RA に採用され授業料免除（補助）とスタイペンド（生活費等手当）を受ける。こうして，研究活動と研究者養成を重視する研究大学のスクールは，できるだけ優秀な大学院生を獲得するために大学院生への支援を充実させざるを得ない。

いくつかの例

例えば文理学カレッジでは，「望めば，大学院生に授業料を支払えと言うことはできる。しかし，ほとんどのデパートメントはそのようなことは好まない。というのも，文理学では，大学院生はたいてい学者になるのだが，彼らは多額の収入を得るようになるということはあり得ないからだ。あなたも自分の学生が多額の借金を持つようになってしまうのは望まないだろう。これは，法律スクールでは全く異なる。例えば法律の学生は授業料を支払い，多くの借金をするが，あとで多額な収入を得るようになる，その点が違う。われわれは学生たちが多額の金を支払わなくても学者になれるようにと考えており，ふつう授業料を支払う学生を持ちたいとは思わない。われわれは大学院生をサポート

したい」(ワシントン・文理学)。

医学スクールでも,「医学スクールでは Ph.D. 学生への支援は研究助成金収入による。生物医科学プログラムでは,十分な資金があるので,学生たちは自分で授業料を支払う必要がない」(イエール・医学)。だが,逆に「大学院(Ph. D.) プログラムが成功するかどうかは,そのプログラムのために教員が助成金を獲得する能力による。われわれのどのプログラムでも,もし Ph.D. 学生への資金を獲得することができなければ,そのプログラムは成功しない。助成金獲得の競争力がないプログラムは生き残れない。それは全米レベルでの助成金獲得競争力による」(イエール・医学)。

とりわけ医学スクールにおける Ph.D. プログラムの発展は国立衛生研究所の研究助成によるところが大きい。「国立衛生研究所が創設された時,その助成金の大部分はワシントン DC にある研究所に行くのではなく,国じゅうの大学の研究を支援するために配分されるべきである,しかも最良の私立のスクールにだけではなく,あらゆるスクールに配分されるべきであることが決定された。資金の配分はメリットに基づくもので,いわゆる能力主義であって,教授の年功には基づかない。いいアイディアを持つ助教授はシニアの教授と資金獲得で競争できることになった。アイオワ大学の教員でもハーバード大学の教員でもメリット・ベースで配分された。その結果,国じゅうを横断して,強力な研究プログラムを有し,それゆえ大学院生の訓練の基盤を有する大学やカレッジが多く存在する。そのようにして大学院教育が成功したのだと思う。国立衛生研究所とそのようなプログラムに対する政治的支援が国じゅうにあり,それは国じゅうの政治家がそうしたプログラムに関心を寄せるからであり,それぞれの州がその資金を求めて競争することができたからだ」(アイオワ・医学)。

2) 専門職経済

「専門職経済(profession economy)」とは,社会に強固な専門職制度が存在し,それが大学院教育を駆動するメカニズムである。社会で高い地位を有する自律的な専門職集団があって,そこに加わるための訓練とハードルが必要であり,

そこに大学院教育の役割がある。その費用については，少なくともアメリカでは公共的色彩が薄いとされるため，基本的に専門職集団（つまりスクールからすれば同窓生集団）かその予備軍（学生）が負担することになる。J.D., M.B.A., M.D. などの専門職学位プログラムにおいても，大学院生には研究学位プログラムと同じように在学中の機会費用が発生し，また授業料も一般に高額であるが，学生は卒業後に高い所得や地位（リターン）を得ると考えられるので，そうした費用は受益者である個人が負担すべきという考え方があるようだ。授業料免除もふつうはなく，学生支援ではスタイペンドなどの支援は少ない。授業料が高いのは，教員給与が大学外の専門職労働市場での高額な給与水準に規定されるためで，自分たちも専門職労働市場で高い給与が期待される学生は文句を言わない。つまり，高い教員給与と高い授業料は，社会で確固たる地位を有する専門職集団の存在（所得格差を基礎とする専門職労働市場）を前提にし，そのための高いコストも後で容易に支払えるので投資がしやすい。その結果，学生は大きな経済的支援を受ける必要がない（ローンでよい）。

いくつかの例

　例えば，法律スクールでは，「卒業生は将来，多くの金を得ることができる，それゆえ授業料の大きな割引はないと考えている。（中略）アメリカでは，われわれのようなトップの法律スクールでは，卒業した時点で平均の給与，給与の中央値は $125,000 だ。だから実際には，教育の費用について，問題は大きくない，やろうと思えば支払いは可能だ。それは資本金の問題であり，タイミングの問題で，スクールに来る時点で資金がないことである。学生は将来に対して借金をする。われわれのスクールの学生に対する経済的支援の大部分はローンの形態でのサポートだ。（中略）学生はわれわれから借りることができ，連邦政府から借りることができ，銀行から借りることができる。（中略）スクールは少額のローンを提供する。だがそれは中心ではなく，多くの連邦政府プログラムから借りる。合衆国は高等教育に対して低金利のローンを提供することにきわめて寛大だ」（ノースウェスタン・法律）。

　医学スクールでも，「授業料は高額だ。年に $40,000 である。医学スクール

の学生が卒業したときには，大きな借金を抱える。しかし，将来に彼らはそのためのお金を得ることができる。医学スクールへの補助金で有名な国立衛生研究所はM.D. 学生をサポートしない。国立衛生研究所は医師になる訓練には興味がないのだ。彼らは，もっぱら科学者になる学生を訓練したいと考えている」（アイオワ・医学）。

　ビジネス・スクールでは，「M.B.A. は授業料が $36,000 であり，メリット・ベースのスカラーシップもあるが，ローンを勧めている。（中略）ローンの多くは外部の金融機関から調達する。ほとんどのM.B.A. プログラムで，M.B.A. 学生は資金の主要部分を借りる。われわれは学生がその差額〔必要な額と支援との差額〕を借りると期待している。学生たちは投資をすることに積極的だ。なぜなら約3年のうちに資金を回収できると予想されるからだ。（中略）雑誌の『フォーブス』を見ればいい，最近調査をやっていて，ランキングの一つだが，M.B.A. プログラムで投資を回収するのにどの位時間がかかるのか，という問いをベースにした調査だ。彼らは終了後5年の卒業生に対して調査し，投資の額と給与の増加を推計した。それによるとみな3年以内にM.B.A. の教育費用をすべて回収した。それは素晴らしい投資だ」（コーネル・ビジネス）。

　「M.B.A. 学生はふつう資金を得ない。彼らは自分で支払う。（中略）ほとんどの専門職修士プログラムは，ほとんどであり全てではないが，学生は支援を受けない。彼らは支払わねばならず，借金を持つことになる。（中略）そこには大きな学生経済支援オフィスがある。学生はお金を借りる。（中略）大学の方針は，特に博士学生に資金を与えるというものである。それは優先順位であり，博士の次に修士学生が対象となる。（中略）修士学生は選抜的であり，年に1,200 の応募に対し50 名だけが採用される。（中略）M.B.A. 学生は自分で支払う。ソーシャル・ワークの修士や会計学の修士はたいてい自分で支払う。（中略）形式的には彼らもアシスタントシップを得ることはできる。（中略）しかしそれは稀なケースだ。彼らが資金を得られないという規則もルールもない。しかし，実際に支援は公平というわけではない」（アイオワ・GS）。

　専門職経済においては，とくに伝統的な専門職学位プログラムを担当する教員の給与が高く，それは授業料の高さにつながっている。大学によっても異な

るが平均でも，例えば文理学や歴史学の教授の給与は法律の教授の給与の6割程度である[2]。大学側も教員給与にスクールで大きな差があることを認めている。それはプロフェッショナル・スクールの教員給与の水準が専門職の労働市場に依存するもので，優れた教員を獲得するにはそれぞれの労働市場における給与水準に従わざるを得ないからである。そのために大学としては主な財源である授業料の額の違いを認めざるを得ない。

　以上の「研究経済」と「専門職経済」は，学士教育の経済的基盤では考える必要のないものであり，大学院教育に固有と言うべき，社会とのつながりを示す。そして大学院教育の経済的基盤の違いを理解しやすくさせる。例えば，プリンストン大学の工学の副ディーンは，比較的近くにあって多くのプロフェッショナル・スクールを有するペンシルバニア大学のことを，外部からみて以下のように言う。「ペンシルバニア大学で，学生や多くの大学院専門職プログラムを持つスクールに聞いてみると，学生は医学スクールの授業料を自分で支払い，ビジネス・スクールの授業料を自分で支払い，法律スクールの授業料を自分で支払い，歯学スクールの授業料を自分で支払う。だがペンシルバニア大学の学生で，Ph.D. 学生だけは全く支払わない」（プリンストン・工学）。「研究経済」と「専門職経済」を踏まえれば，こうした違いの理由が理解できるだろう。

3　分権的な大学院運営

　研究大学では大学院教育は学士教育と比べて学内で分権的に運営される傾向がある。それを示すために，大学院教育の運営上重要な，プログラムの規模（学生規模）の決定と，収入の要となる授業料の決定について，それらがどのように決められるのか，その実質的な決定主体は何かを，学士プログラムと比較しながらみてみよう。

1）大学院生数の決定

①法律スクール

　大学院プログラムのみだが，スクールが主体的に学生数を決めることができる。専門職学位である J.D. や LL.M.，研究学位である S.J.D. や Ph.D.（共同学位）も「学生数は，学長やプロボストと相談してスクールが決定する」（ノースウェスタン・法律）[3]。州立大学の場合，新規のプログラム立ち上げには州高等教育委員会の承認などが必要だが，承認後は「学生数は完全にスクールによって決定される」（インディアナ・法律）。

②文理学カレッジ

　Ph.D. プログラムについては「各デパートメント長が学生数を決めることができる。（中略）大学院生の入学許可はデパートメント・レベルで行い，グラジュエト・スクールがそれを手伝うが，心理学デパートメントの大学院教育主任が，心理学デパートメント長と一緒になって，何名の大学院生をとるのかを決める。（中略）〔しかし〕学士学生は違う。学士学生の数はプロボスト・オフィスで集中的に決定される。（中略）それは大学院生がすべて一つのデパートメント内で授業を取るのに対して，学士の学生は一つのデパートメントだけで授業を取るわけではないからだ」（ワシントン・文理学）。Ph.D. 学生数をデパートメントが決めることができるのは，Ph.D. 学生への経済支援が主にデパートメント・レベルでなされるからである。RA シップは連邦政府などからの研究助成金を財源とするので，研究助成金が多ければ大学院生を増やすことができる。もちろん，TA シップもデパートメントが多くの学士学生を持てば多く提供できる（デパートメントが配分を決定する）。

③工学スクール

　ふつう工学スクールは大きな学士プログラムを有するが，「学士プログラムの学生数はわれわれ〔スクール〕が決めることはできない」[4]。大学院の学生数はわれわれが決めることができる。より多くの研究資金を得れば大学院を増や

すことができる」(カーネギーメロン・工学)。さらに言えば，大学院生数はスクールどころかデパートメントが決める。「学士プログラムの学生数は概ね大学によって設定される。大学院生はデパートメントが決める。カレッジすら関わらない。カレッジは大学院の入学許可には関わらない。志願書はグラジュエト・カレッジにさらにデパートメントに行って，デパートメントが決める」(イリノイ・工学)。プログラムが決定する場合もある。「〔Ph.D.〕学生数は研究資金によって規定される。実際に，成功している教員は成功していない教員よりもより多くの大学院生を持つ。それはその教員が大学院生をサポートする資金を持っているからだ。(中略)大学院のレベルでは，入学させたい学生の数を決めることができるが，それは利用可能な資源に基づく。(中略)大学は大学院プログラムに対して特定の学生数にしろとは言わない。決めるのは大学院プログラム次第だ。それはとても分権化されている。リスクを伴うものではあるが」(オハイオ州立・工学)。ただし，工学では大学院プログラムを運営するのはデパートメントなので，実質デパートメント次第と言える。

④医学スクール

　M.D. と Ph.D. とで学生数の決め方が異なる。州立大学では，「州は，M.D. 学生数を，年に 175 名としている。(中略) M.D. は州によって支援されている。教員の給与の大部分，建物のいくらかは州の資金による。従って M.D. の学生数は州によって決定される」(ウィスコンシン・医学)。直接に州ではなくても，「医学スクールのディーンが，大学の学長，大学の管理する理事会に相談して決める。スクールだけで決めることはできない」(アイオワ・医学)。私立大学の M.D. 学生数は州による規制はないが，「M.D. の学生数についてはスクールが決めることはできない。全米レベルのアクレディテーション団体があり，そこが 160 人として認可しており，170 人はとることができるが，彼らのいう人数からかけ離れてはならない」(ボストン・医学)。

　こうした M.D. の学生数と違って，Ph.D. の学生数は，スクールやさらにはデパートメントが決めることができる。「Ph.D. の学生数は教員とカレッジによって決められる。学士学生の数は大学が決める」(ウィスコンシン・医学)。

「Ph.D. 学生の数はわれわれが決めることができる。だが，それは資金による。資金が増えれば学生を増やすことができる」（イエール・医学）。

⑤ビジネス・スクール

学士プログラムを有するスクールでは，「学士プログラムは大学の中央執行部が設定する。ビジネス・スクールは大学院プログラムの学生数を設定する」（カーネギーメロン・ビジネス）。「学士プログラムの学生数と授業料は大学が設定する。スクールは，利害関係者と相談して大学院の学生数と授業料を設定する」（ペンシルバニア・ビジネス）。ビジネスの場合，大学は抑制よりも拡大を促す方向にあり，学生数は「学士プログラムは大学と交渉する。（中略）大学との交渉では，常にビジネス・スクールの学士学生数を増やしてほしいという圧力を受ける。需要が大きいのだ。スクールとしては，これは可能だがそれは不可能だ，と答える。（中略）M.B.A. は概ねわれわれのほしいだけとれる。だが，われわれはどの程度資金に余裕があるかで決めねばならない。Ph.D. もわれわれが決めることができるが，予算に大きく制約される。（中略）Ph.D. は伝統的に資金を失い，Ph.D. 学生をどの程度支援できるかについて大きな制約がある。大学は Ph.D. 学生数と M.B.A. 学生数はコントロールしない」（ワシントン・ビジネス）。またビジネスでは，ディーンのリーダーシップが強い。「学士学生のトータルな数字は大学によって決められる。（中略）大学院レベルは，個々のユニットに権限が委譲されている。このスクールでは，各プログラムが学生数を決めることができるが，最終的にはディーンである私が決定を下す。その学生数は最終的には私のところに来て，それが私の設定する予算を超える場合はその案を採用しない。（中略）Ph.D. プログラムも，予算があって学生数の目標があるという点では同様だ」（オハイオ州立・ビジネス）。

他方で学士プログラムがないスクールでは，修士も博士も「学生の募集数はスクールによって決められる」（スタンフォード・ビジネス）。「学生数はスクールが決定する」（コーネル・ビジネス）。

第 10 章　大学院教育の経済的基盤の特徴　349

⑥教育スクール

　大学院生について「学生数は，入学させたい数を法人に申請して認められねばならない。それより少ない数を入学させることはできるが，それより多いと法人の承認が必要となる」（ハーバード・教育）という大学もあるが，「学生数は，学士教育レベルでは基本的に大学が決めるが，大学院レベルではデパートメントが決める」（ウィスコンシン・教育）。「学生数は，学士プログラムは大学が決め，大学院生の数は各プログラムが決定するので，その意味でもプログラムの重要性がわかる」（ペンシルバニア州立・教育）というように，ふつうは大学院生数の決定は大学ではなくスクールでなされている。

2）授業料の額の決定

　授業料額の設定については，学士プログラムと Ph.D. プログラムは全学で共通の授業料を設定していることが多い。この場合，基本的には個々のスクールに決定権はなく，このため文理学カレッジの授業料は全学で決められる。これに対して独自の授業料を設定しているのは，専門職学位プログラムである。その意味では，学士プログラムや Ph.D. プログラムよりも専門職学位プログラムで自由度が高い。ただし Ph.D. については，多くの場合授業料免除があり，実質的に授業料の意味をなさない。従ってここではおもに学士プログラムと専門職プログラムとの比較となる。

①法律スクール

　専門職学位 J.D. については，「授業料額は全米で 3 番目に高い。（中略）授業料は市場原理によって決まる。授業料は概ね弾力性がない。それが意味するのは，授業料を値上げしても消費者はまだ支払うだろうし，同じ量の財を注文し続ける，ということである。われわれが課す上限は，われわれの競争相手が課す額に基づく。それでわれわれがやろうとしていることは，競争相手の 2 校，コロンビア大学とニューヨーク大学の法律スクールよりも低額に抑えることである。（中略）学長と理事会に承認されねばならないが，基本的には私

〔ディーン〕が決める」（ノースウェスタン・法律）。もともと法律スクールの授業料額は高いので，それを大学がどうこう言うことはなく，「授業料は毎年値上げできるが，増額の総額は理事会によって制限される」（ノースウェスタン・法律）[5]。

②工学スクール

　州立大学ではすべての授業料が大学によって決められるが，その標準授業料に対して，スクール独自の追加の授業料（tuition supplement, special fees, technology fees）を課すことができることが多いようだ[6]。例えばイリノイ大学の工学スクールでは，「授業料には，大学の決めた授業料に追加で課される部分があり，それは授業料サプリメントと呼ぶ。$3,100 だ。授業料は他のスクールと共通の部分は大学に入るが，授業料サプリメントの部分はスクールに来る。大きな財源だ」（イリノイ・工学）。授業料サプリメントによる収入はこのスクールで，$7M になり，小さな額ではないという。ただし，追加授業料は学士プログラムにもある場合がある。

　私立大学でも，カーネギーメロンの工学スクールでは，学士も大学院も授業料は大学中央が決める。しかしジョンズ・ホプキンズ大学の工学スクールでは，大学院の修士（専門職）プログラムについてはスクールが決めることができる。「実はこれはふつうではないし変に聞こえるかもしれないが，われわれが大学に対して許可を得ねばならない唯一の授業料は学士プログラムの授業料である。（中略）大学院の授業料はわれわれが決める。しかし，学士プログラムの授業料については姉妹スクール〔文理学スクール〕との相談が必要であり，学長と理事会の承認が必要だ。ただ一般的には，姉妹スクールと合意を得れば，学長と理事会を動かすことはできる[7]」（ジョンズ・ホプキンズ・工学）。

③医学スクール

　Ph.D. の授業料は学内の他の Ph.D. と同じだが，M.D. の授業料はより高額である。そして Ph.D. は全学で決められるが，M.D. の授業料も，州立大学では大学や州が決める。「Ph.D. は大学が決める。学士の授業料は，大学と州が決

める。M.D. の授業料は，ふつう医学スクールが決める。だが州立大学ではふつう大学が決める」（ウィスコンシン・医学）。「学長と理事会が決める。スクールは，提案はできるが，自分で決める権限はない」（アイオワ・医学）。「大学と理事会が決める」（ピッツバーグ・医学）。

　私立大学では，M.D. の授業料はスクールが決める。私立大学のイエール大学では，「Ph.D. の授業料は文理大学院が決め，医学スクールは関与しない。M.D. の授業料は医学スクールが決める」（イエール・医学）。ボストン大学の医学スクールでは，「授業料はスクールが決める。しかし，M.D. の授業料は非常に高額だ。絶えず抑えないといけない。それは競争力を失うからだ。ここでは年間の授業料は $39,000 だ。Ph.D. は $30,000 であり，修士の授業料は $31,000 あたりだ」（ボストン・医学）。

④ビジネス・スクール

　学士プログラムを有するスクールでは，「大学の中央執行部が学士プログラムの授業料を設定する。ビジネス・スクールは大学院プログラムの授業料を設定する。また，エグゼクティブ・プログラムの授業料も設定する」（カーネギーメロン・ビジネス）。ペンシルバニア大学では，「学士の授業料は大学が決め，スクールのディーンは議論に参加することができる。しかし，大学院の授業料はスクールの問題であり，各スクールに関わるマーケットで決まる」（ペンシルバニア・ビジネス）。MITでは，「学士と博士に関しては大学で一律の授業料を設けている。（中略）修士プログラムでは授業料は異なっている。例えば，工学のスクールは修士プログラムを有するが，その修士プログラムの授業料はビジネス・スクールの修士プログラム授業料とは全く独立に設定される。（中略）それはプロフェッショナル・スクールで設定される」（MIT・ビジネス）。

　州立大学では M.B.A. も大学が決める場合が多い。ペンシルバニア州立大学では「学士，Ph.D.，M.B.A. の授業料は大学が決める。M.B.A. は他のカレッジの授業料よりはかなり高いが，規模が小さい（一学年 75 人）ので大きな収入にならず，あまり問題ではない。エグゼクティブ・プログラムの授業料は勝手

に決められる[8]」(ペンシルバニア州立・ビジネス)。しかし，オハイオ州立大学のスクールのように，「授業料は学内で統一されている。だが各カレッジは追加の授業料を加えることができる」(オハイオ州立・ビジネス)例もある。

　追加授業料は州立大学にとっては重要である。ワシントン大学のビジネス・スクールでは，「われわれの大学院レベルの学生は，ほとんどの場合，大学の大学院授業料よりも多くを支払っている。それは割増（プレミアム）授業料があるからであり，それが大きな収入を生む。（中略）割増授業料とは，サーチャージ（追加料金）のようなものだ。（中略）それがビジネス・スクールで始まった理由は，大学も理解している。（中略）ビジネス・スクールは，教員の給与が高額なためにその財源に対する強い需要がある。ビジネス・スクールの教員給与は，大学の他の教員よりもかなり高額である[9]。そのすべてを大学が負担することはできない，われわれがしてやれるのは，修士プログラムのプレミアム授業料を加えることを許可することくらいだ，のようにほとんどの大学が言ってきた」(ワシントン・ビジネス)。

　学士プログラムのないスクールでは，「授業料はわれわれが決める。ただし，理事会の承認がいる」(コーネル・ビジネス)。スタンフォードでは，「Ph.D. の授業料は大学が決める。しかし，われわれはすべての Ph.D. 学生の授業料を支払う。Ph.D. 学生は誰も授業料を払わない。したがって Ph.D. 授業料についてはその額をわれわれは見ていない。大学が授業料をいくらにしてもわれわれが支払わねばならない。M.B.A. の授業料は，他の一流のスクールとの比較でわれわれが決める」(スタンフォード・ビジネス)。

⑤**教育スクール**

　工学スクールと似て，州立大学では学士も大学院も「授業料は州が決める」(ウィスコンシン・教育)。インディアナ大学でも「授業料は大学が決める。大学院プログラムの授業料も大学と州が決める」(インディアナ・教育)。「授業料は理事会が決める」(ペンシルバニア州立・教育)。ミシガン大学では，先の工学スクールと同様に，授業料は州が決めるが，「われわれスクールは，基礎授業料に追加の授業料を加えることができる」(ミシガン・教育)。

学士プログラムのないハーバードの教育スクールでは，「われわれは授業料を申請する。それが学長と法人に承認される。申請が認められないことはある。(中略) しかし，一般的には法人はスクールの申請に賛成する」(ハーバード・教育)。

3) 分権的に運営される大学院プログラム

　学士プログラムと比較して，大学院のPh.D. プログラムと専門職学位プログラム (J.D., M.D. を除けば，しばしば修士プログラムが相当する) の学生数および授業料の額を実質的に決定する主体を，いくつかの大学についてまとめたのが表10-3 である。ふつう最終的には，大学の理事会での承認が必要となるが，ほぼスクールに実質的に決定権がある場合などはスクールを決定主体とした。また，州が関係するのは，主に理事会さらには州高等教育委員会を通じたものだが，実質的に州の規制と捉えられる場合もあるようだ。

　学生数と授業料は，私立大学でも州立大学でも，学士プログラムはふつう大学が決定する。これに対し，大学院の学生数は，一部医学スクールのM.D. プログラムを除けば，研究学位も専門職学位もほとんどスクールが決定し，とくにPh.D. プログラムは実質デパートメント・レベルで決定されることが多い。

　なお，修士プログラムについては，Ph.D. と同じように大学で設定される場合が多いが，特に現職向けのパートタイムの専門職修士プログラムやエグゼクティブ・プログラムでは，学生数も授業料もスクールが設定することが多い。

　このように，学生数の設定では明らかに，学士プログラムと比べれば大学院プログラムでスクールの決定する裁量が大きい。授業料についても，学士プログラムやPh.D. プログラムは大学で決定されるが，それと比べれば専門職学位プログラムではスクールが関与する度合いが強い。つまり，大学院プログラムの財源として重要な授業料収入を規定する学生数と授業料は，全学的に決められる学士プログラムと比べてスクールの裁量が大きい。

　なお，スクールが決定できるといっても好き勝手に決められるのではなく，施設や人員などの制約条件の中で主体的に決定される，という意味である。

354 第IV部 研究大学の大学院の経済的基盤

表 10-3 学生数と授業料額の決定主体

		学生数設定			授業料設定		
		学士プログラム	Ph.D.プログラム	専門職学位プログラム	学士プログラム	Ph.D.プログラム	専門職学位プログラム
法律	私立N大学	(大学)	スクール	スクール(JD)	(大学)	大学	スクール(JD)
	州立I大学	(大学)	スクール	スクール(JD)	(大学+州)	大学+スクール	スクール+大学(JD)
文理学	私立Y大学	大学	デパートメント+スクール	—	大学	大学	—
	州立W大学	大学	デパートメント	—	大学+州	大学+州	—
工学	私立J大学	スクール+文理学スクール	デパートメント	スクール	大学	大学	スクール
	州立I大学	スクール+大学	デパートメント	デパートメント	大学	大学	大学
医学	私立Y大学	(大学)	スクール	スクール(MD)	(大学)	大学	スクール(MD)
	州立W大学	(大学)	デパートメント	州(MD)	(大学+州)	大学+州	大学(MD)
ビジネス	私立C大学	(大学)	スクール	スクール(MBA)	(大学)	大学	スクール(MBA)
	州立P大学	スクール+大学	デパートメント	スクール(MBA)	大学	大学	大学(MBA)
教育	私立H大学	(大学)	スクール+大学	スクール+大学	(大学)	大学	スクール+大学
	州立P大学	スクール+大学	デパートメント(プログラム)	プログラム+スクール	大学	大学	大学

注）インタビューの結果による。大学名はイニシャルのみ記した。
（大学）は，当該のスクールには学士プログラムがないが，全学の学士プログラムの決定主体が大学であることを示す。

　以上のように大学院教育の運営は，学士教育よりも分権的であるが，それは全学的な事業である学士教育と，そうではない大学院教育との違いであろう。そうだとすれば，大学院教育は学士教育と比べて本質的には学内的には分権的な運営が適しているということになろう。

4　多様な内部補助

　第2章でみたように，ジョンズ・ホプキンズ大学やクラーク大学は，大学院教育のみを行う機関という当初の計画を変更し，学士教育を行うカレッジを併

設せざるを得なかった。また，現在でも大学院のみの大学はロックフェラー大学だけであるが，これは膨大な基本財産収入や研究助成金のおかげで可能な特殊な例である。だが一般的には，大学院教育には学士教育が必要であることが多く，その理由の一つは財務基盤であると考えられる。しばしば学士教育が大学院教育を補助していると言われ，それが大学院教育と学士教育との大きな違いであろう。ただし，実際に起きていることは以下にみるように複雑である。

1）内部補助とは

　前章において大学院教育の経済的基盤を整理する過程で，常に問題であったのは大学院教育固有の費用（cost）や資金（fund）を抽出するのが難しいことであった。大学で行われる活動は学士教育，大学院教育，研究活動など複合的（multi）であり，その結果内部補助（cross-subsidization）が発生している可能性が高い。内部補助とは，「複合生産を行う単一事業体において，個々別々の財・サービスの部門間で，ある部門で生じる損失を，他の余剰利益で補填すること」（森1988，162頁）である。内部補助は，個々の活動（事業）で，その費用（cost）や収益（revenue）を確定できれば損益（lossとprofit）をもとに測定できるが，実際には共通の費用（共通費）の発生などがあって必ずしも容易ではない[10]。大学のように，複数の活動に相互に関係があって結合生産（joint production）を行っている場合，収益（収入）の区別も難しく，内部補助が成り立っているか否かを言うことは容易ではない。しかし，そもそも大学のような非営利組織では収益（収入）や利益（profit）には金額で表せない効果や効用がある。

　そこで，James（1986）は，大学を，複合生産を行う非営利組織であり，意思決定に関わる教員の効用を最大化するために諸活動の間で内部補助が行われているととらえ，効用関数を最大化する資源の配分を探り，学士教育が大学院教育と研究を補助していることを示した。「いくつかの活動，とりわけ学士教育は利益を生むために行われ，その利益は大学院教育と研究活動のような，損失を出す活動を補助するのに費やされる」（p.250）。この場合，何を内部補助

としているかと言えば、「損失を生むが効用を最大化する活動の『消費』に費やすことができる収入を引き出すために、それ自体は効用を生まないが利益を生む『生産』活動を遂行することが、組織に期待される、すなわち、結果的に後者が前者を補助する」(p.238)ということである。

インタビューで内部補助が話題になった際にはおおむねこのような意味で内部補助が使われている。学位プログラムの「収益（授業料収入）－費用（支出）」を利益として、それが（＋）のプログラムが（－）のプログラムを補助し、補助されるプログラムはスクールにとって何らかの効用がある、というイメージである。ただし、インタビューでは、資源配分つまり費用のところで、教員がどの活動にどの程度時間を割り振るのか、この費用はどのプログラムの費用なのかが曖昧なまま議論されている。従って内部補助をきちんと測定したものではなく、ディーンたちの認識をベースにした内部補助である。それを踏まえたうえで内部補助の多様な状況は以下のようになる。

2) スクールによる違い

①文理学カレッジ

文理学カレッジは学士教育から大学院教育への補助が生じている最も典型的なスクールであろう。教員の給与は、先にみたように、主に規模の大きい学士プログラムの授業料収入と、州立大学であれば州補助金を財源としている。大学院生（主にPh.D. 学生）は実質的に授業料を支払わない場合が多いので、収入にはならない。教員の時間も、また教員一人当たりの学生数でみても、研究大学では大学院教育のほうに相当な比重がかけられている。州補助金のない私立大学では主な財源である学士教育が大学院教育を補助していると言えよう。州補助金のある州立大学では判断が難しいが、収入に占める州補助金の低さや州補助金のかなりの部分が学士教育への補助金であるとすれば、学士プログラムが大学院プログラムを補助していると考えられる。

ただし、学士教育から大学院教育への補助は人文学と自然科学では貢献度が異なる。「学士教育の授業料が大学院教育を内部補助しているとは思わない。

（中略）人文学では内部補助が生じているかもしれないが，科学ではそうではない。（中略）その理由は，科学では研究助成金が，大学院教育の費用の多くを支払い，それは学士学生の授業料よりはるかに多くの費用を負担する。人文学の分野であれば，研究助成金があまりなく，学士学生が大学院学生を補助している」（ウィスコンシン・医学）。自然科学も，教員人件費を考えれば学士プログラムの寄与は無視できないが，それを踏まえても，研究助成金がRAシップなどの財源となって貢献度がより大きいということであろう。

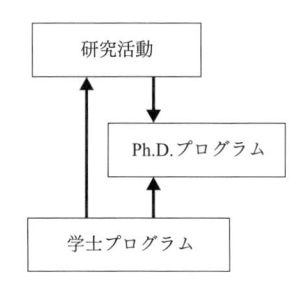

図10-1 文理学カレッジにおける内部補助
注）矢印は補助の方向を示す。

大学院生への経済的支援については，RAシップとTAシップが中心であり，とくにTAシップは学士プログラムの授業料収入や，州立大学であれば州補助金を財源とするので，学士教育が大学院教育に貢献している。とくに人文学や社会科学ではもっぱらTAシップが学生支援の手段である。ただし，これは実質的に労働に対する対価であり，TAが学士教育を支えている側面もある。その意味では学士教育から大学院教育への一方向の補助ではなく，相互貢献というべきであろう。RAシップによる学生支援も，RAによって研究活動が支えられており，研究活動から大学院教育への補助というよりも相互貢献であろう。従ってむしろ間接経費がPh.D.プログラムの運営費に使われているところに内部補助があると言える。しかし，研究活動と大学院教育との関係はことに分離が難しく，一体化しているので，研究投資がそのまま大学院教育への投資という側面があるため，「内部」以上の補助があると考えるべきかもしれない。いずれにしても，RAシップとTAシップがなければ，Ph.D.プログラムを動かすことは不可能である。

②工学スクール

工学スクールは大規模の学士プログラムを有する場合も多く，その場合学士プログラムが大学院プログラムを補助している。「われわれは原価計算をして

```
     研究活動
       ↑↓
    Ph.D.プログラム ← 専門職修士プログラム
       ↑
    学士プログラム
```

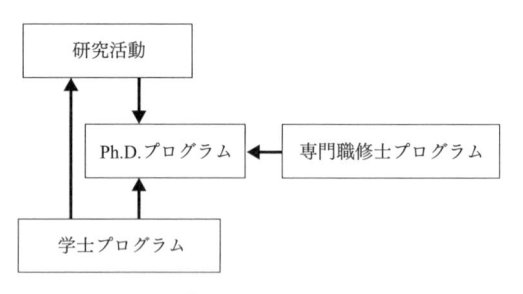

図 10-2 工学スクールにおける内部補助

いるわけではない。だが，学士教育は確実に利益がプラスになっている。それはすべての費用を支払えるからだ。学士教育の収入が教員の給与を支払っているという意味では大学院教育に寄与している。だが Ph.D. はほとんど研究助成金が支えている」（イリノイ・工学）。このディーンの言葉にあるように，工学スクールでは，収入に占める研究助成金の割合が高く，それが多くの Ph.D. 学生の経済支援の財源となっているので，目立ちやすい。

それに対して，学士プログラムの貢献は教員給与などの基盤的な部分なので見えにくいということもある。また，TA シップは学士プログラムから大学院プログラムの補助というよりも，対価を得て学士プログラムを助けているという側面もあり，一方的な補助ではないし，なかには，とくに州補助金のない私学の工学のスクールでは，学士学生による授業料収入は，学士学生の奨学金も含めて学士プログラムの維持に支出されており，Ph.D. プログラムを補助する余裕はない，という見方もある。「学士プログラムが直接に大学院に貢献しているというのは難しい。学士プログラムを運営するには大きなコストがかかるからだ。しかし，パートタイムの修士プログラムは収入を生み，学士プログラムも収入を生み，研究活動も収入を生み，そしてわれわれは教員には給与，基盤支援費用を，ディーンズ・オフィスの費用を，というように支払わねばならない。それを全てやっているが，学士プログラムの純粋な寄与があるかどうかは疑わしい。学士プログラムに入り，出て行く多額の資金は，教員の給与や学生へのサービスに向かい[11]，それは大学院プログラムへの大きな補助となってはいない[12]」（ジョンズ・ホプキンズ・工学）。

むしろ最近増えている専門職修士プログラムの授業料収入が Ph.D. に貢献しているようだ。「修士学生からの収入は重要で，Ph.D. のための資金に貢献している。学士プログラムは Ph.D. プログラムには貢献していない。学士プログラムの収入は大部分その費用に費やされる。修士プログラムはすべてではないが，その収入が Ph.D. を補助する」（カーネギーメロン・工学）。

③法律スクール

以上の文理学と工学のスクールと違って，法律スクールは学士プログラムがないので，学士教育から大学院教育への補助はない。しかし，収入の大部分が J.D. プログラムの学生からの授業料収入であり，それが教員給与となり，その教員がごくわずかではあるが Ph.D. や S.J.D. 学生を教えているという意味では，大学院レベルで，専門職学位プログラムから研究学位プログラムへの補助が生じている。また，学生への経済支援は，とくに少人数ではあるが Ph.D. 学生や S.J.D. 学生に対しなされ，これは基本財産収入や一般資金によるが，J.D. プログラムの収入と考えれば，J.D. プログラムが研究学位プログラムを補助していることになる。

研究学位プログラム ← J.D.プログラム

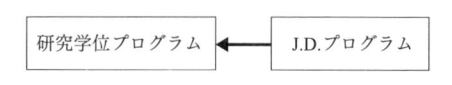

図 10-3　法律スクールにおける内部補助

④医学スクール

やはり学士プログラムがないので，学士プログラムから大学院プログラムへの補助はない。大学院プログラム同士ではどうかといえば，M.D. プログラムから Ph.D. プログラムへの補助は明確ではない。

州立大学では M.D. プログラムが州補助金の対象となっており，それ（と M.D. 授業料収入）が教員給与の財源となっているので，その意味では M.D. プログラムは教員給与を通じて M.D. プログラム以外の Ph.D. プログラムなどを補助しているという側面はあろう。しかし，私立大学では州補助金がないのでその点の補助はなく，また M.D. プログラムの存在による収入（授業料収入）は他を補助する余裕はない。州立大学でも私立大学でも，M.D. プログラムは

```
┌─────────┐      ┌──────────────┐
│ 研究活動 │┄┄┄→│ M.D.プログラム │
└─────────┘      └──────────────┘
     │                  ┆
     ↓                  ↓
┌──────────────┐   ┌──────────────────┐
│Ph.D.プログラム│←─│専門職修士プログラム│
└──────────────┘   └──────────────────┘
```

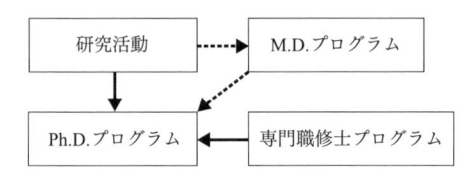

図10-4 医学スクールにおける内部補助
注）破線の矢印は明確さを欠く場合である。

M.D. の授業料収入（と州補助金）では不足が生じており，研究助成金の間接経費や診療収入など他の財源で補っているようだ。その意味での Ph.D. に対する M.D. の補助は不明確である。このため，M.D. プログラムつまり「専門職学位プログラムからの授業料収入は，大学院教育（Ph.D. 教育）をサポートしない」（ピッツバーグ・医学）という意見もある。

比較的明確なのは，前章でみたように基礎科学デパートメントでは，診療収入がない代わりに専門職修士プログラムが重要な収入源となっており，その「修士プログラムの授業料が Ph.D. を支えている」（ボストン・医学）。

そして，何よりも，膨大な研究助成金が Ph.D. プログラムを支えている。

⑤ビジネス・スクール

ビジネスと教育のスクールは，学士プログラムがある場合とない場合があるので，分けて考える必要がある。

M.B.A. と言えば，ビジネス・スクールの看板プログラムであり，授業料が高額なので，さぞかし稼ぎ頭として他のプログラムを支えているように思われるかもしれないが，そうでもないようで，やはり学士プログラムがあれば，それが Ph.D. などを支えているようである。ただし，学士プログラムが大学院プログラムを補助するかどうかにはかなりバリエーションがあるようだ。

まず学士プログラムがある場合，例えば，ペンシルバニア州立大学のビジネス・スクールでは，「Ph.D. プログラムの財源は，授業料収入とくに学士プログラムの授業料収入を中心にした一般運営資金である。Ph.D. と M.B.A. の違いは，Ph.D. はさらに学生支援の費用がかかることである。M.B.A. プログラムは小規模であり，利益を生まないので，Ph.D. を補助しているわけではない。Ph.D. プログラムを補助しているのは学士プログラムの授業料だ」（ペンシルバニア・ビジネス）。

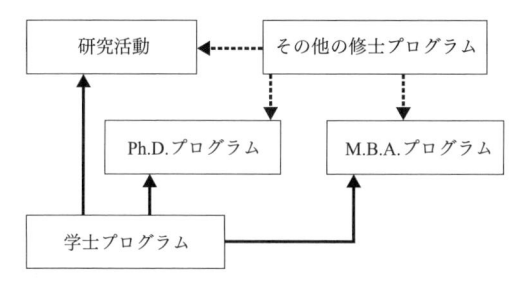

図 10-5 ビジネス・スクール（学士プログラムあり）における内部補助

　パデュー大学のビジネス・スクールの副ディーンによれば，「確かに授業料は学士プログラムよりも M.B.A. が高額だ。しかし，M.B.A. が利益（profit）を生んでいるかは難しい問題だ。学士プログラムは利益を生む。Ph.D. は利益ではマイナスだ。修士プログラムも利益を生むとは言いにくい。確かに利益を生むが学士プログラムほどではない」（パデュー・ビジネス）。M.B.A. よりも学士プログラムが頼りになるようだ。

　ミシガン州立大学のビジネスのディーンも，「学士プログラムから大学院への内部補助はあるだろうが，大学から資金が個々のカレッジへ，その予算に流れているその流れ方からすると，内部補助がどの程度成り立っているのかを決めることは難しい。だが，もし学士プログラムがなければ，教員をサポートするために，M.B.A. プログラムの授業料はもっと高いであろう。（中略）もしバンダービルト（Vanderbilt University）のビジネス・スクールのようなスクールだとすると恐ろしい。というのも，その M.B.A. プログラムは縮小しているが，頼るべき学士プログラムがないからだ」（ミシガン州立・ビジネス）と言う。

　だが，学士プログラムの収益性を否定的にみる見方もある。「学士プログラムは大きな収入になるのかと言えばそうではない。おそらく損益で言えば損になっている。州の補助は教育の費用をカバーするには不十分であり，われわれは収入を生む私的プログラムからの資金をすべてのプログラムに充当している。学士学生からの収入は不十分だ。エグゼクティブ M.B.A.，エグゼクティ

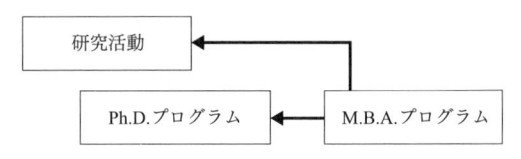

図 10-6 ビジネス・スクール（学士プログラムなし）における内部補助

ブ教育，パートタイム M.B.A.，これらからわれわれは多くの収入を生み出している。こうした追加収入や収益がわれわれの他のプログラムを補助している」（ワシントン・ビジネス）。ただし，教員給与の多くが学士プログラムへの州補助金と授業料収入からなるとすると，直接的ではないにせよ，学士プログラムが大学院プログラムを補助している。だがこれは詳しい分析をしないとわからない。

他方で，学士プログラムがないスクールでは，当然ながら学士プログラムから大学院への補助はない[13]。そうなると M.B.A. プログラムがスクールの主体なので M.B.A. プログラムが Ph.D. プログラムや研究活動を支えることになる。教員の人件費などを考えればそうであろう。ただし，そうしたスクールでも，M.B.A. の授業料収入だけでは足りず，基本財産収入や寄付金収入などでそれを補っている。先にみたように，それが M.B.A. 修了生による場合もあり，M.B.A. の収入と考えれば，それは結局のところ M.B.A. 学生が支払っていることになる[14]。

このように，どのような学位プログラムを有するのか，それがどのような規模を有するのか，プログラム間にどのような関係があるのか，などによってどのプログラムがどのプログラムを補助しているのかは変わる。

⑥**教育スクール**

ビジネス・スクールと同様に，学士プログラムのあるスクールと，それを持たないスクールがあるので，学士プログラムから大学院プログラムへの補助にはバリエーションがある。学士プログラムがある場合，ミシガン大学の教育のスクールでも，「学士プログラムはコスト計算をすると，利益を生む。内部補

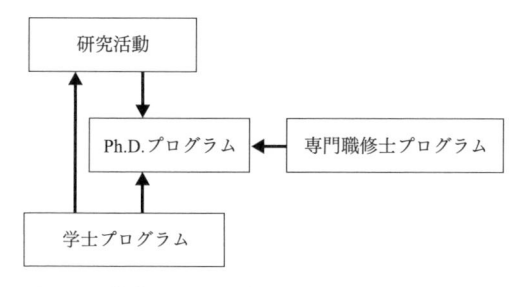

第10章　大学院教育の経済的基盤の特徴　363

図10-7　教育スクール（学士プログラムあり）における内部補助

助が生じている」（ミシガン・教育）。これは学士プログラムからの授業料収入が教員給与などの主要な財源であるということによるのであろうが，それだけではない。TAの貢献が大きいという。ペンシルバニア州立大学の教育のスクールでは，「学士プログラムの授業はきまって受講者が多く，大学院生に大学院アシスタントシップを提供し，その大学院アシスタントによって教授がなされることもあるため，教員が大学院プログラムで教える時間を確保できる。学士プログラムは大学院プログラムを助ける」（ペンシルバニア州立・教育）。

　だが，教育のスクールの場合，Ph.D. プログラムは文理学や工学や医学ほどではないにしても研究助成金を獲得し，少なくとも法律やビジネスのスクールよりは研究助成金を多く獲得するので，研究助成金が大学院プログラムを支えているところもあるし，先に述べたように，他のスクールと違ってPh.D. 学生が自ら支払うというケースも相当あり，Ph.D. プログラムにも収入がある。「学士プログラムは多くの資金を稼げる。それは大学院プログラムを補助している。だが大学院プログラムからも少なくない収入を得ている。そこが大学の他のスクールと違うところだ」（インディアナ・教育）。さらには，前述したように修士プログラムがかなりの収益を上げているので，そうしたことを踏まえれば学士プログラムへの依存は，文理学のスクールほどではないであろう。

　学士プログラムがない場合，カリフォルニア大学バークレーの教育スクールのように研究助成金がPh.D. プログラムを支える面もあるが，修士プログラムが博士プログラムを補助する傾向が強い。例えば教員給与は授業料収入（と州

```
            ┌──────────┐
            │ 研究活動  │
            └────┬─────┘
                 ↓
    ┌──────────────┐     ┌────────────────────┐
    │ 博士プログラム │ ←── │ 専門職修士プログラム │
    └──────────────┘     └────────────────────┘
```

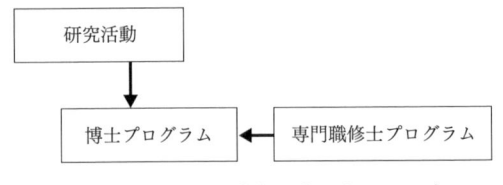

図 10-8　教育スクール（学士プログラムなし）における内部補助

補助金）に依存するが，博士の学生は実質的には授業料を支払わないので，授業料収入は主に修士プログラムからくる。また，ハーバードの教育スクールでは，博士プログラムは修士プログラムで支えられているという。

3) まとめ

　以上，内部補助についての認識を整理したが，非常に曖昧である。費用が確定できないので当然であるが，それを踏まえた上で，あくまでも当事者の認識レベルの話としてまとめれば以下のようになろう。少なくとも，内部補助が機能しているかどうかはきわめて多様であることは想像される。

　第一に，学士プログラムを有するスクールでは，学士教育から大学院教育への補助があると考えられている。とくに文理学カレッジや大きな学士プログラムを持つ工学やビジネスのスクールではそのように認識されている。しかし，これに否定的な見方もある。学士プログラムがあっても相対的にその規模が大きくなかったり，学士プログラムを重視して費用をかけているスクールであれば内部補助が生じないという見方もある。

　なお，州立大学における州補助金は，それが学士教育のための収入と考えるべきか，大学院教育のための収入と考えるべきかは判断が難しく，学士から大学院への内部補助を考える上では無視できないのだが，ここでは不明確なままである。今後の詳しい検討が必要となろう。

　第二に，大学院プログラムから大学院プログラムへの補助も多々あるようだ。ビジネス・スクールのフルタイム M.B.A. を除くエグゼクティブなどの修士プログラム，医学や工学や教育のスクールの，修士どまりの専門職修士プロ

グラムなどは，修士論文が不要など，費用が相対的に少なく収益性が高いようで，Ph.D. プログラム（や M.B.A.）を補助しているという。

　第三に，内部補助というよりも，相互の貢献，サポートというべき現象が重要である。TA シップは，学士プログラムから大学院への補助と考えがちだが，TA が学士教育を補助することで，むしろ大学院教育が学士教育に貢献しており，学士から大学院への一方的補助ではない。同様に，RA シップの財源は，研究や研究補助という労働への対価という側面があり，教員の研究活動に貢献している。これも研究活動から大学院教育への一方向の補助ではない。内部補助と言えなくても重要な相互貢献が存在することには注意したい。

　第四に，内部補助を受けるプログラムが有する効用については，例えば Ph.D. プログラムが補助を受けるのは，Ph.D. プログラムの存在がスクールの威信を高める，教員の能力向上に貢献する，学士プログラムにとっていい影響がある，といったことがあるようで，また M.B.A. プログラムがその他の修士プログラムに補助を受けるのは，ビジネス・スクールでは M.B.A. こそが威信の源と考えられているからであるという意見も聞かれた。このように何らかの効用があることで内部補助が成り立つ。

　第五に，基本財産収入や寄付金の位置づけが難しい。これらは天から降ってわいた資金というイメージがあるかもしれないが，資金のフローが明確な場合もある。例えば一部のビジネス・スクールなどでは，M.B.A. プログラムの修了生による寄付であり，M.B.A. の収入であるとすると，M.B.A. 学生が現在と将来に投資を行っていることになり，自給的であると言える。ただし，これは個々のケースを丁寧に検討する必要がある。

　以上の，「大学院生への経済的支援」「研究経済と専門職経済」「分権的な大学院運営」「内部補助」はアメリカの研究大学における大学院教育の経済的基盤にはなくてはならないものである。学士教育には要らないように思われるが，それは大学院教育が学士教育よりもより多様であるからだと考えられる。「学生への経済的支援」は大学院プログラムの違いに対応し，「研究経済と専門職経済」は研究学位と専門職学位の違いの基礎にあり，「分権的な大学院運営」

も「内部補助」も学位の違いに応じた運営を可能にする。つまりこれらの特徴は大学院教育の多様性を支えている経済的基盤の特徴であると言えよう。

第11章　スクールの大学院経営

　第9章では，多様な大学院プログラムの経済的基盤を検討した。その際，スクールがどのように大学院プログラムに資金を充当するのか，という観点から検討したので，すでにスクールの視点が入っているが，そこでは焦点は大学院プログラムにあった。そこで本章では，スクールに焦点を当て，多様な大学院プログラムがどのように維持されているのかを検討する。

　そのためスクールの大学院経営のパターンを探る。スクール（専門分野）で異なる経営行動[1]，スクールの立場から複数の学位プログラムを維持する意味やそれを調整する機能などについて考える。

　以下ではまず，スクールの大学院経営のパターンを把握するために，スクールの大学院経営のモデルを設定し（第1節），スクールの専門分野別に大学院経営のパターンを整理する（第2節）。さらに，特定の戦略の行き過ぎや，複数の戦略が併存する場合にそれを調整するメカニズムについても検討する（第3節）。

1　スクールの大学院経営の4モデル

　異なる経済的基盤を持つ大学院プログラムをどのようにスクールは経営しているのか。これまでの検討を踏まえて，スクールの大学院戦略として以下の四つを想定した（表11-1）。スクールは同時に複数の戦略を取ることができる。

表 11-1　スクールのとる大学院戦略

・研究経済対応型：研究経済に対応し，その中で優位を維持
・専門職経済対応型：専門職経済に対応し，その中で優位を維持
・研究充実型：威信，教員の質の維持，後継者養成，学士教育のために Ph.D. を重視
・人材需要対応型：社会的需要があり，社会に貢献するとともに収益を獲得

1) 研究経済対応型

　まず，「研究経済対応型」は，先に述べた「研究経済」に対応するもので，連邦政府の膨大な研究助成金に依拠し，費用のかかる研究者養成を行う。そのなかでスクールは優位を目指して研究助成金獲得のために競争する。対象とするのは，文理学，工学，医学のスクールの Ph.D. プログラムであり，第 10 章の大学院プログラムのタイプで言えば「研究依存型」プログラムである。学生に対しては RA シップなどで授業料免除やスタイペンド（生活費等手当）などのサポートを行う。経営主体は実質デパートメントであるが，スクールにとっては研究助成金には間接経費があるので収益ともなるが，本務というべきものである。なお「研究経済」については前章を参照のこと。

2) 専門職経済対応型

　次に，「専門職経済対応型」は，「専門職経済」に対応するもので，社会における強い専門職集団の存在を基礎に，専門職養成を担う。そのなかで優位を目指して競争する。もともと社会で自律的な専門職団体が自らの団体の地位向上のために専門職養成の大学院化を促したものであって，プロフェッショナル・スクールの本務と言うべきものである。対象とするのは，法律，医学，ビジネスのスクールにおける，J.D., M.D., M.B.A プログラムであり，「自給型」プログラムである。学生に対してはローンによる経済支援が主で，学生は高額の授業料を支払う。スクールにとって損益はあまりないが，マイナスになる場合は他の収入でカバーすることもある。なお，「専門職経済」については前章を

3）研究充実型

　スクールの大学院経営は，以上の「研究経済」と「専門職経済」に対応することで，その主な方針が決まるが，それだけではない。例えば，「専門職経済」にも「研究経済」にも依拠しないが，研究大学であるため，スクールの威信や評判を高めたり，教員の能力向上を図ったり，後継者養成を重視せねばならず，コストばかり負担せねばならないが，それでも Ph.D. プログラムを充実させようとする立場がある。研究助成金を得ることが少ない専門分野を念頭に置いたもので，法律，ビジネスなどの Ph.D. プログラムが典型的である。だが，文理学の人文学や社会科学のように研究経済に依存できないものもここでは含むと考える。対象とするのは Ph.D. なのでフェローシップや TA シップで授業料や生活費等をフルにサポートするが，研究助成金は得られないので他の財源からの資金を充当する（内部補助）。「組織依存型」プログラムであり，利益はマイナスである。

研究充実型のいくつかの例

　例えば，ノースウェスタンの法律スクールのディーンによると，Ph.D. プログラムは，「全くの損失である。財務的な観点からはマイナス（negative）だ」（ノースウェスタン・法律）。ではなぜ Ph.D. の学生に厚い経済的支援を行うのかと言えば，「評判（reputation），それは大学が Ph.D. プログラムを有し運営する理由であり，だからこそ基本的に大学は Ph.D. プログラムに補助を行う。大学の地位や評価は，この大学や他の大学で教える学者を養成すればより高まる」（ノースウェスタン・法律）。威信を高めるだけでなく，教員の研究活動を助け，優秀な教員をさらに獲得できる条件が整うということでもある。「どの法律スクールも，教員は研究を生産することが重要であると考えていると思う。それゆえ教員に研究を促している」「彼ら〔Ph.D. 学生〕はプロジェクトで働き，研究プロジェクトで教員を助けるので，教員は Ph.D. 学生を，持ちたい

と考えている」(ノースウェスタン・法律)。

　とりわけビジネス・スクールは1950年代, 60年代にその水準が大きな問題とされ, 教員が研究を行うことが強く求められるようになり, 研究大学ではPh.D. 所有者が増加し[2], 現在では研究大学ではビジネス・スクールの教員はほとんどPh.D. を有し, 研究ができなければテニュアをとれない。

　さらにコーネル大学のビジネス・スクールのディーンは, Ph.D. プログラムの必要性を以下のように言う。「Ph.D. プログラムは, 基本的に専門職教育を提供するスクールにとってきわめて重要だ。それは研究に対するわれわれの関与であり, 知識の拡張と増大に対する, われわれが有する知識の普及に対する関与である。同時にわれわれは研究大学にいる。もし, われわれが研究をあまりしない小さなリベラル・アーツ・カレッジや小さな職業カレッジにいるのであれば, Ph.D. プログラムを持つ必要はそれほどまでない。しかし, われわれの教員は活発に研究をし, Ph.D. 学生と一緒に研究できることを望んでいる。Ph.D. 学生によって, われわれは自分のエネルギーの半分を研究に向けることができる。同時にPh.D. 学生はわれわれが他のカレッジや大学から雇った教員から第一に恩恵を受ける。われわれがコミュニティ(学界)に才能を提供することはきわめて重要である。さもなければわれわれは単に雇うばかりで供給しない側になってしまう。われわれのPh.D. 学生は傑出した大学に就職する。われわれのPh.D. 学生はシカゴ大学に多人数の集団として存在し, ハーバードに多数おり, デューク大学に多数おり, 国じゅうのさまざまな大学に多人数がいる。それは, 才能の供給と獲得の双方を行う者にとっては一つの市場である。研究大学にとってそれはわれわれのミッションの一部分だ」(コーネル・ビジネス)。

　ビジネス・スクールにとってPh.D. プログラムは, 教員の研究にとっても後継者養成[3]にも必要だということであろう。ミシガン州立大学のビジネスのディーンも言う。「Ph.D. プログラムはM.B.A. プログラムに貢献しており, 非常に重要だ。それは研究のサイドから教員を助けている。カリキュラムを更新し先端的にしたいと考えるので研究は必要だ。しかし非常に費用がかかる。教員の成長を継続させるものとして非常に重要であり, 新たな教員集団を開発す

ることは極めて重要だ。それはビジネス・スクールの教員に現在不足が生じているからだ」（ミシガン州立・ビジネス）。

　Ph.D. プログラムは，教員の能力開発を通じて学士プログラムの教育の質を維持し高めることにもなる。「重要なのは，もし Ph.D. プログラムがなければ，質を維持する要因を持たないということだろう。学士プログラムにとって Ph.D. は必要だ。Ph.D. は費用がかかるが，教員の質と，教員の関心を維持するには必要だ。教育はわれわれがしていることの一部であり，別に研究の部分もある。関心を維持し生産性を維持するには博士学生が必要だ」（パデュー・ビジネス）。

4）人材需要対応型

　さらに，専門職経済というほど確固としたものではないが，専門的知識の必要な職業とその人材養成に対する社会的な需要があり，それに対応することで社会貢献と共に収益を上げることができる場合がある（逆に収益がなければ成り立たない）。それを「人材需要対応型」と呼ぶ。この戦略が対象とするのも専門職養成であるが，学位プログラムの特徴としては，①アクレディテーション団体による認可がない場合がある，②公的な専門職資格とは必ずしも直結しない，③修士プログラムが中心である（教育の Ed.D. も含められよう），④主に現職でパートタイムの学生が多い，⑤スクールの本務では必ずしもない，といった点で「専門職経済対応型」の対象とする伝統的・典型的な専門職養成とは異なる。先に述べた広義，狭義の専門職で言えば，研究大学では「専門職経済対応型」は狭義の専門職，「人材需要対応型」は広義の専門職を対象とすると言えよう。対象のプログラムは，「自給型」であり，学生は自ら授業料を支払い，経済支援は少ない。

人材需要対応型のいくつかの例

　例えば，工学のスクールの専門職修士プログラムは，大きな需要があり，企業から派遣される学生が多く，修士論文が不要な，パートタイムの修士プログ

ラムだが，工学のスクールに利益をもたらしている。例えばジョンズ・ホプキンズ大学の工学スクールの工学＆応用科学専門職プログラム（EPP）であり，2,000名を超える学生がいる。「彼らは雇用者からサポートを受け，授業料のいくらかあるいは全てを雇用者が支払う。（中略）企業はよく訓練され，高いパフォーマンスがある者を欲しいと考えているからである。学生の大部分は変化の激しい領域の学生で，変化の速い技術，コンピュータ科学や電気工学である。工学の領域としては，システム工学，これは学士教育で学ぶことは普通あまりないが，多くの企業が巨大システムを構成し，正式にシステム工学を学んだエンジニアを必要としている。残りの大きな部分は技術管理である。従ってここでの大きなものは，コンピュータ科学，電気工学，システム工学，技術管理である。それらが学生の80％から90％を占める」（ジョンズ・ホプキンズ・工学）。

こうしたプログラムでは，法律のJ.D.プログラム，医学のM.D.プログラム，ビジネスのM.B.A.プログラムと同様に，Ph.D.学生のような学生支援は行われない。「パートタイムの修士にはスカラーシップはない。（中略）教育をしてそれに対して支払いを受けるパートタイムの部分〔専門職修士〕と，多少授業料を納めてはもらうがむしろ，われわれのほうが授業料を支払い，年に$18,000〜$25,000を給付する研究志向のフルタイムの学生たち〔Ph.D.〕とを，われわれは明確に分ける。研究学生に対する，授業料全額免除，健康保険そしてスタイペンド（生活費等手当）である。パートタイムの学生で，企業からの学生以外の学生はごく少なく，2,000人のうち10人程度だ」（ジョンズ・ホプキンズ・工学）。

カーネギーメロンの工学でも同様である。「スクールの方針は，Ph.D.にはフルでサポートするが，修士学生には少しの支援しかしない」「それは，Ph.D.学生は研究プログラムを構成するために重要だからだ。修士学生はそうではない。彼らは1年間か2年間いて，その後いなくなる。修士プログラムを提供する理由は産業が要求するからだ。だがわれわれはその費用を負担したくない」（カーネギーメロン・工学）。前章でも述べたが，ディーンは，「修士プログラムは商売（business）でやっている」と言う。

表 11-2　四つの戦略の違い

	研究経済対応型	専門職経済対応型	研究充実型	人材需要対応型
目　的	最優先の任務	最優先の任務	威信・後継者養成・その他の効用	資金獲得・社会貢献
学　位	研究学位	専門職学位	研究学位	専門職学位
学位の例	文理（自然科学）・工・医の Ph.D.	J.D., M.D., M.B.A.	法・ビジネスの Ph.D.	主に修士号
財　源	研究助成金	授業料	内部補助（一般資金）	授業料
学生支援	RA シップ	ローン	フェローシップ／TA シップ	自払・ローン
プログラムのタイプ	研究依存型	自給型	組織依存型	自給型
利　益	＋	＋〜－	－	＋
経営主体	デパートメント	スクール	スクール	主にデパートメント

　プリンストン大学の工学スクールでも，「専門職の大学院生のように自分で支払わねばならない学生もいる。工学修士（Master of Engineering），ファイナンス（金融・財務）修士（Master of Finance），部分的には建築学修士（Master of Architecture）もそうであり，大学は可能な限り経済的支援をする。しかし，専門職の学生については，ここで勉学を終えると専門職領域でいい収入の仕事につくので，彼らは自分で教育費用の資金調達ができる，というようなことを大学は考えている」（プリンストン・工学）。

　ビジネス・スクールでは，エグゼクティブ M.B.A. プログラムなどは，この「人材需要対応型」の対象とするところだろう。

　また，教育のスクールでも，前章でみたように，多くのパートタイムの修士プログラムがあり，例えば現職の教員がキャリアアップと賃金アップのためにこうしたプログラムで修士号を取ったり，教育長になるためにやはりパートタイムの Ed.D. プログラムで Ed.D. を取得する者もおり，さらには Ph.D. プログラムでもキャリアや給与のアップのために現職の教職員が学修している。こうした学生は職があるので学費の支出能力があり，学位取得後に給与は上昇する

し，現職なので時間制約があってアシスタントシップを得られないため，自分で費用を負担する。これはすでに述べたように，「教育の大学院学位は非常に需要がある（marketable）から」（インディアナ・教育）である。

このほか医学のスクールでも修士プログラムは需要があって利益を上げている。「あらゆる種類の修士号がある。それらのどれも多くの収入をもたらす。これらと違ったものが欲しければ，修了生が仕事を得ることができるような，修士どまりの別の修士プログラムをつくればいい。（中略）専門職学位と呼べる。（中略）難しいことではない。さまざまな違う理由で多くの修士プログラムを作ったが，それらは成功している」（ボストン・医学）。

以上を整理したものが，表11-2である。

2 スクールの大学院経営のパターン

以上の枠組みで専門分野（スクール）ごとに整理すれば以下のようになろう。

まず法律スクールでは，J.D. プログラム（と LL.M. プログラム）を中心に「専門職経済対応型」戦略が中核にありながら，スクールの全体の効用のために「研究充実型」戦略もあって Ph.D. を重視する傾向にある。

次に文理学カレッジでは，各デパートメントを中心に，基本は Ph.D. プログラムを維持充実するために「研究経済対応型」戦略をとるが，人文学や社会科学で研究経済に乗りにくい場合，TA などを使いながらそれらの分野の Ph.D. を充実させようとする。それらを重視するのは，それらの分野の学問の発展そのものが文理学カレッジの目的であるからである。それは「研究経済対応型」戦略の対象ではないので，先に述べたように「研究充実型」の対象としておこう。さらに近年では，文理学カレッジでもまだ若干に過ぎないとは言え専門職修士プログラムを有する場合もあり，社会的な需要の高い収益性のある修士プログラムとなっており，「人材需要対応型」戦略もとられている。

工学スクールでは，もともと学士教育が重要な任務であり，もちろんそれは

今でもそうだが，連邦政府からの研究助成金拡大の中で，「研究経済対応型」戦略にシフトし，Ph.D. プログラムを拡大させてきた。現在では研究大学ではPh.D. 養成が第一の任務となっている。他方で，工学はとりわけ人材需要があり，文理学以上に専門職修士プログラムを拡大させつつある。中核には「研究経済対応型」戦略をとりながら，「人材需要対応型」で収益を増やしている。

医学スクールでは，法律スクールと同様にもともと M.D. プログラムを中心とする「専門職経済対応型」戦略がとられてきたが，戦後の連邦研究助成金の拡大を通じて，医学における科学研究の位置が大きくなり，工学以上に「研究経済対応型」戦略がとられ，最も研究助成金に依存する体質となっている。外部資金依存は私学の医学スクールで顕著であり，教員の基本給与までそこから支出されるまでになっている。それでも連邦予算のカットなどによる影響を避けるため，収益を目的に，人材需要の多い専門職修士プログラムを拡大させ，「人材需要対応型」戦略もとられている。

ビジネス・スクールでは，基本的に M.B.A. プログラムを中心に「専門職経済対応型」戦略がとられているが，1960 年代ごろに，ビジネス教育の水準が問題となって，研究による人材開発が求められ，教員も研究が求められるようになり，最近ではランキングなどで教員の Ph.D. 保有が重要な要因とされるなど，研究重視の方向性がある。このため研究大学では Ph.D プログラム重視であり，「研究充実型」戦略をとらざるを得ない状況にある。コストのかかる Ph.D. や M.B.A を維持するためにエグゼクティブ・プログラムやその他の修士プログラムなどで収入を確保しようとする（「人材需要対応型」）。

教育スクールは，もともと教師の大学院レベルの教育が求められ，修士プログラムが拡大し，その拡大に伴ってそのプログラムを担う大学教員の需要から博士プログラムも拡大してきた。その意味では研究経済よりも専門職経済を背景に拡大してきたと言うべきかもしれない。だが，教育のスクールには多様な側面がある。そうした「専門職経済対応型」戦略（高給・高額授業料ではないので専門職経済とも言いにくく，「人材需要対応型」の色彩が強い）に傾斜したスクールも，研究助成金を獲得しそれが Ph.D. プログラムを支える「研究経済依存型」に傾斜したスクールもある。逆に研究経済に依拠できない場合に文理学

表 11-3 スクール別にみた四つの戦略

		研究経済対応型	専門職経済対応型	研究充実型	人材需要対応型
スクール	法　律	—	◎	△	—
	文理学	◎	—	◎（人文・社会）	△
	工　学	◎	—	—	○
	医　学	◎	◎	—	○
	ビジネス	—	◎	○	○
	教　育	○	○	○	○
学位の例		Ph.D.	J.D., M.D., M.B.A.	Ph.D.	修士

◎：不可欠（本務），○：重視，△：若干重視，—：ほとんど無関係。

の人文学などと同じく TA シップなどで Ph.D. プログラムをサポートする戦略をとる場合もある（「研究充実型」）。また工学に劣らず多様な修士プログラムを擁し，近年でも専門職修士プログラムを拡大させつつあり，「人材需要対応型」で収益を上げている側面もある。また，教育の特性か，博士プログラム，それも Ph.D. プログラムにおいても，職を持つ学生が来るという需要があり，Ph.D. 自体が「人材需要対応型」の対象となる場合もある。

以上から，法律，文理学，工学，医学，ビジネス，教育の分野のスクールについて，採用されていると考えられる戦略をまとめたのが表 11-3 である。

◎はスクールにとって欠かせない戦略，○はかなり重要な戦略（多少無理をしても），△は可能な範囲で採用できればとられる戦略，—はほとんど関係がない戦略である。例えば，法律のスクールは「専門職経済対応型」と「研究充実型」の二つの戦略をとるのが普通であるが，「研究充実型」の Ph.D. は少ない。教育スクールでは同時に四つの戦略をとる可能性がある。

ただし，スクールによって戦略は限られている。「研究経済対応型」は法律やビジネスのスクールはふつう不可能で，文理学は「専門職経済対応型」戦略はとれない。「研究経済対応型」で十分研究助成金を得る工学や医学のスクールは，「研究充実型」の戦略はあまりとらない。「人材需要対応型」は，需要さえあればどのスクールでも採用できる，といった違いがある。

このように四つの戦略のモデルがあっても，すべての組み合わせが可能なわけではない。実際のパターンは限られている。表 11-3 で言えば，◎と○はふ

つう採用されており，◎と○とで各分野のスクールには標準パターンができている。「研究経済対応型」と「専門職経済対応型」を主軸に，「研究充実型」と「人材需要対応型」を多少組み込むという程度である。つまり，スクールの大学院経営は多様性があると言ってもせいぜい数パターンである。

3　バランスを調整するメカニズム

この四つの戦略は放っておけば勝手に拡散して，不均衡をもたらすようにも思える。ではバランスはどのように維持されているのであろうか。

1)「専門職経済対応型」戦略が内包する調整

「専門職経済対応型」戦略そのものに，自己制御的な側面もあるようだ。すなわち規模の拡大は学生と教育の水準を下げるものであるという認識があるため，やたらに数を増やさない。例えば，法律スクールでは，「〔安易に学生数を増やさないのは〕学生たちを教えることができねばならないからだ。学生数を増やすことは容易ではない。学生を増やすには多くの制約がある。アメリカでは教員・学生比率が重要な問題だ。いかに教員一人当たりの学生数を決めるのか。もし学生数を増やすなら，教員数を増やさねばならない。それは単に資金の問題ではなく，質が問題だからだ」（ノースウェスタン・法律）。「われわれは学生数を一定水準に維持する。現在の施設で教えることが可能な限りの学生がすでにいるからだ」（インディアナ・法律）。

ビジネス・スクールでは，「ビジネスは，大学全体でも人気がある。（中略）ただし，そう簡単に増やせない。M.B.A. の世界は，有名な大学同士の競争に大きく左右される。急に学生数を増やしても質が落ちるので，質のことを考えて学生数を決める。収入の問題は微々たるものだ。大学本部はプロフェッショナル・スクール拡大路線だが，ビジネス・スクールは慎重である。こういう場合，学長とディーンが交渉する。カレッジの質のことを考えると学生の増加は

慎重にならざるを得ない」（ペンシルバニア州立・ビジネス）。

　専門職学位に特有なことなのか，学位が社会的威信を保つにはその希少性も必要であり，このため卒業生からの直接的なコントロールもある。スタンフォードのビジネス・スクールは，しばしばビジネス・スクールの貴重な財源とされる学士プログラムと1年制の修士プログラムを持たないが，それは同窓生の反対があるためである。「われわれの同窓生は，そうした考え〔学士プログラムと1年制の修士のプログラムを作ること〕を嫌ってきた。すべての資金〔寄付金〕は同窓生からくるのでわれわれはそれに従う」（スタンフォード・ビジネス）。M.B.A. でさえも，「M.B.A. プログラムは，戦略的分析に基づいてその規模をわれわれが決めているが，学生と同窓生は，それは非常に悪い考えだと言う。彼らは小さなスクールが好きなのだ。それゆえわれわれも入学者数を360と380の間に置いたままにしている。ハーバードがわれわれの2.5倍なのに。ハーバードは年に900名を入学させている」（スタンフォード・ビジネス）。

　また，医学スクールでは，先に述べたように専門職団体（アクレディテーション団体）による M.D. プログラムの定員の規制もあるが，専門職学位の質や威信の維持が目的であることは言うまでもない。

2）「研究経済対応型」戦略が内包する調整

　研究経済対応も無制限になされているわけではない。しばしば人件費の財源に制約を加えて，安定が維持されている。

　連邦研究助成金は自然科学，工学，医学のスクールの研究活動と Ph.D. プログラムを支えるが，これらの領域では，大学院生だけでなく，Ph.D. を担うテニュア教員給与でさえ，教員個人にくる研究助成金から支払うことは不可能ではない。実際，しばしば夏休みの3か月分の給与は研究助成金から出されている。私立の医学スクールでは，教員給与の基本給の財源の大部分を研究助成金に依存することまでやっている。しかし，これについては問題であると考えている者も少なくない。「充分な補助金があるときはそれでいいだろう。アメリカでは現在，研究助成金のための連邦政府の予算は低下している。今はかなり

心地よくない状況だ。それはもし研究助成金を失う教員がいると，給与のための資金が減ることになる。それは給与が減額されることを意味する。（中略）教員たちは，自分たちが補助金獲得にアプライし，補助金を与えられ，その多くが自分自身の給与を支払っているという事実が好きではない。大学はこの種の教員の数をコントロールしない」（イエール・医学）。医学スクールなどでは研究助成金は巨額ではあるが，教員にとっては，授業料収入や州補助金と比べれば，継続して獲得できる保証はなく，不安定な財源である。このためむしろ，教員の給与（基本給。夏休みなどの3か月分の追加の給与は除く）は州補助金や授業料収入から構成されるスクールの一般資金を財源とし，研究助成金に依存しない方針のスクールが多いようだ。

　例えば，イリノイ大学の工学のディーンは，以下のように言う。「研究助成金は来て去っていくもので，寿命がある。もし教員給与を，その一部を研究に基づいて出すと，研究助成金がなくなったら給与がないことになる。州の資金と授業料は安定している」（イリノイ・工学)[4]。また，ウィスコンシン大学の工学スクールのディーンは，教員の基本給与を研究助成金から出さないという方針について，「それは，大学のルールではなく私が決めた」という。教員の給与の財源調達は，研究大学ではふつう大学ではなくスクール（のディーン）に責任があるからだ。すでに述べたように私立の医学スクールでは，基本給すら研究助成金を財源とすることがあるが，「医学スクールの状況はふつうではない。Ph.D. 教育を行うテニュアの教員にふさわしいやり方とは違うやり方をしている。（中略）私がそのように決めたのは，ディーンがやるべき重要なことは，正しく教員を雇用することだと考えるからである。高い水準の教員には適切に給与を支払わねばならない」（ウィスコンシン・工学）。

　こうした方針は医学以外のスクールでは一般的なようであるが，医学スクールでも州立大学では給与は主に州補助金と授業料を財源とするようだ。

　このように「研究経済対応型」戦略のなかにも安定のために一定の対応がなされている。相対的にそれがない私立の医学スクールは「研究経済対応型」に傾斜しすぎており，シビアな環境にあると言える。

　スクールの裁量ではないが，間接経費制度も，大きく言えば研究経済のなか

で教育機関としての大学を維持するための一つのバランス維持システムということもできる。外部からの研究資金は，それによる研究活動が大学の資源を消費するために，外部研究資金が増えれば増えるほど，大学を経済的に逼迫させる。それを補うのが間接経費である。

　だが，この間接経費があっても，研究助成金で Ph.D. 学生を無制限に増やせるわけではない。先に述べたように Ph.D. 学生の数は研究助成金の多寡が大きく規定することが多いが，「研究経済対応型」でもスクールが規制をかけることも場合によってはある。例えばミシガン大学の教育のスクールでは，Ph.D. 学生数は研究助成を受ける個々の教員ではなく，「ディーンがプログラム長とともに決定する。入学許可はディーンが決定する。Ph.D. 学生についても何名とれるかは私〔ディーン〕が決定できる。教員が多くの資金を獲得できても，学生を増やすことはできない。Ph.D. 学生はスクールにとって費用がかかるもので，学生を有するための資金は研究資金だけではない。教員の教育の時間やその他いろいろ。それゆえわれわれは学生数に上限をかける。（中略）ある〔領域別の〕プログラムに10人，他の〔領域別の〕プログラムには20人認める〔という具合に〕。（中略）Ph.D. プログラムは非常に多額の費用がかかるので，われわれは何名の学生を持てるか，持てないかについて注意せねばならない。十分な教員がいない。研究を行う教員はおよそ40名いるが，1年に30名以上の学生を入れると，オーバーロードになって良い仕事ができない」（ミシガン・教育）。

　また，まれな例だが，ミシガン大学やプリンストン大学ではグラジュエト・スクールが，全学の Ph.D. プログラムの学生数を決定する，という例もある。

3)「研究充実型」戦略に関わる調整

　先に述べたように，法律スクールやビジネス・スクールでは，いくつかの理由（効用）があって研究学位プログラムを重視する。しかし，Ph.D. は非常に高い費用がかかるので，増やすといっても若干であり，その費用がスクールの財源や大学からの補助で賄える程度にしか拡大はできない。その意味では「研

究充実型」が加わるといっても副次的なものである。費用がおのずと副次的な戦略の拡大にブレーキを掛ける，という形でバランスがとられる。

　先に述べたようにビジネス・スクールの教員不足で Ph.D. プログラムが求められているが，「Ph.D. 学生を増やそうとは思わない。大きな費用がかかるからだ」（ミシガン州立・ビジネス）という。オハイオ州立大学のビジネスのディーンも以下のように言う。「大学院プログラムの拡大は進行中だ。それを可能にする外部資金があるのなら，私は大学院プログラムの拡大に賛成だ。物理学やその他のハード・サイエンスではそうだ。だが，われわれのケースは少し違う。なぜなら，Ph.D. プログラムをサポートするための間接経費が入ってこないからだ。間接経費はビジネス・スクールの伝統にはない。それでも Ph.D. プログラムを有するのは，Ph.D. がわれわれのミッションの中心を行くものだからであり，われわれは財務基盤に全面的に基づいて決定するわけではない。われわれのような研究大学にとって，Ph.D. プログラムは欠かせないものである。それは教員にとって決定的に重要な研究環境を提供するからだ。Ph.D. プログラムは教員の研究を助け，将来の研究者を生むというわれわれの義務の一部であり，たとえ資金の損失になっても資金を充当する。（中略）Ph.D. プログラムを有することは非常に重要な戦略だ。ただし，プログラムの規模は慎重に考えねばならない」（オハイオ州立・ビジネス）。

　Ph.D. 学生数も，工学や医学のスクールであれば，連邦助成金の規模で Ph.D. 学生数が決まるが，ビジネス・スクールでは違う。「Ph.D. プログラムの規模は教員の規模で決まる。教員が増えると Ph.D. 学生も増える。それは Ph.D. 学生が教員の研究にとって重要であるからだ」（スタンフォード・ビジネス）。この点は工学や医学や文理学のスクールと違うところである。ビジネス・スクールでは，教員数は M.B.A. プログラムの規模で決まるのがふつうであって，つまり Ph.D. プログラムはあくまでも M.B.A. プログラムを充実させるための Ph.D. という位置づけがある。そのためその規模の拡大にはおのずと制約がかかる。

　また，研究経済に対応しない Ph.D. プログラムとして，文理学の人文学や社会科学の Ph.D. プログラムがあるが，これらの経済的基盤は学士プログラムに

依存し，TA も学士学生数に規定されるので，規模の拡大には制約がある。

4)「人材需要対応型」戦略に関わる調整

　工学スクールでは，主務である Ph.D. プログラム充実のため，「研究経済対応型」戦略がスクールの基本であるが，「人材需要対応型」戦略に沿った専門職修士プログラムの拡大にも熱心である。ただし，優先順位は明確にしている。例えば，すでに述べたようにカーネギーメロン大学の工学のディーンによれば，「修士プログラムはビジネス（business）だ。スクールの主要なターゲットは学士教育と Ph.D. である」（カーネギーメロン・工学）。

　また，ジョンズ・ホプキンス大学の工学スクールでは，収益性の高い専門職修士プログラムが期待されているが，やたらに専門職修士プログラムを拡大すればいいとは考えていないようだ。「ジョンズ・ホプキンスは伝統的に研究志向の大学であって，工学は表向き専門職志向のスクールと分類されるが，フルタイムのプログラムでは修士ではなく博士教育に重点を置いてきた。（中略）現在パートタイムの修士教育にシフトしているのは，産業界からのニーズに応えるためであり，収入源だからだ。（中略）このスクールは，パートタイムの専門職修士号を出しているが，われわれは依然として研究大学であり，プロフェッショナル・スクールではなく研究志向のスクールである」（ジョンズ・ホプキンス・工学）。ジョンズ・ホプキンスでは，たまたま応用物理学実験施設の研究員を専門職修士プログラムの教員として活用できるので大きな規模になっているが，優先すべき学士プログラムと Ph.D. プログラムを維持するために，デパートメントには負担をかけないようにしている。

　他方で，教育スクールでは，「人材養成対応型」の対象である修士プログラムは Ph.D. プログラムにとっても重要な収入源であるが，研究大学では Ph.D. がより重視されているという意味で優先順位はあるようだ。しかし，教育スクールは曖昧な位置にあり，法律，ビジネス，医学のスクールの J.D.，M.B.A.，M.D. のような最重要視すべき専門職学位がなく（それよりも Ph.D. 重視），かといって文理学，工学，医学スクールのように，研究経済に飲み込まれるほ

ど研究者養成主義でもない。むしろ，修士レベルでの人材需要に応えることが重要なミッションの一つであるという側面もあり，修士プログラムそのものにも価値が置かれており，優先順位は他のスクールほど明確ではない。そのためか，優先順位によるバランス調整が相対的によくみえない。

5）文理学カレッジにおける調整

文理学カレッジでも「人材需要対応型」戦略に沿った収益性の高い専門職修士プログラムを設置するところも増えているが，優先順位が高いのは Ph.D. プログラムと学士プログラムである。

例えばプリンストン大学は，大学全体が文理学カレッジのようなところがあるが，Ph.D. を重視し，大学院生のうち Ph.D. 学生が85％に対し，修士学生は15％しかいないという具合に，専門職養成の色彩の強い修士の拡大を全学的に抑制してきた。ただし，それを抑制しても他に獲得できる収入（基本財産収入など）がなければ難しいので，どの大学にも使える方法ではない。

また，Ph.D. だけでなく，学士教育を重視するプリンストン大学ではバランスへの配慮がある。「研究経済対応型」戦略を野放しにしない。Ph.D. の学生数は研究助成金が増えれば増やせることが多いが，プリンストンでは全学のグラジュエト・スクールが Ph.D. 学生数をコントロールしている。「各デパートメントが何人の学生を入学させるかはグラジュエト・スクールが決める。デパートメントが学生たちの費用を支払う責任があるといっても，宿舎や施設が充分であることを必ず確認する必要がある。また学士学生の規模に対する大学院生の規模が正しいかどうか常に確認せねばならない。大学院生の規模を管理する責任がわれわれにはある。その意味でプリンストンは唯一の例外ではないが，ふつうではない」「われわれは学士教育と大学院教育とのバランスを維持したいと長い間考えてきた。この国で最良の学士教育を提供することができることを確認させるため，教員が学士教育に多くの注意を向けるようにしてきた」（プリンストン・GS）。

さらに，「研究経済対応型」「人材需要対応型」は過度に進むとスクール内部

の専門分野のバランスを損ねる可能性もある。だが工学のスクールと違って，デパートメントがオールマイティではない文理学カレッジでは，例えば第 7 章でみたワシントン大学の文理学カレッジのように，ディーンがカレッジ全体の専門分野のバランスを考慮して（単に保守的に分野構成を守るだけでなく，学問の発展の動向も考慮して）教員人事に関与する場合もある。文理学カレッジの大きな使命はリベラル・アーツ教育であり，それに基づいて人員が配置されている（人件費も）点が工学や医学のスクールとは違う。

6) 複数プログラムを調整するスクールの役割

　以上のように，スクールはいくつかの戦略をとるが，その戦略自体になんらかの行き過ぎを調整するメカニズムがあり，また他の戦略とのバランスを調整するメカニズムがみられる場合もある。すでに複数の戦略のバランスをとる方法として優先順位のいくつかの例をみたが，では，スクールとしてトータルに複数の戦略（プログラム）を調整しているのだろうか。この点は今後詳しい調査に基づく分析が必要となろうが，その調整が機能するかどうかは，優先順位に関する合意の程度と，スクール内部の力関係が関わると考えられる。

　例えば，法律スクールであれば比較的単純である。優先順位は明確で，最優先の看板プログラムである J.D. プログラムがあり，「専門職経済対応型」戦略が中心に据えられる。他の学位プログラムは補助的な位置にある。なおかつスクール主導でディーンがコントロールできる。

　ビジネス・スクールも，法律スクールと同様優先順位が明確で，ディーンのリーダーシップもある。先にもみたように，優先順位は，第一に M.B.A.，第二に Ph.D. である。例えば，パデュー大学のビジネスの副ディーンによれば，学士プログラムは利益を生み，Ph.D. プログラム利益はマイナスとなる，としたうえで，M.B.A. プログラムについては利益を生むとは言えないが，「M.B.A. プログラムは威信を生み，宣伝になる。スクールの質はふつう Ph.D. と M.B.A. プログラムの質によって決まる。M.B.A. はそれほど資金を生まないが，スクールの評判は M.B.A. プログラムに影響され，それに人々は投資する。それ

によってスクール全体の威信が高まる」(パデュー・ビジネス)。つまり M.B.A. が本務であると同時に威信の上でも中心に位置し、それを Ph.D. が補う[5]。

さすがにビジネス・スクールは専門が経営学だけに、調整の問題を経営学的に捉えている。オハイオ州立大学のビジネスのディーンは以下のように言う。「われわれはプログラム・ポートフォリオを持っていると考えている。それはさまざまなプログラムだ。そのいくつかは損失を生み、また利益を生むプログラムもある。われわれの目的は、われわれのプログラムのどれもが高品質のプログラムとなれるようにすることである。プログラムには多目的に資するプログラムもある。Ph.D. プログラムは多目的に資するものであり、学問を担う教員へのサポートを提供し、Ph.D. を持つ研究者を育てるというわれわれの伝統的なミッションの一部をなす。それは研究に対するわれわれの関与であり、それで利益では損失が出るが、それを補塡できるように他のプログラムを経営していかねばならないことを意味する」(オハイオ州立・ビジネス)。

他方で、他のスクールでは、デパートメントが強く、法律やビジネスのスクールほどディーンの権限は強くない。それでも、先にみたように文理学では、デパートメント主導の「研究経済対応型」や「人材需要対応型」の戦略の行き過ぎを調整しようとする場合もある。

工学スクールでも、デパートメントの独立性が高く、幸い文理学のようなスクール全体の分野のバランスの調整はあまり必要ないためか、大学院経営は「研究経済対応型」戦略を中心に、デパートメントに任せておけばいいとも言える。専門職修士プログラムに関わる「人材需要対応型」戦略についても、実際はデパートメントに任されている。それでも過度の「研究経済対応型」や「人材需要対応型」戦略には、給与の財源の制約や優先順位など多少の調整が加わる。

さらに医学スクールになると、工学のスクール以上に、スクールとしてのトータルな調整がみえにくい。M.D. プログラムは、「専門職経済対応型」の対象でスクールのコントロール下にあるが、Ph.D. プログラムは「研究経済対応型」の対象で、研究助成金の増額に応じて拡大は可能であり、デパートメントの管理下にある。経営体としてのデパートメントの独立性は工学スクール以上

かもしれない。スクール学位である M.D. プログラムがあるのでいくらかスクールとしてのまとまりがあるが，研究大学では M.D. プログラムがなくなっても気が付かない教員が少なくないと言われるほど，M.D. プログラムの位置そのものは必ずしも大きくない。医学スクールでは，全体の調整の機能が低いのか，この点はより詳細な検討が必要となろう。

　以上のスクールと比べて，さらに優先順位が曖昧であったり，かなり多様性があるのが教育スクールである。教育スクールでも Ph.D. が最重視されているが，専門職修士プログラムや学士プログラム（教員養成）など重視せねばならないプログラムもあって，他のスクールと比べると優先順位が曖昧な傾向があり，それもスクールによって多様である。さらには規模も多様で，スクール内部の集権的度合いもかなり多様である。したがって教育のスクールでどのように複数の戦略が調整されるのか，ケースごとに詳しく検討する必要があろう[6]。

4　多様性を支えるスクール

　以上の検討をまとめると以下のようになろう。
　第一に，スクールの大学院経営の戦略のモデルとして，「研究経済対応型」「専門職経済対応型」「研究充実型」「人材需要対応型」の四つが想定される。「研究経済対応型」戦略は，文理学，工学，医学のスクールで顕著に（教育のスクールでも部分的に）みられ，法律やビジネスのスクールにはない。「専門職経済対応型」戦略は法律，医学，ビジネスのスクールでみられ，文理学や工学ではみられない。「研究充実型」戦略は，法律，ビジネス，教育のスクールでみられ，「人材需要対応型」戦略は多くのスクールでみられる。それぞれの戦略は，学位の種類（研究学位か専門職学位か），財源とプログラムのタイプ，学生支援，利益，経営主体などが異なり，それぞれの戦略で概ね決まっている。
　第二に，スクールの大学院経営はこの四つの戦略を組み合わせたものと考えられるが，スクールが大学院経営でとり得るバリエーションは実は多くはな

い。標準的には，法律（「専門職経済対応型」+「研究充実型」），文理学（「研究経済対応型」+「研究充実型」+「人材需要対応型」），工学（「研究経済対応型」+「人材需要対応型」），医学（「研究経済対応型」+「専門職経済対応型」+「人材需要対応型」），ビジネス（「専門職経済対応型」+「研究充実型」+「人材需要対応型」），教育（「研究経済対応型」+「専門職経済対応型」+「研究充実型」+「人材需要対応型」），という具合にほぼパターンは決まっている。これは，スクールの最優先任務として「研究経済対応型」と「専門職経済対応型」のどちらをとるかで，経営の骨格は決まり，それにプラスアルファとして「研究充実型」や「人材需要対応型」が付加されるからであろう。

　第三に，大学院経営の個々の戦略はほうっておけば発散していってしまうと思われるかもしれないが，それぞれの戦略においても，あるいは戦略間においても，バランスをもたらすような仕組みがいくつかみられた。ただしスクールとしての全体のバランスがどう取られているかは，明確な場合もあるし，そうではない場合もある。そこにはプログラムや戦略の優先順位，スクールとデパートメントの力関係などが関わると考えられるが，検討した事例が少なく，不明な部分も多く，さらに詳しい調査に基づく分析が必要であろう。

　以上のように，多様な大学院教育に対しては，スクールの大学院経営のパターンは必ずしも多いわけではない。前章で「大学院生への経済支援」「研究経済と専門職経済」「分権的な大学院運営」「内部補助」といった特徴は，大学院教育の多様性によく対応した仕組みであると述べたが，それをいろいろな制約のもと，スクールが取り込んで大学院経営を行うなかで一定のパターンがもたらされている。

　スクールは，大学内で，異なるスクール同士で異なる大学院プログラムを動かし，さらにスクール内部でも多様な大学院プログラムを動かしており，大学院プログラムの多様性の維持に最も貢献している。このようにみると，スクールの経営行動はとても興味深く，多様な大学院教育の基盤を探るという観点から，今後さらに詳細な分析が必要と思われる。

終 章　大学院教育の基盤の変化と日本への示唆

1　研究大学における大学院教育とその組織的・経済的基盤

　本書の課題は，アメリカの研究大学において，多様な大学院教育がどのように組織化され，どのように運営されているのか，そしてどのように経済的に維持されているのかを，研究者養成と専門職養成とを対比させながら明らかにする，というものだったが，それに対してどのような知見が得られたのか，まとめると以下のようになるであろう。

1）歴史的系譜と学位（第I部）

　第一に，大学院教育における研究者養成と専門職養成は，歴史的な系譜がかなり異なる。研究者養成（Ph.D. 教育）は，古代以来の自由学芸の系譜にも連なるが，それ以上に近代科学の系譜とりわけ研究至上主義とも言うべき「制度化された科学」の系譜に連なる。これに対して専門職養成には，一方で中世大学に始まる神学，法学，医学の伝統的な専門職養成の系譜と，他方で，一部には機械的技芸にもつながり，近代になって制度化した「新しい近代的専門職養成」の系譜がある。

　第二に，学位の分類として，「研究学位と専門職学位」の対比は，必ずしも一般化されたものではないが，大学院教育の機能に基づく対比であり，実際の統計でもこのような分類の方向にある。この対比で言えば，博士レベルの「研究学位」は主に Ph.D. であり，「専門職学位」は主に第一専門職学位であり，修士レベルでは大部分が「専門職学位」に位置づけられる。

なお，この「教育機能上の分類」に対し，「学位名称に基づく分類」として「文理学学位と非文理学学位」，「専門分野による分類」として「文理学分野学位（＝学問分野学位＝自由学芸分野学位）と専門職分野学位」という分類がある。だが，前者の分類では，M.A., M.S. が「文理学学位」になってしまうが，しばしば専門職学位であり，また，後者の分類では教育，ビジネス，医学などの研究学位である Ph.D. が「専門職分野学位」になってしまうなどの問題がある。

2）大学院形成とマクロな枠組み（第 II 部）

第一に，大学院の形成については，研究者養成について言われることが多いが，大学院形成の取り組みは，研究者養成よりも専門職養成のほうが先行していた。ドイツの研究大学の大きな流れがやってくる以前（19 世紀前半まで）には，近代的な国家建設に必要な人材や宗派側からは聖職者育成のための専門職養成が必要とされ，そのためにカレッジ修了後の専門職教育を行う，ヨーロッパ的なユニバーシティの建設が目指された。しかし，それがままならないうちに 19 世紀半ばにドイツから「研究」の大波がやってきて，研究大学，Ph.D. の形成が現実化した。その影響を受けて 19 世紀後半から専門職養成も近代化が進み，同時に新しい専門職を吸収しつつ，専門職教育が大学に取り込まれ，さらに 20 世紀に本格的に大学院化していった。

第二に，20 世紀に入っての大学院拡大は，第二次大戦前にすでに始まっていたが，とりわけ戦後さらに 1960 年代の増加が著しかった。その後 1970 年代，1980 年代と多少増加の勢いが減じるが，1990 年代以降再度増加の勢いを増した。これは，学位の種類によって多少時期のずれがあるが，大きくは学士号の増加と同様の変動を示す。

第三に，現在，研究学位においては，保健関連，教育，工学，生命科学で過半を占め，専門職学位においては，第一専門職学位で，医療系と法律系で半分ずつを占め，修士号で，教育とビジネスとが過半を占めるという構造ができている。とりわけ研究学位において，文理学分野以上に専門職分野が優勢である

点が大きな特徴となっている。

　研究学位つまり主に博士号は，1960年代終わりまでに急増し，その結果，専門分野としては教育の分野が最大で，それに物理科学，工学，生物・生命科学などが続く内訳になった。しかし，その後1970年代，80年代には停滞に入り，1990年代に再度増加する中で，教育や工学や生物・生命科学の伸びが著しかったのと同時に，2000年代に保健関係が急速な伸びを示して最大分野になった。

　専門職学位については，第一専門職学位と大部分の修士号で構成されるが，まず第一専門職学位は，博士より遅れて1970年代に急増し，とりわけJ.D.の増加率が著しく，この時期の増加でJ.D.が第一専門職学位の過半を占めるに至った。修士号は，教育の分野が最大という構造は終戦後すでにあり，戦後を通じて教育とビジネスの分野が最も増加し（教育は1980年代には一時的に停滞），二大分野を形成する。これら以外の分野では，1990年代以降に保健専門職および関連臨床科学分野の増加が著しく，現在第三位に位置している。

　第四に，大学の国際化は，専門職養成よりも研究者養成で進んでいる。国際化は，学士教育よりも大学院教育で進んでおり，1970年代以降とりわけ1980年代に進展したが，学士よりも修士で，修士よりも博士で留学生比率が高く，上に行くほど国際化が進んでいる（第一専門職学位の留学生比率は低い）。専門職学位（第一専門職学位と大部分の修士）よりも研究学位（博士）で国際化が進んでいる。専門分野別にみると，修士（主に専門職学位）ではビジネス，工学，計算機・情報科学分野で留学生が多く，博士（研究学位）では，工学，物理科学・科学技術，社会科学・歴史学で留学生が多い。

　第五に，大学院教育に影響を与えるマクロな枠組みには，大きく規制と補助があり，専門職養成では専門職団体による規制，研究者養成では政府による補助が特徴的である。規制については，研究学位でも専門職学位でも連邦政府の規制はなく，専門職学位プログラムに対する専門職団体によるアクレディテーション，そして州立大学の大学院プログラムに対する州の規制の方が実質的である。補助については，連邦政府は研究助成を中心に，研究者養成に向かっており，州政府は州立大学に対する機関補助を中心に州立大学の大学院教育（研

究者養成も専門職養成も）を支えている。

　第六に，そのほか大学院教育に与えるマクロな枠組みとして，大学院教育そのものを主要因とする階層構造が形成されている。

3）組織的基盤（第III部）

　第一に，研究者養成と専門職養成とを，大学内で機能分担させる，すなわち文理大学院（文理学カレッジ）で研究学位が提供され，プロフェッショナル・スクールで専門職学位が提供される「二元モデル」は限定的にしか成り立たない。文理学カレッジと法学スクールは「二元モデル」の対比がかなり当てはまるものの，その他の多くのプロフェッショナル・スクールで研究学位プログラムが提供され，Ph.D. が授与されている。

　第二に，'graduate school (GS)' の名称がついたスクールには大きく3種類ある。すなわち「文理大学院」，「学士プログラムを持たない教育やビジネスのスクール」，「全学的なグラジュエト・スクール」の3種類である。「学士プログラムを持たない教育やビジネスのスクール」は，固有の教員組織があり，ティーチングを行う普通のスクールであるが，「文理大学院」は管理的な組織であり，「グラジュエト・スクール」はさらに一般のスクールの上部に傘のように位置し，全くティーチングをしない全学的な大学院管理組織（「アンブレラGS」）である。

　第三に，大学院教育の全学的な管理方式は，「アンブレラGS型」，「文理大学院型」，「個別スクール型」の大きく三つの方式がある。「アンブレラGS型」は，GSのディーンが全学の大学院教育担当副学長などになって全学の大学院プログラムを管理し，「文理大学院型」は，文理大学院が全学の大学院プログラムの管理に責任を有し，「個別スクール型」は，個別のスクールが大学院プログラムの管理に責任を有する場合である。「アンブレラGS型」は州立大学で多いパターンであり，「文理大学院型」は私立大学の一部に限定される。

　第四に，研究学位と専門職学位の管理については，文理大学院型で文理大学院は主に研究学位（Ph.D. や一部のM.A., M.S.）を管理するのに対して，アン

終　章　大学院教育の基盤の変化と日本への示唆　393

ブレラ GS は第一専門職学位プログラムには関わらないものの，専門職学位である修士号のかなりのものを管轄する。修士号についてはどこまで管理するのかは大学によってかなり幅があり，グラジュエト・スクールがどこまで管理すべきかが問題となっている。個別スクール型は，研究学位も専門職学位も個々のスクールに任され，全学的な管理の色彩は薄い。

　第五に，グラジュエト・スクールの役割は，個別スクールと比較して限定的であり，とりわけ専門職学位ではこの傾向が強い。グラジュエト・スクールなどによる大学院教育の全学的な管理は，プログラム開始の際の審査と主に学位の最低要件を課す程度で，その他は入試や学生支援などでスクールをサポートする役割に限定される。教える内容，入学者選抜，大学院生への経済支援，学位プログラムの評価などでは主にスクールやデパートメントが主体となる。

　第六に，学位プログラムの品質管理に着目すれば，研究学位も専門職学位も高水準の品質に関しては，市場（研究資金市場，労働市場，教育機会市場）のなかでスクール（やデパートメント）主導で管理が行われている。研究学位については，全学的管理は主に最低水準のチェックにとどまり，実際には他の研究大学との競争で水準が保たれる。専門職学位については，やはりライバルの大学のスクールとの競争で，高い水準が維持され，最低要件も専門職団体に任されるので全学的管理の役割は小さい。

　このように，全学レベルで二元モデルが成り立たず，なおかつ個別スクールに管理が大幅に任されているとすると，研究学位と専門職学位の動かし方の違いのかなりの部分は個別スクール内部での対応に任されることになる。

　そこで第七に，個別スクールの内部組織をみると，あらゆる大学院教育は研究者養成も専門職養成も「学位プログラム」として組織化され，「プログラム」に続いてしばしば「デパートメント」がある。ただし，法律のスクール，一部の教育やビジネスのスクールではデパートメント制は採用されていない（それ以外は文理学，工学，医学ではすべてデパートメントがある）。

　第八に，学位プログラムには，「ひとまとまりの学位プログラム」と「領域別の学位プログラム」の大きく 2 種類が存在する。大学院教育の志向性の観点からすれば，それぞれ統合志向のプログラム（統合型プログラム），分化志向の

プログラム（分化型プログラム）であり，大学院教育の志向性の違いがプログラムの構造に反映されている。そして，そうしたプログラムの構造の違いは，スクール内部の組織構成に少なからぬ影響を与えている。例えば，専門分野や領域に分かれたプログラムにはデパートメント制が適している。ただしスクール内部の組織構成は規模や財務なども関係するようだ。

　第九に，大学院プログラム運営のタイプには，①スクールによる運営，②デパートメントによる運営，③領域別プログラムによる運営，の三つがあり，現実の運営パターンには大きく四つある。デパートメントがある場合，統合型プログラムはスクールで運営されるが（「スクール学位」「カレッジ学位」），分化型プログラムはデパートメント中心に運営される（「デパートメント学位」）。デパートメントがない場合，統合型プログラムはスクール中心に運営され，分化型プログラムはより領域別の運営の傾向が強まり，しかし同時に小規模なためスクールによる運営の傾向が増す。統合志向か分化志向かという違いが，直接にプログラムの運営に影響を与えたり，スクールの組織構成に影響を与えることで間接的にプログラム運営に影響すると考えられる。

　第十に，研究学位と専門職学位との違いからみれば，研究学位プログラムはデパートメントを中心に運営され，分散的に運営される傾向があるが，専門職学位プログラムはスクール・レベルで集権的に運営される傾向がある。例えば，Ph.D. プログラムは一般にデパートメントを中心に運営されており，一方，法律のスクールにおける J.D. プログラム，ビジネスの M.B.A. プログラム，医学のスクールの M.D. プログラムなどはデパートメントではなくスクール・レベルで運営される。この違いの背景には，分化志向の研究学位プログラムと統合志向の専門職学位プログラムという違いがあるものと考えられる。ただし，こうした違いは主に博士レベル（Ph.D. と第一専門職学位や M.B.A.）で顕著であるが，修士レベルでははっきりせず，専門職学位プログラムもデパートメントで分散的に運営される場合も少なくないし（専門職学位プログラム＝統合志向，ではない場合がある），また研究学位プログラムも小規模なためにスクールでまとめて運営される場合もある。このように研究学位と専門職学位の違いは，プログラムの運営にある程度影響するが，そのまま学位プログラムの構造

の違いに直接つながるわけではない。

　かくてプログラム運営の違いを規定するのは，プログラムの構造（統合型か分化型か），スクールやプログラムの規模や財務，スクール内部の組織構成などであると考えられる。

　第十一に，以上の運営の違いを，プログラムとデパートメントの関係でみれば，研究学位プログラム（Ph.D.）はデパートメントで分断され，専門職学位プログラム（J.D. や M.D. や M.B.A.）はプログラムでまとまっているが，こうした異なる研究学位プログラムと専門職学位プログラムを同時に一つのスクール内部で動かすための方法の一つが組織的「マトリクス」である。マトリクスが研究学位と専門職学位の双方のプログラムの併存を可能にしている。ただし，マトリクスもまた多様であり，法律のスクールではあまり機能せず（専門職学位に傾斜しすぎている），医学やビジネスのスクールでは比較的明瞭に機能しているようにみえるが，文理学や工学のスクールでは，デパートメント中心に傾斜しており（研究学位に傾斜しすぎている），マトリクスが見えにくい。

4）経済的基盤（第 IV 部）

　第一に，研究大学における大学院教育の経済的基盤は把握が難しく，それは大学の諸活動が不可分であるためであり，資金の流れやスクールの財務上の自律性を考えれば，スクール以下の資源配分に着目すべきである。ただし，大学院プログラムは財務運営の単位になっていないので，個々のスクールやカレッジが大学院プログラムにどのように資金を充当しているのか，という観点から間接的にその経済的基盤を把握するしかない。

　第二に，そのうえで大学院プログラムの経済的基盤を整理すれば，かなり多様性があり，とりわけ研究学位プログラムと専門職学位プログラムとでは大きな違いがある。経済的基盤という観点から，大学院プログラムには，大学院生の授業料で成り立つ「自給型」，研究助成金に依存する「研究依存型」，スクール（組織）の一般資金に依存する「組織依存型」の大きく三つのタイプが想定されるが，法律の J.D.，学士プログラムを持たない M.B.A.，教育と工学の修

士の専門職学位プログラムは「自給型」に近く，研究学位プログラムは，医学，工学，文理学の自然科学系の Ph.D. プログラムで「研究依存型」の傾向が強い。ただし，純粋な「研究依存型」は一部の医学スクールに限られる。そして専門職学位プログラムでも，学士プログラムを持つ M.B.A., M.D. プログラムなどは（「自給型」をベースにしつつ）「組織依存型」の傾向が強い。しかし，「組織依存型」がより顕著なのは，法律，ビジネスのスクールの研究学位プログラム，文理学のスクールの人文学や社会科学の Ph.D. プログラムである。なお，研究学位 Ph.D. プログラムには「自給型」の要素を持つプログラムもある。

　第三に，大学院教育の経済的基盤の特徴として，学士教育よりも手厚い「学生への経済的支援」があり，ただし学位の違い（研究学位か専門職学位か）や専門分野の違いで，財源や資金の流れが異なり，異なるメカニズムが背景にある。研究学位プログラムの学生に対する代表的な支援は RA シップと TA シップであり，専門職学位プログラムの学生に対する主な支援はローンである。RA シップの財源は研究助成金なので，文理学の自然科学，工学，医学などのデパートメントで，教員が大規模な研究助成金を獲得できる場合に活用される。TA シップは，財源が学士プログラムの収入なので，文理学や工学のスクール，学士プログラムのある教育やビジネスのスクールやデパートメントで活用され，法律や医学のスクールではほとんどない。また，文理学の人文学や社会科学の学生の場合，研究助成金が少ないので RA シップよりも，TA シップ（やフェローシップなど）が活用される。このように学生への経済支援の違いは，スクール（やデパートメント）の専門分野，主要学位およびそれらの運営の違いと密接に関わる。

　第四に，大学院教育の経済的基盤の特徴として，研究者養成を駆動している「研究経済」と専門職養成を駆動している「専門職経済」が想定される。それが上の「学生への経済的支援」における研究学位と専門職学位の違いの背景にもなっている。「研究経済」は，連邦政府の膨大な研究助成金のフローが，大学の研究活動や大学院教育を駆動する経済であり，「専門職経済」は，社会に強固な専門職制度が存在することで成り立つ経済である。これらは学士教育で

は想定する必要がないが、大学院教育を動かすには不可欠である。

　第五に、大学院教育の経済的基盤の特徴として、全学的に運営される学士教育と比較した、「大学院教育の分権的運営」が挙げられる。大学院プログラムの学生数つまり規模の決定や、主要財源の一つである授業料額の決定などについて、実質的な決定主体をみると、学士プログラムがもっぱら大学レベルで決定されているのに対して、大学院プログラムに関しては、スクールやデパートメントのレベルの関与が少なくない。このことは、学士プログラムが全学的な事業であるのに対して、大学院プログラムはより個々のスクールやデパートメントの事業であるという特徴が反映されていると考えられる。

　第六に、大学院教育の経済的基盤の特徴として、「内部補助」の存在が挙げられる。先に挙げた研究依存型、自給型、組織依存型で言えば、内部補助が関わるのは組織依存型である。学士教育の場合ふつう授業料（と州補助金）による「自給型」なので想定する必要はないのに対して、大学院教育はしばしば学士教育が補助していると言われる。ただし、内部補助には多様性があり、文理学カレッジ（特に人文学、社会科学）で成り立っているが、工学やビジネスではあまり成り立っていないという見方もある。また、特に学士プログラムがない場合には、大学院プログラム同士で、専門職修士プログラムが博士プログラムを補助している場合もある。また、内部補助とは言いにくいが、RA シップのように研究活動と大学院教育の相互が貢献しあい、TA シップのように学士教育と大学院教育とが相互に貢献しあう制度が重要である。

　第七に、スクールは多様な大学院プログラムを抱えるが、大学院経営の基本的な戦略には、「研究経済対応型」「専門職経済対応型」「研究充実型」「人材需要対応型」の四つが想定され、法律、文理学、工学、医学、ビジネス、教育のスクールで、それぞれ主に「専門職経済対応型」＋「研究充実型」、「研究経済対応型」＋「研究充実型」＋「人材需要対応型」、「研究経済対応型」＋「人材需要対応型」、「専門職経済対応型」＋「研究経済対応型」＋「人材需要対応型」、「専門職経済対応型」＋「研究充実型」＋「人材需要対応型」、「専門職経済対応型」＋「研究経済対応型」＋「研究充実型」＋「人材需要対応型」、という具合に、四つの戦略を組み合わせて大学院経営が行われている。

こうした戦略に対して，大学院教育の運営はむやみに拡散していくように思われるかもしれないが，必ずしもそうではなく，しばしば四つの大学院教育の戦略のそれぞれにおいても，あるいはその全体をまとめるスクールの経営においても，何らかのバランスをもたらすようなメカニズムが存在している。

かくて，多様な大学院教育に対して，その経済的基盤にはいくつかのパターンがあることがわかったが，それは驚くほど多様というわけではない。そして「研究経済」「専門職経済」「分権的な大学院運営」「内部補助」といった特徴は，大学院教育の多様性に対応できる基盤を提供してくれているが，それをまとめているのが，スクールの自律的経営であると考えられる。

5）分析の限界と今後の課題

以上，研究大学における大学院教育の組織的・経済的な基盤を，主に研究者養成と専門職養成との違いに着目して明らかにしてきた。そして多様な大学院教育を支える社会的基盤の一端が明らかになったと言えよう。

しかし，これまでの検討に限界や不十分なところも少なくない。

第一に，本書は研究大学に焦点を絞って分析したとはいえ，それでも多様性を分析するにはさらに多くの大学のデータが必要である。それほどアメリカの大学は多様性が大きい。あくまでも本書は，限られた研究大学に対する調査をもとにして組織的基盤や経済的基盤のいくらかのパターンに関する暫定的なあるいは仮説的な構造の一端を明らかにしただけであり，さらに調査の数を増やして信頼性を高める必要がある。

第二に，本書では大学院教育固有の組織的・経済的要因を取り出すことが難しいことから，大学院教育のキーとなる人物へのインタビューに基づいて，大学院教育の基盤をイメージしていくという作業を行ったが，実証的分析としては限度があり，その妥当性を高める分析が必要であろう。

例えば，経済的基盤に関する検討においては，「透明性（transparency）」がどこまで明らかにできるのか，それにどの程度意味があるのか自明ではないが，少なくとも今よりは詳細な財務データで収入と支出の関係について分析するこ

とが必要であろう．内部補助の機能は大学院教育の本質的な部分であり，本研究ではインタビューでわかった範囲で内部補助に対する認識を示したに過ぎず，内部補助そのものの分析は行っていない．数値的なデータの限界があって難しいのだが，内部補助の詳しい分析を行わないと，大学院プログラムの経済的基盤を理解するのは難しいだろう．例えば James（1986）や Massy（2003）などの枠組みを参考に詳しい分析が必要となろう．また，大学院生への経済的支援については，機関やスクールのサイドからだけではなく，大学院生への調査に基づく詳しい分析も必要である．組織的基盤に関しても，プログラムの構造，組織構成，運営のパターンなどについて規模やその他の変数を加えた数量的な分析も必要であろうし可能であろう．

　第三に，本書で扱えなかったことは多くあり，例えば，大学院プログラムに対する州政府や連邦政府の関わり方は検討が不十分である．特に州政府に関しては，多くの研究大学で，州立大学でも州からの独立性が強いため，大学院プログラムへの関与は少ないと思われ，また州補助金は学士プログラムを主要なサポート対象とするという見方もあるが，現に大学院を補助しており，州補助金がどの程度大学院教育を盛り込んだものであるのか不明であって，本書の検討でもその位置づけが難しかった．この州補助金や連邦補助金における大学院教育の位置づけを整理する必要がある．

　また，スクールにおける大学院プログラム運営のパターンの検討では，研究学位プログラムが分散的で専門職学位プログラムが集権的であるという傾向に合わない事例を説明するためには，大学院教育の志向性以上に組織の規模や歴史的な経緯も重要な要因であると指摘したが，その方面のさらに詳しい分析が必要となろう．

　第四に，本書は研究学位と専門職学位の違いを理解することに重点が置かれ，その双方がどのように統合されているのかについては，スクールの経営レベルでの検討は試みたものの，十分な分析が行われていない．研究者養成と専門職養成がどのような関係にあって，どのように維持され，統合されているのか，スクールの経営だけでなく，より広い社会的な文脈も含めて検討し，あるいはデパートメント内部や大学院教育の内容にまで立ち入って検討していく必

要があるであろう。

　第五に，本書は大学院教育に焦点を絞って，その組織的・経済的基盤を検討してきたが，大学には学士教育や研究活動などその他の諸活動があり，そうしたさまざまな機能や活動の間の関係，その関係をどのように調整しながらバランスをとって動かしているのか，についての検討が必要となろう。その中での大学院教育の位置を考える必要がある。

　そして，第六に，本書の分析はあくまでも研究大学を対象にしたものであって，それによってアメリカの大学院全体を語ることはできない。知識を生産し，社会をリードする人材の養成という点では研究大学に着目するのは悪くない。しかし，規模や特徴から言えば，本書で対象とした研究大学はアメリカの大学の少数派である。大学院教育の多様性をみる上で，研究者養成と専門職養成という対比を分析視角としてしまったために，研究大学を対象とせざるを得なかったが，本書が明らかにした大学院教育の基盤に関わる特徴やパターンは，研究大学のなかでの多様性を示すものであって，アメリカの大学院の多様性のごく一部にしか過ぎない。したがって，本書での知見がどのように妥当なのかを知るためにも，研究大学以外の大学の大学院教育も含めてその多様性を検討する必要があるだろう。例えば，研究大学でなければ，博士プログラムがなかったり，あっても小規模な大学における大学院教育の多様性を検討する際には，研究学位を除いて考えねばならないかもしれない。大学院学位の大部分は修士号であり，なおかつ増加が著しいのは専門職修士と言われる部分である。多様性があるのはむしろこの部分であり，研究者養成と専門職養成の対比という枠組みはそれを見えなくさせており，その枠組みそのものを変えて，この部分を正面に据えて分析する必要があろう。

　そのほか多くの課題があるであろうが，以上の課題に取り組みつつ，今後は，アメリカと比較しながら日本の大学院の組織的・経済的基盤を分析し，そのあり方を考えたい。次々節でも日本への示唆を若干述べているが，日米の比較を本格的に進めると同時に，アメリカ・モデル以外の可能性を探るためにもヨーロッパやアジアの国々の大学院との比較も必要となるだろう。

2 変化する大学院教育とその社会的基盤

先にみたように，アメリカの大学院は大きく拡大してきたが，それは変化する社会のなかでそれに適応することで可能であった。その拡大に伴って，研究大学の大学院教育も変化してきた。現在も変化の真っただ中にあり，多くの課題が議論されているが[1]，以下では大学院教育の組織的・経済的基盤に関わる変化として重要と思われる変化を取り上げる。

1) 高等教育の市場化と大学院

大きな変化の一つは高等教育の市場化，企業化，プライバタイゼーション（私事化），アカデミック・キャピタリズムと言われるような変化に関わる[2]。

1960年代，アメリカの大学とくに研究大学に，連邦政府の研究助成金の増加によって黄金時代が到来した。しかし，1970年代に入って連邦政府の研究助成が停滞し，大学院の博士号Ph.D.の増加にも歯止めがかけられたことは先にみたとおりである。その後連邦研究助成は，20世紀末までは着実に増加したが，他方で1970年代後半からは州政府の財政悪化によって高等教育予算の実質額の停滞が始まった。州の高等教育機関への補助金が高等教育機関の在学者の増加や消費者物価の上昇に追いつかなくなったのである。連邦政府の学生支援も，大衆化による支給対象の大幅な拡大と財政支出抑制のため，1990年代には給付からローンへと移行する。

こうした状況のなかで，1980年代以降，州立の研究大学では州の補助金の減少分を補うために，授業料を値上げしてきた。州立大学だけではない。私立の有名な大学も競い合いながら授業料を値上げしていった。研究大学の最大の目標は威信を獲得する（例えばランキングが上昇する）ことだが，ふつう優秀な学生を獲得することと研究活動を活性化することで威信を獲得する（Geiger 2004, pp. 14-7）。優秀な学生を獲得するには，教育環境の改善，奨学金給付や授業料ディスカウントの拡大が必要とされ，また研究活動を活性化するには優

秀な教員を厚遇で迎えねばならないし，研究環境もよくせねばならない。こうしたことが授業料値上げの原因となったが，産業構造の変化，知識基盤経済の認識の拡大，格差社会の拡大を背景に，社会の側に高い品質の教育を受けたいという要求があったことも背景をなしていると言えよう。

そして大学は授業料を値上げするとともに，寄付金の募集活動を盛んにし，寄付金額を増やした。とりわけ私学など寄付金による大規模な基本財産を有する大学では，それを運用することで収入の拡大を図った。2008年のリーマン・ショックまで，私立大学では運用収入が大幅に増え，先にみたように，授業料収入に匹敵する規模の運用収入を得るまでになった。

さらに，1980年にはバイ＝ドール法が制定され，連邦政府の補助金で行われた研究の成果による特許が，補助金を受けた大学や企業の機関特許として認められやすくなり，特許などを通じて大学から社会に技術移転することの対価として大学の収入が拡大する道が大きく開けた。この結果，特許が取れるような研究活動とその技術移転が急速に進み，いわゆる産学連携が活性化されていく。そうしたタイプの研究に適した生命科学や保健関連分野の研究には国立衛生研究所（NIH）などから多くの研究助成金が流れ込んでいる。

政府資金によるものだけでなく，企業からの収入，知識の産業化による収入の拡大を目指した大学は産学連携や社会への需要にこたえることに大きな力を注ぐようになった。それは学士教育や管理運営なども含めて多方面にわたっての変化と言えるが，それを総称してアカデミック・キャピタリズムとか大学の企業化などと言われる。

こうした変化に大学院教育が無関係でいられるわけがない。例えば現在アメリカの大学は高等教育の拡大のなかにあって，大量の大学教員の退職の時期に来ており，にもかかわらず財政的な制約（特に一般資金の厳しい状況）が大きくのしかかっているという問題がある。フルタイムのテニュア教員のポストを増やすことが難しく，優秀なアメリカ人をPh.D.プログラムにひきつけることが難しくなっている。アメリカの大学院はいかに優秀な大学教員を養成すべきかという問題に直面しつつある（Ehrenberg and Kuh eds. 2009, p.1）。

また，産学連携の進展が大学院教育をゆがめる，という見方があろう。産の

知識生産は基本的に知識の私有化であって，公表を旨とする学術研究とは距離があり，大学院生の研究がそれによって規制され，あるいは大学院生の選別や教育の内容にスポンサーの意向が反映されるなどの問題がある[3]。

これらはわかりやすい例だが，大学院教育の財源の変化にともなう構造的な変化がある。より広い視野でみれば，財源の変化は，大学院教育の動向を左右し，つまり経済的に資金が潤沢な専門分野の比重が高まる。例えば，先にみたように，連邦政府補助金の重点が生命科学や保健関連分野にシフトしたことで，2000年代に博士号ではこうした分野が拡大して教育の分野を追い抜いた。その結果，大学院の学位プログラムで，あまり資金的に豊かでなく学生に人気のない（外部資金が潤沢でないために大学院生への経済支援が難しい）専門分野のプログラムが縮小され，より集金能力の高い内容のプログラムにシフトする傾向がある。とくに研究学位においては，すでに述べたように，将来の高額な収入が見込めないために，学生に大きな経済的支援をせねば学生が来なくなってしまう。法律のJ.D.や，ビジネスのM.B.A.などの専門職学位プログラムは，将来高額の給与が保証されるのでローンをしても高額な授業料を支払えるが，Ph.D.は一般に難しい。それゆえむしろ研究学位プログラムの方が財源の変化に大きく左右されてしまう。スローター＆ローズ（訳書2012）は「知と学問の公共的体制（public good knowledge/learning regime）」から「知と学問のアカデミック・キャピタリズム的体制（academic capitalist knowledge/learning regime）」への変化と称しているが，前者の典型が，これまで公共財として公的な支援を受けてきたPh.D.プログラムなのである。

さらに財源の変化による重要な変化は，収益性の高い大学院プログラムとして，すでに本書でも何度も述べたように専門職修士プログラムの増加を招いている。スローター＆ローズ（訳書2012）は，さまざまな側面でのアカデミック・キャピタリズムを検討しているが，デパートメント・レベルについて，外部資源の追及を目指す教育活動（教育の企業主義）を四つに分け（276-84頁），その一つに，潜在的な学生人口と，企業における雇用市場を対象にした「専門職」修士プログラムの開発を挙げた。「公立研究大学の学科は，長年，博士プログラムを重視してきたが，それというのも博士プログラムが，全米的／国際

的に，また，大学内部で，威信市場における競争の中心だったからである。博士号が取得不可能な専門分野以外では，修士号は通常，最終学位と扱われてこなかった。新しい修士号の開発は，以前との劇的な分岐点であり，雇用市場と収入確保に対する大学院レベルでの重要な方向転換を意図している」(279頁)。これまで見てきたように工学や教育，医学，さらには文理学の分野で，収益拡大のために導入されているプログラムであり，研究大学ならではの資源を活用して，あまり追加費用をかけずに（修士論文はなく，オンラインで遠隔地教育を行う場合も多い），さらには企業からの派遣や職を持つ学生を受け入れることで，学生への経済的支援を前提とせずとも維持できるようなプログラムである。こうしたタイプの専門職修士号が急速に増えつつある。

　こうした収益性の高いプログラムは，本務である Ph.D. プログラムの経済的基盤の充実という側面があり，その意味では内部補助を増大させつつあって，大学院教育の経済的基盤をより複雑化させつつある。

　経済や社会のグローバル化を背景にした高等教育のグローバル化もまた，アカデミック・キャピタリズムや市場化と関わる。アメリカの大学院教育の国際化も進んでおり，先にみたように学士よりも修士，修士よりも博士で国際化が進んでいる。博士レベルでは工学と計算機・情報科学で外国人留学生の比率が大きい。これに対しては，1980 年代には外国人留学生の増加で，研究成果が国外に出てしまうなどの理由で問題視することもあったが，アメリカ残留を望む者も増えたり，1990 年代のアメリカのハイテク産業の好況で反対論は小さくなった（宮田 2002, 168 頁）。さらには前述したように Ph.D. プログラムはアメリカ人学生の間で人気に陰りがでており，留学生がアメリカの科学技術を支えている側面もある。研究学位プログラムは，連邦などからの研究助成金を財源に RA を雇用し，ラボの研究生産性を高める方向で競争しており，研究資金市場で次の資金を獲得するには大学院生は不可欠の存在であるため，優秀な学生を求めて国際化せざるを得ない[4]。

　また，修士におけるビジネス・スクールの留学生の増加は，優秀な学生を受け入れて威信を高めるという効用があると同時に，経済のグローバル化，つまりアメリカ的なビジネスを世界に普及できるという背景がある。世界中にビジ

ネス・スクールの顧客を広げることによる収入拡大を目指して，積極的に学生募集に努めている。

2）研究学位と専門職学位の区別の曖昧化

　1960年代に急増した博士号 Ph.D. は，1970年代に財政的な停滞などから増加が横ばいになったが，1980年代に再び研究助成金が増加すると，博士号授与数も増加し，1990年代以降も増加し続けた。そのなかで Ph.D. が過剰に生産されているという意見もあったが，むしろ Ph.D. 生産は重要であり，過剰生産ではなく，大学教員以外のキャリアの道を拡大することが重要だという意見が大きかった。その代表が1995年に公表された，科学技術および公共政策委員会（COSEPUP）のレポートである『科学・工学の大学院教育の再形成』であった。このレポートは，学生に対して幅広い学問的スキルあるいはキャリア・スキルを提供するために，博士プログラムが幅広い能力育成の方向に変わるべきであることを主張し，それ以降の博士プログラムの改革方向に影響を与えた。これは Ph.D. の生産量を減じる必要がないばかりか，先に述べたような市場化にも対応するものであった。

　また，大学院教育の改善の欠かせない方向として，博士プログラムは学際的（interdisciplinary），多領域的（multidisciplinary），領域横断的（crossdisciplinary）であるべきだという議論も2000年頃から盛んになった[5]。Ph.D. はとりわけ一つのディシプリンの内部で教育が行われるのが普通であったが，こうした方向での大学院改革は，ディシプリンの外の論理の重視，つまり社会的ニーズへの対応であったり，社会的な問題解決であったり，大学教員以外の労働市場への拡張が必要だといった認識が背景にあった。その意味では上記の幅広いキャリアに対応した博士号という方向と関わる。

　そして，修士号でも1990年代以降大きな変化が起きており，それは先に述べた専門職修士プログラム（professional master's degree program）の増加である。全米の大学院協議会によれば，「専門職修士号は，高度な特定の専門分野のコース・ワークと，コミュニケーション・スキルや職業スキルを開発する学修

とを組み合わせる。産業界，政府，非営利組織におけるエントリー・レベルの専門職的な仕事に関わる特定分野の知識を提供する。そうしたプログラムを開発することによって大学は，雇用者の要求に対応し，特定のローカルなあるいは地域的な利害や条件に対応するために，ビジネス，産業界，政府と直接に関係を結ぶ」(CGS 2005, p.vii)。この新しい専門職修士号の位置づけは多様であるため容易ではないが，従来の職業資格に直結するような修士学位ではなく，文理学名称の M.A. や M.S. を使用する場合も少なくなく，また，従来の専門職分野だけでなく，文理学分野でも増加している。いわば修士の専門職学位化を進めているわけだが，逆に言えば，専門職教育においても，ある程度従来の学問ディシプリンに基礎づけられた教育プログラムが必要とされるようになったという見方もできる。知識社会の進展で，より学問的方法に基づく知識や分析手法を踏まえた専門職教育が必要とされるようになったと言うべきか。これは学問に基づく，新しい専門職養成の制度化（専門職教育の学問化）とも言うべきものである。

　また，研究大学において，専門職学位プログラムである J.D. プログラムを提供する法律スクールや，M.B.A. プログラムを有するビジネス・スクールでは，すでに述べたようにスクールの威信を高めるために，研究機能の充実が求められる状況になっている。より良い教師を求めるために，研究学位を有する教員の採用が重視され，Ph.D. プログラムを充実させるなどの努力がなされている。

　こうした意味で，すべてではないが，少なくとも一部には研究学位と専門職学位とは互いに接近，融和（曖昧化）する傾向がある。前章で検討したスクールの戦略で言えば，「研究経済対応型」でも「専門職経済対応型」でもなく，むしろ「研究充実型」や「人材需要対応型」の戦略が拡大する方向の変化であり，スクールの大学院経営の構造変化をもたらしていると言えるだろう。この変化は，大学院教育の運営主体としてのスクールやデパートメントの役割の変化などを含めて，大学院教育の組織的・経済的基盤の変化を伴うものであり，事態がより複雑化し，従来のシステムとは摩擦を起こすこともあり得る。例えば，これまでの細かい専門分野をベースにした Ph.D. プログラムではない Ph.

D．プログラムを創ろうとすれば，デパートメント構造が邪魔になるだろうし，領域別の細分化した組織をつなげる仕組みが必要であろうし，そのための財源も必要とされる。実際に，学際教育に適した政府補助金がいくつも機能している。また，すでにみたように，大学院学位プログラムの管理には，グラジュエト・スクール（アンブレラ GS）が関わり，従来専門職学位は管轄しない傾向にあったが，研究学位と専門職学位の区別が曖昧になれば，大学つまりグラジュエト・スクールがどこまでそうした学位の管理に関わるべきかが問題とされる。このように，研究学位と専門職学位の区分が曖昧化する傾向が進めば，それまで別々に機能していたメリハリの効いたメカニズムとは違うものが必要になってくる。そして実際にそうした方向での変化が生じつつある。

多様な大学院教育を可能にしてきた構造的基盤は，現在も変化への対応を迫られている。

3　日本の大学院を考えるために

本書ではアメリカの研究大学における大学院教育の多様性の組織的・経済的基盤を検討してきたが，それをそのまま日本に適用することが愚かなことであることは言うまでもない。そもそも歴史的な文脈も置かれた環境も異なる。従ってそこから日本の大学院を論じること自体間違いかもしれないが，他国の大学院を見ることで日本の大学院の特徴がより見えてくるというのも事実である。

第一に，学位について言えば，すでに見たように，アメリカでも大学院の研究学位と専門職学位との違いは，必ずしも確立しているわけではないが，日本ではこうした分類そのものにあまりなじみがない。研究学位という言葉は現在でもほとんど使われていないし，専門職大学院制度もできたが，専門職学位はいまだ十分根づいているとは言いがたい。

これには，日本社会が欧米のような資格社会ではない，ということが背景になっているのであろう。資格に対する国家の関与が強いか，大学や専門職団体

が強いか，という違いはあれ，ヨーロッパもアメリカもともに資格社会ではある。日本でももちろん医師や弁護士など典型的な資格はあるが，より広い意味で専門職資格が社会で機能しているわけではなく，なおかつそれが大学の学位と強く結びついているという構造にはなっていない。それは，言うまでもなく企業内教育訓練や内部労働市場など日本的な雇用システムの特徴が密接に関わっている。

第二に，大学の内部組織について言えば，文理大学院（文理学カレッジ）とプロフェッショナル・スクールという違いは，アメリカでも曖昧なところがあることは指摘した通りだが，日本の大学ではこの区別がほとんどない。それは上の学位の違いの認識の低さとつながるが，日本の大学は，歴史的にヨーロッパとくにドイツの大学をモデルに作られたので専門学部構成となっており（ただし，ヨーロッパのように大学は資格社会に組み込まれていない），文理学カレッジから始まったアメリカと異なり，文理学カレッジがないため，必然的にそれに対置すべきプロフェッショナル・スクールがない。わざわざ最近になって専門職大学院ができたのもそうしたことが背景となっている。

第三に，全学的な大学院管理組織について言えば，日本には文理大学院もグラジュエト・スクールもない。アメリカの州立大学は比較的日本の大学に近いスクール構成となっているが，一般にグラジュエト・スクール（アンブレラGS）が存在するのに対して，日本の大学にはそれがない。これは大学院教育の管理組織として，文理大学院型でもなく，アンブレラGS型でもなく，いわば個別スクール型と言える。大学内部で大学院教育を管理する組織がないのである。また，専門職団体が大学院プログラムをコントロールするような体制でもないので，大学院学位（プログラム）の最低要件などをチェックし，最低水準を維持する仕組みはない。いや政府の設置認可が唯一そうした役割を果たしている。最近は認証評価制度が部分的には動き始めているが，その機能はいまだ評価しづらい。いまのところ研究学位も専門職学位も最低要件は政府の設置認可が中心である。これに対して，研究大学の大学院教育の品質は労働市場（主に教員市場）での競争のなかで維持されていると言えようか。

第四に，スクールの内部組織については，アメリカの大学院教育はプログラ

ムで組織化されており，教員組織と区別されているが，日本は必ずしもそうではない。教育プログラムとは独立した教員組織（デパートメント）の存在が，学士プログラムと大学院プログラムを動かしやすくしていると言われるが，日本の場合は，大学院の部局化以前は学部教育と大学院教育と教員組織は組織が分かれていたわけではなく，部局化以後も，教員は研究科に所属し，やはり教育組織と教員組織は分離していない。実質的には同じ教員が学士教育と大学院教育に関わっているという点はアメリカと同じであるが，教育組織と教員組織が明確に分離していない。

第五に，大学院プログラムの運営に関しては，アメリカの研究大学の特に博士レベルでは，研究学位プログラムは分散的に，専門職学位プログラムはスクールで集権的に運営される傾向があるが，日本でそうした違いがあるかどうかは必ずしも明確ではない。そもそもプログラムという発想がないので，まとまった統合型のプログラムか，分化型の領域別プログラムか，という違いも見えにくい。また，上記の独立した教員組織に関わるが，アメリカの大学では同じスクールで研究学位プログラムと専門職学位プログラムの双方を運営するために，組織的なマトリクスが構成されているが，これも日本の大学院で必ずしも明確に機能しているかどうかはわからない。いずれにしても日本の大学院では，研究者養成と専門職養成との違いに応じたメリハリのきいた運営と，そのためのメカニズムが存在しているようには思えない。

しかし，日本でも専門職プログラムが今以上に拡大し，多様化がさらに進むことになると，相当に異なる教育プログラムを同時に維持していく必要が増し，それなりの組織的な対応が必要になってくる。それがどのような形になるのか検討すべきであろう。ただし専門職だからといってロー・スクールのみをモデルにするのは間違いで，専門職養成の多様性を踏まえた検討が必要となろう。

第六に，学士教育と大学院教育の違いについて言えば，アメリカの研究大学では，学士教育と比べると大学院教育は分権的な運営がなされているが，それは学士教育が全学的な営みであるのに対して，大学院教育は個々のスクールやデパートメントの営みであることによる。だが，日本ではそうした学士教育と

大学院教育との運営の違いはない。

　第七に，大学院プログラムの経済的基盤について言えば，これまでみたように，かなり曖昧とはいえ，アメリカの研究大学の大学院プログラムは，研究依存型，自給型，組織依存型の要素がみて取れたが，日本の大学院ではそうした構造はみえない。研究学位と専門職学位とで財政・財務の違いが明確ではなく，メリハリがない。学生支援においても，研究学位と専門職学位での違いはみえない。

　これは，大きくは「研究経済」と「専門職経済」が十分に機能していないからであろう。これまで検討したように，Ph.D. など研究学位に関しては，連邦政府の膨大な研究助成金があって，それが大学院生とくに RA の授業料やスタイペンド（生活費等手当）を賄うことで大学院教育とくに研究学位プログラムを支えている。日本でも科学研究費補助金ほか外部研究資金は拡大してきたが，大学院生のそうした費用を負担できるほどには大きくなく，研究学位の大学院生からも授業料を徴収しており，支援は少ない。他方で，専門職養成でも，日本では医師養成などごく一部で「専門職経済」が機能する領域もあるが，アメリカのような専門職学位プログラムを駆動するほどの「専門職経済」ではない。高額な専門職の給与が高額な教員給与を招き，それが高額な授業料につながるが，専門職の給与が高額なので高額な授業料も投資の価値がある，というサイクルもない。専門職だからといって授業料を充分高めに設定できないがゆえに，序章でみた M.B.A. プログラムは失敗せざるを得なかったのである。

　ついでに言えば，TA は日本でもふつうになってきており，さらに期待が大きいが，その経済的基盤を忘れがちで，学士教育を財源として TA を雇用者に位置づけるものではなく，少額のアルバイト程度にとどまるもので本格的な学生支援メカニズムとなり得ていない。いわば多様な大学院教育に対応する「学生に対する経済支援」のメカニズムが多様化していない。

　第八に，スクールの大学院経営について言えば，日本の大学の部局には，アメリカの大学のスクールが持つような自律性（財務，教育プログラムに関わる決定の権限と責任）があるように思えない。これまでみたように，アメリカの研

究大学では，「研究経済」と「専門職経済」を背景にして，その中で個々のスクールが自律的に経営を行うことで，複数の異なる大学院戦略を展開し，その結果，多様な大学院教育を行うための基盤を構築してきた。そうしたスクールの自律的経営は日本の大学にはないように思える。このように，「研究経済」や「専門職経済」が存在しているとは言いがたいし，個々のスクールに十分な経営的な自律性がない日本の大学院で，アメリカの研究大学と同様の財務基盤を求めたところで意味のないことだろう。

　以上のように日本の大学の大学院の基盤はアメリカと大きく異なる。「アメリカではこうだが，日本では……ない」，ということだらけである。しかしそれは当たり前である。なぜなら本書は，日本のこうした状況があったからこそ，それとの比較で，それと異なるアメリカの大学院の基盤を抽出して整理したものだからである。本書の内容はむしろアメリカ人には見えてこない構造かもしれない。その意味では，逆に言えば，われわれには見えていないもので，日本に固有の特徴があるはずである。実のところ，これまで日本の大学院が全くの失敗であったとは必ずしも言えないと思う。研究者養成でもうまくいかなかったわけではないし，専門職養成も社会のなかでの雇用システムと連動しているだけでうまく動かなかったわけではない。つまり日本独自のシステムがあるはずである。

　ただし日本でも今後は，さらに外部資金の比率が高まり，雇用慣行の変化から資格社会化が進み，いくらかは「研究経済」や「専門職経済」が拡大する可能性がある，という意味でアメリカの特徴も多少参考になるかもしれない。

　しかし，それ以上に，先に述べたように，近年アメリカにおいては，大学院教育の市場化の中で，より収益性の高い大学院プログラムが拡大しつつあり，同時に研究学位と専門職学位という区別が曖昧になる傾向があり，そうした傾向の最も強いのが「専門職修士号」であると述べた。専門職修士は「研究経済」とは関係がないし，他方で「専門職経済」とも密接に関わらない。組織的にはデパートメントあるいはディシプリンを基礎にするものもある。そういう意味でアメリカ的なメリハリのきいた研究学位と専門職学位，とは違う形の大

学院プログラムが拡大しているとすると，日本にも可能性があるのかもしれない。

　いずれにしても日本の大学院は日本なりの構造を維持し改善していくしかないことは言うまでもない。そのためにも，大学院教育の組織的・経済的基盤に関する検討が求められる。

注

序　章　多様な大学院教育の基盤を探る

1) 日本の大学院で最初に顕著に拡大したのが工学系修士である（荒井 1995 など）。
2) 大学院重点化は 1991 年の東京大学に始まる。大学院重点化の要因や帰結については，荒井（1999），小林（2004a，2004b），加藤（2007）などを参照のこと。ただし，1990 年代の大学院拡大は，大学院重点化のみを要因とするものではない。1990 年代の大学院の拡大の内容，プロセス，要因については，小林（1995），川嶋（1998），濱中（2002），浦田（2004，2005）などを参照のこと。
3) 大学院の多様化については，日本労働研究機構編（1997），新堀編（1999），本田（2001），天野（2004，2005）などを参照。
4) 日本の大学院教育に関する研究レビューは，有本（2005），阿曽沼編（2010），を参照。
5) 筑波大学大学研究センター（1992）のように，グラジュエト・スクールとプロフェッショナル・スクールの比較の視点から，日本の大学院教育の現状を分析したものもあるが，組織的あるいは経済的側面への検討ではない。
6) 例えば，Hearn（2007）は，デパートメントに関する研究を，①大学の仕事の構造化，②デパートメント内部の競争・葛藤・変化，③資源依存と権力関係，④ディシプリンの違いの組織的意味，⑤構成パターン，⑥学生の発達や社会化のための文脈としてのデパートメント，の 6 領域に分けて整理する。
7) 例えば，モード 2（ギボンズ編著 1997 訳書）のような議論。科学知識の社会学など，科学の社会的構成主義においては普通の考え方であろう。
8) こうした能力はパラダイムの修得による。クーン（訳書 1971）の「パラダイム」は，「研究グループに解決すべきあらゆる種類の問題を提示してくれている」（13 頁）ものであり，解答の見本例（exemplar）を与えてくれる。
9) 実験系でも臨床系でも理論が不可欠であり，理論が明示されない人文学でも，何らかの知的枠組みが必要であろう。それが明示化されない場合も含めて。
10) 例えば「観察の理論負荷性」の考え方である（ハンソン訳書 1986）。
11) クーンの科学革命論における「通常科学（normal science）」と言ってもよいだろう。
12) ここではパラダイム転換のような大きなものから，視点や観点を若干ずらすというような小さなものも含めて，それが新たな知見をもたらすものであればすべてを意味する。
13) ディシプリンに関する研究は多い。Fanghanel（2012）のレビューによると，ディシプリンによる学問的アイデンティティや組織文化の規定（Becher 1989, Becher and Trowler 2001, Henkel 2000, Kreber 2009 など），認識論的構造（知識構造や知識の正当性など）を形成する上でのディシプリンの機能とその多様性（Becher 1989, Biglan 1973 など），ディシプリンと大学組織との関係（Clark 1987, クラーク訳書 1994 など）が議論されている。これらの研究では，ディシプリンの機能の重要性を指摘し，しばしばディ

シプリンの違いによる多様性を強調する。ただしむしろ，ここで議論しているのは，ディシプリンの多様性ではなく，一方で研究者養成がディシプリンを重視し，他方で専門職養成はディシプリン以外の要素を重視している，という違いである。

14) ここでは，研究者養成と専門職養成との間のディシプリンの違いが組織の違いをもたらしていると，言っているのではなく，ディシプリンを重視するかどうかで組織に違いが現れると考えている。研究者養成がディシプリンを重視することは言うまでもない。例えば，ディシプリンを重視すればデパートメントのような組織が重要となろうし，異なるディシプリンでも組織形態はデパートメントで十分足りる。

15) クラークの大学組織論はどのように位置づけられるのか。大学組織に関する研究動向については，山崎 (1985)，Peterson (1985)，Brown II (2000)，Gumport (2007)，両角 (2010, 6-21 頁) などを参照いただきたいが，大きな流れとしては，第一に，1960 年代までの，大学組織の公式構造に関する組織の目的「合理的」な説明 (合理モデル)，第二に，1960 年頃からの閉鎖系から開放系への組織論全体の移行と，60 年代後半からの大学組織の非公式 (インフォーマル) な構造への関心のシフト，第三に，1970 年代後半以降の大学経営，管理運営，ガバナンスへの関心のシフト，といった流れがあり，『高等教育システム』(原書 1983) は，大学組織論が経営論にシフトする以前のものではあるが，大学組織に関するインフォーマルな構造に着目，第二の時期の集大成的な色彩を持つ。

16) クラーク (訳書 1994) の大学組織をとらえる枠組みとして，セクション，ティア，セクター，ヒエラルヒーがあるが，これらの枠組みは国際比較のためのもので，アメリカの内部の多様性をみるには必ずしも必要ではない。

第1章　大学院教育の多様性の系譜と学位

1) 知識と技術の分離に関しては，古川 (1989, 68 頁)，メイソン (訳書 1955, 148-59 頁) などを参照。一般に，知識から分離された技術が下層階級のものとされたのはギリシャの奴隷制度に求められるが，村上 (1986, 76-81 頁) は，技術が人間の要求のすべてを満たそうとすることの危険への対応として，「自制」のために技術を知識の下位に置いたという。

2) 機械的技芸については，斉藤 (1993, 1994)，ツィルゼル (訳書 1967) などを参照。

3) 18 世紀に「学問の自由」の考え方が強くなっていくドイツで，1798 年のカントの『学部の争い』にみられるような，国家は批判的な理性によって啓蒙されるべきで，そのために批判的野党とも言うべき哲学部は，政府に直結する与党である上級三学部との対立が避けられないという考え方が広まり，哲学部は地位を向上させていくと同時に (島田 1990, 178-9 頁)，宗派主義からの脱却が神学部の優越をなくし，神学的大学は，下級学部であった哲学部を中心とした哲学的大学へと変容していく (島田 1990, 180 頁)。

4) 古川 (1989, 第 3 章)。「17, 18 世紀のたいていのヨーロッパの大学は，強い衰退減少を示していて，大学はすべて解体すべきだという要求に格好の理由を与えていた。当時，学問研究は，ほとんどといってよいほど，大学の外で行われて，17 世紀に全盛を極めたイギリスの『王室アカデミー』にならって，18 世紀には，『アカデミー・フラン

セーズ』が設立され，これは，その後久しく，ヨーロッパの学問の中心地とされた」（プラール訳書 1988，146 頁）。なお，フランスの王立科学アカデミーについては隠岐 (2011) を参照。これに対し，「17 世紀は大学の歴史における暗黒時代である。(中略) そこにあるのはたかだか不毛の神学論争ばかりであった」（島田 1990，122 頁）。学位も金で買えるなど形骸化していた（プラール訳書 1988，123-6 頁）。
5) 佐野 (1989) さらには Turner (1971) を参照。
6) ドイツ独自の学問観は，研究を通じた教育（研究と教育の統一）というフンボルトの理念に顕著に現れており，それが 19 世紀に大学改革をリードし，ドイツを世界の学問中心地に押し上げたと言われるが，これには疑問もあり（潮木 2007），フンボルトの理念が神話であったという見方もある。
7) 私講師は若手の無給講師で，学生の聴講料を収入とする。そのため講義の学生を獲得する競争が行われた。また教師の最下層に位置し，大学紛争の温床ともなった。私講師制については潮木 (1992，第Ⅳ章) などを参照。
8) 「19 世紀になると，知識の拡大と発見を求める研究（フォルシュング）という観念とゼミナールと研究所（インスティテュート）とによってはぐくまれた専門家集団の成立によって，大学人に研究の公表たる出版の責務が課せられ，それが今日の『論文を書かなければ身の破滅』(publish or perish) という業績第一主義への道に連なるのである」（吉田 1980，115 頁）。
9) 中世大学では，ドクターとマスターの区別はもともとあまりなく，その後ドイツの大学では，次第に神学，医学，法学の上級学部でドクター，下級の教養学部でマスターを使うのが一般的になった。法学部では圧倒的にドクター，医学部では主にドクター，時にマスターが用いられ，神学部では両者が対等の位置を保った。イギリスでは，ドイツと同様に上級の三学部でドクター，下級の教養学部でマスターが使われ，中間学位としてのバチェラーも制度化されていく（横尾 1999，34-5 頁）。
10) 伝統的な専門職学部だけでなく，哲学部でも，近代語に加え，考古学，近代史，ドイツ史，文献学，伝記学などの歴史諸科学が文科系の中にとりいれられ，数学，天文学，自然史，建築学などの理科系の学科とともに急激な発展の兆候を見せ始め，哲学部が大学の中心に位置する基礎が形成された（横尾 1999，221-2 頁）。18 世紀のゲッチンゲン大学の状況については，別府 (2005) を参照。また，別府 (2001，112 頁) によれば，18 世紀ドイツの大学内部の変化として「正教授支配の大学，学問の専門化・高度化および教授職（講座）と特定学問領域との結びつき，ハビリタツィオン・私講師制の導入，大学教師の世俗化と家族大学，合理的思考に支えられた新しい学問の隆盛など」が挙げられる。
11) 専門職養成の 19 世紀における近代化，再編成については，望田編 (1995) に，官吏，聖職者，弁護士，医師，大学教授，教師，聖職者，技術者，商人，徒弟職人（手工業）などの専門職別に詳しい経緯がある。
12) 大学が専門職教育と関わりを持たないという，伝統的な知的専門職と大学との関係は，技師や会計士，建築家，歯科医などの新しい専門職に大きな影響を与えた。特に 19 世紀に法曹界が他の専門職をリードし，「法曹界は名誉学位を調達する以外に，大学との

何のつながりも持たなかったので，新しい職業集団は職能集団の形成，国家からの承認と最終的には国家資格の獲得の方に力を注いだ」（エンジェル訳書 2000, 294 頁）。

13) Kimball（1986）をもとにした金子（2007, 56-60 頁）は，自由学芸にはもともと「探究志向」があったが，ローマ帝国以来「古典志向」が主流となり，12 世紀の大学の誕生のころには「探究志向」が力を得たものの，その後は「古典志向」が主流であったという。これに対して 19 世紀ドイツで，ドイツ観念論に起因する，学術的「探究志向」が生まれたと捉える。本書では，この「探究志向」は，啓蒙主義と科学の制度化によって，より強力な「研究至上主義」へと転換させられたと考える。なお，Veysey（1965）を踏まえた早川（1991）によれば，19 世紀末にアメリカで研究大学と研究能力観の形成の際に，観念論的・抽象的なヴィッセンシャフトはアメリカ人によって実証科学的な科学として選択的に移植されたという。
14) 専門職修士については，例えば，CGC（2005）や第 4 章注 3) 参照のこと。
15) 例えば，橋本（2008, 第 1 章）。
16) その他に，理学療法 Physical Therapy（D.P.T.），自然療法医学 Naturopathic Medicine, を含む場合もある。
17) 舘（1995, 58 頁）の指摘するように，1960 年度以前は，統計上，第一専門職学位は「学士」に含まれていた。
18) 「第一専門職学位」は現在でも連邦教育省で公式に使われている（http://www2.ed.gov/about/offices/list/ous/international/usnei/us/edlite-structure-us.html, 2013 年 3 月 30 日アクセス）。
19) NCES による IPEDS（the Integrated Postsecondary Education Data System）の用語解説より（http://nces.ed.gov/ipeds/glossary/?charindex=D, 2012 年 12 月 20 日アクセス）。
20) 注 19 に同じ。
21) 注 19 に同じ。
22) 第一専門職の博士学位と，先の NSF の分類で研究博士号に位置づけられるもののいくつかを Applied/professional に位置づけている。

  Applied/professional D.B.A.（Doctor of Business Administration）
         D.C.（Doctor of Chiropractic）
         D.Ed. or Ed.D.（Doctor of Education）
         D.D.S.（Doctor of Dental Surgery）
         D.Sc.A.（Doctor of Applied Science）
         D.V.M.（Doctor of Veterinary Medicine）
  Research   D.Sc. or Sc.D.（Doctor of Science）
         D.Th.（Doctor of Theology）
         Ph.D.（Doctor of Philosophy）

23) Master of Arts in Teaching の略である。
24) この 4 分類の最後の専門職修士号は，上述した Glazer の分類における「専門職修士号」とは異なる。Glazer の「専門職修士号」の意味は広く，この分類では「実践／キャリア志向」の修士号全体に相当する。Sims and Syverson の「専門職修士」はそれより狭義で

注（第2章）　417

あり，1990年代以降に顕著に増えた一群の新しい修士号である。ただし，ここでの定義やカテゴリーは一般の大学の教職員に広まっているわけではなく，「専門職修士（professional master's degree）」の内容には使用する人によって大きな幅があるようだ。例えば，アカデミック・キャピタリズムの議論（スローター＆ローズ訳書 2012，第7章）では，科学や数学や工学のデパートメントで新たに市場の需要を発掘して収入拡大のために導入された新しい修士号のことを指し，インタビューでは，工学や教育のスクールで，新しい教育需要に応じて，収入を得ることを重視して創設され，主に在職者（社会人）に対する論文のない修士プログラムで得る修士学位のことを指すことが多かった。

25) 舘（2006）は，大学の歴史では「専門職と基礎学芸」から学位は生まれたとして，アメリカの学士教育も，専門分野（ディシプリン）として，自由学芸から来る「リベラル・アーツ専門（liberal arts disciplines）」と，職業技芸から来る「職業専門（occupational and technical disciplines）」に2分されるとし，カーネギーの高等教育機関分類で使用されている学士教育レベルの分野の分類を紹介する。「リベラル・アーツ専門」は，「英語・英文学，外国語，文芸，自由・総合研究，生命科学，数学，哲学・宗教学，物理科学，心理学，社会科学，視覚・演技芸術，地域・民族研究，マルチ・学際研究」から，「職業専門」は，「農業，保健関連職，建築，ビジネス・経営，コミュニケーション，自然資源・保護，教育，工学，保健科学，家庭経済，法律・法規研究，図書館・公文書館科学，マーケティング・流通，軍事科学，保健サービス，公経営・サービス，神学」から構成される。

26) Cordasco（1973），羽田（2000）などを参照。

第2章　大学院の成立

1) 例えば，Berelson（1960, p.6）は，大学院の発展を，1876年までの「前史」，1876～1900年の「大学革命」，1900年～第一次大戦の「整理統合と標準化」，第一次大戦～第二次大戦の「成長と多様化」，第二次大戦後の「再生と見直し」と時期区分しているが，これも専門職養成を十分考慮しているとは言えない。
2) アメリカの大学院は，このようなドイツにアメリカから留学した学生たち（1914年までに10,000人近く（Mayhew 1977, p.1905））が帰国後に作ったとされる。
3) 10代の子どもに対する，「『親代わり』のしつけの強制」の場であった（金子 1994，12頁）。1718年まで，教育訓練のための懲戒方法として，「笞打ち」が続けられ，1955年まで「手打ち」が行われていた。
4) 多くの教育改革論者は，カレッジはユニバーシティへの「踏み石（steppingstone）」であると考えた（Storr 1953, p.7）。合衆国建国の父の一人であるトマス・ジェファソンは，公教育制度案で，'college' のうえに 'university' を置くと考え（ジェファーソン他訳書 1971，35頁），アメリカ独立宣言署名者の一人であるリチャード・ラッシュはペンシルバニア州を想定して「町あるいは区の学校（township or district schools）」「郡のアカデミー（county academies）」「四つのカレッジ（four colleges）」「一つのユニバーシティ（a university）」という体系を考え，サミュエル・ノックスは「教会区学校（parish

schools)」「郡学校又はアカデミー (county schools or academies)」「州カレッジ (state colleges)」「(国立) ユニバーシティ (a national university)」を、サミュエル・ハリソン・スミスは「初等学校 (primary schools)」「カレッジ (colleges)」「ユニバーシティ (a university)」という体系を考えた (Storr 1953, pp.7-8)。

5) その後国立大学設立の論議は続く。例えば、羽田 (1992a, 1992b) など。

6) 国立大学案は「革命の精神を体して神学やギリシャ・ラテン語を廃止し、共和体制の維持に役立つ実用的技術を教える、そして諸大学の上に君臨する大学院大学を作ろうとする構想であった」(中山 1994, 26 頁)。

7) Horton (1939, Chapter. 3) によれば、アメリカの高等教育は、ドイツ・インパクトの前には、イギリスやとくにフランスの影響が強いという。しかし、停滞していた大学がどのようにモデルとされたのか、別の機会に検討したい。

8) 19 世紀半ばになると、増設されるスクールは、法学・医学・神学のほかに、理学・薬学・歯学・工学・教育などさまざまな分野に拡大していった (高木 1979, 144 頁)。

9) 伊藤 (1999) によれば、ミシガン大学においても、その大学設立法 (1817) には、ウッドフォードの啓蒙思想が反映されている。

10) バージニア大学の設立過程からみたジェファーソンの大学観については内海 (1983)、高等教育政策については遠藤 (1987) などを参照。

11) バージニア大学は、当初学位を出さず、それぞれのスクールが修了証書 (ディプロマ) を出していたが、1831 年に学位を出し始めた。それは、B.A. (Bachelor of Arts) ではなく M.A. (Master of Arts) であった。しかし、それは大学院の修士のレベルかは疑わしく、このバージニア・モデルは広がらず、バージニア大学は、1860 年代、1870 年代に再発見されることになる (ルドルフ訳書 2003, 136-7 頁)。

12) 寄付者のローレンスは工学志向であったが、科学スクールの有力な教授であるアガシ (L. Agassiz) は動物学、地質学の教授であり、出資者との思惑は違った。実際には工学よりも比較植物学を中心に自然科学が育成された (ルドルフ訳書 2003, 226 頁)。このあたりの事情については、潮木 (1993, 100-2 頁)、立川 (1981) を参照。

13) マサチューセッツ工科大学 (MIT) は、ローレンス科学スクールの工学デパートメントのライバルとして 1861 年に創設された (Morison 1964, p.280)。なおその後の MIT の発展は、ユニバーシティという名称ではないが、本書では大学院形成つまりユニバーシティ化のなかに位置づけられる。

14) 羽田 (2000, 193 頁) に 1875〜79 年までの主要大学の Ph.D. 授与数が示されている。

15) ジョンズ・ホプキンズ大学の創設の詳しい経緯や特徴などについては、ルドルフ訳書 (2003, 257-62 頁)、潮木 (1993, 149-205 頁)、羽田 (2000)、Hawkins (1960)、French (1946) などを参照。

16) シェフィールド科学スクールは、グラジュエト・スクールから分離後も学士プログラムを提供し、第一次大戦後も、学士教育の主体であるイエール・カレッジ (Yale College) とは別にプログラム (Sheffield Scientific School Program) を提供していたが、次第にイエール・カレッジのカリキュラムに吸収され、1956 年に統合された。つまり、科学スクールは学士プログラムの一部になり、哲学&アーツ・デパートメントがグラジュエ

ト・スクールの中核になっていく。
17) 1906年にローレンス科学スクールは，大学院教育と学士教育が分離され，大学院教育は応用科学大学院（Graduate School of Applied Science）と文理大学院（Graduate School of Arts and Sciences）に，学士教育はハーバード・カレッジ（Harvard College）に吸収され，独立した組織ではなくなった。その後，文理学ファカルティ（Faculty of Arts and Sciences）のなかに，1918年に工学スクール（Harvard Engineering School）が，1950年に工学・応用科学スクール（Harvard School of Engineering and Applied Sciences）が設置されるなどして，ローレンス科学スクールの系譜は学士および大学院の工学・応用科学プログラムに受け継がれている。このようにみると，Ph.D.形成に関わった科学スクールであったが，その後はPh.D.の本流は文理学デパートメント（イエールの哲学＆アーツ・デパートメント，ハーバードのグラジュエト・デパートメント）から文理学のグラジュエト・スクール（Graduate School Arts and Sciences）に引き継がれ，科学スクールそのものはむしろPh.D.本流とは離れていく点は興味深い。科学スクールそのものは，科学史における意義が高いことは確かであろうが，大学院形成に対してはいわば「触媒」のような役割を果たしたと言えるのではないだろうか。
18) いわゆるジャクソン流の民主主義のもとで，法律の教育訓練によらず良き倫理を有するものは誰でも弁護士になれたという時期もあり，法律専門職のレベルが問題とされた（Stevens 1983, p.7）。
19) イエールは，J.D.ではなく依然としてLL.B.を1971年まで出し続けたが，それは例外で，多くの大学が専門職学位としてもっぱらJ.D.へとシフトしていく。
20) アメリカの多くの個別の医学スクールの歴史については，Norwood (1971) を参照。
21) ハーバード神学スクールのウェブサイトより（http://www.hds.harvard.edu/about/history-and-mission，2012年12月20日アクセス）。
22) このほか，シカゴ大学のUniversity of Chicago Divinity School (1891年)，バンダービルト大学にも神学スクールVanderbilt Divinity School (1875年) などがある。
23) 例えば，1886年にニューヨークやフィラデルフィアを中心に54,000人が在学していた（福留 2003, 25頁）。
24) MBAPrograms.netのウェブサイトより（http://www.mbaprograms.net/pages/history，2012年12月20日アクセス）。
25) ハーバード・ビジネス・スクールのウェブサイトより（http://www.hbs.edu/about/history.html，2012年12月20日アクセス）。
26) シカゴ大学ブース・ビジネス・スクールのウェブサイトより（http://www.chicagobooth.edu/about/history，2012年12月20日アクセス）。
27) さらに，1857年に全国教師協会（NTA）が創設され，同協会は1858年創設のアメリカ師範学校協会や1865年創設の全国教育長協会と合同しながら組織を拡大し，1870年に全米教育協会（NEA: National Education Association）へと発展改組された（三好1972, 187頁）。
28) 1949年にはリベラル・アーツ・カレッジ中心の教員養成に関する全国認定協会NCAも結成される（三好1972, 286頁）。

29) 1950年代末の各州における免許規程の分析によると，教職免許状の更新要件として通算5年あるいは5年目を超えた教育を実質要求する州は，21州に及んでいた（日本教育大学協会編 2005，7-8頁）。
30) ソーシャル・ワークの分野でも大きな違いはない。ソーシャル・ワークは，19世紀に現れ，主に徒弟的な訓練や職場での訓練で養成が行われていたが，1898年にニューヨークで6週間の夏季学校（Summer School in Philanthropic Work）が設けられ，全米で最初のスクールとして，1908年には，Chicago School of Civics and Philanthropy が設立された。それが1920年に社会科学との連携のためにシカゴ大学の一部となった。カレッジ卒業後の大学院プログラムだけのスクールで修士と博士を授与する（Hoberman and Mailick eds. 1994, p.107）。ニューヨークの夏季学校は，1908年に New York School of Philanthropy となり，大学院プログラムを提供し，これが後に1918年にコロンビア大学の School of Social Work となった。1923年までに13ほどの大学と連携したソーシャル・ワーク・スクールが存在し，その後も増加した。1919年には，Association of Training Schools for Professional Social Work が創設され，これは1927年に American Association of Schools of Social Work になったが，その後この協会は学士レベルの教育よりも大学院教育を重視する動きに出た。

第3章　アメリカの大学院のマクロな枠組み

1) 教育省の全米教育統計センター（NCES：National Center for Education Statistics）のIPEDS（the Integrated Postsecondary Education Data System）より。「Table 66. Doctor's degrees—research/scholarship conferred at Title IV institutions, by race/ethnicity, field of study, and gender：United States, academic year 2009-10（http://nces.ed.gov/datalab/tableslibrary/viewtable.aspx?tableid=8519，2012年12月20日アクセス）」「Table 67. Doctor's degrees—professional practice conferred at Title IV institutions, by race/ethnicity, field of study, and gender：United States, academic year 2009-10（http://nces.ed.gov/datalab/tableslibrary/viewtable.aspx?tablei d=8520，2012年12月20日アクセス）」「Table 68. Doctor's degrees—other conferred at Title IV institutions, by race/ethnicity, field of study, and gender：United States, academic year 2009-10（http://nces.ed.gov/datalab/tableslibrary/viewtable.aspx?tableid=8521，2012年12月20日アクセス）」より。
2) 注1に同じ。
3) 最近では医師以外の基礎研究の学位としての役割も拡大しているという背景もあるが，伝統的に医師でも病院管理職や開業の宣伝のために医学博士を取るものが多いということだろう。アメリカでは M.D. 取得の上でさらに Ph.D. を取得するのはふつう難しく（もう一度 Ph.D. プログラムを最初からやり直す必要がある），M.D. と Ph.D. の両方を有する者は大学教員でさえ一部に限られる。
4) 第一専門職学位が博士号にもかかわらず一般の学士号扱いされていたというのは，例えば法律の J.D. が学士である LL.B. にとってかわったものの，長らく後者も使われていたためである。イエール大学は1971年まで LL.B. を授与していたが，J.D. に移行した。イエール法人雑則（YALE CORPORATION MISCELLANEOUS REGULATIONS）Febru-

ary 25, 2012, の Section 8 : DEGREES（http://www.yale.edu/about/corporation/regulations.html, 2012年12月20日アクセス）より。
5) non-resident は，大学の所在する市や州以外の市や州，他国からの学生であり，alien で他国からの学生つまり一般的な留学生となる。例えば，州立大学の授業料は，州内（resident）学生と，留学生を含む州外学生（non-resident）で倍ほど違う。なお，ここでのデータは，*Digest of Education Statistics 2010*, を使用している。
6) 組織の経済学，新制度学派で言えば，社会的交換（需要と供給）を調整する方法として，市場的調整に対置されるのが組織的調整である。組織的調整については，コース訳書1992（8-9頁），ダウマ＆シュルーダー訳書1994（54-64頁）などを参照。
7) 州による大学統制の違い，州と大学との関係の多様性については，McGuiness（1997, 2011），丸山（2008）などに詳しい。
8) 付随事業は収入と同程度の支出を伴うので，ここでは無視してよい。
9) 州補助金については，水田・吉田（2009）などを参照。なお，コロラド州では，通常の機関補助ではなくバウチャーを採用しているが，これは例外的である（阿曽沼2007）。
10) 小林（2009）によれば，全米の平均で，2003/4年に何らかの経済的な学生支援を受けているフルタイム院生は，修士で71％（平均1.5万ドル），グラント（給付奨学金）は40％（0.6万ドル），アシスタントシップは15％（1万ドル）の学生が受けている。博士では何らかの支援を受けている学生は83％（2万ドル）で，グラントは55％（1万ドル），アシスタントシップが7％（0.8万ドル）である。第一専門職学位では何らかの支援が89％（2.8万ドル），グラントが41％（0.7万ドル），アシスタントシップが7％（0.8万ドル）で，これに対してローンの比率が78％（2.6万ドル）ときわめて高い。
11) NSFのウェブサイトより（http://www.nsf.gov/about/glance.jsp, 2012年12月20日アクセス）。
12) CGSのウェブサイトより（http://www.cgsnet.org/about-cgs, 2012年12月20日アクセス）。
13) Walker, et al.（2008, pp.27-31）。とくに1990年代に多い。例えばカーネギー財団のCarnegie Initiative on the Doctorate（CID），メロン財団（Mellon Foundation）によるGraduate Education Initiative（GEI），大学院協議会（CGS）と全米カレッジ・大学協会（AAC&U）による Preparing Future Faculty（PFF）Initiative, ピュー・チャリタブル・トラスト（The Pew Charitable Trusts）による Re-envisioning the Ph.D. プロジェクト，ウッドロー・ウィルソン全米奨学財団（The Woodrow Wilson National Fellowship Foundation）による The Responsive PhD プロジェクト，大学院協議会の PhD Completion Project, などがある。
14) カーネギー高等教育機関分類はカーネギー教育振興財団のウェブサイトに詳しい解説があり，ここではそれを参考にしている（http://classifications.carnegiefoundation.org/, 2012年12月20日アクセス）。
15) 「基本分類」ではなく「大学院教育プログラム分類」（18に区分）で言えば，調査対象23校中17校が，最も幅広く研究博士と専門職教育を提供する「医学／獣医学を含む総合博士型（CompDoc/MedVet）」，6校が「医学／獣医学を含まない総合博士型（Com-

pDoc/NMedVet）」に分類され，いずれにしても「総合博士型」である。
16) 例えば，Ehrenberg（2007）の Part II に，カリフォルニア，ジョージア，イリノイ，ミシガン，ノースカロライナ，ペンシルバニア，テキサス，バージニア，ワシントン，ウィスコンシンの各州の高等教育システムが紹介されている。

第4章　スクールの二元モデル再考

1) アルクのウェブサイトより（http://www.alc-ryugaku.net/s/gs/basic/01.html，2012 年 8 月 17 日アクセス）。
2) ハーバード大学の文理大学院は，Master of Arts（A.M.），Master of Science（S.M.），Master of Engineering（M.E.），Master of Forest Science（M.F.S.），Doctor of Philosophy（Ph.D.）を授与する（http://www.gsas.harvard.edu/programs_of_study/degree_programs.php，2012 年 8 月 17 日アクセス）。
3) 専門職修士プログラムは，雑多で全体を把握するのが難しいが，新しい動きであり，特に 1997 年に，科学や数学の分野で「専門職科学修士 Professional Science Master's（PSM）」が始まり（http://www.sciencemasters.com/Default.aspx?tabid=57，2013 年 1 月 10 日アクセス），次第に確立しつつある。これらの分野では修士号を職業にリンクさせる方向にある。全米の大学院協議会（CGS：Council of Graduate Schools）が積極的にその普及を支援し，2005 年に PSM の普及と充実をはかるために専門職団体として「専門職科学修士協会（NPSMA：National Professional Science Master's Association）」が創設された（http://www.npsma.org/，2013 年 1 月 10 日アクセス）。
4) ワシントン大学シアトル，物理学デパートメントのウェブサイトより（https://sharepoint.washington.edu/phys/grad/EMSP/Pages/default.aspx，2013 年 1 月 10 日アクセス）。
5) コーネル大学の数学のデパートメントは，アイビーリーグの大学では唯一の「応用数学の専門職修士プログラム Master of Professional Studies（MPS）in Applied Statistics」を提供している。これは注 3 の Professional Science Master's（PSM）program として，全米の大学院協議会で認められている（http://www.stat.cornell.edu/mps/，2013 年 1 月 10 日アクセス）。
6) S.J.D. を重視していると思われるハーバード大学の法律スクールでも，2005/6 で専任教員 83 名のうち Ph.D. 所持者は 11 名，S.J.D. 所持者は 4 名に過ぎない（Harvard Law School 2005, pp.10-12）。
7) 「〔法律の〕Ph.D. は，法律の性格から必要はない。自分のスクールについて面白いと思うのは，Ph.D. を有する教員が多くいるということだ。彼らは良い研究をしていると思う。というのも彼らは，法律を見る枠組み，レンズを持っているからだ。例えば，私には経済学の Ph.D. を有する同僚がいるが，彼は法律の経済学的分析を行う。私はそれを素晴らしい仕事だと思う。しかし，それは伝統的な法律スクールではない。必要なのは学際的な Ph.D. である」（インディアナ・法律）。
8) 「〔現在の〕Ph.D. プログラムは，私にとってはとても小さい。わずかの数しかいない。Ph.D. プログラムは 15-20 人程度にはしたい」（ノースウェスタン・法律）。
9) Ph.D. プログラムを有する理由についてディーンたちは以下のように言う。「われわれ

のミッションの一つは法律スクールや社会科学デパートメントのための教員を養成することだ。学士学生や専門職の学生を訓練するのと同様に，大学のミッションの一つは学者を生産することだ。（中略）われわれがし続けようとしているのは，ノースウェスタンのような場で教える資格のある学者の輩出を拡大することだ。（中略）法律スクールと大学のレピュテーションのためである」（ノースウェスタン・法律）。「われわれはキャンパスの他の多くのスクールとつながりがある。共同学位があり，研究のつながりがあり，とりわけ Ph.D. はわれわれが何たるかを反映している。他のスクールとのつながりは，われわれ自身の学際への扉となっている。（中略）他の法律スクールで上級の学位を持つ教員を養成するのは，これまで法律スクールの役割ではなかった。法律スクールに教えに来る人のほとんどは J.D. を持ち，それは大学院学位だが Ph.D. ではなく，法律スクールのほとんどの教員は，アメリカの一握りのエリート大学から来る。（中略）われわれは，法律学のバックグラウンドを持って他のデパートメントで教える人を養成する学位プログラムを作ろうとしている」（インディアナ・法律）。

10) 「教員のほとんど全員が J.D. を有し，J.D. を有しないのは 3 名だけで Ph.D. のみを持つ。Ph.D. を有する教員は 47％でその数は増えている」（ノースウェスタン・法律）。

11) ボストン大学の医学スクールでは修士の学生は 400 人程度である。

12) 「それ〔D.B.A. から Ph.D. への移行〕は時間をかけて進展した。しかし，最終的には，Ph.D. は研究のミッションとしてより強く認識され，D.B.A. はより教育やケース・ライティングのための訓練とされた」「長い時間をかけてだ。70 年代，80 年代には，Ph.D. と D.B.A. には違いはなかったのだが，そういうわけでほとんどのビジネス・スクールは D.B.A. をやめた」（ワシントン・ビジネス）。

13) マサチューセッツ工科大学では，経営科学（情報技術，マーケティング，業務管理，システム・ダイナミクス），行動＆政策科学，経済学＆ファイナンス（金融・財務）＆会計，ペンシルバニア大学では，応用経済学，経営倫理と法律学，ファイナンス（金融・財務），健康管理＆医療経済学，経営学，マーケティング，業務・情報管理＆意思決定過程，統計学，ミシガン州立大学では，会計，ファイナンス（金融・財務），IT 管理，ロジスティック，経営，マーケティング，業務＆資源管理，ワシントン大学シアトルでは，会計，ファイナンス（金融・財務），情報システム，経営，マーケティング，業務管理，技術アントレプレナーシップ，である。

14) 例えば，ワシントン大学シアトルのビジネス・スクールでは，講師（Lecturer）は Ph.D. を持たない場合が多いが，テニュア・トラックの教授および准教授は，ごく一部の J.D. 保有者を除いてほぼすべて Ph.D. を有する。

15) ビジネス・スクールでなぜ Ph.D. プログラムを有するのか，については，第 11 章の第 1 節第 3 項の研究充実型，を参照。

16) カリフォルニア大学バークレーの工学カレッジの大学院プログラム規則のガイドラインによると（UNIVERSITY OF CALIFORNIA, BERKELEY, COLLEGE OF ENGINEERING 2008），Doctor of Philosophy in Engineering（Ph.D.）は，「(A) 工学問題の分析と解決に自然科学を適用することを重視，あるいは，(B) 工学の基礎となる理論的な原理と，科学研究方法を適用する能力を重視する，学修・研究のプログラムで授与される」もの

であるのに対して，Doctor of Engineering（D.Eng.）は，「工学的な構造・プロセス・装置の設計・建設・運用に対して，関連する環境や生態学的な問題を踏まえながら関わろうとする技術的・経済的なアプローチを適用することを重視する，専門職的工学の学修・研究プログラムで授与される」(p.6) とされる。

17) オハイオ州立大学の工学スクールの副ディーンによれば，「工学もいくつか専門職学位を作りつつあるが，それは修士レベルだ。いわば，専門職実践修士（Masters of Professional Practice）と言うべきもので，現在産業界で働き，学士以上の何らかの追加的な訓練を受けたい，あるいは新たな領域に移りたいと考える人たちに人気がある。研究学位を意味する M.S.（Masters of Science）ではなく，そのような修士号が工学のスクールでかなり常識になってきた。実はわれわれは〔そうした修士号を〕まだ持っていない。実はここでそれ〔専門職的実践のための修士号プログラム〕を有するべきか否かを議論している。例えば，ウィスコンシン大学はそうした領域の意義あるプログラム，Masters of Engineering program を有している。繰り返すが，それ〔新しい修士号〕は学問的な領域における学術研究あるいはその続きのようなものよりも，専門職的な実践に関わるものだ」（オハイオ州立・工学）。

18) ジョンズ・ホプキンス大学の工学のディーンによれば，「それはパートタイムの工学プログラムであり，応用物理学実験施設と協働して提供され，修士号中心のプログラムである。そのプログラムには 2,200 人の学生が在学するが，ほとんどはパートタイム・プログラムで，学生は修士号を取得するまでに 3 年から 5 年をかける」。主に企業からの学生で，オンラインの授業と，平日の夜間と土曜日に授業が行われている。スクールとしては地域への貢献と収入の増大が目的で行っているという。このジョンズ・ホプキンズの例は規模が大きいが，ここまで行かなくても，研究大学の工学のスクールで同様のプログラムを有しているところもある。

19) 第 7 章の表 7-3 を参照。

20) 「われわれは Ph.D. を授与できない。しかし，教員は Ph.D. を有するべきで，われわれは研究，実践，政策の結節部にいるのだと主張する。博士号（Ed.D.）を取得する者は，大学の研究者と，教育長（superintendent），政策担当者の 3 種類であり，研究者になるもの以外も，一緒に研究することで大きなシナジー効果があるため，研究学位は重要だ」という（ハーバード・教育）。

第 5 章 大学組織と大学院

1) プリンストン大学は特殊で，プロフェッショナル・スクールが少なく，大学の大部分が文理学のカレッジと考えてよい。六つのカレッジ（Wilson College, Forbes College, Rockefeller College, Mathey College, Butler Colleges, Whitman College）が存在するが，これらは寄宿制カレッジであって，それぞれが他の研究大学の文理学カレッジ（学士プログラムと大学院プログラムがあり，共通のディーンが存在する）に相当するというものではなく，あくまで学士教育のための施設である。

2) 「School Transitions to College of Information Sciences and Technology」（http://ist.psu.edu/newsevents/page2.cfm?intNodeID=100&intPageID=736&HeadlineID=1560, 2009 年 11 月 1

日アクセス）を参照のこと。
3) デパートメントは「学科」と訳されることがあるが，日本の大学の「学科」は，かつての学部を分野で分けた下位組織というだけで，機能的にはアメリカの大学のデパートメントとは異なる。なおかつ近年は「学科」は学士教育に関わる組織で大学院教育とは無関係な組織である。なお天野（1994）はデパートメントを「部門」と訳している。本書では，アメリカ的なニュアンスを残して「学科」とせずに「デパートメント」と呼ぶ。
4) 井門（1985, 22頁）によれば，文理学ファカルティの「中の各デパートメントが，カレッジ・大学院に教員と科目を提供する形をとっておれば，カレッジや大学院はその独自の教育目的に合わせ，それらの教員や科目を編成することができる。カレッジと大学院は，それぞれの教育レベルにあわせたカリキュラム単位を指すのであって，専門家・教師の集合体もしくは研究単位としてのデパートメントとは，機能上，別個の存在である」。
5) デパートメント制が科目選択制に適し，高等教育の大衆化に対応できる組織原理であったという議論がある。確かにデパートメント制だと科目選択制が導入しやすかったと言われるが，科目選択制導入のためにデパートメント制が広がったというわけではなく，デパートメントの拡大の要因は，カレッジの規模の拡大であった（第2章参照）。
6) 日本でも，同じ教員が学士教育と大学院教育を担当するのが普通であるが，教育組織から独立した教員組織はなく，大学院重点化以降も，大学研究科に所属する教員が学士教育を兼ねており，大学院プログラムから独立した教員組織ではない。
7) 井門（1985），天野（1994），舘（2007）などを参照。
8) 'faculty of arts and sciences' の日本語の訳については，文理学部と訳すこともあるが，日本の「学部」は現在では学士教育のための組織を意味することが多いので混乱をもたらす可能性があり，ここでは文理学ファカルティとした。
9) 前章の注2参照。
10) Graduate School of Medical Sciences とか Division of Graduate Medical Sciences などは存在する。例えば，Weill Cornell Graduate School of Medical Sciences は，Weill Cornell Medical College の教員を母体の一つとし，医学に関わる Ph.D. プログラムを提供するカレッジである。このカレッジに 'graduate' がつくのは，大学院プログラムのみであることを強調したという意味もあるだろうが，M.D. を主体とする医学スクールに対して，Graduate School of Medical Sciences は Ph.D（research-oriented Ph.D.）を主体とするからという考えがあるようだ。
11) 一般に大学院教育を提供するスクールを 'graduate school' ということはよくある。

第6章　機関レベルの大学院管理

1) 舘（1994）は，グラジュエト・スクールの制度を紹介し，舘（1997）は，学士課程と大学院の組織を分ける日本の組織構成と違って，米国ではひとかたまりの教員団がプログラムとして学士課程と大学院を持つことを指摘し，大学のタイプ別に大学院組織の構成を検討した。また，プロフェッショナル・スクール（学士課程プログラムも有す）を専門職大学院と訳すことの間違いを指摘した（舘 2004）。

2) この点について舘によれば（2008 年 10 月 18 日），米国の研究者にとっては当たり前のことで，日本人からみた米国の大学院の特徴について教えてはくれない，という。
3) Dean of Graduate School ; Dean of Graduate Studies and Research ; Vice Chancellor or Vice president for Research and Graduate Studies ; Vice Provost and Dean of the Graduate School ; Director of Graduate Studies（CGS 2004, p.3）などである。後述するように，第一に，グラジュエト・スクールのディーンであり同時に，副プロボストや副学長，副チャンセラーなどの上級管理者となる場合が多く，第二に，業務上研究活動に関わる全学的管理と近く，研究担当の全学責任者を兼ねる場合もあるし，両者が独立しているパターンもある。こうした管理者のパターンについては CGS（2004, pp.14-6）に詳しい。また，具体的な事例については表 6-1 を参照。
4) この部分の訳は，CGS（2004）の古いバージョンの翻訳（舘昭による），大学院協議会編（訳書 1994）を参考にした。
5) http://www.gradschool.purdue.edu/faculty/administration/mission.cfm, 2013 年 2 月 1 日アクセス。
6) 同様に「グラジュエト・スクールには教員はいない。教員はすべて，スクールやカレッジの一般資金で雇用されている」（ウィスコンシン・GS）。「ふつう教員はデパートメントに属し，いくつかの大学院プログラムを担当する。教員はホーム・デパートメントを通じて，大学院担当教員になる」（オハイオ州立・工学）。
7) インタビューに答えてくれたディーンの多くも「アンブレラ」という言い方には同意してくれた。なお舘（1994）はグラジュエト・スクールを「大学院本部」と訳している。
8) http://www.gsas.harvard.edu/dean_and_administration/a_short_history.php, 2013 年 2 月 1 日アクセス。
9) ワシントン大学の文理学カレッジのディーンによる。文理学カレッジのディーンのほうが，グラジュエト・スクールのディーンよりも人事や予算で実質的な力を有することを説明するために，ハーバードやイエールの例を持ち出し，自分がハーバードやイエールにおける文理大学院のディーンより文理学カレッジのディーンに近いことを説明したものである。
10) コーネル大学は，学内に州からの経常費補助を受ける州立スクールというべき 3 スクールがあり（Ehrenberg 2002, p.157），州立大学の要素を持つ。ノースウェスタン大学も，周辺の大規模州立大学と競っているので，州立大学の影響が大きいのかもしれない。
11) http://www.pitt.edu/~graduate/ucgs.html, 2013 年 2 月 1 日アクセス。
12) ピッツバーグ大学の医学の副ディーンに対する，電子メイルでの質問の回答による。
13) カーネギーメロン大学のビジネスのディーンに対する，電子メイルでの質問の回答による。
14) 1896 年創設の大学スポーツのカンファレンスのひとつ。ビッグ・テン・カンファレンス（Big Ten Conference, Big Ten）。イリノイ大学アーバナ・シャンペーン，ノースウェスタン大学，ミネソタ大学ツインシティー，パデュー大学，ウィスコンシン大学マジソン，インディアナ大学ブルーミントン，アイオワ大学，オハイオ州立大学，ミシガン大学アナーバー，ミシガン州立大学，ペンシルバニア州立大学からなり，1946 年にシカ

ゴ大学が脱退，2011年にネブラスカ大学が参加。スポーツのリーグではあるが，中西部の大規模研究大学，各州のフラッグシップ（旗艦）大学から構成され，全米のPh.D.の1/4を生産していると言われる。

15) 例えば，ワシントン大学のグラジュエト・スクールのディーンによれば，「グラジュエト・スクールは，最初はもともと博士号〔Ph.D.のこと〕教育に関するものだったが，今では，看護学，薬学，社会福祉といった他のプロフェッショナル・スクールを含んでいる。これらは学問的な部分，研究の部分も有している。しかし法律と医学は研究の部分が少ないのだと思う。法律や医学のスクールは強力なプロフェッショナル・スクールで，専門職として実際に専門職を定義していることにもよるのであろう，彼らは基本的に自分たちで人々に資格を与えねばならない」「法律と医学は，より職業訓練（technical training）的だと思う。悪い意味で，非知性的な意味で，職業的と言っているわけではなく，それらはより職業的であり，技術をマスターせねばならない。法律とは何か，それは新しいアイディアの創造とは遠く，知識体系を理解し実践するもので，歴史的にみて実践志向である。医師であることは，特定の知識を有しそれを応用できるということだ。法律も同じく，その点彼らはとても似ている。彼らは認定されたスクールであり，州によって資格が与えられる。本学のその他のプロフェッショナル・スクールとの違いの多くはおそらく，その職業的な部分であり，看護学や薬学には確かに職業的な部分はあるが，相対的に少ない」（ワシントン・GS）。

16) なお，グラジュエト・スクールによっては自律性の高い専門職学位でも包摂するケースはある。イリノイ大学の「グラジュエト・カレッジは専門職アクレディテーション団体に認可されたプログラムを多く有する。例えば聴覚学博士がある。それは聴覚学のすべての基準に応じた専門職学位だが，デパートメントに存在する。イリノイ大学では，デパートメントにある大学院プログラムはすべてグラジュエト・カレッジが関わる。しかし，これは，多くの東海岸の大学と比べてある種の基本的な違いだろう」（イリノイ・GS）。

17) その点も含めて修士号の種類について，アイオワ大学のグラジュエト・カレッジの副ディーンは，以下のように説明する。「修士号のみを取得する分野があり，三つのレベルの学位がある。図書館科学のような領域の修士号があり（M.A. in Library and Information Science），例えば会計学の修士号（Master of Accounting）のような専門職修士号（professional masters degree）があり，その目標は学位取得後仕事に就くことで，Ph.D.には進まない。美術学修士（Master of Fine Arts）もあり，大学で美術を教える人材に与えられる，博士に進まない学位（terminal degree）である」。修士号のみのプログラムとは専門職プログラムであり，その中にM.A.（やM.S.）であるが専門職学位とされる修士号，M.A.やM.S.ではない修士号，美術学修士のような修士号があるという。

18) 高等教育研究グループ編（1988，2頁）に，舘による修士号の分類があり，第1のタイプとして，リベラルアーツと科学分野で特定分野又は専門の高度な学識と学問的研究の遂行能力の証明によって授与（例：学芸修士（M.A.），科学修士（M.S.）など），第2のタイプとして，専門職志向の課程の修了に対し授与（教育（M.Ed.），ビジネス管理（M.B.A.），美術（M.F.A.），音楽（M.M.），社会福祉（M.S.W.），公管理（M.P.A.）な

ど），第 3 のタイプとして，第一専門職学位より上の専門職分野の学修に対し授与（例：法律修士（L.L.M.），各種医学専門分野別科学修士），という 3 タイプに分けている．本書では，この第 1 のタイプを 3 つに分け（文理学分野の研究学位である M.A. と M.S.，専門職分野の研究学位である M.A. と M.S.，専門職分野の専門職学位である M.A. と M.S.），第 2 と第 3 を混ぜたもの，と対応させることができる．

19) http://www.yale.edu/graduateschool/visitors/ygs.html，2013 年 2 月 1 日アクセス．「グラジュエト・スクールは，イエール森林・環境学スクール，法律スクール，マネジメント・スクール，医学・公衆衛生スクールとの共同学位プログラムを管理する」(http://www.yale.edu/graduateschool/academics/departments.html，2013 年 2 月 1 日アクセス)．

20) 第 4 章の注 20 を参照．

21) 文理学カレッジが他のカレッジの Ph.D. の管理に乗り出していく様子を，アメリカの Ph.D. の本格的拡大の担い手となったジョンズ・ホプキンズ大学の例がよく物語っている（文理大学院はないが，文理学スクールにその機能があり，タイプとして文理大学院型である）．「大学院委員会（Graduate Board）は，文理学スクールと工学スクール（Schools of Arts and Sciences and Engineering）の教学カウンシルの下位委員会（Subcommittee of the Academic Council）である．最初の Ph.D. と M.A. は，文理学スクール（School of Arts & Sciences）で授与された．大学院委員会は，他の大学部門がプログラムを開発し，Ph.D. と M.A. を授与し始めたとき，そこからのメンバーを大学院委員会に含めるために，そのメンバーシップを拡大した．大学院委員会は，M.A. と Ph.D. の授与のための全学的なポリシーと手続きの管理のための責任を有する」．http://www.graduateboard.jhu.edu/procedures.htm，2013 年 2 月 1 日アクセス．

22) アイオワ大学では「グラジュエト・スクールは新規のプログラムや学位すべてを承認する．われわれは実質に承認するが，正式には大学院カウンシルと呼ぶ諮問組織によって承認される．諮問組織は，ここで隔週で，学務最高責任者であるプロボストと会合を持つ．そしてデモイン〔アイオワ州の州都〕で理事会に承認される」（アイオワ・GS）．ミシガン州立大学では，「新しいプログラムを始めたければ，グラジュエト・スクールが関わるカリキュラム体制を通じて承認を得ねばならない．それは大学カリキュラム委員会と呼ばれる．われわれは，その大学じゅうから集まった代表者のグループに申請を行い，文書を提出する．その委員会は申請されたものを承認し，その後でその申請は理事会まで行ってプログラムとして承認される」（ミシガン州立・ビジネス）．

23) 「グラジュエト・スクールは大学院生にフェローシップを出す．研究助成金は大学院プログラムのコスト全体をカバーできるわけではない．3, 4, 5 年と短期的だ．研究助成金がとれないこともある．もっと安定が必要だ．そのためにグラジュエト・スクールはフェローシップを通じて助成を行う．他の大学では，各カレッジが学生数を決めることができるが，ここでは違う．ラッカム・グラジュエト・スクールは大きな寄付を受け，大きな基本財産を持つ稀なグラジュエト・スクールであり，それゆえ他大学のグラジュエト・スクールよりも大きな力を持つ」（ミシガン・GS）．

24) このほか，ペンシルバニア州立大学の教育の副ディーンによれば，「グラジュエト・スクールは，専門職学位と Ph.D. の双方の最低要件を設定する」だけであり，「プログラ

ムの教員は，グラジュエト・スクールが設定した最低要件を確実に満たし，それを維持するようにせねばならない」が，「実際に起きていることは，プログラムの要件は，グラジュエト・スクールの最低要件に合致せねばならない，ということであり，しかし，その最低要件を超えてもよい。例えばグラジュエト・スクールは D.Ed. に対しても Ph. D. に対しても候補者の試験（candidacy exam）を要求するが，それを超えて，資格認定試験（qualifying exam）を課すことができる」「つまり，しつこいようだが，それらは最低要件（minimum requirements）に過ぎない」（ペンシルバニア州立・教育）。

25) ビジネス・スクールの立場からすると，「学生の入学を許可し，入れたいと考えるとき，われわれが学生の募集に最も深く関わる。われわれが入学許可を決定し，しかし繰り返すが，大学の構造化されたやり方では，グラジュエト・スクールに，この人物はわれわれのプログラムに受け入れられるべきであると推薦し，100 回のうち 99 回はそれが通る。100 回のうち 1 回は，グラジュエト・スクールは，入学資格，例えば学生が有する成績証明書，について何か異議があることがある。全体としては，推薦はそのまま受け入れられる」（パデュー・ビジネス）。

26) ここでの研究資金市場は，大部分が連邦政府資金を財源とする研究資金であり，「疑似市場」と言うべきかもしれない。

第 7 章　スクール・レベルの大学院教育の組織と運営

1) 金子（1995）は大学の教育研究組織の機能を，①教育，②研究，③資源の獲得と配置，とするが，ここではそれを参考にしている。
2) しいて言えば，本書では，全学レベルでは「管理」，スクール以下のレベルで「運営」を使うことが多い。また，後掲の「経営」も，「運営」や「管理」との区別が難しいが，本書では，企業的な経営体としてスクールが行う意思決定や行為，という色彩を強調して使う。なお，英語の訳はまた別の問題である。英語のほうも，administer, management など多くの言葉があり，英語同士の間で明確な違いを言うのも難しい。なお，インタビューでは，administer, management, operate, run などの言葉はあまり使われず，実際には have, do, decide, control などが使われ，文脈に応じて訳した。
3) フルタイムの教員数はインタビューで得た数字である。
4) 前章でみたように，実は全米法曹協会はカリキュラムの内容には関与しない。
5) プリンストン大学では，他の大学と違い，デパートメントではなく，一部の大学院（博士，修士）プログラムに教員が帰属する場合がある。新たな要求に応じたプログラムで，外部資金によるプロジェクト的なプログラムで，伝統的なデパートメントになじまないものをプログラムとした。5 プログラムとは，そうしたプログラムである。
6) インタビューで得たフルタイム教員（主にテニュアを持つかテニュア・トラックの教員）数を，デパートメントの数で割ったものである。
7) ワシントン大学の文理学カレッジでは，研究教授や非常勤講師以外の一般の教授の予算はデパートメント・チェアが持っているのではなく，ディーンが持っており，ある程度人事にも関わる。「私〔ディーン〕が『教員ライン（faculty lines）』を握っている。『教員ライン』はデパートメントよりも私に属している。例えば，もし工学であればディー

ンではなくデパートメントが『教員ライン』を握っている」(ワシントン・文理学)。ここでの教員ラインとは，州政府からの補助金で雇用されている教員の最終的な人事権のことである。ただし，人事権を強力に行使するということはなく，退職や移動で空いたポストをそのまま埋めるのではなく，専門分野の地図の変化に対応するために，重要と思われる専門分野のデパートメントで採用を優先させる，という程度のものである。「ディーンが教員ライン (lines) を有するとき，時の変化に伴って変化することがとても容易だ。例えば，いったんデパートメントが教員ラインを持てば，例えば物理学デパートメントは 40 名の教員，生物学は 30 名の教員がいるが，これはあくまでも例だが，教員はテニュアを持つ限りデパートメントにおり，生物学も同じだ。しかし，もちろん実際にはさまざまな理由で出て行く。教員は退職し，ある教員は他の大学に異動し退職する。ディーンとして，私にその教員ラインが戻されているという事実は，私が決めるということで，それはカレッジの委員会とともに決めることだ。私とともに意思決定を行う執行委員会がありそれは教員によって選ばれたものだ。例えば，まあ将来に，いや現在，われわれは生物学的な革命の中におり，物理学ではそれほどエキサイティングではない。もし物理学デパートメントで教員が退職するとき，その教員ラインを私が有し，私は生物学の教員を雇用するつもりだが，そうなると物理学は 39 名となり，生物学は 31 名になる。教員ラインだけだが，それは私に与えられ，そのおかげで時間の経過とともにわれわれの意識を変える能力をカレッジが持つことができる。あえて言うが，それは独裁というものではないし，物理学のテニュアを持つ教員を解雇し，生物学の教員を雇用できるというようなものではない。そうではなく，もし教員を雇用し解雇するというダイナミックなシステムを有し，10 年以上の時間をかけて，いや 5 年以上の時間で絶えず変化が生じると考えると，境界を変化させることができる。もし工学のように，デパートメントが教員ライン (lines) を持つとそうした柔軟性は持てないと言える。時がよく，経済が成長しているときならばそれでもあまり問題はない。新たな資金の増加で成長できれば問題はないからだ。工学のディーンは言うだろう，自分たちは成長しており問題はない，と。しかし，このような厳しい時期には，私が教員ラインを有することは，遅延なく変化ができる柔軟性を与えてくれる」(ワシントン・文理学)。

8) インタビューの際に得た数値とパンフレットなどの資料で得たフルタイム教員 (テニュアを持つかテニュア・トラックの教員) 数をデパートメントの数で割ったものである。

9) ジョンズ・ホプキンス大学では，工学のスクールのディーンによると，「大学院教育は，デパートメントと E.P.P. が担当する。学士プログラムも大学院もデパートメントで行われるが，専門職修士は，工学&応用科学専門職プログラム (EPP) が担う。実質的にデパートメントから独立している。スタッフは，デパートメントの外部にある応用物理学実験施設の技術者であり，独立したスタッフを持つ」。

10) 医学スクールは病院との関係上，大学のメイン・キャンパスとは別に位置する場合が多く，その場合メディカルのキャンパスに，例えばボストン大学では大学院医科学部門 (Division of Graduate Medical Sciences)，コーネル大学であれば医科学グラジュエト・スクール (Weill Cornell Graduate School of Medical Sciences) など，いわば医学キャンパスのグラジュエト・スクールのような組織がある。これらは医学スクールに附置された

り，それとは独立のスクールであるが，医学スクールと協働する。ボストン大学では「10 年，12 年前に大学院医科学部門ができて，修士と Ph.D. を自分たちで授与することができるようになった」「大学院医科学部門は，メイン・キャンパスにあるグラジュエト・スクールの一部分だ」（ボストン・医学）。なお，「修士学位 M.S. と Ph.D. を担当するのが大学院医科学部門である」「生化学，生理学などすべての基礎科学デパートメント，医学，精神医学など臨床科学デパートメントの一部が，M.D. 以外の学位のための大学院医科学部門（Division of Graduate Medical Sciences）のメンバーになる」（ボストン・医学）。

11) 教員数は，アメリカ・メディカル・カレッジ協会（AAMC：Association of American Medical Colleges）の U. S. Medical School Faculty, 2012 の調査による数字を使用した（Distribution of Full-time U. S. Medical School Faculty by School and Department Type, https://www.aamc.org/data/facultyroster/reports/325958/usmsf12.html，2013 年 3 月 30 日アクセス）。フルタイムの教員数をデパートメントの数で割ったものである。なお，テニュアを持たない教員も含むが，例えばボストン大学ではテニュア制度がない。

12) ただし，例外として「M.D./Ph.D. 学生を訓練するプログラムがある。M.D. と Ph.D. の両方を授与される学生は，教室や臨床の訓練では医学スクールの学生と時間を共にし，授業に参加し研究を行う際に Ph.D. 学生とここで時間を共にする」「およそ年に 10 名程度だ」「そうした学生は〔M.D. と Ph.D. との〕両方の世界に存在するが，M.D. 学生と Ph.D. 学生とはふつう別々にいる」（イエール・医学）。また，ピッツバーグ大学の医学スクールでは，Ph.D. プログラムと M.D. プログラムの距離を縮める努力をしている。「医学スクールでは，Ph.D.，M.S. および資格を授与する大学院訓練プログラムはデパートメント・レベルよりもプログラム・レベルで組織化されている。すべてのプログラムは本来的に，複数のデパートメントから来た教員による学際的なものである。スクールの大学院教育オフィス（Office of Graduate Studies）がプログラムを監督する。（中略）デパートメントは教員組織，そして研究プログラムの展開上主要な役割を果たす。スクールとデパートメントは，協働して統合的で学際的な訓練環境を作り出そうとする」「医学スクールにおける M.D. の訓練は，Ph.D. 訓練とは分離されているが，完全ではない。スクールの医学教育オフィス（Office of Medical Education）は，ディーンの管轄範囲にあるが，M.D. カリキュラムの全側面を調整する責任がある。このように M.D. 訓練の監督と Ph.D. 訓練の監督は異なる副ディーンやディーン補佐によってなされるが，一つのチームとして協働する。こうして，医学生が研究に参加する機会を作り，大学院生が医学知識を充実させる機会を作った。これらの目標を高いレベルで統合したものが M.D./Ph.D. プログラムである。これらのプログラムの予算や資源配分は別々になっている」（ピッツバーグ・医学）。

13) なお，イエールの医学スクールの Ph.D. プログラムは，医学スクール以外のスクールのデパートメントとの共同の BBS（Biological and Biomedical Sciences）プログラムであり，「イエールには BBS プログラムに毎年 145 人が入学する。そのうちで在学生の 350 人は医学スクールで過ごし，150 人，100 人はメイン・キャンパスの文理学ファカルティのラボにいる」「イエールでは，医学スクールがメイン・キャンパスと非常に近い

ため，こうした組織が可能だ。アメリカの他の医学スクールでは，メイン・キャンパスとは完全に独立分離した Ph.D. プログラムを持つことが多い」（イエール・医学）。

14) このほかアイオワ大学では，「生体医科学の Ph.D. その他のプログラムは，メディカル・カレッジのディーンではなく，グラジュエト・カレッジのディーンが授与する」「それに対して M.D. はメディカル・カレッジのディーンが授与する」（アイオワ・医学）。いずれにしても，学生は医学スクールで学修をし，医学スクールが教育を行い，実質的には M.D. も Ph.D. も医学スクールが審査し授与している。

15) 「一つは基礎科学デパートメントと呼ぶもので，解剖学や生理学である。それらは研究と教育に責任を有する。他方で外科，内科，小児科のような臨床デパートメントと呼ぶものがあり，研究，教育，そして患者の治療に責任を有する」（アイオワ・医学）。

16) 「例えば私は生化学デパートメントを運営し，25 名の教員がいる。（中略）生化学デパートメントには，Ph.D. 学生がおり，大学院医科学部門を通じて，修士学位プログラムを運営し，教員はあらゆることをする。われわれは一種類の人間ではない。ラボで大学院生を教え，スクールで M.D. を教え，科学者でもある。パートタイムの医師だけでなく，フルタイムの研究者でもあり，あらゆる研究を行い，大学院生を教える。ラボにはポスト・ドクトラル学生がおり，若い M.D. 学生もいる。われわれは多面的であり，みな別のことをしている」（ボストン・医学）。

17) Ph.D. プログラムなど大学院プログラム（graduate programs, M.D. プログラムはこれには含まれない）は，デパートメント大学院プログラム（departmental graduate programs）として，多くが基礎科学デパートメントの内部にあるが，臨床科学デパートメントの教員も Ph.D. プログラムに関わることができる。そのさい，大学院学際プログラム（interdisciplinary graduate programs）として，基礎科学デパートメントを含む複数のデパートメントとの共同プログラムとなる場合もある。だが，Ph.D. を提供する主体は基礎科学デパートメントである。

18) ウィスコンシン大学の医学スクールでも，「デパートメントが資金を持つ」「プログラムはデパートメントから資金を得る」（ウィスコンシン・医学）。

19) 学士プログラムの有無とデパートメントについてワシントン大学のビジネス・スクールの副ディーンは以下のように言う。「一般的には，学士プログラムがあれば，デパートメントを有するだろう」「われわれは学士プログラムを有し，学士プログラムは，デパートメントに対して，どんなクラスを教える必要があるのかを知らせてくれるし，デパートメントはそのクラスにスタッフを提供しようとする」（ワシントン・ビジネス）。

20) デパートメントがないことの利点について，コーネルのビジネス・スクールのディーンは以下のように言う。「ジョンソン・スクールは教員 58 名で，デパートメントはない。しかし大規模なスクール，例えばハーバード・ビジネス・スクール，ウォートン，ミシガン，ノースウェスタンなどはみなデパートメントを有する。大規模州立大学だと，ミシガン，イリノイ，アイオワ，ミネソタ，ウィスコンシン，バークレー，カリフォルニア州立，これらはみな大きなデパートメント・システムを持つ。デパートメント制をとらない理由は，それがわれわれに柔軟性をもたらしていると考えるからである。おかげでわれわれと教員との間にデパートメント主任を置かなくて済み，何かをなそうとする際

には直接に教員と交渉することができる。デパートメント長のような教員の代表がいると便利なときもある。だがデパートメント長が問題となるときもある」（コーネル・ビジネス）。また，パデューのビジネス・スクールの副ディーンも以下のように言う。「われわれはディーンズ・オフィスからスクールを管理する。デパートメント主任はいない。予算を八つ及びそれ以外の組織〔エリアのこと〕に配分する際に，第二のレベルの組織はない。大学からの予算はスクールに来るが，それをデパートメントにそのまま回して配分するようなことはしない。われわれはデパートメントがない。いや一つの大きなデパートメントはある〔経済学デパートメントのこと〕。このモデルがいいのは，より柔軟に適応的であるからだ。ファイナンス，会計学，ストラテジー，経済学の間に垣根がない」（パデュー・ビジネス）。デパートメントを持つワシントン大学のビジネス・スクールの立場からみても，「もし正式なデパートメントがあれば，管理のなされ方については多くのしきたりや規制があるだろうが，デパートメントがないビジネス・スクールではより柔軟なグループを構成できる。（中略）例えば，われわれは会計学デパートメントを有するが，デパートメント制をとらないビジネス・スクールでは，代わりに会計学者のグループがある。ほとんどのビジネス・スクールでは，経営学デパートメントがあるが，デパートメント制をとらないビジネス・スクールでは，ふつうは経営学デパートメントにいるような，組織行動学と呼ばれる領域（area）や，戦略的経営学と呼ばれる領域がある。（中略）デパートメント化されていないビジネス・スクールでは，権限はディーンズ・オフィスの方にシフトしている。スクールを運営するためにこうした管理上の領域があるが，領域はビジネス・スクールやディーンが与えた権限しか持たない。（中略）もし規模が小さければ，デパートメントを作ることは愚かなことだ。もしスクールが非常に大きければデパートメントはいいアイディアだ」（ワシントン・ビジネス）。

21) フルタイム教員数は，Miller and Pollack（2005）の数値による。
22) 「われわれのスクールは，同僚のビジネス・スクールと比べてかなり若い。われわれのスクールはおよそ50歳くらいだが，多くのスクールは 70, 80, あるいは 100 歳の古さである。古いビジネス・スクールはデパートメント化が進んでいる傾向がある。60 年代，50 年代終わり，1960 年代初めに創設されたわれわれのスクールのようなスクールでは，縦割り組織の否定と横断的機能組織へのある種の復興運動があり，多くのスクールがデパートメント制をとらずに創設された。それは何はともあれ歴史的所産だ。このモデルの遺産では，研究の上で垣根はないし，カリキュラムを提供しようとするときの障害もないので，もし修士号プログラムで何かをしようとするときには，わざわざ三つか四つのデパートメントに出かけて，ファイナンスの授業を移動させたいというのを共有したり交渉したりしなくても済む。学士教育や修士の試験は集団的に決めねばならないことだ。それが Ph.D. とは違うところで，Ph.D. では多くが異なるディシプリンのそれぞれで管轄される。われわれは Ph.D.（マネジメント）を授与するが，もしそれがファイナンスで Ph.D. を授与するとすると，ファイナンス・デパートメントの教員がファイナンスでその Ph.D. の核となるものは何かを決定する。しかし，専門職学位では，皆が気にすることと言えば，すべてその学位がどのように見られるかということで

ある」(パデュー・ビジネス)。

23) ビジネス・スクールのデパートメントの独立性は低い。「リベラル・アーツのデパートメントはデパートメント内部に修士プログラム，博士プログラムを持っている。だがここでは違う。彼らはデパートメントが給与を支払い，デパートメントから授業担当を割り当てられて給与を得ており，彼らはデパートメントのために教育サービスを行い，彼らの研究はデパートメントに焦点づけられている」「ここでは違う。ビジネス・スクールは違う。給与はデパートメントから来るが，スクールがそうするように命じてデパートメントが処理するだけだ」「教員を募集し採用するのはデパートメントだが，デパートメントはディーンに推薦し，ディーンが最終的に決め，ディーンが教員として雇用できるかどうかを説明し，デパートメントが雇用する」「各デパートメントには事務スタッフは少数いるが，プログラムにはより多くのスタッフがいる」(ワシントン・ビジネス)。

24) 「ディシプリン・グループ〔ファイナンス，経済学，会計学など〕はデパートメントではない。独自の予算を持たないし，ポストを与えられているわけではない。ディーンが決める。教員のリクルートはするが，人事権はない。予算の管理はスクールでなされる。カリキュラムは教員全体で決める。ディシプリンが決めるのではなく，テニュアを有する教員が集まり，カリキュラムについて投票する」(スタンフォード・ビジネス)。

25) 「スローン〔MITのビジネス・スクール〕は，形式的には1スクール1デパートメントだが，下位の単位としてディシプリンを置く」「ファイナンス・ディシプリン，オペレーション・ディシプリン，経営学ディシプリン，統計学ディシプリン，会計学ディシプリンなどがある」「MITの世界では，デパートメントは運営上の機構や予算を有するが，われわれのスクールでは，各ディシプリンに運営機構を設計する必要はない。われわれのスクールは集権化している」(MIT・ビジネス)。

26) MITのビジネス・スクールにおいては，教員と財務の運営はプログラムではなく，スクールが行う。プログラムはいくつかあって，「確かにプログラムの運営予算は，プログラムで分けられている。Ph.D.プログラムには運営予算があり，修士プログラムには運営予算があり，学士プログラムには運営予算がある」，しかし，「あるプログラムの教員は事実上別のプログラムとも仕事をするが，われわれはそれをコントロールしない。あなたが教員なら，ほとんど学士学生が受講する授業を教えることで終わるかもしれないし，あなたは修士の学生ばかりの授業を教えることもできる。しかしその決定は，教員の領域を経て，スクールによってコントロールされる。われわれは，一つのプログラムだけを教える教員を雇用することはしない。学士プログラムに10名の教員を雇用し，また別のプログラムに10名を雇用する，というようなことはしない。実際にはほとんどの授業はさまざまな学生のミックスである。授業が学士学生，修士学生，博士学生を有するので，教員の予算はプログラムに配分されない。教員給与はプログラムに来ないが，事務的な予算のいくらかはプログラムに配分される。(中略)しかし，すべてのプログラムを横断して機能する運営上の単位がいくつかある。例えば技術部門は，すべてのプログラムに必要なものである。技術運営グループは，学生がどのプログラムにいようと，教員がどのプログラムにいようと，必要とされる運営機能である。従ってすべて

の事務的予算が個々のプログラムにあるわけではない」(MIT・ビジネス)。さらに「MIT はすべてのスクールに，一定数の教員の採用を決定する権限を与えている。それは MIT からスクールに来て，ディーンが決定する。そしてビジネス・スクールのどのディシプリンで雇用するのかというプロセスに進む。そのプロセスは，教育の責任，研究の関心，そしてスクールがグループの規模を決めるのに重要と考えるその他のことを考慮する」「ディシプリンが独自に教員を雇用することはできない」「アメリカにおいては，こうしたやり方はプロフェッショナル・スクールではみな同様だ。(中略) そうした教員ポストに対してどのように資金充当を行うのか。スクールの財務上の責任を有するディーンが最終的に決定を下すのはそういうわけだ」(MIT・ビジネス)。

27) パデューのビジネス・スクールにはデパートメントが一つあるが，それは経済学デパートメントであり，ふつうのビジネス・スクールに相当する部分にはデパートメントはない。ここでも，「ファイナンス，会計学，マーケティングなどここには多くの機能的エリア (area) がある。多くのビジネス・スクールはデパートメントを有する。われわれは教員集団を持っているだけで，その各エリアには，どのプログラムで誰が教えるのか，Ph.D. プログラムでは誰が割り当てられるのか，そうしたことを調整するシニアの教員がいる。だが，エリアのレベルでなされる政策決定はなく，政策決定はスクールのディーンズ・オフィスでなされる。(中略) 教員は異なるエリアに分けられるが，予算はなく，すべての教員はスクールの副ディーンの管轄下に入る」(パデュー・ビジネス)。

28) 「プログラムは事務スタッフがおり，プログラムは独自に運営される。修士プログラムにはディレクターがおり，学生募集，学生たちのプログラムにおける経験，彼らが卒業後に職を得るのに役立つ設備，などに対して責任を有する。Ph.D. プログラムにも同様のスタッフがおり，学士プログラムにも，エグゼクティブ・プログラムにもいる」「そうしたサービスの提供とその支出，旅費，それらはプログラムの事務グループの下で処理され，それは予算の小さな部分ではない。われわれは多くの資金をそうした仕事に充当する」(パデュー・ビジネス)。

29) 「プログラムは，自分たちのコストを知っているが，カリキュラムを提供するためのコストは知らない。修士プログラムのディレクターは，学生の募集，学生サービス，就職斡旋のコストは知っているが，カリキュラムを提供するコストは知らない。カリキュラムを提供することは実際にはディーンズ・オフィスの責任である。(中略) 修士号，学士号，Ph.D. プログラムでは，教員コストすべてがディーンズ・オフィスで管理される。それに関してはプログラム・ディレクターの責任ではない」(パデュー・ビジネス)。言うまでもなくカリキュラムを提供するコストの大部分は教員人件費である。そして，「教員のコストはディーンズ・オフィスにあるが，学生募集や就職斡旋，学生サービス，学生相談のようなプログラムを運営するのに必要な小さな支出は，事務レベルで推し進める別枠の予算がある。もし教員が関わることであれば，ディーンズ・オフィスが関わる。(中略) 教員の予算のほとんどはスクールの中央で管理され，事務的な予算の多くはプログラムに配分される」「プログラムの財務的環境に関わる収支のバランスの大きなところは，プログラムのレベルではなくディーンズ・オフィスでなされ

る。したがって，ファイナンス・エリアに目を向けたとき，そこで何名のスタッフがいて，いくら予算が費やされるかは，ディーンズ・オフィスの決定になるのであり，プログラム・ディレクターの決定によるものでは決してない」(パデュー・ビジネス)。
30) ハーバードの教育スクールの副ディーンによれば，「われわれは中核となる教員が 60 名しかいない。120 名の教員がいるが，その多くは他所からきて授業をする人たちであり，60 名のコア教員は小さなグループだ」(ハーバード・教育)と言うとおり小規模だという理由からだが，同時に，「デパートメントは博士プログラムの内部にあり，博士学生と教員と密接にリンクしていた。しかし，大部分の学生は修士の学生だ。修士の学生はデパートメントとあまり関係がない」(ハーバード・教育)という。
31) フルタイム教員(主にテニュアを持つかテニュア・トラックの教員)数は 2005/6 年の数値である。インタビューおよびその際にいただいたパンフレットを，スクールのウェブサイトで補ったものである。
32) 例えば「カリキュラム＆インストラクションのデパートメントは，教育政策研究から来た教員がいるし，ディシプリンは実際には歴史学，哲学，社会学，人類学などの教員が集まっている」(ウィスコンシン・教育)。
33) 「例えば私のデパートメントはカリキュラム＆インストラクションだが，2 種類の Ph. D. を授与する。Ph.D.(特殊教育)と Ph.D.(カリキュラム＆インストラクション)である。さらに Ph.D.(カリキュラム＆インストラクション)には，数学教育に重点を置いた Ph.D.，科学教育に重点を置いた Ph.D.，芸術教育に重点を置いた Ph.D.，カリキュラム研究に重点を置いた Ph.D. という四つの選択肢がある。そして数学教育の教員が数学教育プログラムについての決定のほとんどを行う」(インディアナ・教育)。
34) インディアナ大学の教育スクールの副ディーンによれば，デパートメント内部のプログラムが細分化したのは，Ph.D. の領域を増やそうとしても，インディアナ州が認可しないので，プログラム内に実質的に細分化したプログラムを増やした結果であるという。
35) デパートメントは単なるプログラムの括り，予算の単位のようにみえるが，もともとはこうではなかったようだ。こうした組織に変えたのは，「12 もデパートメントがあると，デパートメントの教員数は 6～8 名であり，それは小さくコストがかかる，小さな各ユニットのために，デパートメント長や予算スタッフを置かねばならないからだ」(ペンシルバニア州立・教育)。その結果，いくつかのプログラムが一緒にされ，例えば教育政策研究デパートメントにまとめられ(教員は 20 名程度)，それが予算，デパートメント長を持ち，デパートメント内の領域別プログラムを監督する。
36) 教育研究(educational studies)プログラムはさらに数学教育，教育哲学，教師教育，歴史教育などに細分化され，大学院プログラムが 20 のプログラム領域に分かれ，ただし細分化された領域には「予算はなく，教員の集まったグループであり，大学院生がおり授業科目がある」(ミシガン・教育)。
37) 「エリア(area)はデパートメントのように予算やスタッフが独立についているわけではない」(カリフォルニア・教育)。三つの学問エリア(area of study)は，認知と発達，言語とリテラシーおよび社会と文化，政策・組織・測定・評価の 3 エリアであり，それ以外にスクール・ワイド・プログラムという特定のエリアに属さないプログラムがあ

注（第8章） 437

　　　る。
38）第4章の注20を参照。
39）Ed.M. の13のコンセントレーションとは，教育における芸術，教育政策と経営，高等教育，人間発達と心理学，国際教育政策，言語とリテラシー，学習とティーチング，心と脳と教育，学校リーダーシップ，特別学修，教師教育，予防の科学と実践，テクノロジー・イノベーションと教育，Ed.D. の6コンセントレーションとは，教育政策・リーダーシップ・教授実践，人間発達と教育，文化・コミュニケーション・教育，教育政策の数量分析，高等教育，都市教育長プログラムである。
40）ハーバードの教育スクールでも，「かつてのデパートメントは財務運営を行っていた。現在では，学務関係は，私〔学位プログラム担当副ディーン〕と教員＆カリキュラム担当副ディーンが担当する。デパートメントは統合され，運営は集権化された」「修士の各プログラムの持つ予算は非常に小さなもので，教員の代表と学生のための調整機能を有するスタッフがいる」（ハーバード・教育）。

補　論　スクールにおける多様性への組織的対応
1）マトリクス組織については，デイビス＆ローレンス（1980），カンファレンス・ボード編（1980），ガルブレイス（1980）などに詳しい。
2）かつて筑波大学が創設されたころ，デパートメントに近い組織として「学系」が置かれたが，その組織の機能を説明するために「置屋」という表現が使われたことがある。芸者が所属し居住する家のことだが，京都で言えば舞妓や芸妓の所属するお茶屋である。プログラムはお座敷ということになる。現代風に言えば，タレント所属事務所であり，タレントはそこから例えばテレビ番組に出演する。そのテレビ番組が大学で言えば学位プログラムである。つまり，教員（＝タレント）はデパートメント（＝所属事務所）から来て，学位プログラム（＝テレビ番組）を担当する。こうした，教育実施の場である「プログラム」と，教員組織である「デパートメント」という捉え方は，機能が分担されていてわかりやすい。
3）井門（1985，22頁），天野（1994，第3章），舘（2007，第3章）などを参照。

第8章　大学院教育の財源と資金の流れ
1）州補助金が州から大学に配分されるまでについては，フォーミュラ，ベースライン増減などの積算方法や，業績に基づく財政配分（performance based funding）などあるが，大学に配分後の資金の学内配分は一般的に大学に裁量がある。ここでは大学に配分後について論じているので，それ以前については水田・吉田（2009）などを参照のこと。
2）例えばミシガン大学の教育スクールでは「各スクールは授業料を得ることができる。スクールは大学に対して税金を支払う。それは大学の共通経費に払うものだ。授業料，州からの資金などスクールの予算全体に課される」。イリノイ大学の工学スクールでは，「授業料と州からの資金に2％の税金（tax）が課され，カレッジに再配分される。運営費は，イリノイ大学の三つのキャンパスのシステム全体で州補助金の10％の税金が課される」。インディアナ大学の教育スクールでは，「学士学生の授業料はおよそ60％を

スクールが得る。残りの40％は学長オフィスやアドミッション・オフィスに行き，図書館，建物の暖房や修理など，その他すべてのことに支払われる。(中略) 税金と呼べる。ここでは賦課 (assessment) と呼ぶ」。

3) 例えばノースウェスタン大学の法律のディーンによれば，「基本財産はスクールごとに区分される。それは寄付者による。もし寄付者が法律スクールだけに，あるいは音楽スクールだけに寄付すれば，その資金は法律スクールに，あるいは音楽スクールに区分される。(中略) それは簿記上，会計上区分される。スクールが，その区分された基本財産を運用することはできない。大学が投資部分を管理する。(中略) 基本財産は一つの大きなプールであり，専門家によって運用される。スクールは，基本財産の管理運営のための手数料を支払う。(中略) 支出フォーミュラ (spending formula) と呼ぶものがあり，資金の投資実績の過去3年の移動平均になる場合が多い。現在では1年に〔基本財産の〕4～5％の間になる。支出ルールの目的は，予算における資金の流れをスムーズにすることである。計画目的のための資金として合理的な期待が持てるようにするためのものである。(中略)〔その支出率 spending rate は〕ふつうかなり安定している。原理はこうだ。それは法律スクールにとって重要な収入となるように十分高いものであるが，徐々に基本財産を破壊してしまうほどは高くない。支出ルールは，基本財産が維持される，少なくとも現状を維持するように比率を設定する。もし基本財産が成長し，毎年の収益が増加すれば，最近は19％にもなっているが，支出率も増える」。

4) ノースウェスタン大学では「スクールは，大学にフランチャイズ料 (franchise fee) を払う。(中略) それは大学の中央に対する拠出金 (分担金 contribution) である。一部は，大学が多くのサービスを提供してくれることに対してわれわれが支払わねばならないもので，さらに税金のような分担金がある」(ノースウェスタン・法律) り，前者が7％，後者がもう7％程度である。「私〔ディーン〕は小さな会社のCEO (最高経営責任者) のようなものだ。つまり，それなりの予算があり，私は財務の運営のすべてに責任を有する。大学は資金運用のようなことをしてくれ，授業料を徴収し，われわれが使えるようにそれをきちんと口座に振り込んでくれる。しかしお金をどのように使い，どのように増やすのかはディーン，ディーンズ・オフィス，法律スクール自身が決める」(ノースウェスタン・法律)。

5) ふつうプロフィット・センター (profit center) は費用と収益の双方が集計され，その差額 (利益，売上) の拡大を目指す部門であり，レベニュー・センター (revenue center) は費用や収益に関心はなく，利益 (売上) の最大化を目指す部門である。

6) ディーンはこうしたやり方を，一般予算化モデル (a general budgeting model) と呼ぶ。さらに同ディーンによれば，「多くの州立大学は，私が支出所与モデル (an expenditure authorization model) と呼ぶものを採用している。それは大きく異なる。プロボスト・オフィスと学長オフィスがカレッジのディーンにいくら支出しなければならないのかを告げる。しかし，その額はカレッジが実際に生む資金とはリンクしない。例えば，もし支出所与モデルでは，自分の運営予算が $40M であると告げられても，私は自分のカレッジの収入がいくらなのかは知らない。もしそれが $30M である場合，私は自分のカレッジが生む以上に支出できる資金を獲得し，$60M である場合，実際に私のカレッジ

が生み出すよりも少ない額の支出できる資金を得る」「支出所与モデルでは，ユニットが支出する額は，そのユニットが実際にどれだけ資金を生み出せるかとは関係なく，大学中央が決定する」(オハイオ州立・ビジネス)。

7) ノースウェスタン大学ではRCMが適用されている「医学スクール，ビジネス・スクール，法律スクールは他のスクールと比べてより大きな財務上の自律性を有する。というのも，その他のスクールは，学士スクール（undergraduate school）であり，ノースウェスタンの学士プログラムに志願し，入学を認められ，ノースウェスタンに授業料を支払い，それゆえ大学中央の事務局が個々のスクールのさまざまなプログラムをサポートするために授業料収入を配分するからだ。(中略)学生が学士学生としてノースウェスタンに来て入学する場合，学生はノースウェスタンに来たのであり，音楽スクールに来たのでもなく，ジャーナリズム・スクールに来たのでもなく，文理学スクールに来たのでもない。(中略)学生はスクール間を移動することができる。そのため〔スクールが〕財務上の責任主体となることは難しい」(ノースウェスタン・法律)。

8) 州立のインディアナ大学の法律スクールでも，「給与は，理事会からのガイドラインに沿って設定される。理事会は，給与の増額は3％以内にする必要があると言う。私は3％の資金プールを与えられ，どのようにでも配分できる。増額の総額を理事会が承認する。基礎給与はすでに承認されており，それは増加分のみについてである。(中略)基本給与には他分野と比べて大きな差がある。増加分だけ大学が口を出す」(インディアナ・法律)。

9) 「昨年スクールは，大学から，給与の値上げは少なくとも1％以上でなければならず，4％以内でなければならない，と言われた。われわれはその範囲で個々の教員の給与を賃上げすることができる」(インディアナ・教育)。「各カレッジが自分たちの給与を決める。毎年，給与の増額に関しては大まかなガイドラインがある。実際に起きていることは，プロボストが，次年度の給与増額について，みな最低限2.5％の増額を望んでいるだろう，と言ってくる。だが，ディーンはそれを超えて支払うことができる。増額をそれより以下にすることはできないだけだ」(オハイオ州立・ビジネス)。

10) スタンフォード大学のビジネス・スクールでは，「教員給与は，ビジネス・スクールでは，大学の他のスクールよりも相当に高額だが，均一ではなく，経済学デパートメントはビジネス・スクールと同程度に給与は高額である。大学は給与に関する統計情報を公表しているが，一般的に言っても，ビジネス・スクールはやはり他のスクールと比べて給与は高額である。給与について実際に起きていることは，大学の学長やプロボストが，各デパートメントが給与増額に必要な資金の割合をアナウンスし，ディーンの承認を経てデパートメントが増加分の資金を配分する。スクールは，たいてい大学が示すよりも高い数字を出して交渉する。そういうわけでビジネス・スクールの教員給与は高額になる。いったん増額分を得ると，ディーンはそれを教員に配分する。プロボストの監督はいくらか入るが，ほとんどないようなものだ」(スタンフォード・ビジネス)。

11) ワシントン大学のビジネスの副ディーンによれば，「ビジネス・スクール内部には五つのデパートメントがあり，ファイナンス（金融・財務）・デパートメントが伝統的に最も高い給与を享受している。会計学もそれに近く，その他の三つのデパートメントはそ

れらより低額だがほぼ同額である。もちろん他と比べれば高額である」（ワシントン・ビジネス）。また，オハイオ州立大学のビジネス・スクールでは，「われわれは認定を受けたビジネス・スクールのすべての教員給与の比較データを持っている。他のスクールの平均をみて，このスクールであれば，このランクだと上限10%の教員給与増だろうと考え，そのレベルに設定する。領域によって大きく違う。ビジネス・スクールだと，例えば，ある領域の新採用の教授の給与が年に$100,000であるとすると，ファイナンスや会計学のような別の領域の新規の助教授の給与が$160,000である，ということはあり得る。領域で大きく異なる」（オハイオ州立・ビジネス）。

12) 個々の給与を左右する要因は，ピッツバーグ大学の医学スクールでも，大学のガイドライン，診療収入，市場価格，教員の業績によるという。「専門職プログラムと，生命科学・生命医科学の大学院プログラムの教員の給与は同等だ。医師資格のある教員はしばしばその専門職的実践に基づいて追加の収入を得る。給与は毎年，デパートメントとスクールでレビューされる。大学は給与調整のためのガイドラインを毎年設定する。個々の給与は，大学のガイドライン，市場の条件，教員の業績を使って決定される」（ピッツバーグ・医学）。

13) 例えばボストン大学の医学スクールでは，「デパートメント・ヘッドが，給与のために$100万を得たとしよう。もし全教員が研究助成金を得たとすると，給与はそこから100%支払われ，$100万を学生に費やすことができる。それは最善のケースだ。教員が研究助成金を得て，$100万のうち$50万を節約できれば，学生に多くを支払うことができる。それはどのくらい教員が優秀かによる。教員が研究助成金を得ることができないこともあり，デパートメントがそれをカバーせねばならない。（中略）それゆえ各デパートメントが重要な基本単位である。デパートメントがこのスクールの生死を左右する。少額の資金がデパートメント・ヘッドによってコントロールされるからだが，もし望めば非常に大きな力を持つことができる。多くの資金はない。だが，より多くの柔軟性がある」「デパートメントは大きな影響力を持つが，それはデパートメント・ヘッドが，可能なことの大幅な柔軟性を有するからだ。（中略）今は厳しいときだが，それはわれわれが自立（self-support）せねばならないからだ。各デパートメントが財務を運営する」（ボストン・医学）。なお，少額とか，多くの資金はない，というのは，「デパートメントには，ほとんどの研究資金，臨床による資金の大部分，授業料収入が入る。資金のほとんどはそこにある。しかし，研究資金は個々の教員のところに行くのであり，デパートメントではない」（ボストン・医学）ためである。

14) カーネギーメロン大学の工学のスクールでは，「教員給与は，デパートメント長（head）が私〔ディーン〕に提案を行い，私が決める。大学は増加の比率を決める。大学はガイドラインや基準を持っている。デパートメントが私に提案し，私がプロボストに報告する。普通プロボストは私の案を受け入れる。おおむね私が実質的に決める」（カーネギーメロン・工学）。また，ウィスコンシン大学の工学スクールでも，「教員給与は，最終的には私〔ディーン〕が決める。各デパートメントに給与委員会がある。給与の増額に関しては二つの問題が生じる。一つは新しい教員にオファーを出すときである。私はデパートメントから推薦を受け，どの給与が提供されるべきかを決定する。もう一つ

注（第 8 章） 441

は，われわれに給与の支払い計画，増額パッケージがあって，デパートメントの給与委員会がデパートメント長（chair）に勧告を行うときであり，デパートメント長は私に勧告しそれを適切になるように私が調整する」（ウィスコンシン・工学）．

15) 以下でたびたび出てくる，RA と TA については，例えば RA は，経済支援の形態である 'Research Assistantship' と，支援される人である 'Research Assistant'，の両方を指して紛らわしい．従って以下では，支援形態としては RA シップ (ship), TA シップ (ship)，人に対して RA, TA を使う．

16) ペンシルバニア州立大学では，最近の数字だが (2011 年)，グラジュエト・スクールの運営費の総額がおよそ $16M で，その中で $11M 程度が大学院生への経済的支援 (Student Aid) である．この規模がどの程度かを言うのは難しいが（大学全体での大学院生支援の資金の額がわからないので），同大学の 14 カレッジに大学中央から配分される一般資金の額は $620M を超えており，グラジュエト・スクールの予算上の規模は大きくはない．

17) 「TA シップは，すべてカレッジが出す．グラジュエト・スクールは TA シップを提供しない」（ワシントン・GS）．「TA シップはグラジュエト・スクールを通さない．個々のカレッジが全面的にその費用の責任を持つ」（ミシガン・GS）．「TA の選抜と TA の分配はグラジュエト・スクールの役割である．（中略）だが，TA の予算は，グラジュエト・スクールの予算ではなく，個別のデパートメントやプログラムの予算のなかにある．個々のデパートメントが，一定の数の利用可能な TA シップを有する．（中略）したがってカレッジが TA シップの資金を支払う」（パデュー・GS）．

18) 「RA シップのほとんどは，個々のプログラム，教員，カレッジによって提供される．とくに科学ではそうだ．他の領域ではいくらかそうだ．人文学ではとくに，教員が RA シップの資金を提供する研究助成金を獲得するのは難しく，社会科学でもいくらかそうだ．RA シップは大学からより独立している」（アイオワ・GS）．ただし，形式的には，「RA シップは間接的に大学が支払う．研究助成機関は資金を大学に提供し，大学はそれを研究者に提供し，研究者は RA をする学生を雇用する．研究資金の財源は何でもよい．連邦政府もあろうし，民間企業もあろうし，その他のこともあろう．インディアナ州もあろうし，多くの財源が研究資金となる」（パデュー・GS）．また，ごく稀であるが，研究助成金ではなく，大学が RA シップの資金を出すこともある．「グラジュエト・カレッジは RA シップのための若干の資金を提供する．（中略）グラジュエト・スクールには，一括配分 (block allocation) と呼ぶ少額の資金がある．それは学生たちのための RA シップやフェローシップに使うためにデパートメントに配分する資金である．それは多くなく，わずかなものだ．それでカレッジはデパートメントに対して RA シップのための資金を与える．個々の教員は研究助成金のための資金を得る．それが RA シップの資金となる」（アイオワ・GS）．

19) ミシガン大学のグラジュエト・スクールは $60M の基本財産があり，そこから年に $3M から $4M を大学院生へのフェローシップとして提供する．

20) プリンストン大学は例外で，全学的にグラジュエト・スクールが大学生支援を行っている．ディーンによれば，大学院生への経済的支援は全部で $100M, そのうち $50M が

フェローシップ，$35M が RA シップ，$15M が TA シップといった規模である。

第9章　大学院プログラムの経済的基盤

1) ビジネス・スクールでは，経営のために学士課程，MBA, Ph.D. のプログラム別の収入と費用を推計しているところもあるが，公表されていない。
2) ペンシルバニア大学は，責任センター方式管理（RCM）を最初に導入したことで有名である。収支データの記載のある，University of Pennsylvania 2005. *Fiscal Year 2006 Operating Budget*, により，財源内訳のスクール比較をしたものが図9-a である。専門部分野の違いが，複数の大学を集めて作った図9-1と同様であることがわかる。
3) 注2と同様に，ペンシルバニア大学のデータを基に，支出内訳のスクール比較をしたものが図9-b である。財源内訳ほどには違いはない。
4) 「スクールは州補助金の配分から大学に税金を支払う。ただここ数年インディアナ大学では，実際には，スクールの多くにとって，税金は州補助金の額を超える。われわれ〔法律スクール〕は，幸いに州の補助金から税金すべてを支払うことができるが，このキャンパスの文理学カレッジを含む他の多くのスクールでは，それができていない。彼らは州の補助金すべてを費やし，さらに授業料収入のいくらかを費やす必要がある」（インディアナ・法律）。
5) 「ハーバードでは，学位取得のためには1年分の授業料を支払わねばならないという，大学全体で共通のルールを採用している。（中略）博士の学生は，そのほぼ全員がここで LL.M. を取得するが，彼らは LL.M. の時期に〔1年間〕授業料を支払う。（中略）彼らの多くは LL.M. の授業料だけを払って S.J.D. プログラムに入るが，われわれはさらにもう1年の授業料を課すことはしない。（中略）形式的には授業料を課すが，ふつう前の年に〔LL.M. として〕授業料を支払っている。博士学生のほとんどは，そのようにして要件とされる1年授業料を支払う。（中略）S.J.D. 学生にもティーチング・フェ

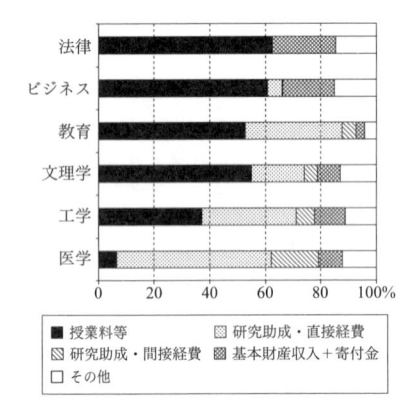

図 9-a ペンシルバニア大学のスクール別にみた財源内訳

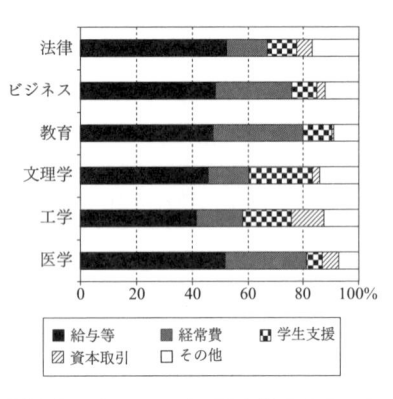

図 9-b ペンシルバニア大学のスクール別にみた支出内訳

注（第9章） 443

ローシップがあるが，それで生活費のすべてをカバーしない。ローンや個人的な貯蓄，法律スクールからのスカラーシップ，リサーチ・フェローシップで，それをまかなう。法律スクールの学生が申請できる，大学の他のデパートメントでのリサーチ・フェローシップがある」（ハーバード・法律）。

6) 基本財産収入の大きいハーバードの法律スクールでは，多くが留学生である LL.M. 学生に対しては，経済的支援を行っている。それは大学院 LL.M. 学生がアメリカ市民ではない，という事実が要因となっている。「彼らは U.S. 補助金を得ることができない。（中略）J.D. 学生は低金利のローンを利用できる。グラジュエト学生はそれが使えない。（中略）法律スクールにはインターナショナル学生の部門があり，世界中から約 200 名の弁護士が在籍し，ここで 1 年間を費やす。（中略）その学生にはかなり多額のスカラーシップ支援を提供する。スカラーシップは基本財産の収入を財源とする。（中略）同窓会が資金を提供することがあり，例えば，オーストラリアでは同窓会が学生にスカラーシップを提供し，それはハーバード・ロー・スクールに直接資金を提供するのではなく，同窓会がハーバードに来る学生を選抜している。日本の場合，個々の企業が学生のスポンサーとなる」（ハーバード・法律）。

7) プリンストン大学の場合，文理学カレッジのみの財務データは得られないが，大学全体で基本財産収入が 36％，寄付金収入が 11％ と高い。大学の大部分が文理学カレッジであることを考えると文理学カレッジにおけるその位置の大きさがわかるが，これは特殊だとも言える。

8) TA シップの財源とその資金のフローについては，TA のいない医学スクールの副ディーン（ウィスコンシン大学）が説明してくれた。以下は授業料免除ではなく授業料補助のケースである。「TA は授業料を支払う。TA は同時にスタイペンド（生活費等手当）を得る。これは大学からのサポートによるが，その大部分は州からの補助金による。TA は学士学生を教え，TA はカレッジからスタイペンドを受け，自分の授業料のサポートを受ける。彼らは自分自身の授業料を大学に支払う。彼らに対する支援は学士学生の授業料と州補助金を財源とする。これは実際には学士学生の授業料からくるので，学士学生の授業料収入が TA への支払いにつながる」「学士学生の教育に必要な TA の数はカレッジが決める」（ウィスコンシン・医学）。

9) プリンストン大学では，「大学のフェローシップの資金の財源のいくらかは基本財産であり，いくらかは大学の一般運営資金であり，いくらかはディーン（the Dean of the faculty）が持つ教育用の資金であり，いくらかはデパートメントにある研究助成金である」（プリンストン・GS）。プリンストン大学では「授業料免除はない。授業料はフルで 1 年 \$33,000 だ。政府からの研究費は大学による費用分担を伴う。全米科学基金（NSF）からの研究助成を得ると，私に配分された連邦政府資金から授業料の半分を支払い，大学はその資金から半分の授業料を併せて支払う。TA シップに対しては，運営予算から授業料全額を支払う。人文学の学生にフェローシップを与える際には，基本財産から授業料とスタイペンドの両方を工面する」（プリンストン・GS）。基本財産の大きいプリンストンだからできることである。

10) 学士教育を重視するプリンストンでも，経済的支援は大学院生のほうが圧倒的に手厚

い.「学士教育のための経済的支援の予算は $50M で,4,700 名の学士学生がおり,その半数が経済的支援を得ている.経済的支援は少なくとも授業料の半分である.学生支援は学生一人当たり $20,000 である」(プリンストン・GS).これに対して,大学院生には「われわれの寄付資産や運営資金からのフェローシップ,研究資金,ティーチングの資金,これらは年に $100M だ.われわれは 2,000 名の大学院生がいるので,学生一人当たり $50,000 の費用である」(プリンストン・GS).大学院生は半分だが倍の資金が投入されている.

11) ジョンズ・ホプキンズ大学の工学スクールでも,外部研究資金収入の約 $60M はスクールの総収入 $130M の 46% 程度を占め,また,オハイオ州立大学では,スクールの一般資金が $63M(間接経費 $13M はこちらに含まれる)で研究助成金が $60M 以上なので,やはり研究関連収入は収入の半分程度になる.

12) ジョンズ・ホプキンズ大学の工学スクールでは間接経費の「3 分の 1 はデパートメントに行く.半分はディーンに,6 分の 1 は中央執行部に行く」.オハイオ州立大学の工学スクールでは研究助成金は $60M 以上だが,スクールは $13M の間接経費収入を得ており,恐らく間接経費の半分以上はスクールに配分されている.イリノイ大学の工学スクールでは,研究助成金は $140M であるが,その間接経費の 7 割程度は大学がとり,スクールには $12M 程度が配分される.

13) ウィスコンシン大学では RCM を採用していないため,「間接経費のカレッジへの配分は非常に少ない.間接経費のほとんどは大学の中央にとどめられ,維持費,光熱費などを支払う.私〔ディーン〕は維持費を払っていないし,暖房,冷房,電気などの光熱費を支払っていない.間接経費が支払う.間接経費の 10% 程度がカレッジに戻される」(ウィスコンシン・工学).

14) 授業料収入はオハイオ州立大学の工学スクールでは総収入の約 40% を占め,カーネギーメロン大学の工学スクールでは授業料収入は 3 割を切る.

15) ジョンズ・ホプキンズ大学の工学スクールでは,授業料収入 $60M のうち学士プログラムは 4 分の 3 を占める($43M).

16) イリノイ大学の工学スクールでは,例外的に「デパートメントの一つ,電気&コンピュータ工学デパートメントは,ティーチングに関する一定の基準を設け,研究助成金から給与の一部を支払い,ティーチングを減らすことができる.減らせるのは約 15% ほどだが,彼らは研究助成金から給与の 15% を支払えば,ティーチングを減らすことができる.しかし,彼は付加給付を,研究の部分に加えて支払わねばならない.しかし,これは普通ではないケースだ.このようなことをすることで,デパートメントは,デパートメントの予算よりも 15% 多く教員を持つことができる」(イリノイ・工学).

17) アメリカの大学教員の給与は,しばしば夏季の 3 か月を除く 9 か月分の給与が大学から支払われ,残りを夏季学期の授業担当の報酬や研究助成金から給与を得ている,と言われる.ただし,実際にはかなりバリエーションがあり,契約期間が 9 か月ではなく 10 か月の場合もあるし,年俸を 12 か月に分けて支払われる契約もある.例えば,U.S. Department of Education, National Center for Education Statistics (2007, p.213) によれば,2005/6 年で,9 か月あるいは 10 か月契約の教員(Faculty on 9- or 10-month contracts)

は 83.4%, 11 か月あるいは 12 か月契約の教員 (Faculty on 11- or 12-month contracts) は 16.6%, の内訳になる。

18） ジョンズ・ホプキンズ大学の工学スクールの学生支援の詳細は以下のとおりである。「ディーンズ・オフィスが Ph.D. 学生に対する授業料 80% フェローシップを与える。年間 $32,000 のジョンズ・ホプキンズの授業料のうち, ディーンズ・オフィスがその 80% にあたる $25,000 の授業料フェローシップを与える。すべての Ph.D. 学生に 80% 授業料フェローシップが与えられ, 研究助成金は学生のスタイペンドと授業料の残りの 20% を賄わねばならない。（中略）われわれは, 授業料免除よりも授業料フェローシップという言い方を好む」。そのほか「われわれには寄付金フェローシップがあり, 寄付者が大学院教育をサポートするために使ってほしいと考える資金を寄付したもので, そうした Ph.D. レベルの研究をサポートするようなフェローシップがいくつかある。（中略）基本財産は数百万ドルだが, 大きくはない」。学生支援の全体をみれば, 「研究助成金と受託研究を通じて支援される非常に多くの Ph.D. 学生を有し, いくらかはスカラーシップで支援され, また別の方法もあって, 学士教育のための TA であり, デパートメントの提供する授業で TA に従事する大学院生のためにデパートメントによって支給される資金である」。支援の額としては, 「TA シップは年におよそ $18,000, RA シップは $21,000 とか $22,000 である。（中略）700 名の Ph.D. 学生のうち, 400 名が RA シップを得て, それぞれが $20,000 を得るので, 400×$22,000 で, およそ $8M となる。（中略）TA シップにかかる費用は, およそ $2.2M である。（中略）これらはすべてデパートメントの予算から出され, デパートメントが人数を決め, 選抜する」。なお, ごくわずかであるが, フルタイムの修士学生がおり, 「われわれはフルタイムの修士学生には, たいてい 50% 授業料スカラーシップを与えるようにしている。（中略）それは, フルタイムの学生の多くが実際に Ph.D. に進むよう決断することを望むからであり, そうした学生への投資である」（ジョンズ・ホプキンズ・工学）。

19） 大学に支払う授業料などの部分は, 教員の直接経費から支払ったものが, 大学の間接経費資金に自動的に算入される。なお, $7,800 の授業料は学士の授業料より安く, 大学院の授業料 $9,000 を割り引いたものである。

20） 「一番良いフェローシップは年に $24,000, グラジュエト・カレッジのフェローシップは $18,000, その主な財源は基本財産だが, 経済支援の 15% 程度に過ぎない。主な学生支援は RA シップと TA シップである」（イリノイ・工学）。

21） ただし, 学士プログラムがあっても TA シップのないスクールもあり, カーネギーメロン大学では, TA シップはなく, 5 年間で 2 学期ティーチングに従事することが Ph.D. の要件になっている, 「ティーチング・インターンシップ (teaching internship)」という制度があるようなケースもある。

22） このほか, プリンストンの工学スクールでは, 「Ph.D. の学生はほとんど支払わない, とくに授業料のすべてを支払うことはしない。少なくとも工学のスクールでは, 大学院の上級の学年になると, その資金は研究助成金を通じて来る。それは重要だが, 初年度には, 研究助成金はなく, ふつう授業料はグラジュエト・スクールがカバーする」「初年度を終えると, 学生は RA や TA となり, それが大学院教育の費用を支払う」（プリ

ンストン・工学)。
23) このプログラム (EPP) は修士プログラムで,「われわれは今オンラインプログラムを拡大させつつある」状況であり,「ほとんどが職を持ち, ほぼすべて会社が授業料を支払う」(ジョンズ・ホプキンズ・工学)。ただし, このプログラムの学生は 2,000 人程度いるが, 3 年から 5 年在学するパートタイム学生なので, フルタイム換算すると学士学生より少ないし,「パートタイムの修士号は実はかなり安価だ。彼らは授業当たり $2,300 を支払い, 14 科目をとるので, フルタイムだと $30,000 くらいかかるところを, およそ $23,000 の費用で済む」(ジョンズ・ホプキンズ・工学) ので, 授業料収入に占める割合は学士学生のほうが大きい。
24) イエールでは,「私の間接経費は医学スクールに行く。私が医学スクールに居るからだ。(中略) 大学はいくらか手数料 (fee) を医学スクールに課す。(中略) 私の間接経費のいくらかは大学に行っていた。しかし, その政策は最近廃止され, 今は私の間接経費は医学スクールに来る。新しいディーンが, われわれの研究助成金の間接経費すべてをわれわれが確保できるように学長と交渉した」(イエール・医学)。
25) ウィスコンシン大学の医学のスクールの例では,「間接経費比率は直接経費の 48% である。48% のすべてがまず大学に行き, 48% 分のおよそ 12% が医学スクールに来る。48% × 12% でおよそ直接経費の 5% 程度になり, これが医学スクールに戻される。(中略) それをデパートメントに戻すが, すべてではなく半分である。スクールに戻る間接経費の半分をデパートメントが, 半分を私 [副ディーン] が持つ。大学中央に残る間接経費のさらにもう 10% が, つまり直接経費の 48% × 10% のおよそ 5% が, 給与として医学スクールに戻る。それは教員給与をサポートする。そして残り, つまり間接経費 [直接経費の 48%] の 78% が大学にとどまる。それは光熱費, 建設費, 草刈を支払い, 大学を運営する」「工学では, 医学の 12% が 15% になり, 医学の 10% が 15% になると思う」(ウィスコンシン・医学)。
26) ボストン大学医学スクールの「生化学のデパートメントでは, およそ $10M の直接経費があり, およそ $4.5〜5M の間接経費がある。間接経費 $5M が生化学デパートメントに来るが, それはまずはディーンのところに行き, 医学スクールの収入になる。医学スクールの間接経費収入はかなり大きい。1 年に $30M, 40M, 50M だ。正確な額はわからないが, 30 と 45 の間だ。われわれはスクール全体で $80M の研究助成金を得ていることになる」(ボストン・医学)。これに対して「医学スクールの大学院生の授業料収入は $14M」と小さい。他に寄付金収入が $5M ある。スクールは, 研究助成金の直接経費には触れないので, 間接経費や授業料収入や寄付金収入から,「オーバーヘッド $1M を支払い, デパートメントへ $15M 配分し, $24M 支出する。さまざまなサービスの費用, 図書館, 電気工など, およそ $20M だ。みな大学のために働く人たちだ」(ボストン・医学)。このようにスクールは直接経費を操作できないので, スクールにとって実質的に最大の財源は間接経費であり, 授業料収入の 2, 3 倍にもなる。
27) 診療収入は総収入の 1 割だが,「その他」に含めたメディカル基金 (UWMF) からの収入が診療による報酬を財源とするので, それも含めれば大きい比率となる。
28)「病院は, 教員給与の支払いを助けてくれるし, 学生の訓練を手伝ってくれる。病院は,

病院で働く医師を得るための費用を医学スクールに支払う。（中略）大学が病院に支払うことはない」（ウィスコンシン・医学）。「医学スクールは，M.D. 学生の訓練，研修医訓練，インターン訓練を主催し，彼らは病院でパートタイムで働く。（中略）病院は医学スクールに支払いをする。なぜなら研修医が来て患者の治療をするからだ。医学スクールで訓練を受けた研修医が病院へ行き，患者を診，そういう場合病院は医学スクールにお金を支払う。（中略）実際には，病院は，医学スクールに支払うのに加えて，研修医の給与を支払う。（中略）それら以外は病院との金銭的な関係はほとんどない」（イエール・医学）。

29) イエール大学では「医学スクールのいくつかのデパートメントは臨床サービスを提供する。皮膚科学，内科，これらの臨床サービスを行い，診療収入を得る。それはスクールとデパートメントに入」り，「それは教員給与，デパートメントの支出，スタッフの給与などに使われる」が，「診療収入は，私の理解では，そのほとんどがそれで儲けるデパートメントに入る。医学スクールには税金を納めるだろうが，そのほとんどはデパートメントに留まる」。このため「非常に大きな臨床収入を得るデパートメントもあるし，非常にわずかしかないデパートメントもあり，臨床サービスで損になるデパートメントもある。例えば私のデパートメントは，遺伝学的カウンセリングや遺伝学的サービスを行うが，サービスに要求される時間の合計は支払われる報酬の総額より大きく，遺伝学デパートメントでは，臨床サービスは常に赤字である。しかし，他のデパートメントでは大きな追加的収入になる。それは保険会社の支払いによる。患者が医療を受けるために来て医者に診てもらうことに対していくら支払えるかを保険会社が決める」（イエール・医学）。スクールによっては，スクールを経ない場合もある。「臨床デパートメントの教員は，患者を診ることで，収入を得る。これは医学スクールを通していない。（中略）デパートメントに入る。それは医学スクールの予算ではない」（ボストン・医学）。スクールを経ずにデパートメントに直接に診療収入が入る場合，ボストン大学の場合それは「病院が医学スクールあるいは大学の所有する病院ではないからだ」「病院は医師としての治療の収入から支払うのであり，教育に対して支払うのではなく，治療に対して支払っている」（ボストン・医学）。その場合，「臨床デパートメントは多くの金を獲得できる。（中略）医学スクールは，デパートメントに多くの予算を与えないが，それはデパートメントがディーンの一部とはならない臨床収入を得ることができるからだ。それでディーンはデパートメントに多くを配分しない。病院がデパートメントに資金を供給する。これはハーバードでも，イエールでも，タフツでも同じだ」（ボストン・医学）。

30) 基礎科学の教員よりも「臨床の教員はもっと多くのお金を得る傾向がある。（中略）臨床の教員は補助金を得るだろうが，患者の治療もし，医療から収入を得るからだ」（イエール・医学）。

31)「イエールで働くことの利益は，9か月分の給与が大学によって支払われることである。だが大学が給与を支払う理由は学士学生の教育をしていることとか，教育をよりたくさんしてくれることである。（中略）だから私は大学から給与を得ていない。（中略）多くの教員はここで一日中教育を行っているわけではない。彼らは1学期に授業を一つしか

教えないかもしれない。それは私立大学ならふつうだ」（イエール・医学）。

32) 授業料の使途として，「部分的には学生に支払われるが，訓練給付が学生へのサポートのすべてを支払ってはいないことを思い出して欲しい。授業料収入の一部はその不足分に支出される。またそのいくらかは学生の健康保険にも使われる。デパートメントの資金のいくらかは，セミナーに来た講演者のために，あるいは旅費として支払われ，研究会を開催するのに使われる。多くの出費がある」（イエール・医学）。

33) 基礎科学デパートメントでは「教員のほとんどは Ph.D. 学生のみを教える。例えば，M.D. 学生に神経解剖学を教える神経生物学の教員がいる。M.D. 学生に遺伝学を教える遺伝学の教員もいる。しかし，概ね彼らは基礎科学研究者であり，M.D. 学生とは全く交渉を持たない教員もいくらかいる」。他方で，臨床科学デパートメントには「多くの臨床科学の教員がいる。基礎科学デパートメントにも席を置く内科の教員も何人かいる。そして臨床科学の教員の多くは研究を行い，それは基礎科学の教員と同じだ。（中略）臨床の教員のいくらかは実は Ph.D. を持ち，患者を全く扱わない者もおり，彼らは研究だけをやっている」（イエール・医学）。

34) ウィスコンシン大学の医学スクールでは，「授業料は大学中央に行くが，カレッジに再配分される。しかし，そのほとんどがカレッジに戻ってくる。（中略）例えば大学に来る授業料を100％とすると，およそ80％はカレッジに戻る。20％は大学が使う。オーバーヘッドだ」。M.D. プログラムの財源は主に授業料収入だが，授業料「に加えて，大学は医学スクールに別の資金を配分するが，それは州と連邦政府から来る。州と連邦が大学に資金を送り，大学がそのいくらかを医学スクールに送る。病院は医療実践からの資金を医学スクールに戻す。これらいくつかの財源が医学スクールに資金をよこす。四つの財源がある」（ウィスコンシン・医学）。つまり，授業料収入，州補助金，連邦からの補助金，診療収入の四つの財源である。連邦補助金は，研究助成金のことではなく，「例えば連邦政府は，高齢者の医療，収入のない人の医療などに補助金を出す。われわれはその医療を提供し，医療を提供する医師の養成を支援するために医学スクールに補助金を出す」（ウィスコンシン・医学）ものだが，すべてのスクールがこれを受けているわけではない。一般的には授業料収入，州補助金，診療収入となる。

35)「M.D. の授業料収入は，私の給与には使われない。でも他の誰かの給与にはなっている。M.D. 学生からの授業料はほとんど M.D. 学生の教育に使われる。研究助成金は M.D. 学生の教育には貢献しない。私は M.D. 学生を教えていない。M.D. 学生を教える教員もスクールからは給与をほとんど得ていない」（イエール・医学）。

36) ウィスコンシン大学の医学スクールの副ディーンによれば，「Ph.D. 学生の支援には，3種類の財源があり，研究助成金，大学を通じた州の補助金，大学を通じた授業料である」という。

37) ウィスコンシン大学の医学スクールでは，Ph.D. 学生は「授業料を大学に支払い，それが医学スクールに来る。その授業料を100％とすると，およそ50％が医学スクールに戻る。（中略）その50％というのは歴史的な伝統で決まっている。（中略）M.D. 学生の授業料は年に \$30,000 であり，Ph.D. 学生の授業料は年におよそ \$18,000 だ」（ウィスコンシン・医学）。ただし，Ph.D. 学生には授業料補助が出ている。

38) 同じ州立大学のピッツバーグ大学でも，「医学スクールは，大学院教育オフィス（Office of Graduate Studies）を運営することで大学院プログラムの資金を提供し，Ph.D. の初年度学生にディーン・フェローシップ，授業料，健康保険を提供する。医学スクールから援助を受けない初年度学生は同様に外部のトレーニング・グラント（訓練給付）を受ける。初年度のあとは，大学院生は研究助成金とトレーニング・グラントで支援を受ける」（ピッツバーグ・医学）。
39) 訓練給付と研究助成との関係について，イエールの医学スクールの副ディーンによれば，「ほとんどの Ph.D. 学生は，最初の 1, 2 年は連邦の訓練給付を受ける。訓練給付は，学生への支援であり，スタイペンドの一部と授業料の一部を支払う」「訓練給付を受けない学生のほとんどは，他国からの学生であり，合衆国の市民ではないが，彼らはたいてい大学からのフェローシップを受ける。最初の 1, 2, 3 年は研究助成金ではない。アメリカの学生，アメリカ以外からの学生はみな，3 年生あるいは 4 年生で研究助成金から支払いを受ける。フェローシップは，大学フェローシップと呼ばれるが，文理大学院が提供し，それは基本財産あるいは授業料収入を財源とする。（中略）訓練給付は，学生の最初の 1 年，2 年，3 年間の資金を提供する。学生の時期の最初の半分の資金を提供する。残りの半分の時期は，研究助成金から支払われる。つまり，Ph.D. 学生は学生の時期の半分を研究助成金で支払われ，Ph.D. 学生のほとんどはその半分を訓練給付で支払われ，残りは大学フェローシップで支払われる。（中略）ただし，大学フェローシップは極めて小規模であり，1 学年 80 人のうち 12 人とか 15 人である。（中略）われわれは多くの訓練給付を受けるが，アメリカのすべての大学が多くの訓練給付を受けることができるわけではない。そうした大学では学生はより研究助成金によって支援を受ける。われわれは NIH の訓練給付に関しては非常に選抜性が高い」（イエール・医学）。
40) イエール大学の生物医科学プログラムは，文理大学院との共同プログラムで，文理大学院のデパートメントに居る学生がおり，彼らは TA になることはある。「もし学士プログラムの授業を担当すれば，文理大学院で TA として採用され，その給費は文理大学院の教育予算から支出される。だが，授業で教えようが教えまいが，Ph.D. 学生はみな同じ額の給費を受ける。訓練アシスタントシップ，トレーニーシップを獲得すれば，給費のための一定額が提供されるが，イエールでは，それより多い額を学生に支払う。訓練給付は $20,772 を提供するが，学生は合計 $26,000 を受け取る。その差額は，医学スクールの学生であれば，医学スクールが支払う」（イエール・医学）。
41) このほか授業料収入のなかには「NIH のトレーニング・グラント（訓練給付）がある。〔授業料収入〕$14M のうち $10M は修士学生の授業料で，残りは NIH トレーニング・グラント〔で得た収入から支払われた授業料〕だ」（ボストン・医学）。
42) この「修士プログラムに責任を有するのは各デパートメントであり，各デパートメントが修士プログラムを有する。それぞれに修了要件がある」（ボストン・医学）。
43) MIT のビジネス・スクールでは「収入の内訳について言えば，収入の実質的 50%，60% は授業料から来る」（MIT・ビジネス）。スタンフォード大学でも収入の半分は授業料収入であるという。他方で州立大学では，ペンシルバニア州立大学のビジネス・ス

クールの予算のほとんどは授業料収入と州補助金で占められ，州立のパデュー大学では，州補助金と授業料収入で7割近くを占める。ただし，授業料収入の内容については，スクールによってかなり異なる。

44）ビジネス・スクールの基本財産（大学全体のではない。その一部をなす）はオハイオ州立大学で$125M，ペンシルバニア大学で$700M，コーネル大学では$130M，スタンフォード大学ではおよそ$1,000M（2007/8年）である。

45）ワシントン大学でも，「研究助成金はほとんどなく，研究資金のほとんどはビジネス・スクールを通じて内部で供給される。ビジネス・スクールがエグゼクティブM.B.A.などから資金を生み，研究費を出す。多くの教員が研究費を拠出するためにビジネスをしている。人によって微妙に違うが，例えば私は副ディーンになる前には概ね企業が研究のための費用を支払ってくれた。もちろんその研究は関心を持ってもらわねばならないし，そこから何かしら成果が出ないといけないが，〔企業は〕すべての費用を払ってくれ，しばしば夏の期間の資金をいくらか支払いたいと考えている」「研究とPh.D.教育はほとんどスクールが支えている」（ワシントン・ビジネス）。また，MITですら，「研究は，ビジネス・スクールでは，ふつうは無視できないパーセンテージを占めるが，優位なパーセンテージを占めない。これに対して文理学カレッジではふつうは研究がほとんど授業料に匹敵するか，あるいは授業料収入よりも大きな割合を占める」「このビジネス・スクールでは研究の比率は10％だ。それはビジネス・スクールの中では高い。この比率は年によって変動する。しかしほとんどのビジネス・スクールでは非常に小さな割合になる」（MIT・ビジネス）。

46）オハイオ州立大学のビジネス・スクールでも，「M.B.A.学生は，自分で支払うのがふつうだ。M.B.A.学生にも，スカラーシップをいくらか提供するが，彼らは高い授業料を支払い，それは年に約$15,000だ」（オハイオ州立・ビジネス）。MITでも「M.B.A.学生の多くは自分で支払い，ふつうの修士プログラムではローンを通じて支払う。2年でいなくなってしまう学生に補助を出すのはふつうではない。（中略）多くの2年制の修士プログラムには，1年制の修士プログラムがあるが，それは企業が費用を支払うプログラムだ。あるいはプログラムに在学中に企業に勤めるパートタイム修士プログラムもある。これらは企業が支払う。（中略）スクールの収入の実質的に50あるいは60％は授業料収入である。Ph.D.学生は支払わないので主にM.B.A.学生の授業料だ。（中略）M.B.A.は最大のプログラムであり，700あるいは800名の学生がおり，絶対的な数では授業料収入の最大部分を構成する」（MIT・ビジネス）。

47）「Ph.D.の授業料は，M.B.A.よりも若干低く，大学院の標準授業料だ。Ph.D.の授業料が年に$10,000だと，われわれにとっては$10,000の損失であり，加えてわれわれは彼らに生活手当を年に$25,000支給すると，彼らを教える教員の時間を含める以前に，$35,000の損失になる。それらはすべてコストだ。（中略）実際にはPh.D.学生も授業料を支払う。だが最終的にはスクールがPh.D.のコストをなくすためにスカラーシップやフェローシップを与えることが前提となっている」（ワシントン・ビジネス）。

48）「学士教育に比べて大学院教育にかかる費用と言えば，アシスタントシップなどに関わる授業料免除やスタイペンドの費用，つまり学生支援の費用が学士学生より大きい。ま

た，大学院生とくに M.B.A. の学生のリクルートには説明会や旅費など多くの費用がかかっている」（ペンシルバニア州立・ビジネス）。

49）「Ph.D. 学生への支援が純粋にメリット・ベース〔成績に応じて決まる〕であるのに対して，M.B.A. 学生への支援はメリットではなくニードである」（スタンフォード・ビジネス）。つまり成績ではなく所得など経済状況に応じて支給する。

50）「教員のほとんどは研究助成金を受けていない。ビジネス・スクールが資金を調達し，教員に与える。その額は年に $50 万程度だ」（スタンフォード・ビジネス）。

51）「そのローンの多くは外部の金融機関から調達する。ほとんどの M.B.A. プログラムで，M.B.A. 学生は主要な資金を借りる。（中略）従って，専門職教育は学生が自分で支払うと期待できるので重荷とはならないし，他の教育よりもうまく資金調達がなされている」（コーネル・ビジネス）。

52）例えば「スクールの基本財産は約 $130M であり，25 の寄付基金教授がいる。基本財産は 25 名の教授をサポートする運営資金を提供し，スクールの他の活動をサポートするために教員たちに費やす資金のいくらかを提供する。基本財産は直接に間接に大学院教育をサポートする」（コーネル・ビジネス）。

53）教員の人件費は半分は研究活動に費やされているわけだが，「われわれは研究のミッションを持っており，それは知識を生み普及させることである。それゆえこの活動をサポートする財源は他にも必要だ。それはわれわれの教員たちがとても金がかかることを意味する。それは教員たちが半分の時間を研究に費やすからだ。（中略）平均して教員は年に三つの授業を担当する。その授業に費やすのと同じ時間を研究に費やす。このためわれわれは教員を研究で評価する」（コーネル・ビジネス）。

54）州立大学では州補助金のカットが進み，例えばペンシルバニア州立大学では，大学全体の運営費のなかで州補助金（state appropriation）が占める割合は 10% 程度に過ぎず，スクールの一般資金（運営予算）のなかで州補助金が占める割合は 22% である。

55）ミシガン大学の教育スクールでも，「州は大学に資金を配分し，大学院教育を含む教育プログラムのために使われるが，それは大学の収入のほんの一部に過ぎない。大学の予算の 25% に過ぎない。残りの 75% の予算は他からの財源による」（ミシガン・教育）。他からの財源は主に授業料収入である。

56）「主要な財源は三つある。一般資金（general fund），研究助成金（research fund），基本財産収入や寄付金（development money）である。学生は，これら三つの財源で，支援を受けることができる。もし博士学生が教育スクールに入ってきたとすると，博士学生にはふつう 5 年支援パッケージを提供する。そのパッケージでは，5 年間は 50% アシスタントシップを与える。ミシガン大学では，25% かそれ以上のアシスタントシップがあると，授業料と健康保険がすべてカバーされるようになっている」（ミシガン・教育）。

57）「そしてわれわれは，このパッケージに対して，博士学生が支援を受け続けるためには，4 年目の最初までに博士候補にならねばならない，支援を受け続けるには博士プログラムの間は学問的な進展を絶えず示さねばならないと考えている。修士学生もアシスタントシップを受けることができる。（中略）しかし，RA シップと TA シップを得ることは博士学生が優先される」（ミシガン・教育）。

58) 「RAシップは全額を研究助成金で支払われるが、アシスタントシップを混ぜることはしない。二つの補助金があって、それぞれが一人のアシスタントシップを支援するのに必要な額の半分しかない場合に、資金を一緒にして、一人の大学院アシスタントを雇用し、彼あるいは彼女がこのプロジェクトで10時間、あのプロジェクトで10時間仕事をする、というようなことは起こるかもしれない。こうしたことはたまに起こるが、ふつうは補助金が混合されることはない」(ミシガン・教育)。

59) 「科目を一つ教えるTAを持つと、おそらく学期中に2, 3科目を担当し、$12,000と授業料を負担する。〔あなたの在籍する〕ペンシルバニア州立大学で大学院アシスタントを雇って3科目を教えさせるためには恐らく$20,000必要だろう。もしそれを教員を雇ってやるとすると、$60,000, $80,000, $100,000を支払うことになろう」(ミシガン・教育)。

60) ペンシルバニア州立大学の教育のスクールでも、「学士プログラムと大学院プログラムの違いは、学生への経済的支援である。大学院プログラムでは、博士レベルでは典型的だが、アシスタントシップを得る。そこでは学士のレベル、あるいは修士のレベルで起きていることとは異なるレベルの経済的支援が行われる。修士レベルでこうした経済的支援を得るプログラムは多くなく、修士学生でアシスタントシップのような支援があるプログラムはただ一つであり、カレッジ学生問題プログラム(College Student Affairs program)だけである」(ペンシルバニア州立・ビジネス)。

61) 「ごくわずかだがアシスタントシップを得る修士学生もいる。修士レベルには多くの留学生がいるが、彼らは自分たちの国からサポートを受けている。これに対してアメリカ人のフルタイムの修士学生は多くはない」(インディアナ・教育)。

62) 「アシスタントシップを得ることができるのはPh.D.学生の半数だ。およそ半数がTAシップかRAシップを得て、残りの半数は自分で支払っている」(インディアナ・教育)。

63) フルタイムの博士学生でも自らが学費を払う学生がある程度いる。「私の領域、数学教育では、ほとんどの学生はフルタイムの学生であり、ほとんどアシスタントシップを得たり経済的支援を受ける。あるいは留学生であれば自分たちの国の政府から支援を受ける。その数学教育の博士プログラムでも自分で支払う学生が恐らく20%くらいはいる」(インディアナ・教育)。

64) ハーバード大学の教育スクールでは、「博士学生は資金を得る機会がより多くある。博士学生は年に40, 45, 50名が入学するが、その25%は学長フェローシップを受ける。今年は博士学生のうち12名が学長から提供された補助を受けた。彼らは最初の4年間授業料を全く支払わない。彼らは授業料免除とスタイペンドを得る。他にも資金があり、われわれの博士学生は初年度には基本的には一銭も支払わない。初年度にわれわれは授業料免除と多少のスタイペンドを与える。その後の学年では、博士学生の80%が、授業料をサポートする何らかの経済的支援を受ける。授業料の半分から全額の補助を受け、ティーチング・フェロー(Teaching Fellow)になって教えることもできるし、研究をすることもできる。彼らの大部分がティーチングと研究を通じて資金を得る。このスクールに学士プログラムはないが、修士や博士の学生を教える。修士の学生がとる授業

注（第 10 章） 453

では，博士学生がティーチング・フェローになる。それは TA と同じだ。その財源はスクールの運営費予算であり，基本財産収入その他から資金を得，それに加えて，博士学生は助成を受けた教員の研究プロジェクトに関わる。教授が学生を雇用すると，学生はその研究に従事することで $40,000 を得る」（ハーバード・教育）。

第 10 章　大学院教育の経済的基盤の特徴

1) 全米科学基金（NFS），国立衛生研究所（NIH），航空宇宙局（NASA）などの連邦関連機関からの研究助成金や受託研究が大部分で，企業からの資金もある。研究助成金だけでなく，医学スクールなどでは，Ph.D. 学生に対する連邦政府の研究訓練給付制度（Research Training Grant）や M.D.-Ph.D. プログラムの学生のための医科学者訓練プログラム（Medical Scientist Training Program）もある。また，研究助成金を獲得できない分野で，一般資金から RA を雇用することもなくはない。

2) 例えば，CUPA-HR（College and University Professional Association for Human Resources）の調査によれば，4 年制大学の教授の給与は（2010/1 年），いくつか多い順に言えば，法律（Legal professions and studies）$134,162，ビジネス（Business, management, marketing, and related support services）$111,521，工学（Engineering）$114,365，保健関係（Health professions and related clinical sciences）$95,437，社会科学（Social sciences）$89,858，物理学（Physical sciences）$89,280，数学（Mathematics and statistics）$84,942，教育（Education）$83,748，教養関係（Liberal arts and sciences, general studies, and humanities）$83,573，歴史学（History）$82,202 といったところである。以上，The Chronicle of Higher Education, July 22, 2007 より（http://chronicle.com/article/Average-Faculty-Salaries-by/126586/，2013 年 3 月 30 日アクセス）。

3) ハーバードの法律スクールでは，「このスクールには学生が 1,700 人いる。学生数はわれわれ自身で決めることができるが，完全な自由ではなく，大学の執行部と相談する」（ハーバード・法律）。

4) 学士プログラムの学生数もスクールが決めるケースもある。ジョンズ・ホプキンズ大学の工学スクールでは，「われわれは学士学生の数を決めることができる。パートナーのスクールである文理学スクールと相談して決めねばならないが，大学中央に許可を求めることはしない。パートナーの文理学スクールのところに行くだけだ。学士学生数の増加の主な制約はこの部分だけだ」，他方で，「Ph.D. 学生の数は，完全にではないが，おおむね研究助成金によって決まる。もし RA のスタイペンド（生活費等手当）や健康保険と共に授業料フェローシップを提供できる時だけ，Ph.D. 学生を持てる。それは教員の研究資源による」（ジョンズ・ホプキンズ・工学）。

5) インディアナ大学の法律スクールでも，「授業料の額は理事会で決定される。われわれは理事会にリクエストする。次年の授業料はたいてい一連のガイドラインに沿う。例えば，授業料を 20% 増額する必要があると考えたら，これまで 20% 増額を願い出ることができたことはないが，理事会は普通 10% 以内になるように私〔ディーン〕に要請する。そのように理事会は授業料を設定し，学士プログラム，大学院プログラム，プロフェッショナル・スクールに別々の授業料を設定する」（インディアナ・法律）。

6) イリノイ大学の工学のスクールでは，州立大学なので，大学全体の標準授業料があるが，工学スクールは独自の追加授業料「授業料サプリメント（tuition supplement）」が採用されている。「それは，われわれが要求することができるが，大学と理事会で承認されねばならない。交渉と承認が必要だ。実際に2年前に$500から$2,500へと大きく増額された。その交渉や承認は大変だった。ディーンはプロボストのところに行き，プロボストは理事会に行かねばならなかった。しかし，いったん大きな増額があると，あとは他の授業料と同じように，授業料サプリメントも一般の授業料と同じ値上げ率で値上げされる」。オハイオ州立大学の工学のスクールでも追加の特別費用（special fees）があり，「われわれは授業料を変えることはできないが，四半期ごとに$110の特別経費あるいは技術費用（technology fees）をとることができ，授業料の差別化にいい理由になっている」（イリノイ・工学）。

7) ジョンズ・ホプキンス大学の工学スクールの授業料額は「デューク大学やスタンフォード大学などの授業料とは大きな違いはない。$30,000のうち$2,000の程度である。大学内部では大きく違う。この大学には，学士プログラムを提供する五つのスクールがある。工学，文理学は一つの授業料であり，看護学は全く違う授業料である。EPPプログラムも違う。われわれは非常に慎重に過去の費用の歴史，現在の費用，ライバルのスクールの費用をみて，市場の評価を行う。変数としては，授業料額よりも学生数がより大きく変化する。ドット・コム・ブーム後は学生数は減少した。市場の動向が重要だ。もし企業が倒産したら，彼らは学生の授業料を支払えないからだ。非常に市場にセンシティブであり，注意が必要だ」（ジョンズ・ホプキンス・工学）。

8) ビジネス・スクールでは「1990年代後半のストックマーケットがバブルのときに，各会社は各大学に高額な資金を持ってエグゼクティブ・プログラムに送り込んで，エグゼクティブ・プログラムは盛んになった。いまは落ちついていて，そんなに拡大できない。収入に占める比率はわからないが，低い」（ペンシルバニア州立・ビジネス）。

9) ビジネス・スクールの教員給与が高額であることは，「スクールでも最も大きな問題の一つだ」（ワシントン・ビジネス）とされるが，それがエグゼクティブなど収益性の高いプログラムの拡大を促してきたという。「スクールには，収入を増やすために修士プログラムの規模を拡大するインセンティブが存在する。アメリカにおけるビジネス・スクールのコミュニティを見渡せば，アメリカのビジネス・スクールがより多くの資金を得る場所は，このほかエグゼクティブ・プログラムであり，非学位プログラムであることがわかる。その結果，それらのプログラムを得ようと企業化する。資金を獲得するためには，修士プログラムの規模を拡大するインセンティブがある。収入を増やすためにエグゼクティブ・プログラムを持つインセンティブがある。こうしたことが，追加の収入を生むことに成功したスクールが増え，それが支配的になることを可能にした」（ワシントン・ビジネス）。

10) 内部補助の検証方法として，内部補助がない（subsidy-free）ことを検証する方法に，一般に「単独採算費用（stand alone cost）テスト」と「増分費用（incremental cost）テスト」がある（大阪市立大学経済研究所編1998，1018頁）。

11) 「学士教育の支出に三つの大きな部分がある。三つの大きな部分とは，まず教員の給与，

注（第10章）　455

　　　紙代，教室など教育のためのすべての支出であり，収入の半分を占める。この収入の4分の1の部分は，ジョンズ・ホプキンズで学びたいがその余裕のない家庭への援助にあてられる。この部分は，豊かな大学と貧しい大学との大きな違いである。イエール，ハーバード，デュークなど非常に豊かな大学ではこの援助の部分は授業料から来るのではなく，基本財産から来る。われわれもいくらかは基本財産から出す。教育に半分費やし，学生への経済的支援に4分の1を費やし，それからこれはアメリカでは非常に重要なことなのだが，学生生活への支出である。スポーツ，クラブ，組織などを有することは重要である。学生に医療および精神科的サービスを提供する。（中略）教育への支出とは，教員の給与，TAである」（ジョンズ・ホプキンズ・工学）。

12) ジョンズ・ホプキンズの工学のディーンは，内部補助の難しさを以下のように言う。「学士教育プログラムは大学院教育にとって重要だ。しかし，〔内部補助が成り立っているかどうかは〕極めて複雑だ。例えばオーバーヘッド，間接経費は，異なる場所へ行く。3分の1はデパートメントに行く。半分はディーンに，6分の1は中央執行部に行く。実際には，このいくらかは教育に支出するために使われ，しかし学士プログラムの授業料収入のいくらかも，教員の給与に支払われ，研究にも使われる。従って多くのミックスしたことが進んでいる。しかしそれを分けることは難しい。しかしおそらく理解すべき最も重要なことは，全く研究を除外して教育を行おうとすると，それを運営することはできないであろうことだ。ラボラトリーは教育のためにも研究のためにも使う。教員たちは自分の給与を研究資金で上乗せする。もし教育なしですべての研究をしようとしても，それを運営することは不可能だ。（中略）要するに，収入に関しては，研究グループが必要であり，教育収入が必要であり，しかし，そのことは柔軟であるがゆえに大変役立っている」（ジョンズ・ホプキンズ・工学）。

13) ビジネス・スクールに学士プログラムのない「コーネルは，学士プログラムが大学院プログラムのために支払うという場ではない。〔大きな学士プログラムを持つ〕ペンシルバニア州立大学とは違う。また〔工学や自然科学などの専門分野では〕大学院プログラムは外部からの研究助成金でより多く支えられる。工学の教授は外部の連邦助成金や企業からの補助金など何でも得ることができよう。そしてそれらの助成金をラボで働く多くの博士学生をサポートするために使うであろう。そして学生たちは時を経て学位を得るが，その仕事の対価としてフルに補助を受け，学士プログラムから資金を得る必要はない。確かに，コーネルでも，学士プログラムが間接的に大学院生を財政的に補助するカレッジが一つや二つはあるかもしれない。しかし，ここではそれは主流ではない。それはペンシルバニア州立大学でのことだし，私はイリノイ大学でPh.D.を取得したが，そこでは学士プログラムが明らかに大学院プログラムをサポートしていた」（コーネル・ビジネス）。

14) 基本財産や寄付金は，純粋に学問や文化の振興のために提供される場合もあるが，法律やビジネスのスクールでは，高額所得を得る卒業生が出身スクールを支援し（それが自らの地位を高めることにつながる）寄付しているという側面があり，それはJ.D. あるいはM.B.A. が卒業後にJ.D. プログラムやM.B.A. プログラムを支援しているということなので，受益者負担的な色彩がある。

第 11 章　スクールの大学院経営

1) 大学の経営行動については，機関レベルで威信最大化，複数の値関数最大化などのモデルでとらえた Garvin（1980），Hopkins and Massy（1981）とブレネマン（訳書 1996），コスト収入理論の Bowen（1980），デパートメント・レベルの威信最大化行動を捉えた Breneman の研究（Balderston 1995, p.105）などがあるが，多様な大学院プログラムを有するスクール間の比較を行ったものはない。

2) ビジネス・スクールにおいては，Ph.D. が重視されているが，Ph.D. プログラムが直接にランキングなどの評価に影響するというわけではない。「〔雑誌の〕ビジネス・ウィークの評価には，研究の要素は小さい。研究は，ディーンの評価に影響を与えることで間接的にランキングに影響する。ディーンの評価は研究に基づき，Ph.D. を有する教員の割合が重要だ」（ワシントン・ビジネス）。教員の評価には研究評価が重要で，実際にビジネス・スクールでも研究大学であればほとんどの教員が Ph.D. を有している。現在では「テニュア・システムがあって，活発な研究者でなければテニュアをとることはできない。リベラル・アーツの研究者にとって研究はずっと非常に重要であったが，ビジネス・スクールでは，60 年代，70 年代に重要になった。60 年代に二つの重要なレポートが出された。一つは，ハウエル・レポート（The Gordon-Howell report of 1959）と呼ばれ，もう一つはフォード財団レポートである。それらは 60 年代のビジネス・スクールの教育が基本的にひどい状態であり，研究に基づいていないことを報告した。この報告書に対応して，ビジネス・スクールは研究志向に大きくシフトした。それ以来主要な研究大学のビジネス・スクールは非常に研究志向である」（ワシントン大学・ビジネス）。なお，インタビューでは，ハウエル・レポートとフォード財団レポートとなっているが，ビジネス・スクールの水準問題で有名になったのは，しばしば，フォード財団によるハウエル・レポート（The Gordon-Howell report, "Higher Education for Business" report）と，カーネギー財団・レポート（"The Education of American Businessmen: A Study of University-College Programmes in Business Administration"）である。

3) オハイオ州立大学のビジネスのディーンによれば，「〔Ph.D. について〕「困難なことは，教員が行う研究以上には，見返りがなさそうだということである。実際，私はあるメジャーな研究大学の一つで評価に関わっており，アメリカでは主要な Ph.D. 提供大学である。そこのディーンは，彼が訓練した Ph.D. 学生からは何も見返りを得ることはない，と嘆いていた。それは，もしわれわれが Ph.D. 取得者を雇用したら，われわれは彼を訓練したことに対してそのディーンにいくらかの金額を支払うべきだというようなことだ。それはある程度真実であり，Ph.D. 訓練というのは，公共的な利益のために博士学生を訓練するというようなものだ。なぜなら学生に，訓練するフルコストを課すというのは，あまりに禁じ手であって誰もしないことだからだ。Ph.D. 学生の訓練の費用は 1 年に $100,000 以上であり，われわれは彼らにそれを支払わせることはできないし，別の大学にそれを支払わせることもできない。それでわれわれは次世代の研究者と次世代の教授を訓練しようとしてきた」（オハイオ州立・ビジネス）。

4) 給与における付加給付の負担の大きさも，研究助成金への依存を控える要因になっているようだ。「この大学のシステムはこうなっている。もし州や授業料から給与が支払わ

れると，州は退職金，医療その他の付加給付を支払う。もしそれを他の財源から支払うと，もう50％が必要となる。(中略) もし私がディーンとして給与に1ドルを使うとすると，私は州からの資金から1ドル差し引く。もし研究助成金から出すとすると，ほぼ1ドル50セントを差し引く。それは，私はディーンとして大学に対して付加給付分を支払わねばならないからだ」(イリノイ・工学)。

5) だが，ビジネス・スクールでも，全体のバランスを考えながらよりPh.D.を優先させるスクールもある。MITのビジネス・スクールでは，「収入の上でどのプログラムが重要か，という決定はしない。M.B.A.は最大のプログラムであり，700あるいは800名の学生がおり，絶対的な数では授業料収入の最大部分を構成する。しかし，それを単に収入があるから重要だと考えるわけではない。どのプログラムがスクールに対して知的な貢献をするのかという問題がある。その点では将来の教員を生む博士プログラムが，われわれがその負担を負わされるとしても，最もスクールにとって重要だと強く主張するだろう」(MIT・ビジネス)。

6) 規模が小さく，スクールが比較的集権的に運営を行っている，ハーバードの教育スクールでは，専門職系の修士プログラムを重視し，修士学生からの収入が博士プログラムを支えていることを踏まえて，以下のようにバランスを考えている。「博士学生の数を決める時には，確かに修士学生の数を考慮する。しかし，それは差し迫った意思決定ではないし，毎年毎年なされるわけではない。われわれはスクールの目標が何か，何がしたいのか，修士プログラムと博士プログラムの相対的な比率をどうするのか，を決めるし，どのように運営するのかも決める。しかし，われわれのスクールは圧倒的に授業料に依存するので，このスクールのすべての活動の資金を提供するには適切なサイズの修士プログラムが必要となることは言うまでもない」(ハーバード・教育)。

終　章　大学院教育の基盤の変化と日本への示唆

1) 大学院教育の問題については，専門職学位を除くと，第3章でも述べた，大学院協議会やカーネギー財団などの団体によるプロジェクトをたどるとよくわかる。Ph.D.の達成度の改善策，Ph.D.の学際化，人文学や社会科学におけるPh.D.教育，大学院教育 (Ph.D.) の国際化，博士教育におけるデパートメントの意義，Ph.D.プログラムの成果と評価などさまざまである。例えば，Ehrenberg and Kuh eds. (2009), Ehrenberg et al. (2010), Walker et al. (2008), Maki and Borkowski eds. (2006), Golde (2005), Lattuca (2012) などを参照。

2) Slaughter and Leslie (1999), スローター＆ローズ (訳書2012), Geiger (2004), Ehrenberg (2002), Zemsky et al. (2005), ボック (訳書2004), Clark (1998), エツコウィッツ (訳書2009), 上山 (2010) などを参照。

3) 実際に，某州立研究大学の工学スクールの研究室に，研究費のスポンサーの企業から派遣された研究員と話をする機会があったが，研究プロジェクトの監視と監督のために派遣され，役に立たない大学院生は外すように教授に注文しているということであった。

4) 大学院教育の国際化については，Stephan and Ehrenberg eds. (2007) のChapter 6でアメリカの科学における海外からの留学生Ph.D.学生の重要性，Chapter 7で，留学生が国

内学生を締め出しているかどうか，について分析があり，Chapter 9, 10 で，国内で変化しつつある人種構成を踏まえて大学院生の出自の変化を分析している。Ehrenberg and Kuh eds. (2009) の Chapter 15, 16, 17 でも博士教育の国際化が論じられている。また，National Academies (2005) に大学院（特に自然科学，工学，数学）の国際化の現状の概要がある。
5) 博士 Ph.D. プログラムの学際化に関し，その問題の背景や焦点，先行研究などについては，Lattuca (2012) などを参照。

参考文献

和文献

阿曽沼明裕　2004．「政府の資源配分と大学院」江原武一・馬越徹編著『大学院の改革』東信堂，79-101 頁．

阿曽沼明裕　2007．「米国コロラド州における高等教育に対する州政府補助金――高等教育におけるバウチャーの試み」『高等教育のファンディング・システムの国際比較』（『大総センターものぐらふ』8）東京大学大学総合教育研究センター，165-179 頁．

阿曽沼明裕　2009．「曖昧な Ed.D.」『高等教育マネジメント』第 3 号，名古屋大学大学院教育発達科学研究科教育科学専攻高等教育マネジメント分野，102-106 頁．

阿曽沼明裕　2010．「米国研究大学における教員組織の位置と役割」有本章編『21 世紀型アカデミックプロフェッション構築の国際比較研究』（科研費研究成果報告書），45-59 頁．

阿曽沼明裕編　2010．『大学と学問――知の共同体の変貌』（『リーディングス　日本の高等教育』第 5 巻）玉川大学出版部．

天野郁夫　1994．『大学――変革の時代』東京大学出版会．

天野郁夫　2004．「専門職業教育と大学院政策」『大学財務経営研究』第 1 号，3-49 頁．

天野郁夫　2005．「日本の大学院問題」『IDE　現代の高等教育』No. 466，5-13 頁．

荒井克弘　1989．「科学技術の新段階と大学院教育」『教育社会学研究』第 45 集，35-50 頁．

荒井克弘　1995．「理工系人材養成の高度化」中山茂・後藤邦夫・吉岡斉編『通史日本の科学技術』第 4 巻，学陽書房，271-281 頁．

荒井克弘　1999．「大学院の重点化と研究マンパワー」中山茂・後藤邦夫・吉岡斉編『通史日本の科学技術』第 5-II 巻，学陽書房，571-585 頁．

有本章　2005．「大学院教育に関する研究――回顧と展望」『大学論集』第 36 集，広島大学高等教育研究開発センター，83-105 頁．

飯島宗一・西原春夫・戸田修三編　1990．『大学設置・評価の研究』東信堂．

井門富士夫　1985．『大学のカリキュラム』玉川大学出版部．

市川昭午・喜多村和之編　1995．『現代の大学院教育』玉川大学出版部．

伊藤敏雄　1999．『米国近代大学史研究』風間書房．

上山隆大　2010．『アカデミック・キャピタリズムを超えて――アメリカの大学と科学研究の現在』NTT 出版．

潮木守一　1973．『近代大学の形成と変容――19 世紀ドイツ大学の社会的構造』東京大学出版会．

潮木守一　1992．『ドイツの大学　文化史的考察』講談社．

潮木守一　1993．『アメリカの大学』講談社．

潮木守一　1999．「日本における大学院教育と研究組織」クラーク，B. R. 編（潮木守一監

訳)『大学院教育の研究』東信堂，409-441頁（原書1993).
潮木守一　2007.「フンボルト理念とは神話だったのか──パレチェク仮説との対話」『大学論集』第38集，広島大学高等教育研究開発センター，171-187頁.
内海隆　1983.「トマス・ジェファスンの高等教育観の考察──ヴァージニア大学の設立過程を通して」『教育学雑誌』17，日本大学教育学会，213-223頁.
浦田広朗　2004.「拡大する大学院」江原武一・馬越徹編著『大学院の改革』東信堂，31-49頁.
浦田広朗　2005.「大学院教育への需要」山野井敦徳・藤村正司・浦田広朗『日本の大学教員市場再考──現在・過去・未来』広島大学高等教育開発センター，47-54頁.
エツコウィッツ，H.（三藤利雄・堀内義秀・内田純一訳）2009.『トリプルヘリックス──大学・産業界・政府のイノベーション・システム』芙蓉書房出版（原書2009).
江原武一　2008.「アメリカの大学院教育改革」『立命館高等教育研究』第8号，109-121頁.
江原武一・馬越徹編著　2004.『大学院の改革』東信堂.
エンジェル，アーサー　2000.「イングランドの大学と専門職教育」ヤーラオシュ，コンラート・H. 編著（望田幸男・安原義仁・橋本伸也監訳）『高等教育の変貌1860-1930　拡張・多様化・機会解放・専門職化』昭和堂，289-303頁（原書1983).
遠藤克弥　1987.「トマス・ジェファソンの高等教育政策──ヴァージニア大学の設立と実践をめぐって」『慶応義塾大学大学院社会学研究科紀要』27，77-86頁.
大阪市立大学経済研究所編　1998.『経済学辞典　第3版』岩波書店.
隠岐さや香　2011.『科学アカデミーと「有用な科学」──フォントネルの夢からコンドルセのユートピアへ』名古屋大学出版会.
小野次男　1976.『アメリカ教師教育史序説』啓明出版.
加藤毅　2007.「融化する若手大学教授市場」山野井敦徳編著『日本の大学教授市場』玉川大学出版部，289-316頁.
金子忠史　1994.『新版　変革期のアメリカ教育〔大学編〕』東信堂.
金子元久　1995.「日本における大学の教育研究組織──分析の枠組みと仮説」山本真一（研究代表者）『大学における研究機能の発展と変容に関する調査研究』（科研費研究成果報告書)，165-174頁.
金子元久　2007.『大学の教育力』ちくま新書.
ガルブレイス，J.（梅津祐良訳）1980.『横断組織の設計──マトリックス組織の調整機能と効果的運用』翔泳社（原書1973).
川嶋太津夫　1998.「大衆化する大学院」佐伯胖・佐藤学・浜田寿美男・黒崎勲・田中孝彦・藤田英典編『変貌する高等教育』（岩波講座　現代の教育　第10巻）岩波書店，197-220頁.
カンファレンス・ボード編（日本能率協会訳）1980.『マトリックス組織──その適用と運営の実際』日本能率協会（原書1979).
ガンポート，P. J.　1998.「大学院教育──変化する環境と変化する状況」アルトバック，P. G.／バーダール，R. O.／ガンポート，P. J.編（高橋靖直訳）『アメリカ社会と高等教

育』玉川大学出版部，299-330 頁（原書 1994）．
ガンポート，P. J. 1999a．「アメリカの大学院教育と組織的研究」クラーク，B. R. 編（潮木守一監訳）．『大学院教育の研究』東信堂，309-355 頁（原書 1993）．
ガンポート，P. J. 1999b．「大学院教育と研究の至上命令——アメリカの場合」クラーク，B. R. 編（潮木守一監訳）．『大学院教育の研究』東信堂，356-406 頁（原書 1993）．
喜多村和之 1990．「アメリカにおける大学設置認可と大学評価」飯島宗一・西原春夫・戸田修三編『大学設置・評価の研究』東信堂，149-170 頁．
喜多村和之 1994．『現代アメリカ高等教育論——1960 年代から 1990 年代へ』東信堂．
ギボンズ，マイケル編著（小林信一監訳）1997．『現代社会と知の創造——モード論とは何か』丸善（原書 1994）．
クラーク，B. R. （有本章訳）1994．『高等教育システム——大学組織の比較社会学』東信堂（原書 1983）．
クラーク，B. R. 編（潮木守一監訳）1999．『大学院教育の研究』東信堂（原書 1993）．
クラーク，B. R. 編（有本章監訳）2002．『大学院教育の国際比較』玉川大学出版部（原書 1995）．
クーン，T.（中山茂訳）1971．『科学革命の構造』みすず書房（原書 1970）．
高等教育研究グループ編 1998．『生涯学習活動の促進のための大学院制度の弾力化に関する調査研究』（文部省生涯学習局委嘱「生涯学習活動の促進に関する研究開発」成果報告書）．
高等教育研究所編 1994．『理工系大学院と自己評価——アメリカの大学院調査から』『高等教育研究紀要』第 14 号．
コース，R. H.（宮沢健一・後藤晃・藤垣芳文訳）1992．『企業・市場・法』東洋経済新報社（原書 1988）．
児玉善仁 2007．『イタリアの中世大学——その成立と変容』名古屋大学出版会．
小林信一 1994．「大学院の機能と学生援助政策」矢野眞和（研究代表者）『高等教育の費用負担に関する政策科学的研究』（科研費研究成果報告書），123-138 頁．
小林信一 1995．「大学院への進学と大学院生の就職」市川昭午・喜多村和之編『現代の大学院教育』玉川大学出版部，52-75 頁．
小林信一 2004a．「若手研究者の養成——当たらない予言」『高等教育の展望と課題』（高等教育研究紀要 19），62-70 頁．
小林信一 2004b．「大学院重点化政策の功罪」江原武一・馬越徹編著『大学院の改革』東信堂，60-64 頁．
小林雅之 2009．「大学院生の経済的支援」『IDE 現代の高等教育』No. 512, 16-21 頁．
斉藤稔 1993．「アルテス・メカニケー」（技芸）から「アルテス・リベラーレス」（自由学芸）へ［I］『広島大学教育学部紀要』第二部，42, 273-282 頁．
斉藤稔 1994．「アルテス・メカニケー」（技芸）から「アルテス・リベラーレス」（自由学芸）へ［II］『広島大学教育学部紀要』第二部，43, 373-384 頁．
齋藤安俊 1995．「アメリカにおける工学系の上級学位」『学位研究』第 5 号，3-57 頁．
坂本賢三 1983a．「学問の分類」伊東俊太郎・坂本賢三・山田慶児・村上陽一郎編『科学史

技術史辞典』弘文堂，189頁．
坂本賢三　1983b．「技術史」伊東俊太郎・坂本賢三・山田慶児・村上陽一郎編『科学史技術史辞典』弘文堂，251-252頁．
坂本賢三　1984．『科学思想史』岩波書店．
佐々木力　1983．「科学革命」伊東俊太郎・坂本賢三・山田慶児・村上陽一郎編『科学史技術史辞典』弘文堂，165-167頁．
佐々木力　1985a．『科学革命の歴史構造　上』岩波書店．
佐々木力　1985b．『科学革命の歴史構造　下』岩波書店．
佐々木力　1996．『科学論入門』岩波書店．
佐野正博　1989．「科学をめぐるイデオロギーの形成──科学・技術についての19世紀における社会的意識」成定薫・佐野正博・塚原修一編著『制度としての科学　科学の社会学』木鐸社，15-42頁．
ジェファーソン他（真野宮雄・津布楽喜代冶訳）　1971．『アメリカ独立教育論』明治図書．
シェルスキー，H．（田中昭徳・阿部謹也・中川勇治訳）　1970．『大学の孤独と自由』未来社（原書1963）．
島田雄次郎　1990．『ヨーロッパの大学』玉川大学出版部．
清水一彦　1992．「アメリカの大学院における学位制度の現状と動向」『大学研究』No. 9, 205-221頁．
新堀通也編　1999．『夜間大学院──社会人の自己再構築』東信堂．
スローター，S. & ローズ，G．（成定薫監訳）　2012．『アカデミック・キャピタリズムとニュー・エコノミー──市場，国家，高等教育』法政大学出版局（原書2004）．
仙波克也　1967．「アメリカの高等教育における職業技術教育の発達」『広島大学教育学部紀要』第一部，16, 91-101頁．
仙波克也　1974．「19世紀後半のアメリカの大学院教育制度の展開」『福岡教育大学紀要　第4分冊　教職科編』23, 1-13頁．
仙波克也　1988．「19世紀後半期における国有地賦与大学と大学院教育の開始──19世紀後半のイリノイ大学を中心として」アメリカ教育史研究会編『アメリカ教育における等質とエクセレンス追求の史的研究』，107-116頁．
大学院協議会編（舘昭訳）1994．「大学院教育の組織と管理運営」『高等教育研究紀要』第14号，高等教育研究所，116-141頁（原書1990）．
ダウマ，S. & シュルーダー，H．（岡田和秀・渡部直樹・丹沢安治・菊沢研宗訳）　1994．『組織の経済学入門』文眞堂（原書1991）．
髙木英明　1979．「アメリカにおける大学院教育の制度化──その歴史的背景」『特別研究　大学院の研究──その2』国立教育研究所，143-155頁．
高橋憲一　1983．「自由学芸」伊東俊太郎・坂本賢三・山田慶児・村上陽一郎編『科学史技術史辞典』弘文堂，448-449頁．
舘昭　1994．「アメリカの大学院の制度と組織」『高等教育研究紀要』第14号，高等教育研究所，1-10頁．
舘昭　1995．『現代学校論　アメリカ高等教育のメカニズム』放送大学教育振興会．

舘昭　1997．「アメリカの大学院組織」『学位研究』第6号，1-21頁．
舘昭　2004．「社会のプロフェッショナル化と大学——professional school に関する一考察」『高等教育研究』第7集，玉川大学出版部，7-12頁．
舘昭　2006．『原点に立ち返っての大学改革』東信堂．
舘昭　2007．『改めて「大学制度とは何か」を問う』東信堂．
立川明　1981．「19世紀アメリカの大学と科学——ニュー・イングランドのディレンマとロウレンス科学校の開設」『大学史研究』第2号，22-33頁．
田中義郎　1989．「アメリカの大学における伝統型専門職教育機関の形成および発展に関する一考察」『大学史研究』第5号，22-32頁．
ツィルゼル，エドガー（青木靖三訳）　1967．『科学と社会』みすず書房（原書1967）．
筑波大学大学研究センター　1992．『わが国における大学院発展の可能性——グラジュエトスクールとプロフェッショナルスクールの比較の視点を中心にして』（『大学研究』第9号）筑波大学大学研究センター．
デイビス，S. M. & ローレンス，P. R.（津田達男・梅津祐良訳）　1980．『マトリックス経営——柔構造組織の設計と運用』ダイヤモンド社（原書1977）．
中山茂　1974．『歴史としての学問』中央公論社．
中山茂　1994．『大学とアメリカ社会——日本人の視点から』朝日新聞社．
中山茂　1998．「実技と研究」『IDE　現代の高等教育』No. 402，61-67頁．
成定薫　1982．「欧米における科学の制度化と大学改革——フランス・ドイツ・イギリス・アメリカ」渡辺正雄編『科学の世界——その形成と展開』共立出版，216-239頁．
成定薫・佐野正博・塚原修一編著　1989．『制度としての科学　科学の社会学』木鐸社．
日本教育大学協会編　2005．『世界の教員養成 II』学文社．
日本労働研究機構編　1997．『大学院修士課程における社会人教育』．
パーキン，H. J.（有本章・安原義仁編訳）　1998．『イギリス高等教育と専門職社会』玉川大学出版部．
橋本鉱市　2002．「米国における専門職学位プログラム——教育系プロフェッショナルスクールのEd.D.」『学位研究』第16号，95-104頁．
橋本鉱市　2008．『専門職養成の政策過程——戦後日本の医師数をめぐって』学術出版会．
ハスキンズ，C. H.（青木靖三・三浦常司訳）　1977．『大学の起源』社会思想社（原書1957）．
羽田積男　1992a．「19世紀後半アメリカにおける国立大学設立論——ジョン・ホイトの国立大学論形成を中心として」『教育学雑誌』41，日本大学教育学会，1-17頁．
羽田積男　1992b．「19世紀後半アメリカにおける国立大学設立論争——チャールズ，エリオットの反対論を中心として」『日本大学教育制度研究所紀要』23，1-24頁．
羽田積男　1995．「ダニエル・ギルマンと国立大学設立運動」『大学史研究』第11号，38-48頁．
羽田積男　2000．「創設期ジョンズ・ホプキンス大学における学位 Ph.D. の創造」『研究紀要』，日本大学文理学部人文科学研究所，191-205頁．
バターフィールド，H.（渡辺正雄訳）　1978．『近代科学の誕生』上・下，講談社（原書

1957).
濱中淳子　2002.「1990年代における社会科学系修士課程の拡大メカニズム――政策と現実」『教育社会学研究』第71集，47-65頁.
濱中淳子　2009.『大学院改革の社会学』東洋館出版社.
早川操　1991.「19世紀末アメリカ研究大学におけるPh.D.プログラムの成立とその研究能力観」アメリカ教育史研究会編『アメリカ高等教育における能力観と制度変革とに関する史的研究』，72-91頁.
ハンソン，N. R.（村上陽一郎訳）　1986.『科学的発見のパターン』講談社（原書1958）.
広島大学高等教育研究開発センター編　2004.『大学院教育と学位授与に関する研究』（COE研究シリーズ3）広島大学高等教育研究開発センター.
福留東土　2003.『アメリカの大学におけるビジネス・スクールの成立に関する研究』広島大学大学院社会科学研究科国際社会論専攻博士学位請求論文.
プラール，ハンス・W.（山本尤訳）　1988.『大学制度の社会史』法政大学出版局（原書1978）.
古川安　1989.『科学の社会史――ルネサンスから20世紀まで』南窓社.
ブレネマン，デイヴィッド・W.（宮田敏近訳）　1996.『リベラルアーツ・カレッジ――繁栄か，生き残りか，危機か』玉川大学出版部（原書1994）.
別府昭郎　2001.「啓蒙期におけるケーニヒスベルク大学――教授・学問領域・国家との関係」『大学史研究』第17号，111-132頁.
別府昭郎　2005.「近代大学としてのゲッチンゲン」『大学論集』第35集，広島大学高等教育研究開発センター，385-402頁.
ベン＝デービッド，J.（潮木守一・天野郁夫訳）　1974.『科学の社会学』至誠堂（原書1971）.
ベン＝デービッド，J.（天城勲訳）　1982.『学問の府――原典としての英仏独米の大学』サイマル出版会（原書1977）.
ボック，D. C.（宮田由紀夫訳）　2004.『商業化する大学』玉川大学出版部（原書2003）.
ホフスタッター，R.（井門富二夫・藤田文子訳）　1980.『学問の自由の歴史1　カレッジの時代』東京大学出版会（原書1961）.
本田由紀　2001.「社会人教育の現状と課題」『高等教育研究』第4集，玉川大学出版部，93-112頁.
マクレランド，チャールズ・E.（望田幸男監訳）　1993.『近代ドイツの専門職――官吏・弁護士・医師・聖職者・教師・技術者』晃洋書房（原書1991）.
マクレランド，チャールズ・E.　2000.「ドイツにおける専門職化と高等教育」ヤーラオシュ，コンラート・H.編著（望田幸男・安原義仁・橋本伸也監訳）『高等教育の変貌1860-1930　拡張・多様化・機会解放・専門職化』昭和堂，304-320頁（原書1983）.
マートン，R. K.（森東吾・森好夫・金沢実・中島竜太郎共訳）　1965.『社会理論と社会構造』みすず書房（原書1957）.
丸山文裕　2008.「アメリカ州立大学における管理と運営」『大学財務経営研究』第5号，17-28頁.

水田健輔・吉田香奈　2009．「米国州政府予算における高等教育資源配分メカニズム——配分根拠・プロセス・影響要因の実態と日本における示唆」『大学財務経営研究』第6号，31-90頁．
三谷高康　1998．「アメリカにおける最初の大学院の誕生——アンドヴァー神学大学院の誕生とその時代的背景を巡って」『松山東雲短期大学研究論集』29，1-10頁．
宮澤康人　1980．「アメリカの大学院」宮原将平・川村亮編『現代の大学院』早稲田大学出版部，173-196頁．
宮田由紀夫　2002．『アメリカの産学連携——日本は何を学ぶべきか』東洋経済新報社．
三好信浩　1972．『教師教育の成立と発展——アメリカ教師教育制度史論』東洋館出版社．
村上陽一郎　1979．『近代科学と聖俗革命』新曜社．
村上陽一郎　1983．「科学」伊東俊太郎・坂本賢三・山田慶児・村上陽一郎編『科学史技術史辞典』弘文堂，163-164頁．
村上陽一郎　1986．『技術とは何か　科学と人間の視点から』日本放送出版協会．
村上陽一郎　1994．『科学者とは何か』新潮社．
村上陽一郎　1999．『科学・技術と社会』ICU選書．
村上陽一郎　2006．『工学の歴史と技術の倫理』岩波書店．
メイソン，S.（矢島祐利訳）　1955『科学の歴史』上，岩波書店（原書1953）．
メッガー，W. P.（新川健三郎・岩野一郎訳）　1980．『学問の自由の歴史2　ユニバーシティの時代』東京大学出版会（原書1961）．
望田幸男編　1995．『近代ドイツ＝「資格社会」の制度と機能』名古屋大学出版会．
森統　1988．「内部補助をめぐる若干の考察」『經濟論叢』第141巻第2, 3号，京都大学経済学会，161-181頁．
両角亜希子　2010．『私立大学の経営と拡大・再編　1980年代以降の動態』東信堂．
八尾坂修　1998．『アメリカ合衆国教員免許制度の研究』風間書房．
山崎博敏　1985．「高等教育システムの組織社会学的分析視角——B. クラークを中心に」『大学論集』第14集，広島大学大学教育研究センター，111-132頁．
山田礼子　1998．『プロフェッショナルスクール』玉川大学出版部．
山本眞一　1995．「アメリカの大学院」市川昭午・喜多村和之編『現代の大学院教育』玉川大学出版部，120-137頁．
横尾壮英　1999．『大学の誕生と変貌——ヨーロッパ大学史断章』東信堂．
吉田忠　1980．「科学と社会——科学の専門職業化と制度化」村上陽一郎編『知の革命史　1　科学史の哲学』朝倉書店，93-172頁．
ライト，ドナルド・W.　2000．「アメリカにおけるプロフェッショナル・スクールの発展」ヤーラオシュ，コンラート・H. 編著（望田幸男・安原義仁・橋本伸也監訳）『高等教育の変貌 1860-1930　拡張・多様化・機会解放・専門職化』昭和堂，344-368頁（原書1983）．
ラウズ，J.（成定薫・網谷祐一・阿曽沼明裕訳）　2000．『知識と権力』法政大学出版局（原書1987）．
ルドルフ，F.（阿部美哉・阿部温子訳）　2003．『アメリカ大学史』玉川大学出版部．

渡辺深　2007.『組織社会学』ミネルヴァ書房.

英文献

Altbach, Philip G., Gumport, Patricia J. and Berdahl, Robert O., eds. 2011. *American Higher Education in the Twenty-First Century : Social, Political, and Economic Challenges*. 3rd Edition. Baltimore : The Johns Hopkins University Press.

Anderson, G. L. 1976. "Organizational Diversity." In *Examining Departmental Management* (*New Directions for Institutional Research* 10). eds. Smart, J. R. and Montgomery, J. R., 1-20. San Francisco : Jossey-Bass.

Anderson, Kay J. 1977. "In Defense of Department." In *Academic Department*. ed. McHenry, Dean E., 1-11. San Francisco : Jossey-Bass.

Balderston, Frederick E. 1995. *Managing Today's University : Strategies for Viability, Change, and Excellence*. San Francisco : Jossey-Bass.

Becher, Tony 1989. *Academic Tribes and Territories : Intellectual Enquiry and the Cultures of Disciplines*. Buckingham : Society for Research into Higher Education and Open University Press.

Becher, Tony and Trowler, Paul R. 2001. *Academic Tribes and Territories : Intellectual Enquiry and the Cultures of Disciplines. 2nd edition*. Buckingham : Society for Research into Higher Education and Open University Press.

Ben-David, Joseph 1972. *American Higher Education*. New York : McGraw-Hill.

Berelson, Bernard 1960. *Graduate Education in the United States*. New York : McGraw-Hill.

Biglan, Anthony 1973. "The Characteristics of Subject Matter in Different Arears." *Journal of Applied Psychology*. Vol. 57, Issues 3, 195-203.

Bowen, Howard R. 1980. *The Costs of Higher Education : How Much Do Colleges and Universities Spend per Student and How Much Should They Spend?*. San Francisco : Jossey-Bass.

Brown II, M. C., ed. 2000. *Organization and Governance in Higher Education. Fifth Edition*. Boston : Pearson Custom Publishing.

Brubacher, John S. and Rudy, Willis 1976. *Higher Education in Transition : A History of American Colleges and Universities, 1636-1976*. New York : Harper & Row.

Cheyney, Edward Potts 1940. *History of the University of Pennsylvania 1740-1940*. Philadelphia : University of Pennsylvania Press.

Clark, Burton R. 1987. *The Academic Life. Small Worlds, Different Worlds*. Princeton : The Carnegie Foundation for the Advancement of Teaching.

Clark, Burton R. 1998. *Creating Entrepreneurial Universities : Organizational Pathways of Transformation*. Oxford : IAU Press by Pergamon.

Colbeck, Carol L. 2002. "Department and Academic Units." In *Higher Education in the United States : An Encyclopedia*. Vol. I. eds. James, J. F. and Kinser, Kevin, 157-161. Santa Barbara : ABC-CLIO.

Cordasco, Francesco 1973. *The Shaping of American Graduate Education : Daniel Coit Gilman and*

the Protean Ph.D. Totowa : Rowman and Littlefield.
COSEPUP (Committee on Science, Engineering, and Public Policy) 1995. *Reshaping the Graduate Education of Scientists and Engineers.* Washington, D.C. : National Academy Press.
Council of Graduate Schools 2004. *Organization and Administration of Graduate Education.* Washington, D.C. : Council of Graduate Schools.
Council of Graduate Schools 2005. *Master's Education : A Guide for Faculty and Administrators, A Policy Statement.* Washington, D.C. : Council of Graduate Schools.
Eaton, J. S. 2002. "Accreditation." In *Higher Education in the United States : An Encyclopedia.* Vol. I. eds. James, J. F. and Kinser, Kevin, 29-32. Santa Barbara : ABC-CLIO.
Ehrenberg, Ronald G. 2002. *Tuition Rising.* Cambridge : Harvard University Press.
Ehrenberg, Ronald G., ed. 2007. *What's Happening to Public Higher Education? : The Shifting Financial Burden.* Baltimore : Johns Hopkins University Press.
Ehrenberg, Ronald G. and Kuh, Charlotte V., eds. 2009. *Doctoral Education and the Faculty of the Future.* Ithaca : Cornell University Press.
Ehrenberg, Ronald G., Zuckerman, Hurriet, Greon, Jeffrey A. and Brucker, Sharon M. 2010. *Educating Scholars : Doctoral Education in the Humanities.* Princeton : Princeton University Press.
Fanghanel, Joëlle 2012. *Being an Academic.* New York : Routledge.
Field, John 1970. "Medical Education in the United States : Late Nineteenth and Twentieth Centuries." In *The History of Medical Education : an International Symposium held February 5-9, 1968 sponsored by the UCLA Department of Medical History, School of Medicine, supported by the Josiah Marcy, Jr. Foundation.* ed. O'Malley, Charles Donald, 501-530. Berkeley : University of California Press.
Finkelstein, M. 1984. *The American Academic Profession.* Columbus : Ohio State University Press.
Fletcher, J. C. 1983. *The Future of Protestant Seminaries.* Washington, D.C. : Alban Institute.
French, J. C. 1946. *A History of the University Founded by Johns Hopkins.* Baltimore : The Johns Hopkins University Press.
Garvin, David A. 1980. *The Economics of University Behavior.* New York : Academic Press.
Geiger, Roger L. 1986. *To Advance Knowledge : The Growth of American Research Universities, 1900-1940.* New York : Oxford University Press.
Geiger, Roger L. 1993. *Research and Relevant Knowledge : American Research Universities Since World War II.* New York : Oxford University Press.
Geiger, Roger L. 2000a. "The Era of Multipurpose Colleges in American Higher Education, 1850-1890." In *The American College in the Nineteenth Century.* ed. Geiger, Roger L., 127-152. Nashville : Vanderbilt University Press.
Geiger, Roger L. 2000b. "The Crisis of the Old Order." In *The American College in the Nineteenth Century.* ed. Geiger, Roger L., 264-276. Nashville : Vanderbilt University Press.
Geiger, Roger L. 2004. *Knowledge and Money : Research Universities and the Paradox of the Marketplace.* Stanford : Stanford University Press.
Geiger, Roger L. 2006. "Doctoral Education in the United States, Past and Present, and the Key Role

of Chemistry." *Higher Education Forum.* Vol. 3, 77-87. Hiroshima : RIHE, Hiroshima University.

Glazer, J. S. 1986. *The Master's Degree : Tradition, Diversity, Innovation.* Washington, D.C. : Association for the Study of Higher Education.

Glazer-Raymo, J. 2005. *Professionalizing Graduate Education : The Master's Degree in the Marketplace.* ASHE Higher Education Report Series, 31. San Francisco : Jossey-Bass.

Golde, Chris M. 2005. "The Role of the Department and Discipline in Doctoral Student Attrition : Lessons from Four Departments." *The Journal of Higher Education.* Vol. 76, No. 6, 669-700.

Goldman, S. L. 1992. "Engineering Education and Institutes of Technology : United States." In *The Encyclopedia of Higher Education.* eds. Clark, Burton R. and Neave, Guy, 1106-1117. New York : Pergamon.

Goodlich, L. F. 1992. "Religious Vocations (Theological Seminaries)." In *The Encyclopedia of Higher Education.* Vol. 2. eds. Clark, Burton R. and Neave, Guy, 1200-1217. New York : Pergamon.

Grigg, Charles M. 1965. *Graduate Education.* New York : The Center for Applied Research in Education, Inc.

Gumport, P. G., ed. 2007. *Sociology of Higher Education.* Baltimore : The Johns Hopkins University Press.

Guthrie, David S. and Opitz, Donald D. 2002. "Denominational Institutions." In *Higher Education in the United States : An Encyclopedia.* Vol. I. eds. James, J. F. and Kinser, Kevin, 153-156. Santa Barbara : ABC-CLIO.

Hamel, A. V., Heiberger, M. M. and Vick, J. M. 2002. *The Graduate School Funding Handbook. 2nd ed.* Philadelphia : University of Pennsylvania Press.

Hart, Frederick M. and Norwood, J. Michael 1994. "Leagal Education." In *Professional Education in the United States : Experiential Learning, Issues, and Prospects.* eds. Hoberman, Solomon and Mailick, Sidney, 75-85. Westport : Praeger.

Harvard Law School 2005. *Handbook of Academic Programs & Policies 2005-2006.*

Hawkins, H. 1960. *Pioneer : A History of the Johns Hopkins University, 1874-1889.* Ithaca : Cornell University Press.

Hearn, James C. 2007. "Sociological Studies of Academic Departments." In *Sociology of Higher Education.* ed. Gumport, P. J., 222-265. Baltimore : Johns Hopkins University Press.

Henkel, Mary 2000. *Academic Identities and Policy Change in Higher Education.* London : Philadelphia : J. Kingsley Pub.

Hoberman, Solomon and Mailick, Sidney, eds. 1994. *Professional Education in the United States : Experiential Learning, Issues, and Prospects.* Westport : Praeger.

Hopkins, David S. P. and Massy, William F. 1981. *Planning Models for Colleges and Universities.* Stanford : Stanford University Press.

Horton, Byrne J. 1940. *The Origin of The Graduate School and The Development of Its Administration* (Dissertation of Ph. D., New York University).

James, Estelle 1986. "Cross-Subsidization in Higher Education." In *Private Education*. ed. Levy, Daniel C. New York : Oxford University Press.
Kimball, Bruce A. 1986. *Orators and Philosophers : A History of the Idea of Liberal Education*. New York : Teachers College Press.
Kreber, Carolin, ed. 2009. *The University and its Disciplines : Teaching and Learning within and beyond Disciplinary Boundaries*. New York : Routledge.
Lattuca, L. R. 2012. "Promoting Interdisciplinary Doctoral Education : Expectations and Opportunities." *Higher Education Forum*. Vol. 9, 61–75. Hiroshima : RIHE, Hiroshima University.
Lewis, P. S. C. 1992. "Legal Education." In *The Encyclopedia of Higher Education*. eds. Clark, Burton R. and Neave Guy, 1132–1146. New York : Pergamon.
Lundgreen, Peter 1990. "Engineering Education in Europe and the U. S. A., 1750–1930 : The Rise to Dominance of School Culture and the Engineering Professions." *Annals of Science*. Vol. 47, 33–75.
Maki, Peggy L. and Borkowski, Nancy A., eds. 2006. *The Assessment of Doctoral Education : Emerging Criteria and New Models for Improving Outcomes*. Sterling : Stylus.
Massy, William F. 2003. *Honoring the Trust*. Bolton : Anker Publishing.
Mayhew, Lewis B. 1977. "Graduate and Professional Education." In *The International Encyclopedia of Higher Education*. Vol. 5. ed. Knowles, S. Asa, 1905–1915. San Francisco : Jossey-Bass.
McGlothlin, William J. 1964. *The Professional Schools*. New York : Center for Applied Research in Education.
McGuiness, A. 1997. *State Postsecondary Education Structures Sourcebook : 1997*. Education Commission of the States. Book 5 (http://diginole.lib.fsu.edu/ecs/5, 2012 年 12 月 20 日アクセス).
McGuinness, Aims 2011. "The States and Higher Education." In *American Higher Education in the Twenty-First Century : Social, Political, and Economic Challenges*. 3rd edition. eds. Altbach, Philip G., Gumport, Patricia J. and Berdahl, Robert O., 139–169. Baltimore : The Johns Hopkins University Press.
McHenry, Dean E., ed. 1977. *Academic Department*. San Francisco : Jossey-Bass.
Merton, Robert K. 1973. *The Sociology of Science*. Chicago : The University of Chicago Press.
Miller, E. and Pollack, N. F. 2005. *Guide to Graduate Business Schools (Barron's Guide to Graduate Business Schools)*. 14th Edition. New York : Barron's Educational Series.
Miller, John Perry 1971. "Graduate Education." In *The Encyclopedia of Education*. Vol. 4, 185–190. The Macmillan Company & The Free Press.
Moline, Brian J. 2003. "Early American Legal Education." *Washburn Law Journal*. Vol. 42, 775–802.
Morison, Samuel Eliot 1964. *Three Centuries of Harvard, 1636–1936*. Cambridge, Mass. : Belknap Press of Harvard University Press.
National Academies (Committee on Policy Implications of International Graduate Students and Postdoctoral Scholars in the United States, Committee on Science, Engineering, and Public Policy, Board on Higher Education and Workforce, Policy and Global Affairs) 2005. *Policy*

Implications of International Graduate Students and Postdoctoral Scholars in the United States. Washington, D.C. : National Academies Press.

National Research Council (Committee for the Study of Research-Doctorate Programs in the United States) 1995. *Research-Doctorate Programs in the United States : Continuity and Change.* Washington, D.C. : National Academies Press.

National Research Council (Committee for the Study of Research-Doctorate Programs in the United States) 2011. *A Data-Based Assessment of Research-Doctorate Programs in the United States.* Washington, D.C. : National Academies Press.

National Science Foundation, National Center for Science and Engineering Statistics 2012. *Doctorate Recipients from U. S. Universities : 2010.* Arlington : National Science Foundation.

Norwood, Wiliam Frederick 1970. "Medical Education in the United States before 1900." In *The History of Medical Education : an International Symposium held February 5-9, 1968 sponsored by the UCLA Department of Medical History, School of Medicine, supported by the Josiah Marcy, Jr. Foundation.* ed. O'Malley, Charles Donald, 463-499. Berkeley : University of California Press.

Norwood, Wiliam Frederick 1971. *Medical Education in the United States before the Civil War.* New York : Arno Press & The New York Times.

OECD 2011. *Education at a Glance 2011 : OECD Indicators.* OECD Publishing.

Peterson, M. W. 1985. "Emerging Development in Postsecondary Organization Theory and Research : Fragmentation and Integration." *Educational Researcher.* Vol. 14, No. 3, 5-12.

Rivlin, Alice M. 1961. *The Role of the Federal Government in Financing Higher Education.* Washington, D.C. : Brookings Institution.

Slaughter, Sheila and Leslie, Larry L. 1999. *Academic Capitalism : Politics, Policies, and the Entrepreneurial University.* Baltimore : Johns Hopkins University Press.

Snyder, T. D. and Dillow, S. A. 2011. *Digest of Education Statistics 2010* (NCES 2011-015). Washington, D.C. : National Center for Education Statistics, Institute of Education Sciences, U. S. Department of Education.

Snyder, T. D. and Dillow, S. A. 2012. *Digest of Education Statistics 2011* (NCES 2012-001). Washington, D.C. : National Center for Education Statistics, Institute of Education Sciences, U.S. Department of Education.

Stein, Ralph Michael 1981. "The Path of Legal Education from Edward I to Langdell : A History of Insular Reaction." *Pace Law Faculty Publications.* Paper 228, 429-454 (http://digitalcommons.pace.edu/lawfaculty/228, 2013年3月30日アクセス).

Stephan, Paula E. and Ehrenberg, Ronald G., eds. 2007. *Science and the University.* Madison : University of Wisconsin Press.

Stevens, Robert 1983. *Law School : Legal Education in America from the 1850s to the 1980s.* Chapel Hill : University of North Carolina Press.

Storr, Richard J. 1953. *The Beginning of Graduate Education in America.* Chicago : University of Chicago Press.

Storr, Richard J. 1973. *The Beginning of The Future : A Historical Approach to Graduate Education in the Arts and Sciences*. New York : McGraw-Hill.

Strauss, Jon C. and Curry, John R. 2002. *Responsibility Center Management : Lessons from 25 Years of Decentralized Management*. Washington, D.C. : National Association of College and University Business Officers.

Tewksbury, Donald G. 1969. *The Founding of American Colleges and Universities before the Civil War*. New York : Arno Press.

Thwing, Charles F. 1906. *A History of Higher Education in America*. New York : D. Appleton.

Trow, M. 1976. "The American Academic Department as a Context for Learning." *Studies in Higher Education*. Vol. 1, No. 1, 11-22.

Turner, R. Steven 1971. "The Growth of Professional Research in Prussia, 1818 to 1848—Causes and Context." *Historical Studies in the Physical Sciences*. Vol. 3, 137-182.

Universtiy of Carifornia, Berkeley, College of Engineering 2008. *GUIDE TO GRADUATE PROGRAM RULES AND REGULATIONS Approved by Vote of the College of Engineering Faculty, November 17th, 2008*. (http://coe.berkeley.edu/students/current-graduate-students/COE_GPR_Current.pdf, 2013 年 3 月 30 日アクセス).

U.S. Department of Education, National Center for Education Statistics 2007. *The Condition of Education 2007* (NCES 2007-064). Washington, D.C. : U.S. Government Printing Office.

Veysey, Laurence R. 1965. *The Emergence of the American University*. Chicago : University of Chicago Press.

Walker, George E., Golde, Chris M., Jones, Laura, Bueschel, Andrea Conklin and Hutchings, Pat 2008. *The Formation of Scholars : Rethinking Doctoral Education for the Twenty-First Century*. San Francisco : Jossey-Bass.

Whalen, Edward L. 1991. *Responsibility Center Budgeting : An Approach to Decentralized Management for Institutions of Higher Education*. Bloomington : Indiana University Press.

Wren, D. A. and Van Fleet, D. D. 1983. "History in schools of business." *Business and Economic History*, 2nd Series, Vol. 12, 29-35 (http://www.h-net.org/~business/bhcweb/publications/BEH print/v012/p0029-p0036.pdf, 2012 年 5 月 29 日アクセス).

Zemsky, Robert, Wegner, Gregory R. and Massy, William F. 2005. *Remaking the American University : Market-Smart and Mission-Centered*. New Brunswick : Rutgers University Press.

あ と が き

　本書に関わる研究は，2003年ごろにある論稿を書いたことに始まる。日本の大学院財政について書こうとしたが，甚だ困った。それは本書にも書いたが，大学院教育の固有の費用や財源を抜き出すことが難しかったからである。その当時から，アメリカではきっと多様な活動に応じたもっとメリハリのある経済的基盤があるのではないか，と考えていた。

　他方で，序章で書いたように，某国立大学の経済学部でビジネス・スクールが失敗した話を聞いて，その原因は，研究者養成とM.B.A.を与えるような大学院教育とで本来経済的基盤に大きな違いがあるはずなのに，それを考慮していないことによるのではないかと考えた。このあたりからアメリカの大学院教育の経済的基盤について調べたいと考えるようになった。

　そうしたときに，平成16年度「海外先進教育研究実践支援プログラム」に採用され，1年間（2005～06）アメリカに滞在する機会を得た。アメリカの大学院の組織や財政・財務について，わかりやすく言えば大学院はどうやって動いているのか，その多様なパターンを調べようと思った。文献を読んでもよくわからないので，ペンシルバニア州立大学高等教育研究センター（ペンシルバニア州ステート・カレッジ），ハーバード大学ライシャワー日本研究所（マサチューセッツ州ボストン）に滞在し，東部および中西部の研究大学を中心にインタビュー調査を行った。といえば立派だが，ステート・カレッジというのは，ペンシルバニア州の真ん中にあって，東部や中西部にドライブで行くのにはもってこいの場所であり，車でひとり旅をして回ったというのが実際であった。帰国後は西部の大学を訪問した。

　その調査をベースに書いたのが本書である。思った以上に長い時間がかかってしまったというのが実感である。得た情報はいくらか古くなってしまったが，本質的なところは変わっていないと思う。アメリカの研究大学が大学院をどのように動かしているのかを多少なりともご理解いただけたのではないかと

思う。

　ただし，本書はアメリカの大学院の成功物語ではない。なぜアメリカの大学院がここまで成功したのか，その点にご関心のある方は他の文献にあたっていただきたいが，本書に関わる部分だけで言っても，例えば，研究経済と専門職経済の存在は重要な要因であろう。わかりやすく言えば，膨大な連邦政府研究助成金と強力な専門職制度である。このあたりはまた別の機会に検討したい。

　その問題も重要だが，本書は多様な大学院教育の基盤は何か，大学院教育の多様性に応じた組織的・経済的な基盤があるのか，という問題を検討するのが主たる目的であった。実証的には全くもって不十分なところが多いと思うが（本書は研究の始まりというべきものに過ぎない），研究者養成と専門職養成とで何が違うのか，その違いをもたらす組織的・経済的な構造や要因は何か，どのようなメカニズムが機能しているのか，というのはそれなりに見えたと思う。

　ただし，本書の執筆中に感じたのは，自分がイメージを描けているのは，あくまでもアメリカの大学院のなかでごく一部の研究大学に過ぎない，ということであった。その意味で，先にも述べたように単純に日本に当てはめていい話では全くない。だが，多様性を維持するには何らかの対応やメカニズムが必要であろう。その意味では，日本の大学院でも，研究大学が対象ではなくても，大学院教育の基盤を考える上で，研究者養成と専門職養成との違いや，学士教育との違いへの配慮が必要なのではないだろうか。

　また，多様性の基盤としては，大学院運営の分権的運営，特に学内でのスクール・レベルの経営が重要に思われるが，日本ではどうだろう。昨今の日本の大学改革は大学（中央）の管理運営機能の強化という方向にあり，それは日本的文脈（学部教授会自治への批判，大学改革における学士プログラム改革の重要性など）のなかでは一定の妥当性もあるのであろうが，多少違和感がある。筆者は研究大学や大学院教育というバイアスでみているからでもあろうが，クラークの言うように，知識そしてディシプリンを基本とする大学という組織は権限が分散せざるを得ないと思うからだ。計画主義的というよりも市場の変化に適応しやすい分権的な体制であることが，多様性をもたらす基盤になるだろう。ただし，スクールの自律的な経営というのが前提になるのであって，権限

だけでなく責任も委譲される。勝手にやってもいいがつぶれることもある。それが日本の大学には可能だろうか。

　本書の一部は，既に公刊された論文を大幅に加筆修正して使用している。それらの論文は以下の通りである。
「米国における大学院の財政基盤の多様性」『高等教育研究』第 10 集，195-216 頁　（2007 年）。
「米国研究大学における大学院管理」『大学論集』第 40 集，広島大学高等教育研究開発センター，107-125 頁（2009 年）。
「米国研究大学における大学院組織　①学位とスクールの関係」『IDE　現代の高等教育』No. 518，68-72 頁，2010 年 2-3 月号（2010 年）。
「米国研究大学における大学院組織　②スクールの内部組織」『IDE　現代の高等教育』No. 520，69-73 頁，2010 年 5 月号（2010 年）。
「米国研究大学における大学院組織　③全学レベル」『IDE　現代の高等教育』No. 521，69-73 頁，2010 年 6 月号（2010 年）。
「米国研究大学における教員組織の位置と役割」有本章編『21 世紀型アカデミックプロフェッション構築の国際比較研究』（科研費成果報告書），45-59 頁（2010 年）。
「米国における大学院の組織と運営」『大学論集』第 42 集，広島大学高等教育研究開発センター，107-123 頁（2011 年）。
「アメリカの大学院教育の多様性と学位──『研究学位と専門職学位』の対比の検討」『名古屋大学大学院教育発達科学研究科紀要（教育科学）』第 59 巻第 1 号，1-18 頁（2012 年）。

　本書の完成には多くの方々のご協力を得た。ペンシルバニア州立大学のロジャー・ガイガー教授は，本書に関わる研究のために客員として私を受け入れてくださり，調査にあたっても貴重なアドバイスをくださった。イエール大学のダニエル・ボツマン教授は氏がハーバード在職時にお世話になり，ボツマン教授をご紹介くださった三代川典史氏（ペンシルバニア州立大学グローバル・プログラム事務局）にはペンシルバニア州立大学で大変お世話になった。有本章教授（くらしき作陽大学・作陽音楽短期大学学長）と金子元久教授（筑波大学）

には本書の研究のための基礎をご指導いただくとともに，ガイガー教授をご紹介いただいた。大谷尚教授（名古屋大学）はアメリカに滞在するチャンスを与えてくださり，成定薫教授（元広島大学）には本書の草稿を読んでいただいた。橋本鉱市教授（東京大学）には専門職や学位について貴重なご意見をいただいた。その他あげればきりがない。

そして何よりも，ここではお名前をあげないが，拙いインタビューに対し，貴重なお時間をかけてお答えくださった多くのディーンや副ディーンの方々おひとりおひとりに，心よりお礼を申し上げたい。もちろんインタビューで期待した答えを得られない（というか適切な質問ができない）ことも多々あって，反省することしきりであるが，なかには，インタビュー中に，私の問題関心と調査の趣旨について大変に興味を持ってくださり，励ましてくださった方々も少なくなかった。その方々のご期待に応えることができたかどうか甚だ心配である。間違いや誤解も含めて本書の検討の結果について，すべての責が私にあることは言うまでもない。

本書の出版にあたっては，名古屋大学出版会の橘宗吾氏と神舘健司氏に大変お世話になった。本書は，日本学術振興会平成25年度科学研究費補助金（研究成果公開促進費，学術図書）の刊行補助を受けたものである。関係者の方々に心より感謝を申し上げる。

2013年12月

著　者

索引

ア行

アイオワ大学　152-3, 166, 168-9, 195, 237, 241, 289, 291, 316, 342-4, 347, 351
アイビーリーグ　168, 178, 188-90, 204-5
曖昧な Ed.D.　35
アカデミー　21-2, 52, 129-30
アカデミック・キャピタリズム　219, 401-4
アクレディテーション（適格認定）　75, 84, 86, 115-9, 128, 139, 148, 159, 213-4, 216, 220
──団体　82, 116-9, 128, 139, 213-4, 216, 220, 290, 347, 371, 378
アメリカ医学協会　78, 84
アメリカ大学協会　128-30, 134-5
アンドーヴァー神学校　56, 79-81
アンブレラ GS（型）　182-5, 187-197, 203, 205-6, 218-9
イエール大学（・カレッジ）　53-4, 60-9, 74, 79-80, 134, 152-3, 165-6, 168, 189, 203, 211-2, 217, 237, 239-41, 313-7, 319, 339, 342, 348, 351, 379
イエール・モデル　68
イエール報告　57, 59
医科学者訓練プログラム　153, 317, 453
医学部　20, 24, 26, 51, 72, 93
医学スクール（カレッジ）　72-9, 107, 142-6, 151-3, 163, 175, 178-80, 203-4, 211-2, 230, 236-42, 249, 259-61, 267, 272-3, 282, 287, 291, 299, 305, 313-20, 331, 333, 337-9, 342-5, 347, 350-1, 353, 359-60, 373, 375-6, 378-9, 385-6
意思決定　59, 182-6, 207, 223, 251, 286, 288
威信　74, 84, 94, 134, 365, 368, 377-8, 384, 401, 406, 456
委託（受託）研究　120-1, 125, 209, 308, 310
　→研究助成金も見よ
一般資金　122, 233, 280, 282-3, 285-6, 288, 292-4, 306, 308, 312, 322, 325-7, 330-1, 336, 359, 379, 402
一般大学資金　122, 281-2, 286, 292, 298, 305
イリノイ大学　156, 168, 187, 197-8, 200-1, 207-9, 211, 234-6, 285, 294, 308-11, 347, 350, 358, 379
インスティテュート　90, 165, 192
インターンシップ（医学）　239
インディアナ大学　149-51, 158, 165-6, 168, 208, 211-2, 228-30, 250-1, 254-5, 284-6, 300-2, 326-9, 346, 352, 363, 374, 377
ウィスコンシン大学　58, 134, 152-3, 156, 158, 165, 168, 194, 197, 202, 209, 211, 235-8, 240-1, 250-2, 254, 287, 289, 308-10, 313-5, 317-8, 347, 349, 390-2, 356-7, 379
ヴィッセンシャフト　22
運営　→カリキュラムの運営，教員の運営，財務運営，プログラムの運営，管理運営を見よ
運営機能（教育組織の）　223-4
運営費　120-2, 279-80, 282, 293, 308, 313-4, 317
エヴァレット, エドワード　61
エグゼクティブ・プログラム（教育，M.B.A.）　287, 325, 332, 351, 353, 364, 373, 375
エコール・ノルマル・スュペリウール　22
エコール・ポリテクニーク　22, 28, 89
エジンバラ大学　53
エリア　171, 173, 176, 243, 248-9, 256, 259, 273
　機能的──　248
エリオット, チャールズ・ウィリアム　57-8, 65, 75
黄金時代　104, 401
横断的（機能）組織　243, 269, 271
応用スキル　8-10
オクスフォード大学　20, 25, 28, 51, 73
オハイオ州立大学　154, 156, 166, 168-9, 187, 189, 200, 213-5, 234, 243, 246-7, 269, 286-7, 290-1, 308, 320-1, 347-8, 352, 381, 385
オーバーヘッド　282, 317　→税金，賦課も見よ
オリジナリティ（独創性）　8-10, 225

カ行

外国人学生・留学生　110-1, 139, 150-1, 303, 391, 404
階層構造　15, 96, 131-40, 229
科学

477

478

――革命　21-2
――の制度化　→制度化を見よ
――の専門職業化　22-3
科学スクール　49, 61-4, 85, 89, 125, 169, 202
　シェフィールド――　61-4, 69, 85, 89, 176
　ローレンス――　61-4, 66, 69, 85
学位
　――授与　30, 32, 67, 85, 98-114, 198-9, 170, 183, 186, 188, 192, 232, 240
　――審査　150, 214
　――プログラム　157, 170-2　→プログラムも見よ
　――分類、――の対比　30-45, 159-63, 198-200
　――論文　9, 34, 150, 183, 225
　研究――　→研究学位を見よ
　専門職――　→専門職学位を見よ
学会　8-9, 22, 78
学界、研究者コミュニティ　10, 81, 130, 217, 370
学際
　――化　44
　――教育　407
　――性　263
　――的　150, 183, 220, 250, 257, 260, 405
　――領域　99
学士
　――教育　18-9, 21, 37, 54, 61, 66, 69, 71, 83, 92, 105, 132, 155, 157, 168-9, 172, 174-7, 180, 184-5, 189, 232, 234-6, 279-81, 296, 307, 335-7, 339, 345, 349, 354-9, 364-5, 368, 372, 374, 382-3, 400, 402, 409-10
　――教育主任（デパートメントの）　232
　――スクール　439
学生（大学院生）
　――管理　220
　――経済支援オフィス　344
　――支援　116, 183, 186, 188, 220, 292, 300, 311-2, 336-9, 343, 357, 360, 372-3, 386, 410
　――数の決定　210, 214, 216-7, 223, 339, 346-9, 353-4, 377-8, 381, 383
　――の所属　170, 172, 252
　――への経済（的）支援　67, 124, 183, 210, 215-7, 267, 280, 283, 293-4, 302-3, 306-7, 310-2, 317-8, 322-4, 327-30, 335-45, 358, 360, 372
　――募集　2, 114, 183, 405　→入学も見よ
学長　53, 60-1, 64-6, 75, 117, 182, 207, 285, 346-7, 349

学部　14, 20-1, 24, 26, 51, 54-6, 174-6, 408
学務最高責任者　182, 187　→プロボストも見よ
学務担当副学長　182
学問志向　18-20
学問の自由　81
学問の体系性　22
学寮　20, 51
　――制大学　51
活動基準原価計算システム　246
カーネギー高等教育機関分類　131
カーネギー高等教育審議会　129-31
カーネギー高等教育政策研究審議会　131
カーネギー財団　125, 130-1
カーネギーメロン大学　154, 156, 166, 168, 191-2, 234-5, 243, 247-8, 293, 308, 310, 312, 321, 346-8, 351, 359, 372, 382
カリキュラム　10, 26, 51, 53, 57, 61, 65, 116, 170, 172, 180, 183, 191-2, 209-13, 222, 224-5, 227-8, 232, 238-40, 244, 248, 251, 255-6, 259-60, 270-3, 370
　――委員会　207, 211, 229
　――の運営（設定と維持）　223-4, 227, 231-3, 235, 241, 247, 249, 256-9
　――・ユニット　170-1
カリフォルニア州高等教育マスタープラン　132
カリフォルニア大学　70-1, 132, 134, 137, 144, 156, 158, 165, 173, 250, 326, 329, 362
カレッジ
　――学位　245, 394　→スクール学位（プログラム）も見よ
　――教育　29, 50-1, 55, 57, 59-63, 65-8, 72, 76, 84, 92-4, 108
　――卒業後教育　51-2, 55-6, 59-61, 64-5, 67, 92-3
　――とスクール　12-4, 53-5, 61-4, 91-2, 143-4, 165-70, 179-80　→スクールも見よ
　――とユニバーシティ　49, 51-7, 91-5, 165
　――の博士号　134-5
コミュニティ・――　31, 39-41, 134
植民地――　20, 50-1, 58, 67, 72, 79, 167
多目的――　92
文理学――　→文理学カレッジを見よ
カレッジ・オブ・ウィリアム＆メアリー　53, 73

索　引　479

間接経費　122, 282-3, 292, 304-5, 308-10, 313, 315, 317, 331, 341, 360, 379-81
管理運営　117, 181-2, 188, 211, 236, 251, 402
管理費課金　286
機械的技芸　20-1, 27, 30, 389
機会費用　341, 343
機関補助　3, 13, 121-2, 128-9, 139, 280, 292, 391-2
旗艦（フラッグシップ）大学　134
基金　121, 280, 282
企業　12, 28, 121, 125-6, 130-1, 157, 269, 280-1, 292, 297, 307, 310-2, 336, 373, 402-4
　──化　401-2
　──内教育訓練　408
擬似市場　297
技術者教育認定機構（ABET）　118, 155, 234
規制（大学院教育に対する）　115-20, 128, 139, 159, 213-4, 216, 347, 353, 378, 380, 403
基礎科学デパートメント　237-8, 240-1, 313, 319, 360
機能
　──分化　92, 132, 140
　──分担　5, 146, 392
　──別部門組織　269　→事業部制組織も見よ
規模の要因　229, 243, 250, 259-60, 262, 264, 267-8
基本（寄付）財産　121, 281-3, 285-6, 292-5, 297, 299, 301-3, 305-9, 312, 314, 318, 321-3, 325-7, 329-30, 332, 336, 340, 355, 359, 365, 383, 402
教育
　──機会市場　216-7, 393
　──大学院　88, 204
　──長　88, 328, 373
　──の企業主義　403
教育スクール（カレッジ）　87-8, 142-4, 157-60, 171-3, 175, 178, 180, 198, 211, 228, 250-9, 261-2, 273-4, 299, 325-32, 338-9, 349, 352-4, 360-5, 373, 375-6, 380, 382, 386
教員
　──給与　254, 288-91, 300, 302, 309-10, 314-6, 344-5, 352, 358-64, 375, 378-9, 410
　──人件費　279, 292-3, 296, 302, 305, 309-10, 314-6, 322, 327, 357-64
　──人事　59, 189, 240, 246, 252, 254, 256, 383
　──組織　172, 174-6, 180, 189, 271-5, 409
　──団（集団）　53, 175-6, 271-3

──による統治　211
──の運営，管理，採用　230-3, 235, 240-1, 245-60
──の所属　172-7, 180, 187, 189, 203, 236, 252, 269-71, 409
──評議会　→評議会を見よ
──ライン　429-30
一体型──組織　271-2
独立型──組織　271-3
狭義の専門職学位　32, 198, 201, 206, 212-3, 216, 218-20, 337
教授　22, 24, 52-3, 58, 62, 73-6, 78, 80, 289, 291, 345
業績に基づく財政配分　217, 437
共同学位（プログラム）　150, 152, 154, 203-4, 296, 346
教養学部（哲学部，学芸学部）　20-1, 23-4, 26, 28, 51, 72
教養主義　23-4, 29, 43
　自然科学的──　23
ギルマン，ダニエル・コイト　66
キングス・カレッジ（アメリカ）　53, 76-7
クラーク大学　66-7, 70-1, 134, 354
グラジュエト・カレッジ　142, 169, 179, 183, 207-9, 211, 294, 347
グラジュエト・スクール　49, 67-71, 91, 93, 124, 130, 146-7, 169, 177-80, 181-221, 240, 293-4, 303, 380, 383, 392-3, 408
グラジュエト・ディビジョン　183
グラジュエト・デパートメント　65, 69
グランゼコール　22-3, 28
経済（的）基盤　2-13, 66, 122-7, 268, 277, 398-412
経済（的）支援　→学生への経済的支援を見よ
啓蒙思想（主義）　21-3, 25-7, 52-3, 55-6, 79, 86
ケース・メソッド　75
結合生産　279, 355
権威　11-2, 74, 179
研究
　──科（日本の大学の）　14, 174, 177, 179, 409
　──教員　305, 316
　──訓練　9, 126, 297
　──訓練給付　318
　──高活性の研究大学　136, 142
　──資金　217, 242, 255, 307, 346-7, 380, 410
　──資金市場　217-8, 220, 297, 339, 393, 404

――者養成　3-13, 18-24, 48-50, 57-71, 91-5, 340-2, 368, 407-12
――生産性　217, 247, 290-1, 404
――大学　5-6, 21, 56, 66-7, 80, 132-40, 142, 400
――と教育　279
――博士号（research doctorate）　34
――博士プログラム評価　130
研究依存型（大学院プログラムの）　297-8, 308, 313, 320, 373, 395-7, 410
研究学位（プログラム）　8-9, 30-45, 97-131
研究経済　340-2, 345, 367-9, 374-5, 379, 381-2, 396, 398, 410-1
――対応型　345, 368, 373-6, 378-80, 383, 386-7, 406
研究（至上）主義　24, 29, 66, 389
研究充実型　368-71, 373-6, 380-1, 386-9, 406
研究助成（金）　4, 104, 122, 125-9, 135-6, 139-40, 152, 156, 216-7, 233, 235-6, 246, 257, 267, 280, 282-3, 288, 291-2, 294-5, 297-301, 303-21, 323, 325-31, 336, 338-42, 346, 355, 357-8, 360, 363, 368-9, 373-5, 378-81, 383, 385, 401-2, 404-5, 410
権限　11-2, 23, 26-7, 79, 186, 193, 210, 242, 270, 284, 291, 348, 351, 385, 410
健康保険　311, 339, 372　→付加給付も見よ
ケンブリッジ大学　51
工学スクール（カレッジ）　19, 88-92, 114, 142-5, 147, 155-7, 159-61, 163, 168-9, 171, 173-6, 178, 180, 211, 234-6, 252, 257-61, 272-4, 285-6, 288-91, 299, 309-13, 319, 326-8, 330-1, 337-9, 346-7, 350-2, 354, 357-9, 363-5, 372-6, 378-9, 381-6
工学博士　28, 90
工学＆応用科学専門職プログラム　157, 311-2, 372
工科大学　28
広義の専門職学位　32, 198-9, 201, 206, 212, 214, 219-20, 238, 259-60, 337-8
高級職人　21, 27
公共
――財　115, 126, 403
――性　341
――的な知の体制，知と学問の――的体制　126, 403
――的利益　10
航空宇宙局（NASA）　308

講座　26, 59, 270
高等教育アクレディテーション協議会　82, 117
高等教育の市場化　334, 401
高等工業学校（テーハー）　28
効用　355-6, 365, 370, 374, 380, 404
国際化（大学院教育の）　110-4, 139, 391, 404
国有地付与大学　89, 91, 125
国立衛生研究所（NIH）　127, 152-3, 313, 317, 342, 344, 402
国立（合衆国）大学　52-3, 55
コース・ワーク　9, 30, 37, 80, 225, 226, 405
コーネル大学　65, 71, 89, 121, 134, 137, 147-9, 154-5, 166, 168, 191, 231-2, 243-4, 248, 262, 286-7, 290, 321-2, 344, 348, 352, 370
5年支援パッケージ　327
個別スクール型　182, 184-5, 191-2, 196-7, 205-6, 218-20, 408
コミュニティ・カレッジ　→カレッジを見よ
コロンビア大学　53, 65, 70-1, 76, 134, 137, 176, 349
コンセントレーション　173, 256, 271, 273

サ　行

財源
　機関の――　120-1, 281, 283, 287, 290
　研究活動の――　103, 125
　スクールの――　216, 230, 281, 283, 285, 295-6, 298-301, 304-5, 308-9, 313-4, 320-1, 325-6, 345, 350, 352, 359, 363, 378-80, 385
　大学院教育（プログラム）の――　12-4, 124-6, 235, 241, 264, 278-81, 291, 293, 294, 296-8, 302-3, 305-7, 309-12, 314-9, 322-4, 327-30, 334, 336-40, 346, 353, 357-8, 360, 365, 373, 386, 403-4, 407, 410
最高経営責任者（CEO）　438
最初の大学院　56, 80
財政
　――・財務　2, 4-6, 11, 14, 411
　――難（悪化，的な制約，の停滞）　104, 401-2, 405
　――補助（支援）　3, 10, 52, 67, 103, 108, 115, 120-1, 125-6, 153
細分化（学問，分野，組織の）　25, 59, 147, 225-7, 232, 235-5, 256, 262, 407
財務運営　189, 223-4, 227-8, 230-3, 235-6, 240-1, 246-9, 251, 254, 257, 259-60, 267, 279, 284-96,

索引 481

309, 313-4, 395
産学連携　402
ジェネラリスト　229
ジェファソン, トマス　53, 55, 58
シェフィールド科学スクール　→科学スクールを見よ
資格
　──獲得　10, 28, 225-6, 266, 356, 395
　──社会　26, 407-8, 411
　──主義　30
　職業（専門職）──　8, 11, 24, 26-8, 30-1, 77, 79, 84, 86, 88, 101, 108, 128, 154-6, 158-9, 191, 225-6, 266, 274, 371, 406-8
資格認定試験（博士研究に必要な）　234, 429
シカゴ大学　67, 75, 86, 90, 125, 134, 170, 370
自給型（大学院プログラムの）　297-8, 303, 312, 319, 325, 330-4, 371, 373, 375-7, 410
事業部制組織　269-71, 274
資金のフロー　13, 278, 281-3, 291-2, 341, 365, 396
資源依存理論　13
資源配分　13, 134, 284, 297
市場　→教育機会市場, 研究資金市場, 労働市場, 擬似市場を見よ
　──的競争　216, 218
　──的調整　421
私設（法律, 医）学校　29, 54, 73-4, 76-9, 83-4
施設および管理経費　282　→間接経費も見よ
慈善事業　12, 125-6, 129, 131, 280
自然哲学　23, 52, 55, 58, 61
実践者　8-10, 225
実用主義　11, 22-3, 25
資本的経費　279
収益（プログラムの）　355-6, 362-3, 368, 371, 375, 404
　──重視　331-2
　──性　307, 312, 361, 365, 374, 382-3, 403-4, 411
自由学芸　19-21, 24, 27, 29, 31, 37, 43, 100, 117, 175, 236-7, 389
　──分野　40-4, 161, 390　→文理学分野も見よ
　──分野学位　39, 42-3, 161, 390　→文理学分野学位も見よ
　──修士号　39, 41
自由学芸カレッジ　19, 21, 87, 89, 92, 370　→文理学カレッジも見よ
集権（集中）　227, 265-8, 346, 386, 394, 399, 409
州高等教育委員会　208, 346, 353
修士（号）　31-2, 35-44, 60, 64-5, 86, 88, 90, 97-102, 108-14, 123-4, 138-9, 153, 155-8, 197-202, 238, 244-5, 311-2, 319, 328, 330-4, 338-9, 358-65, 371-4, 376, 382-3
　修士どまりの──　198, 214, 238, 307, 364
州（政府）
　──の規制　115-7, 120
　──補助（金）　117, 120-2, 124, 280, 282-3, 288, 292, 295, 297-8, 303-331, 336-7, 356-364, 379, 399
　──補助金による教員　305
自由選択制　57, 59, 65
修得学位（earned degree）　60, 64, 90, 108
自由七科　20　→自由学芸も見よ
収入（スクールの）
　寄付金──　120-1, 280-2, 292, 297, 336, 340, 362, 365, 402
　基本財産（運用, 投資）──　120-1, 280-3, 285-6, 292-4, 297, 304-9, 312, 314, 317, 321-3, 325-7, 329-30, 332, 336, 340, 355, 359, 365, 402
　研究助成金（関連）──　120-1, 246, 249, 280, 283, 285, 288, 292, 297, 301, 304-21, 323-32
　事業──　120-1, 280-3, 292, 297
　州補助金──　→州政府補助金を見よ
　授業料──　120-2, 230, 235, 241, 246, 279-82, 285-8, 292, 297-301, 303-32, 336, 356-60, 362-3, 379
　受託研究──　→研究助成金を見よ
　病院（診療, 臨床）──　120-2, 291, 313-4, 317
授業料
　──額　122-4
　──額の決定　2, 349-53
　──収入　→収入を見よ
　──の割引　302, 343
　──補助　306, 310
　──免除　124, 302-3, 306, 310, 327, 335-7, 341, 343, 349
奨学金　→学生への経済的支援を見よ
上級デパートメント　59-65
商業カレッジ　85
職業

482

――資格　→資格を見よ
――志向　18-9, 24-9, 91
――スキル　405
――専門（分野）　417
――レリバンス　9, 225
――訓練学校　73
植民地カレッジ　→カレッジを見よ
ジョンズ・ホプキンズ大学　24, 48-9, 64-71, 78, 80, 83-4, 90, 93, 103, 125, 134, 137, 143, 157, 165, 169, 191, 234-5, 285-6, 290, 308-12, 339, 350, 354, 358, 372, 382
自律性　10, 32, 70, 197, 220-1, 266-7, 278, 284, 286-8, 291, 297-8
神学スクール　54, 80-2
神学部　20, 24, 26, 51, 72, 79, 93
人材需要対応型　368, 371-6, 382-3, 385-7, 397, 406
スカラーシップ　216, 293-4, 302-3, 306, 312, 318, 322-3, 330, 336, 338, 340, 344, 372　→学生への経済的支援も見よ
スクール　→医学スクール，教育スクール，工学スクール，ビジネス・スクール，文理学カレッジ，法律スクール，専門スクールを見よ
――学位　261, 385, 394　→カレッジ学位，デパートメント学位も見よ
――学位プログラム　261
――とカレッジ　→カレッジとスクールを見よ
スタイペンド（給費，生活費等手当）　124, 294, 302-3, 305-6, 310-1, 322-4, 335-7, 341, 369, 372　→学生への経済的支援も見よ
スタンフォード大学　70-1, 125, 134, 137, 154-5, 161, 165, 191, 199, 221, 243, 248, 321, 348, 352, 378, 381
スプートニク・ショック　103, 126
税金（スクールが大学に支払う）　282, 285-8, 301　→賦課も見よ
生産ライン　245, 269
制度化
――した科学，学の――　21-4, 29, 43, 389
　学問の――　8
　専門職養成の――　30, 43, 84, 406
　大学院の――　64
責任センター方式予算（管理）　284-8
セクショナリズム　25, 270, 274
設置認可　114-20, 128, 139, 408

全米科学アカデミー　129-30
全米科学基金（NSF）　33-5, 126-7, 129, 294, 308
全米科学技術統計センター（NCSES）　129
全米キャリア関連アクレディテーション団体　116
全米教育統計センター（NCES）　33, 129
全米宗派関連アクレディテーション団体　116-7
全米法曹協会　73, 75, 149, 212
全米リサーチ・カウンシル　129-30, 216
全米ロー・スクール協会　75
専門
――学部　51, 54, 56, 93, 408
――スクール　54-7, 72, 80, 82, 93, 176
――分化　59, 226, 229
――分野　→ディシプリンを見よ
専門職
――科学修士　130
――学位の曖昧さ　195-201
――資格　26, 370, 408　→職業資格も見よ
――実践修士　424
――集団　79, 217, 267, 342-3
――制度　342, 396
――大学院　3, 145-6, 149, 407-8
――団体　26, 29, 84-5, 89, 117, 128, 139, 218, 368, 378, 391, 393
――分野　39-44, 98, 100, 160-2, 194-5, 199-205, 390, 406
――分野学位　38-9, 42-4, 161, 199, 390
――養成（教育）　3-13, 18-9, 24-30, 48-57, 72-95, 342-5, 368, 407-12
――養成の制度化　→制度化を見よ
教育――修士　251
専門職学位（プログラム）　8-9, 30-45, 97-131
専門職経済　342-5, 365, 368-9, 375, 396, 398, 410-1
――対応型　368, 371, 373-8, 384-7, 397, 406
専門職修士　32, 149, 194-5, 197, 202, 220, 252, 267, 304, 308, 336-7, 372, 382, 400, 404-6, 411
専門職修士プログラム　149, 157, 232, 235, 304, 308-9, 311-2, 331, 344, 353, 357, 359-60, 363-4, 374-6, 382-3, 385-6, 397, 403, 406
専門職プログラム　116-7, 145, 148, 160, 200, 208, 213, 235, 262, 312, 345, 349, 409
ソクラテス・メソッド　75
組織依存型（大学院プログラムの）　297-8,

308, 312, 325, 330, 331-4, 369, 373, 395-7, 410
組織構成　164, 180, 226, 261, 394-5, 399
組織的基盤　2-13, 141, 398-412
組織的調整　421
ソーシャル・ワーク　29, 31, 91, 344, 420
卒業後履修学生　60

タ　行

第一専門職学位　31-3
大学院
　——カウンシル（委員会）　186, 188, 191-2, 207
　——学位（プログラム）　→研究学位（プログラム），専門職学位（プログラム）を見よ
　——管理（組織）　179-80, 181-221, 408
　——教育主任（デパートメントの）　232, 346
　——教育の志向性　225-7, 261, 264, 267-8, 399
　——教育の費用　278-9, 292, 302, 305-7, 309-12, 314-9, 321-5, 327-30, 338, 341, 343-4, 355-66
　——教育プログラム分類　132
　——経営　367-87
　——重点化　3, 174
　——生　→学生を見よ
　——生への経済的支援・経済支援　→学生を見よ
　——戦略　167, 367-87, 406, 411
　——大学　55-6, 66-7, 93, 125
　——担当教員　183, 186-7, 214
　——担当副学長　186-7
　——担当副プロボスト　191
　——のみのスクール（カレッジ）　178-9
　——プログラム　→学位プログラム，研究学位プログラム，専門職学位プログラムを見よ
　——本部　426
大学院協議会（CGS）　4, 129-30, 181, 183, 193-5, 405-6
大学病院　152, 314
大学評議会　→評議会を見よ
タッパン，ヘンリー・フィリップ　64
「タテ」のユニバーシティ化　→ユニバーシティ化を見よ
縦割り組織　243

ダートマス大学（・カレッジ）　64, 77, 86, 89
多目的カレッジ　→カレッジを見よ
多様性
　機関の——　131
　財務の——　296-7, 331-4
　組織の——　179-80
　大学院管理の——　182
　大学院教育の——　3-6, 11, 18-9, 30, 44, 164, 219, 226, 267-75, 335-6, 376
多領域的　405
地域アクレディテーション団体　116
知識の産業化　402
知的枠組み　8-10
知と学問の公共的体制　→公共を見よ
中等後教育総合データシステム（IPEDS）　129, 198, 416, 420
直接経費　242, 282-3, 308, 313
追加（プレミアム，割増）授業料（サプリメント）　252, 281, 350
ディシプリン　9-10, 57, 171-3, 225, 229, 231, 243, 246, 248, 252, 257, 260-3, 270-1, 273, 405
ディシプリン・グループ　248
ティーチング・アシスタント（TA）　183, 234, 294, 303, 308, 311, 330, 336-7, 339-40, 357, 363, 365, 374, 382, 410, 441
　——シップ（TAシップ）　124, 126, 216, 293-4, 303, 307, 311-2, 322, 327-8, 335-40, 357-8, 365, 369, 373, 376, 410, 441
ティーチング・フェロー　303, 330, 336
ディーン　14
ディーンズ・オフィス　247, 249
哲学博士　21, 31　→ Ph.D. も見よ
哲学部　→教養学部を見よ
哲学＆アーツ・デパートメント　62-4, 68-9
テニュア　188-9, 370, 378-9, 402
デパートメント　4, 12, 49, 57-70, 171-5, 180, 223-75, 291, 294, 311, 313-5, 317, 319, 340, 346-7, 349, 353-4, 373-4, 382-3, 385, 387, 399
　——長（主任）　231, 246, 255, 291, 346, 432, 436, 440-1
デパートメント学位　245, 394
デパートメント・プログラム　238-9, 245
ドイツ・インパクト　49, 84, 93-4
ドイツ・モデル　68
統合型プログラム　261, 263, 409
統合志向　225-6, 231, 242, 261, 264-8
透明性　398

独立研究科　3, 179
独立採算　79, 241, 284, 288
───プログラム　307
徒弟制度　24-5, 27, 29, 54, 72-4, 76, 79, 83, 91
トレーニーシップ　124, 183　→研究訓練給付も見よ

ナ 行

内部補助　281, 297, 327, 330, 335, 354-66, 369, 373, 387, 397, 398-9, 404
内部労働市場　408
二元モデル　145-63
ニード・ベース　332, 337
日本的雇用システム　408
入学　68, 74-6, 78, 80, 84, 151, 183, 186-8, 208-9, 211, 214-5, 235, 346-7, 349, 378, 380, 383, 393
ニューヨーク大学　60, 74
ノースウェスタン大学　71, 137, 149-51, 163, 165, 183, 189, 191, 212-3, 215, 229-30, 285, 287, 289-90, 301-3, 337, 343, 346, 350, 369-70, 377

ハ 行

バイ＝ドール法　402
博士（号）　21, 28, 30-1, 33-6, 40-4, 60, 63, 65, 72, 81, 86, 88, 90, 97-108, 110-4, 124-6, 132-40, 147-63, 401, 403-5, 409
───授与大学　136-8
───前トレーニング・グラント（訓練給付）　318　→研究訓練給付も見よ
　研究───　→研究博士号を見よ
バージニア大学　53, 55, 57-8, 70
パース，ベンジャミン　61
パデュー大学　89, 137, 155, 160, 166, 168, 173, 186, 194, 209, 212, 215, 243, 260, 262, 290, 293-4, 322, 361, 371, 385
パートタイム　96, 156-7, 311-2, 325, 328, 332, 338, 353, 358, 362, 371-3, 382
ハーバード大学（・カレッジ）　50, 53-4, 57-8, 60-5, 67-71, 74-5, 77-80, 83, 86, 88-90, 134, 137, 147, 149-51, 158-9, 161, 165, 168, 173, 176-7, 189, 202-5, 250, 256, 262, 267, 284-5, 301, 303, 326, 329-31, 333, 338, 342, 349, 353, 364, 370, 378
ハーバード・モデル　68
ビジネス・スクール（カレッジ）　2, 19, 85-6, 92, 113-4, 142-6, 153-5, 159-61, 163, 168-9, 171, 173, 175, 178, 180, 192, 195, 200, 203-4, 212-7, 228, 230, 242-9, 255, 258-62, 265, 267, 272-4, 284-91, 293, 299, 302, 304, 308, 320-6, 332-3, 337-8, 340, 344-5, 348, 351-2, 354, 360-5, 369-73, 375-8, 380-2, 384-6, 404, 406
ビッグ 10　194, 426-7
ピッツバーグ大学　90, 137, 144, 165, 184-5, 191-2, 237, 285, 351, 360
ひとかたまりの（ひとまとまりの，まとまった）プログラム　229-30, 233, 237-9, 242, 245, 249, 257, 259, 393　→統合型プログラムも見よ
非文理学学位　36-7, 39, 42-4, 199, 390
費用（大学院教育の）　→大学院教育の費用を見よ
病院収入　→収入を見よ
評議会　168, 192
　教員───　117, 207
　大学───　117, 182, 207
評判（reputation）　216-7, 220, 369, 384
品質管理　218, 220, 393
ファカルティ　20, 54, 175-6, 189-90
フィラデルフィア・カレッジ　53, 58, 76-7
フィロソフィア　19
フェローシップ　67, 124, 183, 215-6, 293-4, 303, 306-8, 310, 312, 324, 327, 329, 336-40, 369, 373, 396　→学生への経済的支援も見よ
賦課　280, 301
　→税金も見よ
付加給付　310-1
複合的組織　269
ブッシュ，バネバー　125
プライバタイゼーション　401
プリンストン大学　65, 71, 134, 138, 143-4, 156-7, 160-1, 165, 168-9, 173, 178, 191, 204, 231, 234, 271, 288, 304, 306-7, 345, 373, 380, 383
フルタイム
　───学生　35, 96, 149, 156-7, 325, 328-9, 364, 372, 382
　───教員　76, 228, 237, 316, 402
フレクスナー報告書　78
プログラム　128, 132, 147-63, 170-5, 179-92, 194, 197-8, 200, 202-21　→学位プログラム，研究学位プログラム，専門職学位プログラムも見よ
　───・アクレディテーション　116-9
　───の運営　131, 188, 222-75
　───の経済的基盤　233, 241, 276-87
　───の構造　228, 262-5, 268, 394-5, 399
　───の承認　207-8, 346

索引　485

──の新設　183, 186, 188
プロフィット・センター　286
プロフェッショナル・スクール　4, 10, 55, 69, 73, 76, 81-4, 91-2, 94, 145-6, 152-3, 155, 157, 159-62, 164, 168-9, 193-6, 201, 203-6, 220-1, 288, 334-5, 357, 368, 379, 382, 408
プロボスト　182, 186-8, 191-2, 205, 207, 286-7, 289, 346
──室　182
分化型プログラム　261, 263-5, 393-5, 409
分化志向　225-6, 233, 236, 241, 264, 267-8, 393-4
分業　11-2
分権　270, 284-5, 288, 345, 353-4, 365, 387, 397-8, 409
分散　226-7, 265-7, 394, 399, 409
フンボルトの理念　415
文理学
　　──学位　36-7, 39, 44, 199, 390
　　──デパートメント　61
　　──ファカルティ　175-6, 190, 303
　　──分野　40-4, 100, 147, 149, 160-2, 193, 195, 199-201, 203-5, 390, 406
　　──分野学位　38-9, 42-4, 199, 390
　　──名称　43, 199-202, 406
文理学カレッジ（スクール）　19-20, 70, 86, 91, 142-50, 154, 159-62, 165, 168-71, 173, 175, 177-8, 180, 189-91, 199, 201-2, 204-5, 210, 219-20, 229, 231-4, 246, 252, 257, 258-61, 265-8, 272-4, 287-9, 299, 304-9, 311-7, 323, 326-8, 330-1, 333, 337-8, 340-2, 346, 349-50, 354, 356-7, 359, 363-4, 369, 374-6, 381-6, 408
文理大学院　182, 184-5, 188, 190-1, 196-7, 203, 205-6, 218-9, 392, 408
　　──型　61, 69-70, 145-7, 159-62, 164, 176-80, 182, 189-92, 194-5, 197, 202-6, 211, 213, 216, 218-9, 240, 351, 392, 408
変幻自在な Ph.D.　43
ペンシルバニア州立大学　137, 154, 166-8, 171, 200, 213, 243, 245-6, 250-4, 262, 285, 293, 320, 326, 349, 351-2, 360, 363, 378
ペンシルバニア大学　53, 58, 65, 71, 74, 76, 85, 134, 137, 154, 161, 165, 191, 207, 243, 284-5, 287, 290, 300, 304-5, 313-4, 321, 345, 348, 351
法学部　20, 24, 26, 51, 72, 93
法律スクール（カレッジ）　4, 54, 72-6, 82, 84, 91, 142-6, 149-53, 160, 171, 175, 178, 180, 204, 208, 212-3, 215-7, 220, 228, 231, 233, 246,

249, 258-9, 261-2, 267, 272-4, 280, 286-90, 294, 299, 301-4, 308, 320-1, 326, 331, 337-8, 340-1, 343, 345-6, 349-50, 354, 359, 363, 368-9, 374-7, 380, 382, 384-6, 406
ポストドクトラル（ポスドク）研究員　125, 183, 239-40
ボストン大学　87, 137, 144, 152-3, 165, 203, 212-3, 217, 237-8, 240-1, 285, 289, 314-7, 319, 347, 351, 360, 373-4

マ 行

マサチューセッツ工科大学　89-90, 137, 154-7, 165, 173, 184-5, 191, 243, 248, 321, 323, 351
マトリクス　269-75
まとまったプログラム　→ひとかたまりのプログラムを見よ
ミシガン州立大学　137, 143-4, 154, 166, 168, 174-5, 243-5, 285, 361, 370-1
ミシガン大学　53, 64, 70-1, 89, 134, 137, 144, 158, 165, 168, 184-7, 194-6, 207-10, 220-1, 250, 255, 262-3, 269, 327, 352, 362, 380
名誉学位　60
メディカル・スクール　→医学スクールを見よ
メリット・ベース　337, 342
モリル法　89-91

ヤ 行

優先順位　285, 334, 382-3, 384-7
ユニヴァーシティ運動　49, 91
ユニバーシティ　49, 51-7, 70, 91-5, 134-5
　　──化　49, 51, 54, 56, 72, 80, 92-4, 176
　　──・カレッジ　29
　　──・コース　64-5
「タテ」の──化　49, 92-4
「ヨコ」の──化　49, 92-4
要件
　　学位取得の──　34, 65, 134, 170, 186, 188, 191-2, 203, 208, 209-12, 235-6, 239, 248, 393
　　学位プログラムの──　75, 213-4, 218, 408
　　職業資格の──　33, 42, 75, 108, 149-50, 154
　　入学の──　68, 78, 186, 208, 214
「ヨコ」のユニバーシティ化　→ユニバーシティ化を見よ

ラ・ワ行

ラッシュ，ベンジャミン　52
ランキング　131, 142, 210, 216, 344, 375, 401

ラングデル，クリストファー・コロンブス 75
利益 10-1, 77, 282, 285, 296, 325, 327-8, 330, 355-6, 358, 360-2, 369, 373-4, 384-6
リサーチ・アシスタント（RA） 183, 204, 303, 310-1, 327, 329, 330, 336, 338, 341, 357, 404, 410, 441
――シップ（RAシップ） 124, 126, 280, 293-4, 303, 306-7, 310-2, 322, 327-8, 335-40, 346, 357, 365, 373, 396-7, 441
理事会 117, 168, 182, 207-8, 289-90, 347, 349-53
リッチフィールド・ロー・スクール 73-4
リベラル・アーツ →自由学芸を見よ
　　――・カレッジ →自由学芸カレッジ，文理学カレッジを見よ
　　――・スクール 146
　　――教育 231, 384
　　――専門分野 147
リーマン・ショック 402
留学生 →外国人学生を見よ
領域 173
　　――横断的 405
領域別（領域で分割された）プログラム 242, 245, 251-2, 255-7, 259-65, 268-9, 270, 274-5, 393-4, 409 →分化型プログラムも見よ
臨床（科学）デパートメント 237, 240-1, 314-5, 319
臨床教員 329
冷戦 105, 127
レジデンシー 239
レベニュー・センター 286
レンセラー技術学校 88, 90
連邦政府助成（補助金） →研究助成，学生への経済的支援を見よ
労働市場 198, 217-8, 220, 267, 290, 343, 345, 393, 405, 408
ロックフェラー財団 125, 131
ロックフェラー大学 355
ロー・スクール →法律スクールを見よ
ローレンス科学スクール →科学スクールを見よ
ローン（貸与） 107, 121-2, 124, 126, 128, 280, 283, 302, 330, 332, 336-9, 343-5, 368, 373, 401, 403 →学生への経済的支援も見よ
ロンドン大学 29
ワーク・スタディ 124
ワシントン大学 70-1, 137, 148-9, 154, 165,

169, 171, 188, 202-5, 210, 213-6, 231-4, 287, 290-1, 304-7, 320, 322, 337-8, 340-2, 346, 348, 352, 361-2, 384

A–Z

AACSB 86, 118, 213, 290
CGS →大学院協議会
D.Eng. 156
D.S.（S.D.） 65
D.V.M. 31, 33, 98, 194, 198
Ed.D.（D.Ed.） 34-5, 88, 158-60, 194, 198, 204, 254-5, 260, 328-31
Ed.M.（M.Ed.） 31-2, 256-7, 262
E.M.B.A.（エグゼクティブM.B.A.） 153
GPA 209, 211
graduate school →グラジュエト・スクール（カレッジ，ディビジョン），大学院のみのスクール（カレッジ），文理大学院を見よ
Graduate school of education（教育大学院） 178
Graduate school of business 178
GSI 329, 336
GSR 329, 336
J.D. 31-3, 75, 84, 94, 107, 149-51, 154, 193-7, 212, 229-31, 259, 261, 265-7, 272-3, 302-3, 331-2, 337, 343, 359
J.S.D.（S.J.D.） 31, 42, 150-1, 230, 303, 346
LL.B. 75, 150
LL.M. 149-51, 229, 303
M.A.（A.M.） 31-2, 36-7, 39-44, 60, 64-5, 90, 147, 153, 158, 193-204, 233, 259-60, 337, 390, 392, 406 →修士も見よ
M.B.A. 2, 31-2, 37, 86, 153-5, 160-3, 194-7, 200, 213-5, 249, 260-2, 265, 274, 322-5, 332, 341, 348, 352, 360-2, 368, 373, 375, 384-5
M.D. 31-3, 35, 77, 84, 94, 98, 107, 151-3, 160-3, 193-7, 203, 205-6, 212-3, 238-42, 260-1, 265-7, 274, 316-8, 331-2, 337-9, 343-4, 347-8, 359-60, 385-6
M.D./Ph.D. 153, 313, 317, 431
M.Eng.（M.E.） 31-2, 147, 153, 156-7, 202
M.Fin. 31, 155
M.P.A. 31, 40, 193-4
M.S.（S.M.） 31-2, 36-7, 39-40, 42-4, 64, 147, 149, 153, 155-8, 160-1, 193-204, 233, 235, 238, 240-1, 244, 246, 248-9, 255, 259-60, 337, 390, 392, 406 →修士も見よ

M.S.W.　31, 37, 40, 194, 199
NASA　→航空宇宙局
NIH　→国立衛生研究所
NSF　→全米科学基金
Ph.D.　4, 21, 31, 33-5, 39, 42-4, 48-9, 57-68, 92-4, 97, 100, 103-6, 117, 125-30, 134-9, 147-63, 192-8, 201-20, 405　→哲学博士，研究学位も見

よ
P.M.A.　40　→専門職修士も見よ
P.S.M.　40　→専門職修士も見よ
RA　→リサーチ・アシスタントを見よ
TA　→ティーチング・アシスタントを見よ
US News & World Report　216

《著者略歴》

阿曽沼　明裕（あそぬま　あきひろ）

　　　　　1965 年生まれ
　　1989 年　京都大学理学部卒業
　　1994 年　広島大学大学院社会科学研究科博士課程中途退学
　　　　　　筑波大学大学研究センター助手などを経て
　現　在　　名古屋大学大学院教育発達科学研究科教授，博士（学術）
　著　書　『戦後国立大学における研究費補助』（多賀出版，2003 年）
　　　　　『大学と学問――知の共同体の変貌』（編著，玉川大学出版部，2010 年）他

アメリカ研究大学の大学院

2014 年 2 月 28 日　初版第 1 刷発行

定価はカバーに
表示しています

著　者　阿曽沼　明裕

発行者　石　井　三　記

発行所　一般財団法人　名古屋大学出版会
〒 464-0814　名古屋市千種区不老町 1 名古屋大学構内
電話（052）781-5027／FAX（052）781-0697

ⓒ Akihiro ASONUMA, 2014　　　　　　　Printed in Japan
印刷・製本 ㈱クイックス　　　　　　　ISBN978-4-8158-0761-0
乱丁・落丁はお取替えいたします。

Ⓡ〈日本複製権センター委託出版物〉
本書の全部または一部を無断で複写複製（コピー）することは，著作権法
上の例外を除き，禁じられています。本書からの複製を希望される場合は，
必ず事前に日本複製権センター（03-3401-2382）の許諾を受けてください。

児玉善仁著
イタリアの中世大学
―その成立と変容―
A5・470頁
本体7,600円

隠岐さや香著
科学アカデミーと「有用な科学」
―フォントネルの夢からコンドルセのユートピアへ―
A5・528頁
本体7,400円

望田幸男編
近代ドイツ＝「資格社会」の制度と機能
A5・340頁
本体5,500円

望田幸男編
近代ドイツ＝資格社会の展開
A5・370頁
本体5,800円

吉川卓治著
公立大学の誕生
―近代日本の大学と地域―
A5・408頁
本体7,600円

沢井　実著
近代日本の研究開発体制
菊判・622頁
本体8,400円

小林傳司著
誰が科学技術について考えるのか
―コンセンサス会議という実験―
四六・422頁
本体3,600円

菅山真次著
「就社」社会の誕生
―ホワイトカラーからブルーカラーへ―
A5・530頁
本体7,400円

広田照幸／古賀正義／伊藤茂樹編
現代日本の少年院教育
―質的調査を通して―
A5・396頁
本体5,600円

近藤孝弘編
統合ヨーロッパの市民性教育
A5・312頁
本体5,400円